Wort und Welt

Hanns Kerner | Peter Lysy | Sabine Weingärtner (Hrsg.)

Wort und Welt

Dimensionen gelebten Glaubens

Festschrift für Johannes Rehm

EVANGELISCHE VERLAGSANSTALT
Leipzig

Bibliographische Information der Deutschen Nationalbibliothek
Die Deutsche Nationalbibliothek verzeichnet diese Publikation in
der Deutschen Nationalbibliographie; detaillierte bibliographische
Daten sind im Internet über http://dnb.dnb.de abrufbar.

© 2023 by Evangelische Verlagsanstalt GmbH · Leipzig
Printed in Germany

Das Buch wurde auf alterungsbeständigem Papier gedruckt.

Cover: Zacharias Bähring, Leipzig
Satz: Dr. Konrad Müller, Berg
Druck und Binden: BELTZ Grafische Betriebe, Bad Langensalza

ISBN 978-3-374-07486-0 // eISBN (PDF) 978-3-374-07487-7
www.eva-leipzig.de

Vorwort

Es besteht eine tiefe Beziehung zwischen einem durch das Leben mit der Bibel geprägten Glauben und den Deutungs- und Gestaltungsoptionen in der Welt. Ganz spezifische Haltungen, Emotionen und Kognitionen sind mit dieser Grundausprägung verbunden, die sämtlichen Lebensbereichen ihren Stempel aufdrückt. Um diese Verbindung von gelebter Frömmigkeit und verschiedensten Herausforderungen des Christen in seiner Umwelt geht es in diesem Buch für Johannes Rehm. Dabei werden verschiedene Bezugsfelder abgeschritten, die in seinem Berufsleben von besonderer Bedeutung waren: Die Frömmigkeit, die sozialen Fragen, sowie die Ökumene der Kirchen und der Religionen.

Ausgangspunkt ist eine am Wort Gottes ausgerichtete Frömmigkeit als erster Dimension gelebten Glaubens. *Klaus Raschzok* geht zurück zur Basis lutherischer Frömmigkeit. Anhand von Martin Luthers Anleitungsschriften für ein geistliches Leben zeigt er auf, wie sehr ein an das biblische Wort gebundener Glaube auf Hinführung und Einübung angewiesen ist. Das breite Instrumentarium, das Luther zur Verfügung stellt, wird in seiner Modellhaftigkeit und Aktualität für eine bibelbezogene geistliche Prägung entfaltet. In den Bereich der Anleitung zum Gebet sowohl im Privatbereich wie im Gottesdienst führt *Hanns Kerner*. Exemplarisch behandelt er das Gebet rund um die Arbeitswelt. In seiner Analyse von für den praktischen Gebrauch veröffentlichten Gebeten verschiedener Genres zeigt er Veränderungen, Defizite, Fehlentwicklungen sowie zukunftsfähige Ansätze auf. Dabei wird deutlich, dass die jeweilige Frömmigkeitsprägung im Gebetsleben erheblichen Einfluss auf den Umgang mit sozialen Fragen und deren entsprechende Artikulation hat.

Im Feld des sozialen Miteinanders nimmt die Digitalisierung eine immer stärkere Rolle ein. *Traugott Jähnichen* befasst sich mit diesem Thema anhand der Denkschrift der Evangelischen Kirche in Deutschland von 2021 mit dem Titel »Freiheit digital«. Durchgängig wird die tiefe Ambivalenz der Digitalisierung entfaltet. Hinter Positivem wie den neuen Kommunikationsmöglichkeiten, die Umsetzungen im Medizinbereich oder der Wirtschaft lauern Gefahren, die auf der Grundlage eines biblischen Realismus und dem entsprechenden Menschenbild kritisch befragt werden müssen.

In den Bereich des sozialen Miteinanders in einem großen diakonischen Träger (Diakoneo in Neuendettelsau) führt *Matthias Hartmann*. Er greift dabei das Führungsmodell »Servant Leadership« aus den USA auf, entwickelt das »Dienende Führen« systemisch weiter und verknüpft es mit den Prinzipien von New Work Unternehmen für eine moderne Arbeitswelt. Das daraus gewonnene Verständnis von Arbeit und Führung soll bei Diakoneo erstmals im diakonischen Bereich umgesetzt werden. Der Wirtschaftsethik widmen sich zwei Beiträge. *Reinhold Friedrich* setzt die derzeit im kirchlichen Diskurs dominierende reformierte Wirtschaftsethik ins Blickfeld. Nach einer Darstellung reformatorischer wirtschafts- und sozialpolitischer Konzepte zeigt er die Linien der wirkungsgeschichtlich bedeutsamen Schriften Johannes Calvins zu diesen Bereichen auf. Calvin war an einem Gleichgewicht von wirtschaftlichem Aufschwung und sozialer Gerechtigkeit gelegen, was auch heutige Leitlinien reformierter Wirtschaftsethik unter den Stichworten Menschengerechtigkeit und ökonomischer Sachgerechtigkeit aufgreifen. Mit dem von *Peter Zimmerling* dargestellten bewusst christlich geprägten Gemeinwesen der Herrnhuter Brüdergemeine wird ein ganz anderes Wirtschaftsmodell betrachtet, das in Gemeinschaftssiedlungen realisiert wurde. Maßgebliche Basis für das Zusammenleben dort war die Christusfrömmigkeit und die Wirtschaftsethik Nikolaus Ludwig Graf von Zinzendorfs. Dieser begründete Arbeit nicht schöpfungstheologisch, sondern christologisch und stellte in sämtlichen Bereichen des Zusammenlebens Nächstenliebe und Solidarität in den Vordergrund. Einen Kontrapunkt zu den bisher dargestellten wirtschafts- und sozialethischen Konzepten stellt der Beitrag von *Konrad Müller* dar. Er analysiert die sozialethische Bedeutung der lutherischen Sündenlehre anhand der Denkschrift »Politische Gemeinschaftsordnung« (1945). Sie hat maßgeblich auf das Konzept der sozialen Marktwirtschaft eingewirkt. Der Beitrag zeigt, wie sich aufgrund einer bestimmten, im 1. Gebot verankerten Hamartiologie ein historischer und erkenntniskritischer Skeptizismus mit hohem ideologiekritischem Potential ableitet. Dies führt gerade auch innerhalb einer sich als christlich verstehenden Sozialethik zur Betonung der Freiheit des Gewissens und des rationalen Diskurses.

In ein anderes Feld der Sozialethik führt *Hans G. Ulrich*. Er betrachtet die Einordnung des Sterbens in der christlichen Tradition und wendet die Ergebnisse seiner Betrachtung auf die gegenwärtige Diskussion um den »assistierten Suizid« an. Insbesondere Bezug nehmend auf die Hioberzählung und Paulus (bes. 2Kor 4,10 und Röm.14,8) verdeutlicht er, dass Sterben Bestandteil des von Gott geschenkten Lebens und mit der Christusgeschichte unentwirrbar verbunden ist. Das Sterben, das mit dem Menschen in seiner Geschöpflichkeit und einer Hoffnung auf ein Leben nach dem Tod verknüpft ist, ist etwas grundlegend anderes als ein selbst herbeigeführter Tod.

Bernd Elmar Koziel führt in ein Praxisfeld gelebter Ökumene. Er zeichnet ein Bild von den Entwicklungen und Verschiebungen des ökumenischen Miteinanders von Studierenden- bzw. Hochschulgemeinden. In Verknüpfung mit gesellschaftlichen Entwicklungen werden dabei verschiedene Phasen wie die eines ökumenischen

Experimentierfeldes bis hin zur heutigen Relativierung des Konfessionellen in der Studentenschaft analysiert. Gemeinsames ökumenisches Engagement, das auch in den Studierendengemeinden eine bedeutsame Rolle gespielt hat, thematisiert *Manfred Böhm* am Beispiel des solidarischen Einsatzes für einen arbeitsfreien Sonntag. Dabei geht es nicht primär um kirchliche Interessen wie den Schutz der Gottesdienstzeit am Sonntagvormittag, sondern im Schulterschluss mit den Gewerkschaften um den Schutz des arbeitenden Menschen. Argumentativ ist hier das jüdisch/christliche Menschheitserbe des Sabbats/Sonntags von besonderer Bedeutung. In seiner Betrachtung der Bildung zur Solidarität wendet sich *Ottmar Fuchs* den Grundlagen der inhaltlichen wie der interkonfessionellen und inter-religiösen Ökumene zu. Dieser liegen der Ökumene die vorhandene, aber oft schmerzlich vermisste Barmherzigkeit und Gerechtigkeit sowie die unbegrenzte Caritas bzw. Diakonie zugrunde. Angesichts des unendlichen Leides in der Welt betont er die Sinnhaftigkeit der Solidarität und richtet den Blick auf den Schmerz Gottes im Kreuz und das Heil, das im Kreuz liegt. Zur Ökumene zwischen der lutherischen und der römisch-katholischen Kirche führt *Antonio Russo* in das in dieser Hinsicht belastete Italien. Er gibt einen Überblick über die vielen in den letzten Jahren erschienenen Publikationen zu Martin Luther und einen Einblick in die in den letzten Jahren erschienenen Ausgaben, Übersetzungen und Kommen-tierungen der wichtigsten Lutherschriften in italienischer Sprache. Insbesondere die Beschäftigung mit den mystischen Wurzeln der Theologie Luthers hat in der italienischen Lutherforschung und im ökumenischen Diskurs zu einer veränder-ten Einordnung Luthers geführt. Ein problembeladenes Beispiel innerprotestan-tischer Ökumene behandelt *Ruth Albrecht*. Sie schildert den Weg der Hamburger Gemeinde St. Anschar um 1900, die neben den landeskirchlichen Strukturen ent-standen war und eine stark missionarische und diakonische Ausrichtung hatte. Trotz ihrer Eigenständigkeit war sie mit den landeskirchlichen Strukturen ver-knüpft und in innerprotestantische Ökumene eingebunden, bis sie aufgrund der Zuwendung zu einem lutherischen Konfessionalismus den Weg in die Freikirch-lichkeit wählte.

In der Dimension Interreligiöser Dialog wird der Fokus zuerst auf die abraha-mitischen Religionen gerichtet. Wie die Verständigung über zentrale Konfliktbe-reiche zwischen Judentum, Christentum und Islam gelingen kann, beschreibt *Hans-Christoph Goßmann* in Form eines Tischgesprächs zwischen drei miteinan-der verwandten Paaren, die in jeweils einer der drei abrahamitischen Religionen beheimatet sind. Die Entwicklung der Arbeit der Weltreligionen für den Frieden zeigt *Johannes Lähnemann* auf. Er schildert dabei in einem geschichtlichen Über-blick seit der 2. Hälfte des 20. Jahrhunderts die friedensethisch fördernden wie die friedenshemmenden Realitäten sowie die Hoffnungen auf dem Weg zu einer gemeinsamen Friedensethik der Religionen. Dabei streicht er insbesondere die sowohl theoretische wie praktische Arbeit von Religions for Peace heraus.

Der Appell *Kristlieb Adloffs*, vom Judentum zu lernen, über Gott zu sprechen, schließt den Band ab. Dieser zeichnet nach, wie der Umgang mit dem geschun-denen Wort »Gott« gerade im christlichen Sprechen über die Jahrhunderte das

Verhältnis, oder besser gesagt: Unverhältnis der Kirche zum jüdischen Volk illustriert. Dagegen weist er Chancen auf, die der seit dem 20.Jahrhundert sanft aufkeimende Dialog für die Kirchen in Bezug auf ein angemessenes Reden von Gott bietet.

Gemeinsam haben die genannten Beiträge, dass die Dimensionen gelebten Glaubens, die Frömmigkeit, die sozialen Fragen und die Ökumene ineinander greifen. Dankbar sind wir unseren Autorinnen und Autoren, dass sie durch ihre Mitwirkung diese Bandbreite sichtbar machen, wie Wort und Welt in Verbindung gelangen. Besonderer Dank gilt Herrn PD Dr. Konrad Müller, der die Druckvorlage erstellt hat. Der Evangelischen Verlagsanstalt gilt unser Dank für die hervorragende Zusammenarbeit. Zudem danken wir dem Sozialunternehmen Diakoneo und dem Kirchlichen Dienst in der Arbeitswelt der Evangelisch-Lutherischen Kirche in Bayern für die großzügigen Druckkostenzuschüsse. Wir wünschen diesem Buch eine interessierte Leserschaft und hoffen, dass es einen kleinen Beitrag zur Wahrnehmung leistet, wie das Wort in der Welt seine schöpferische Wirkung entfaltet.

Nürnberg/München, im Juli 2023

Hanns Kerner
Peter Lysy
Sabine Weingärtner

Sich und der Welt das Wort zumuten. Laudatio auf Johannes Rehm

Es hat seinen guten Grund, dass wir uns auf den Weg gemacht haben, diese Festschrift für unseren Weggefährten Johannes Rehm zu veröffentlichen. Ein Weggefährte ist Johannes Rehm für viele Menschen in seinen unterschiedlichen Rollen und Funktionen gewesen. Ein Weggefährte, der die Frage, wie das Wort zur Welt kommt, mit so vielen unterschiedlichen Menschen immer wieder neu bedacht hat, weil er der tiefen Überzeugung ist, dass die Welt das Wort bitter nötig hat. Ein Weggefährte, der dabei die unterschiedlichsten Charaktere aus diversen Herkünften und Traditionen, die mit verschiedenen Leidenschaften und Begabungen, mit unterschiedlicher Wortgewalt und Weltgewandtheit ausgestattet sind, mit sich und miteinander ins Gespräch gebracht hat, weil er von einer unerschöpflichen Neugierde begriffen ist. Es ist dabei eine spezielle Neugierde, die sich aus dem Glauben speist, dass das Wort, wie es sich in der Welt zeigt, immer wieder neu und immer wieder anders zur Sprache kommen will und kommen wird.

Deswegen reizen ihn gerade die besonders spannungsreichen Gegensätze, an denen er sich in seinem ökumenischen und sozialethischen Wirken abarbeiten konnte. Im Vertrauen auf das Wort glaubt er, dass diese Gegensätze nicht nur ertragbar sind, sondern auch ertragreich. Mit gutem Grund hat er bei Hans Küng zum ökumenischen Abendmahl promoviert, das zugleich für die Einheit der Gemeinde durch das leibhaftige Wort und die Trennung der Kirchen durch ihre begründeten Lehren steht. Mit gutem Grund hat er als Leiter des Kirchlichen Dienstes in der Arbeitswelt der Evangelischen Kirche in Bayern einen dialogischen Ansatz vertreten. Im kontinuerlichen Austausch mit den unterschiedlichen Vertreterinnen und Vertretern aus Wirtschaft, Kirche und Politik hat er stets gesucht und gerungen, wie die Möglichkeiten des uns geschenkten Wortes im spannungsreichen Miteinander der unterschiedlichen Interessen, wie es sich in jedem Betrieb, ja, in jedem Arbeitsverhältnis abbildet, zum Tragen kommen können, und dies in einer (Arbeits)Welt, die sich dieses Wort doch eher verbittet, weil sie in ihm keinen Mehrwert sieht.

Die Freude an den spannungsreichen Gegensätzen hat ihn zu einem Dialektiker werden lassen. Damit meinen wir nicht nur den gebürtigen Oberpfälzer, der in Franken wurzelte und heiratete, sondern insbesondere den Denker, in dessen nahezu jedem zweiten Satz das kleine, aber höchst relevante Adjektiv »gleichzeitig« vorkommt. Dass er es als Konjunktion verwendet, zeigt, wie er den Gebrauch des Wortes versteht: als Brücke, manchmal Wackelbrücke, über die man das eine Ufer mit dem anderen zu verbinden vermag und dabei möglichst nicht in den dazwischen liegenden Abgrund blicken möge. Dieses Brückenbauen ist jedoch undenkbar ohne das Wort. »Petrus, sieh nur zu Jesus. Schau nicht auf dich selbst, den Wind und das Meer.« Die Welt mit ihren Mächten ficht nicht an, wer auf das Fleisch gewordene Wort zu blicken vermag.

Dass einer, der das Spannungsreiche liebt, sich gerade dem politischen Streit nicht verwehrt, ist nachvollziehbar. So hat sich Johannes Rehm in Kirche, Diakonie und darüber hinaus als Netzwerker und Gesprächspartner in so manchen politisch relevanten Feldern bekannt gemacht, in Landessynode sowie in Pfarrer- und Pfarrerinnenverein, als Sprecher der Kirchlichen Dienste und Einrichtungen, in der Bayerischen Pfarrgeschwisterschaft und dem Theologischen Arbeitskreis Prackenfels, in Gremien unterschiedlicher diakonischer Träger und den kirchlich orientierten Dialogforen unterschiedlicher Parteien. Dabei war er stets ein Mahner dahingehend, dass die politische Dimension des Wortes Gottes nie vergessen werden dürfe. Wenn die Kirche in die Welt gerufen ist, das Wort der Versöhnung zu verkünden, so ist damit jeweils ein eminent politischer Akt verbunden. Und so wäre es ein Irrglaube, dem Politischen zu entkommen, wenn man meint, sich lediglich der Seelsorge und Spiritualität verschreiben zu wollen.

Um ein Beispiel zu nennen, das zur Würdigung der Person Johannes Rehm gehört:

Manch einen hat es verwundert, dass er viele Jahre jeden Sonntagmorgen in ein bekanntes Nürnberger Altenheim, das sogenannte Wastl, ging – nicht um dort Gottesdienst zu halten, sondern um mit vielen anderen Ehrenamtlichen die Bewohner zum Gottesdienst zu bringen. Gleichzeitig engagiert er sich in derselben Einrichtung im Heimbeirat. Es entspricht nämlich zutiefst seinem *sensus theologicus*, dass ein Pfarrer Seelsorge und Spiritualität nicht vom Politischen trennen kann. Seine Augen vor den strukturell und politisch bedingten Nöten zu verschließen, würde dem Wort widersprechen.

Eine besondere Liebe zum Wort, das möchten wir nicht verschweigen, pflegt Johannes Rehm. Es ist die Liebe zum geschriebenen Wort. Was geschrieben ist, kann nach-gelesen werden, darüber nach-gedacht werden. Er selbst zählt vermutlich zu einem der größten Nach-Leser in der Evangelisch-Lutherischen Kirche in Bayern. Und so ist es nicht nur nachvollziehbar, dass er sich immer gerne in der Nähe von Universitäts- und anderen Bibliotheken aufgehalten hat, ob als Pfarrer z.A. in Erlangen-Neustadt nahe der UniBib, als Studentenpfarrer in Bamberg oder als kda-Leiter mit hauseigener Bibliothek. Auch sein eigenes Büchermachen geht weiter. So wissen wir aus verlässlicher Quelle, dass er in seinem Ruhestand an einem weiteren Werk sitzt. Dies wird dem beachtlichen Regal selbst veröffentlichter Bücher und Aufsätze hinzugefügt werden, welches er im Laufe seines Berufslebens erschrieben hat. Getreu dem Motto: »Wer schreibt, der bleibt.«

Mit diesem Buch ergänzen wir nicht nur seine eigene Bibliothek, sondern bringen unseren Dank für seine langjährige Weggefährtenschaft zum Ausdruck und wünschen ihm und seiner Frau viele Jahre, in denen Gottes Gnade und Treue all Morgen ganz frisch und neu ist.

Inhalt

Wort und Welt – Ökumenische und interreligiöse Dimensionen

Wort und Welt

Sozialethische und
lebenspraktische Dimensionen

Klaus Raschzok

Martin Luthers Anleitungsschriften zum geistlichen Leben als Übungsinstrumente einer lebensnahen bibeltextbezogenen Frömmigkeit

1. Martin Luthers Anleitungsschriften zum geistlichen Leben und ihre bibeltextbezogene Frömmigkeitspraxis

Die Anleitungsschriften zum geistlichen Leben eröffnen einen Blick in Martin Luthers frömmigkeitspraktische »Werkstatt«. Sie lassen sich als Übungsinstrumente einer lebensnahen Frömmigkeit verstehen. Insbesondere ermöglichen sie, Luthers spezifisch reformatorischen Bibelgebrauch in seiner alltagsorientierten Konkretisierung genauer zu beobachten. Luther nimmt mit seinen Anleitungsschriften eine beliebte spätmittelalterliche Textgattung auf, die insbesondere in der Ars moriendi eine bedeutende Rolle für die Frömmigkeitspraxis der Laien spielt. Vorbild in Form und Inhalt ist sein Ordensvorgesetzter und geistlicher Begleiter Johannes von Staupitz, der seit 1515 für einfache, ungelehrte Ordensfrauen und Geistliche, Bürgerinnen und Bürger deutsche bzw. sogleich aus dem Lateinischen übersetzte Traktate mystischen Charakters verfasst.[1]

Zielgruppe von Luthers ebenfalls in der Volkssprache verfassten Anleitungsschriften sind alle des Lesens kundige Christen. Obwohl die Texte nicht für den akademischen Diskurs bestimmt sind, stellen sie hohe Anforderungen an ihre Leser und sollten deshalb auch nicht als »Erbauungsschriften« bezeichnet werden. In ihnen begegnet man einer Theologie mit einem selbstverständlichen praktischen Habitus, die noch keine Trennung zwischen Theorie und Praxis kennt. Die Anleitungsschriften beschreiben eine bibeltextbezogene Frömmigkeitspraxis, die mit elementaren Mitteln und Methoden die menschlich unverfügbare Gottesbeziehung mit Hilfe der Heiligen Schrift einübt. Luthers Texte erfordern dazu ein verweilendes Lesen, welches auf das sich über der Lektüre einstellende geistliche

---

[1] Vgl. BERNDT HAMM, Luthers Mystik in der Spannung von äußerem Wort und innerer Erfahrung, in: DOROTHEA GREINER/KLAUS RASCHZOK/MATTHIAS ROST (Hrsg.), Geistlich Begleiten. Eine Bestandsaufnahme evangelischer Praxis, Leipzig 2011, 66-83, 70.

Geschehen achtet. Sie zielen auf »Haus« und »Familie« als die neuen Orte reformatorischer Frömmigkeitspraxis. Durch die Reformatoren Wittenberger Prägung war es zu einer umfassenden »Demokratisierung« der spätmittelalterlichen Frömmigkeitspraxis gekommen. Diese setzt den geistlichen Stand nicht mehr zwingend zu ihrer Vollendung voraus und erweitert die klassischen bisherigen Orte der Frömmigkeitspflege Kirchenraum und Kloster um das Haus und den Beruf.[2]

Die Anleitungsschriften werden von einer bibeltextbezogenen und zugleich lebensnahen Gebetspraxis bestimmt. Diese verknüpft das Gebet eng mit dem biblischen Wort und bleibt an dieses gebunden. Der Christ tritt in das Gespräch mit Gott über dessen Wort ein und kann im aufgesuchten Textraum der Heiligen Schrift sein Leben vor Gott durch dessen Heiligen Geist betrachten lassen.

Dadurch erklärt sich auch die kolportierte Praxis Martin Luthers, der sich gerade bei höchster äußerer Bedrängnis durch anstehende Aufgaben oder Konflikte in ein stundenlanges Beten zurückgezogen habe. Darunter ist eine Bibel-Gebets-Praxis zu verstehen, die nach Antwort und Gottesrede sucht und sich dazu am äußeren Wort der Schrift betend abarbeitet, um das durch den Heiligen Geist unverfügbar bewirkte innere Wort zu hören. Arbeit an der Auslegung der Heiligen Schrift vollzieht sich bei Luther daher vorrangig im Modus des Betens mit der Schrift. Sie kennt keine Trennung zwischen im heutigen Sinne wissenschaftlicher Arbeit über den biblischen Texten und dem an sie gebundenen Gebet.[3]

2. Vier ausgewählte Anleitungsschriften und ihr Ertrag für eine aszetische Lektüreperspektive

Exemplarisch herangezogen werden der Sermon von der Bereitung zum Sterben von 1519, die Schlichte Weise zu beten, für einen guten Freund von 1535, der Kleine Katechismus von 1530 und die Vorrede zum ersten Band der Wittenberger Ausgabe von Luthers deutschen Schriften von 1539. Mit der aszetischen Lektürepraxis wird ein gegenüber der kirchenhistorischen wie systematisch-theologischen Lektüreperspektive nochmals eigenständiger Zugangsweg eröffnet und die

---

[2] HAMM, a.a.O., 69f. spricht von der »unüberbietbaren Unmittelbarkeit und Direktheit der Gottesbegegnung, die für jede Art des Christseins konstitutiv ist, allgemein gültig für Frauen ebenso wie für Männer, für Ungebildete ebenso wie für literarisch Geschulte, eine Elementarerfahrung, die nicht an besondere sakrale Orte und Zeiten gebunden ist, sondern grenzüberschreitend-universal überall auf Erden und zu allen Zeiten möglich ist.«
[3] Vgl. dazu den Hinweis bei MARTIN NICOL, Meditation bei Luther, Göttingen 1984, 68-81, dessen Studie weiterhin von enormer Bedeutung für das gesamte Themenfeld ist.

Bedeutung von Luthers Anleitungsschriften für die Frömmigkeitspraxis erschlossen.[4]

2.1 Der Sermon von der Bereitung zum Sterben

Luther bewegt sich 1519 im »Sermon von der Bereitung zum Sterben«[5] noch weitgehend im Rahmen der klassischen spätmittelalterlichen Ars-moriendi-Literatur. Er nimmt jedoch eine spezifische reformatorische Profilierung der Thematik unter Beibehaltung ihrer Traditionskontinuität vor und entfaltet dazu eine bibeltextbezogene Frömmigkeitspraxis, die zur Vorstufe der späteren Einzelspruchfrömmigkeit wird. Das zur Anwendung gelangende Verfahren lässt sich als bibeltextbezogene Gebetspraxis mittels der segmentierten Bibel als didaktischem Frömmigkeitsmedium charakterisieren. Zugleich leuchtet bereits die später von Luther in seiner »Vorrede zur ersten Ausgabe der deutschen Schriften« näher entfaltete aszetische Trias von oratio, meditatio und tentatio auf.

Der Sermon zielt angesichts der für den Sterbenden bedrohlichen Bilder von Sterben, Sünde und Hölle auf das Eintreten in die tröstliche biblische Bildwelt, insbesondere des Todes Jesu am Kreuz. Die reformatorischen Grundeinsichten von Gesetz und Evangelium wie der Rechtfertigung allein aus Gnade nehmen darüber im Beter Gestalt an. Die eingesetzten Bild- und Raumdiskurse wie die Geburtsmetapher für den großen Raum und die Freude, die jenseits des Todes auf den Getauften warten, die Fahrt zu diesem Raum und der Blickwechsel, welcher den Tod im Leben, die Sünde in der Gnade und die Hölle im Himmel betrachtet, sind zentralen biblischen Aussagen entnommen. Bilder und Einzelworte werden zu anschaulichen Belegen des in der Vorbereitung auf das eigene Sterben erfahrbaren Trostes. Sie dienen der Imagination des göttlichen Heilswirkens im Beter, prägen Gottes Heilshandeln ein und erfüllen ihn mit Heilsgewissheit. Vorausgesetzt ist dabei, dass der Leser betend in die biblischen Bilder und Einzelstellen eintritt.

---

[4] Zur aszetischen Lektüreperspektive vgl. KLAUS RASCHZOK, Evangelische Aszetik. Zur Wiederentdeckung einer Disziplin der akademischen Praktischen Theologie und ihrer Forschungs- und Lehrgestalt, in: CHRISTIAN EYSELEIN/CHRISTEL KELLER-WENTORF/GERHARD KNODT/KLAUS RASCHZOK (Hrsg.), Evangelische Aszetik. Ein Programm macht Schule, Leipzig 2021, 41-71, 66-69. Sie fragt im Umgang mit dem gesamten Stoff der wissenschaftlichen Theologie sowie mit der gesamten christlichen Frömmigkeitspraxis in ihrer geschichtlichen wie gegenwärtigen Gestalt danach, »wie in theologischen Reflexionen Glauben und christliches Leben miteinander in Beziehung gesetzt, d.h. wie theologische Reflexionen über den Glauben mit theoretischen und praktischen Hinweisen eines Lebens im Glauben verschränkt werden.« (ebd. 67)

[5] Vgl. MARTIN LUTHER, Ein Sermon von der Bereitung zum Sterben 1519 [WA 2, (680) 685-697)], in: MARTIN LUTHER, Deutsch-Deutsche Studienausgabe. Bd. 1: Glaube und Leben, hrsg. von DIETRICH KORSCH, Leipzig 2012, 45-73. Belege aus Luthers Anleitungsschriften werden in diesem Beitrag nach der Deutsch-Deutschen Studienausgabe wiedergegeben.

Ein anschauliches Beispiel für den Zusammenhang von biblischem Einzel-wort, biblischer Bilderwelt und Frömmigkeitspraxis der Sterbevorbereitung sind Jesu Worte am Kreuz nach Mt 27, 46 bzw. Mk 15, 34, die für die Überwindung der Hölle stehen und den Beter seiner eigenen Erwählung gewiss machen: »Du musst doch Gott Gott sein lassen und zulassen, dass er mehr von dir weiß als du selbst. Darum sieh das himmlische Bild Christi an, der um deinetwillen in die Hölle gefahren ist und von Gott verlassen war wie einer, der auf ewig verdammt ist, und am Kreuz sprach: Eli, Eli, lama asabthani. O mein Gott, o mein Gott, warum hast du mich verlassen? Siehe, in diesem Bild ist deine Hölle überwunden und deine ungewisse Erwählung ist gewiss gemacht.«[6]

Um die Sakramente als Trost und sichtbares Zeichen des göttlichen Willens in der Vorbereitung auf das Sterben hervorzuheben, nutzt Luther Ps 119, 105 (»Dein Wort ist meines Fußes Leuchte und ein Licht auf meinem Wege«) in Verbindung mit weiteren elementaren biblischen Bildern: An die Sakramente »soll man sich mit festem Glauben halten wie an den guten Stab, mit dem Jakob, der Patriarch, durch den Jordan ging, oder wie an eine Laterne, nach der man sich richtet und die man immer im Auge behalten soll auf dem finsteren Weg des Todes, der Sünde und der Hölle, wie der Prophet sagt: Dein Wort, Herr, ist ein Licht auf meinem Weg, und Petrus: Wir haben ein Wort Gottes, das gewiss ist, und ihr tut gut, euch daran zu halten. Es kann nichts sonst in Todesnöten helfen, denn mit diesem Zeichen werden alle erhalten, die erhalten werden.«[7]

Luther versteht die Sakramente als »Worte Gottes, die dazu dienen, dass sie uns Christus zeigen und zusagen mit allem seinem Gut, das er selbst ist, gegen Tod, Sünde, Hölle. Nun ist kein lieblicheres, begehrenswerteres Ding zu hören, als dass Tod, Sünde und Hölle vergangen sind. Das geschieht durch Christus in uns, wenn wir das Sakrament recht gebrauchen. Dieser Gebrauch ist nichts anderes als glauben, es sei so, wie die Sakramente durch Gottes Wort zusagen und versichern. Darum ist es nötig, dass man nicht nur die drei Bilder in Christus ansehe und die Gegenbilder damit austreibe und fallen lasse, sondern dass man ein ganz gewisses Zeichen hat, das uns versichert, es ist uns so gegeben; das sind die Sakramente.«[8]

Dass der Glaube in sämtlichen Anfechtungen des Sterbens und des Todes Gewissheit behalten darf, wird über eine Kaskade einprägsamer biblischer Einzelworte vermittelt. Sie setzt mit Psalm 32, 8 ein, wird mit dem Trostwort Elisas an dessen Knecht angesichts der Bedrohung durch das übermächtige Heer der Aramäer in 2Kön 6, 16 verbunden und durch eine Reihe von Psalmenzitaten (Ps 34, 8; Ps 125, 1; Ps 91, 11) fortgeführt: »Denn wenn du an die Zeichen und Worte Gottes glaubst, dann hat Gott ein Auge auf dich, wie er Ps 32 sagt: Firmabo etc., das heißt: Ich will meine Augen stets auf dich richten, damit du nicht untergehest. Wenn aber Gott auf dich sieht, so sehen mit ihm alle Engel, alle Heiligen, alle

---

[6] A.a.O. 59, 5-12.
[7] A.a.O., 63, 34-42.
[8] A.a.O., 69, 4-13.

Geschöpfe auf dich, und wenn du im Glauben bleibst, halten sie alle die Hand unter dich. Verlässt dich deine Seele, dann sind sie da und empfangen sie, du kannst nicht untergehen. Das ist bezeugt von Elisa, 2Kön 6, der zu seinem Knecht sprach: Fürchte dich nicht, es ist mehr Unterstützung mit uns als mit ihnen – obwohl die Feinde sie umringt hatten und sie niemand anderen sahen. Aber Gott öffnete dem Knecht die Augen, und da war ein großer Haufen feuriger Pferde und Wagen um sie. So ist es gewiss auch um einen jeglichen bestellt, der Gott glaubt. Hierher gehören auch die Worte Ps 34: Der Engel Gottes wird sich rings um die lagern, die Gott fürchten, und wird sie erlösen. Ps 125: Die Gott vertrauen, werden fest stehen wie der Berg Zion. Er wird ewig bleiben. Hohe Berge – das sind Engel – sind um ihn her, und Gott selbst umringt sein Volk von nun an bis in Ewigkeit. Ps 91: Er hat dich seinen Engeln befohlen, sie sollen dich auf Händen tragen und dich bewahren, auf deinen Wegen, dass du deinen Fuß nicht an irgendeinem Stein stößt. Über Schlangen und Basilisken sollst du gehen und Löwen und Drachen niedertreten – das heißt: Alle Stärke und List des Teufels werden dir nichts tun. Denn er hat mir vertraut.«[9]

Mehrfach leuchtet im Sermon die aszetische Trias von oratio, meditatio und tentatio auf. Bei der Anfechtung (tentatio) steht die tröstende Funktion des Wortes Gottes im Vordergrund: Gott »zeigt und gibt dir in Christus das Bild des Lebens, der Gnade und der Seligkeit, damit du dich vor dem Bild des Todes, der Sünde und der Hölle nicht entsetzest. Er legt überdies deinen Tod, deine Sünde, deine Hölle auf seinen liebsten Sohn und überwindet sie für dich, macht sie für dich unschädlich. Er lässt weiter deine Anfechtung des Todes, der Sünde, der Hölle auch auf seinen Sohn kommen und lehrt dich daran sich zu halten. So macht er die Anfechtung unschädlich, ja sogar erträglich.«[10]

Gottes Segens-Verheißung an Abraham Gen 12, 3 wird als biblisches Einzelwort auf die Erwählung des durch das Sterben Angefochtenen bezogen: »Und wenn du Christus und alle seine Heiligen ansiehst und dir wohlgefällt die Gnade Gottes, der sie doch erwählt hat, und ganz fest in diesem Wohlgefallen bleibst, so wirst auch du schon erwählt sein, wie Gott Gen 12 sagt: Alle, die dich segnen, sollen gesegnet sein. Hältst du aber nicht daran fest, sondern fällst du in dir selbst zusammen, dann entsteht in dir ein Widerstand gegen Gott und seine Heiligen, und du kannst in dir nichts Gutes finden. Darum hüte dich davor, denn da will der Teufel dich hintreiben mit viel List.«[11]

Alttestamentliche Szenen wie die Vorbereitung des Sieges Gideons über Midian in Ri 7, 16 imaginieren, wie Tod, Sünde und Hölle fliehen, wenn der Beter sich ausschließlich die Bilder Christi und seiner Heiligen einzuprägen beginnt: »Diese drei Bilder oder Streitsachen sind im Voraus Ri 7 angekündigt, wo Gideon die Midianiter mit dreihundert Mann an drei Orten in der Nacht angriff, aber nicht mehr tat, als dass er Trompeten blasen und leere Krüge mit Fackeln darin

---

[9] A.a.O., 69,29-71, 9.
[10] A.a.O., 73, 13-20.
[11] A.a.O., 59, 16-23.

zusammenschlagen ließ, woraufhin die Feinde flohen und sich selbst töteten. Ebenso fliehen Tod, Sünde und Hölle mit allen ihren Kräften, wenn wir nur Christi und seiner Heiligen leuchtende Bilder in uns einprägen – und zwar in der Nacht, das heißt: im Glauben, der die bösen Bilder nicht sieht noch sehen kann –, dazu uns mit Gottes Wort wie mit Trompeten anstacheln und stärken.«[12]

Entscheidendes Heilmittel gegen die den Sterbenden bedrohende Sündenangst ist das Bild Christi am Kreuz. »Du musst [...] die Sünde nicht anders als im Bild der Gnade ansehen und dieses Bild mit aller Kraft dir einprägen und vor Augen halten. Das Bild der Gnade ist nichts anderes als Christus am Kreuz [...]. Das ist die Gnade und Barmherzigkeit, dass Christus am Kreuz deine Sünde von dir nimmt, sie für dich trägt und vernichtet; dies fest zu glauben und vor Augen zu haben, nicht daran zu zweifeln, das heißt das Bild der Gnade ansehen und in sich bilden.«[13] Das Gebet, die oratio, bleibt auch hier die Voraussetzung für Gottes Trosthandeln: »Er gebietet, du sollst solches von ihm erbitten und der Erhörung gewiss sein.«[14] Bestätigend wird Ps 111,2 als weiteres Einzelwort angeführt: »Warum sollte er dir nicht etwas so Großes auferlegen, wie das Sterben, wenn er so großen Nutzen, Hilfe und Stärke dazu gibt, um zu erproben, was seine Gnade vermag, wie geschrieben steht Ps 111: Die Werke Gottes sind groß und auserwählt nach seinem Wohlgefallen.«[15]

2.2   Eine schlichte Weise zu beten, für einen guten Freund

In der »Schlichten Weise zu beten«[16] führt Luther in den Gebrauch des methodischen Schlüssels des »Vierfachen Kränzleins« für die bibeltextgebundene Gebetspraxis ein. Er veranschaulicht mit dessen Hilfe zunächst anhand des Vaterunsers und der Zehn Gebote als exemplarischen Stücken der Heiligen Schrift für den Freund und Wittenberger Barbier Peter von Beskendorf den Zusammenhang von beruflichem Lebensalltag und christlichem Glauben. Das sorgfältige schriftbezogene Beten wird mit der Arbeit eines guten Barbiers verglichen. Peter von Beskendorf ersticht am Ostersamstag 1535 angetrunken seinen Schwiegersohn Dietrich, einen Landsknecht, der sich mit dem Ruf der Unverwundbarkeit gebrüstet hatte. Die Schrift für Meister Peter wird nicht zuletzt dadurch zum Dokument lutherischer Rechtfertigungslehre, dass auch nach der Verurteilung, Begnadigung und Verbannung von Beskendorfs aus Wittenberg die Widmung Luthers in den nachfolgenden Drucken aufrechterhalten bleibt.

Das nahezu sakramental verstandene Vaterunser, mit dessen Hilfe der Beter über dem betenden Vollzug in die Christusnachfolge eintritt, ist grundlegendes

---

[12] A.a.O., 59, 24-33.
[13] A.a.O., 57, 16-24.
[14] A.a.O., 73, 24-25.
[15] A.a.O., 73, 27-30.
[16] Vgl. MARTIN LUTHER, Eine schlichte Weise zu beten, für einen guten Freund 1535 [WA 38, (351) 358-375], in: MARTIN LUTHER, Deutsch-Deutsche Studienausgabe. Bd. 1, 599-631.

Modell-Gebet einer schriftbezogenen Gebetspraxis.[17] Die am Vaterunser veranschaulichte Anleitung zum bibelbezogenen Beten kann auf jeden biblischen Text übertragen werden. Ein solches Beten im Raum der Heiligen Schrift ist erhörungsgewisses Beten, da Gott sein Wort für unser Gespräch mit ihm zur Verfügung stellt. Erforderlich ist jedoch zunächst ein Aufwärmen des Herzens des Beters durch Arbeit am äußeren Schriftwort:»Zunächst, wenn ich spüre, dass ich durch fremde Arbeit oder Gedanken kalt und unwillig zu beten geworden bin wie denn das Fleisch und der Teufel immerzu das Gebet verwehren und verhindern, nehme ich mein Psalterbüchlein, laufe in die Kammer oder, wenn es der Tag und die rechte Zeit ist, in die Kirche zu den Leuten und fange an, die Zehn Gebote, das Glaubensbekenntnis und, wenn ich noch Zeit habe, etliche Worte Christi, des Paulus oder aus den Psalmen vor mich hin aufzusagen, und das alles, wie es die Kinder tun.«[18]

Danach kann der Heilige Geist selbst die Führung übernehmen. Er beginnt, für uns zu beten und zu predigen:»Oft kommt es vor, dass ich in einem Stück oder einer Bitte mich in so reiche Gedanken verliere, dass ich die anderen sechs alle hintanstehen lasse. Und wenn solche reichen, guten Gedanken kommen, dann soll man die anderen Gebete fahren lassen und solchen Gedanken Raum geben, ihnen still zuhören und sie beileibe nicht unterdrücken. Denn da predigt der Heilige Geist selbst, und ein Wort seiner Predigt ist besser als tausend unserer Gebete, und ich habe auch selbst oft in einem Gebet mehr gelernt, als ich aus vielem Lesen und Nachsinnen hätte lernen können.«[19]

In vergleichbarer Weise sind die Zehn Gebote als Vorlage einer schriftbezogenen Gebetspraxis nutzbar. Das vierfach gewundene Kränzlein von Lehre, Danksagung, Beichte und Gebet bietet auch dazu die entscheidende methodische Hilfe:»Wenn mir aber neben dem Vaterunser noch Zeit und Gelegenheit bleibt, so verfahre ich mit den zehn Geboten genauso und nehme mir ein Stück nach dem anderen vor damit ich ja ganz frei werde zum Gebet, soweit es möglich ist, und mache aus einem jeden Gebet ein vierfach gewundenes Kränzlein: Zum Ersten nehme ich ein jegliches Gebot als eine Lehre, wie es ja auch wirklich ist, und bedenke, was Gott, unser Herr darob so entschieden von mir fordert. Zum Zweiten mache ich eine Danksagung daraus, zum Dritten eine Beichte, zum Vierten ein Gebet.«[20]

Beten vollzieht sich dadurch, dass der Beter einen Ausschnitt aus der Heiligen Schrift im vierfachen Kränzchen dreht und wendet, ihn mit seinen eigenen Worten Gott gegenüber in eine Lehre, eine Beichte sowie einen Dank verwandelt und dies alles betend Gott vorträgt. Biblische Einzelworte wie das unablässige Gebet

---

[17] Vgl. GEORG NICOLAUS, Die pragmatische Theologie des Vaterunsers und ihre Rekonstruktion durch Martin Luther, Leipzig 2005.

[18] LUTHER (wie Anm. 16), 603, 5-12.

[19] A.a.O., 611, 21-29.

[20] A.a.O., 613, 40-615, 5.

nach Lk 11,8, 1 Thess 5,17 oder Psalm 1,2 dienen als Orientierungs- und Merk-punkte dieses bibeltextbezogenen Betens.

Persönliches Beten bleibt mit dem Gottesdienst der Christen verbunden. An die Stelle des »stillen Kämmerleins« kann auch der Kirchenraum mit den in ihm gefeierten Gottesdiensten treten. Luther geht davon aus, dass der »Kirchenstuhl« als Raum im Raum ebenfalls einen Schutzraum des Betens bietet. Der Zusammenhang von persönlicher und gottesdienstlicher Gebetsfrömmigkeit wird am Beispiel des »Amen« aus dem Vaterunser verdeutlicht: »Zuletzt bedenke, dass du das Amen jederzeit stark machen und nicht zweifeln sollst, dass Gott dir gewiss mit aller Gnade zuhört und ja sagt zu deinem Gebet, und bedenke ja auch, dass du nicht alleine da kniest oder stehst, sondern die ganze Christenheit, alle frommen Christen bei dir und du unter ihnen in einmütigem, einträchtigem Gebet, welches Gott nicht verachten kann.«[21]

2.3 Der Kleine Katechismus

Der als Elementarbibel verstandene »Kleine Katechismus«[22] stellt zentrale bibli-sche Einzelworte zur Verfügung, die nicht nur der Vermittlung christlicher Glau-benslehre, sondern zugleich der bibelgebetsorientierten Frömmigkeitspraxis als Ausgangspunkt dienen. Grundlegend ist, dass der Katechismus gebetet und nicht nur gelehrt wird. In der Vermittlung durch den Hausvater wird er für die des Lesens nicht kundigen Knechte und Mägde der Hausgemeinschaft zur geistlichen Anleitungsschrift. Er führt mit seinem Aufbau und den Zehn Geboten als erstem Hauptstück vor Augen, dass Gott uns zuerst durch sein Wort anspricht, bevor wir ihm mit Hilfe seines Wortes zu antworten beginnen.[23]

Die den Kleinen Katechismus bestimmende biblische Einzelspruchfrömmig-keit ordnet den Hauptstücken biblische Einzelverse im Sinne von Merkzeichen zu. Zentrale Abschnitte wie der Taufbefehl oder die Einsetzungsworte des Heiligen Abendmahls sind Bestandteil des Katechismus und werden mit seiner Hilfe betend angeeignet. Zudem ergänzt das Spruchbuch für die einzelnen Stände die Funktion des Kleinen Katechismus als Elementarbibel.[24] Gott spricht durch den gesamten Katechismus hindurch zu uns mittels biblischer Worte und wir antworten ihm ebenfalls mittels solcher. Aufbau und Abfolge der Stücke des

---

[21] A.a.O., 611, 1-6.

[22] Vgl. MARTIN LUTHER, Der Kleine Katechismus 1529 [WA 30, (669) 264-326], in: MARTIN LUTHER, Deutsch-Deutsche Studienausgabe. Bd. 1, 571-597.

[23] Vgl. MICHAEL BEYER, Martin Luthers Betbüchlein, in: Lutherjahrbuch 74 (2007), 29-50, 35: Das Rezitieren der Katechismusstücke ist Beten und Anregung, mit Gott zu reden.

[24] »Der Haustafel etlicher Sprüche« findet sich nicht in der Studienausgabe, sondern WA 30, 523-527 abgedruckt. Die Haustafel stellt eine Kurz-Bibel für heilige Orden und Stände (ordo ecclesiasticus, politicus und oeconomicus) dar und bietet eine den jeweiligen Stand bzw. Beruf besonders betreffende Bibelstelle, ebenfalls wieder als Einzelspruch.

Kleinen Katechismus stellen einen geistlichen Erkenntnisweg dar. Gott eröffnet mit dem »Du sollst« des ersten Gebotes das Gespräch des Christen mit ihm.[25]

Elementare Bibelstellen wie der Taufbefehl aus Mt 28, 19f oder die Einsetzungsworte des Abendmahls aus den Evangelisten Matthäus, Markus, Lukas und den Briefen des Paulus gehören zur geistlichen Grundausrüstung des Christen und sollen betend im Lebensvollzug abgerufen werden. Wenn Luther in der Vorrede vom »Lehren« der Katechismusstücke spricht, meint er mehr als »Verstehen«, nämlich das damit verbundene Einüben im Frömmigkeitsvollzug, bei dem sich die Kraft von Luthers sprachschöpferischer Übersetzung der Bibel als Hör- und Klang-Raum entfaltet. Morgen-, Abend- und Tischsegen als Transformation des klösterlichen in das häusliche Leben enthalten Anweisungen zum leibbezogenen Vollzug und werden durch das mit ihnen verbundene einsame wie gemeinsame Sprechen von Glaubensbekenntnis und Vaterunser erst vollständig.[26] Die Hausliturgien mit Morgen-, Abend- und Tischsegen formatieren die Wirklichkeitswahrnehmung der Betenden und üben die Haltung des Glaubens für den Alltag ein. Insbesondere beim Tischsegen[27] entfaltet sich eine Fülle sämtlich den Psalmen entnommener biblischer Einzelworte (Ps 145,15f.; Ps 106,1; Ps 136,25; Ps 147,9). Sie zeigen, dass das alltagsbezogene Beten immer zugleich schriftbezogen bleibt und auf Gottes Wort als Antwort zurückgreift.

2.4 Die Vorrede zum ersten Band der Wittenberger Ausgabe der deutschen Schriften

Martin Luthers »Vorrede zum ersten Band der Wittenberger Ausgabe der deutschen Schriften«[28] lässt sich ebenfalls als konzentrierte Anleitungsschrift zum geistlichen Leben verstehen. Sie hebt die Bedeutung der Übung für die

---

[25] Michael Beyers Thesen beziehen sich auf Luthers »Betbüchlein« von 1522, lassen sich aber meines Erachtens auf den Kleinen Katechismus übertragen: »Wer mit der Absicht zu beten das Eingangswort des traditionell auswendig gelernten und bereits auch altkirchlich als Gebet verstandenen Dekaloges zitiert: ›Ich bin der Herr, dein Gott‹, der lässt zu, dass sich ein Gespräch anbahnt, in dem Gott das erste Wort hat: ich bin der Herr, dein Gott! Und der somit den Beter in eine von ihm dominierte Ich-Du-Beziehung zieht, der diesen dann am Dekalog entlang zu Sündenerkenntnis und -bekenntnis führt.« (BEYER [wie Anm. 23], 36)

[26] Vgl. FRIEDER SCHULZ, Die Hausgebete Luthers, in: ALBRECHT PETERS, Kommentar zu Luthers Katechismen. Bd. 5: Die Beichte. Die Haustafel. Das Traubüchlein. Das Taufbüchlein. Mit Beiträgen von Frieder Schulz und Rudolf Keller, hrsg. von GOTTFRIED SEEBASS, Göttingen 1994, 191-204 sowie KONSTANZE KEMNITZER/KLAUS RASCHZOK, Art. Abendsegen, in: VOLKER LEPPIN/GURY SCHNEIDER-LUDORFF (Hrsg.), Das Luther-Lexikon, Regensburg 2014, 37.

[27] Vgl. LUTHER (wie Anm. 23), 597, 5-30.

[28] Vgl. MARTIN LUTHER, Vorrede zum Ersten Band der Wittenberger Ausgabe der deutschen Schriften 1539 [WA 50, (654) 657-661], in: MARTIN LUTHER, Deutsch-Deutsche Studienausgabe. Bd. 1, 657-669.

reformatorische Frömmigkeitspraxis hervor und entfaltet die grundlegende aszetische Trias (»Davids Regel«) von oratio, meditatio und tentatio für den methodischen Umgang des Christen mit der Bibel. Der Heiligen Schrift wird ihr Sinn bzw. ihr Charakter als lebendiges Wort Gottes nur im wiederholten Lesen abgerungen. Luthers Vorrede macht die Bedeutung des äußeren Schriftwortes für die Frömmigkeitspraxis deutlich. Reformatorische Schriftmeditation ist für ihn immer an das äußere Schriftwort gebunden. Theologie studieren heißt für Luther in erster Linie, Glauben anhand der Heiligen Schrift zu »üben«, und beschreibt eine allen Christen mögliche Frömmigkeitspraxis.

»Davids Regel«, die Luther aus Psalm 119 entnimmt, besteht aus drei miteinander verbundenen Einzelregeln, die er durch den ganzen Psalm hindurch ausführlich angewandt sieht. Oratio (Gebet), meditatio (Meditation) und tentatio (Anfechtung) bilden das Grundgerüst schriftbezogener Frömmigkeit: »Darüber hinaus will ich dir eine rechte Art und Weise zeigen, Theologie zu studieren, in der ich mich geübt habe. [...] Und das ist die Art und Weise, wie der heilige König David im 119. Psalm lehrt, woran sich auch ohne Zweifel alle Patriarchen und Propheten gehalten haben. Darin wirst du drei Regeln finden, die durch den ganzen Psalm hindurch ausführlich angewandt werden. Sie heißen so: Oratio, Meditatio, Tentatio – Gebet, Meditation, Anfechtung.«[29] Meditieren »heißt, nicht allein im Herzen, sondern auch äußerlich die mündliche Rede und die geschriebenen Worte im Buch immer drehen und wenden, wieder und wieder lesen, unter fleißigem Aufmerken und Nachdenken, was der Heilige Geist damit meint. Und hüte dich, dass du nicht überdrüssig wirst oder denkst, es sei genug und du verständest alles bis auf den Grund, wenn du es ein- oder zweimal gelesen, gehört, gesagt hättest. Denn daraus wird nimmermehr ein richtiger Theologe, sondern solche sind wie das unzeitige Obst, das abfällt, ehe es halb reif wird.«[30]

Oratio, meditatio und tentatio sind drei Perspektiven, die der Leser im Umgang mit der Bibel einnimmt, die sich wechselseitig durchdringen und die keinesfalls als Stufenfolge missverstanden werden dürfen. Oratio steht für den grundsätzlichen betenden Umgang mit der Schrift. Meditatio meint, am Buchstaben der Schrift solange zu bleiben, bis der Heilige Geist die Führung ergreift. »Denn Gott will dir seinen Geist nicht geben ohne das äußere Wort, danach richte dich. Denn er hat es nicht umsonst befohlen, äußerlich zu schreiben, zu predigen, zu lesen, zu hören, zu singen, zu sagen usw.«[31] Tentatio ist der Prüfstein und die Erfahrung, wie tröstlich Gottes Wort ist.[32] Das Schriftwort führt in die Anfechtung und tröstet durch sie hindurch.

---

[29] A.a.O., 663, 27-39.

[30] A.a.O., 665, 20-28.

[31] Ebd., 31-34.

[32] Vgl. ebd., 36-39.

3. Konturen einer biblischen Einzelspruchfrömmigkeit

In Luthers Anleitungsschriften zum geistlichen Leben zeichnen sich Konturen einer biblischen Einzelspruchfrömmigkeit ab. Sie bestimmt bis in die Gegenwart lutherisch geprägte Frömmigkeit in Gestalt von Tauf-, Konfirmations- und Trauspruch. Dem in den Anleitungsschriften begegnenden Gebrauch biblischer Einzelworte korrespondieren die fett gedruckten Verse in Martin Luthers Bibelübersetzung, die sogenannte Kernstellenmarkierung, als hermeneutischer Schlüssel für die Bibellektüre. Nach ersten Versuchen in Einzeldrucken biblischer Bücher seit 1529 erfolgt in der Bibelausgabe 1539 eine planvolle Konzeption der Kernstellen-Markierung. Es sind Verse oder Einzelsätze, bei denen das Auge des Lesers verweilen kann und die Leitfunktion für die Lektüre der Bibel erhalten.[33] Sie zeigen auf den heilenden und Heil schaffenden Inhalt und sind deshalb mehr als bloß ein »frommer Spruch«. Das Verfahren der Kernstellenmarkierung korrespondiert dem Einsatz von Kernstellen in Martin Luthers Anleitungsschriften zum geistlichen Leben. Luther hatte mit einer nicht unerheblichen Zahl von Christen zu rechnen, die im 16. Jahrhundert noch nicht im Besitz einer Voll-Bibel waren, da die Bibelverbreitung in weitere Kreise erst im 17./18. Jahrhundert einsetzt, als durch eine Innovation der Druckverfahren preisgünstige und für viele erschwingliche Bibelausgaben gedruckt werden konnten.[34] Durch die Kernstellen wie durch die biblischen Einzelworte in den Anleitungsschriften wird ein lebendiges Bewegen im Raum der Heiligen Schrift unterstützt. Biblische Einzelworte werden zu Schnittstellen zwischen biblischer Welt und Alltagswelt der Leser. In der Praxis des Tauf-, Trau- und Konfirmationsspruches werden die biblischen Einzelworte mit dem Lebensalltag verwoben, entfalten auf dem unverfügbaren Weg vom äußeren zum inneren Schriftwort ihre Kraft und lassen Gottes Heiligen Geist zu Wort kommen. Der Bibelgebrauch mittels Kernstellen ist ein lebenspraktischer Zugang, der einer kontinuierlichen Auffrischung durch den Gottesdienst und insbesondere durch die Predigt benötigt, um sich nicht zu verselbständigen. Es muss sich dabei jedoch um Gottesdienste und Predigten handeln, welche in erster Linie die Heilige Schrift selbst zu Wort kommen lassen und auf diese und deren »Lektüre« durch die Feiernden bezogen sind.[35]

---

[33] Vgl. HARTMUT HÖVELMANN, Kernstellen der Lutherbibel. Eine Anleitung zum Schriftverständnis (Texte und Arbeiten zur Bibel 5), Bielefeld 1989.

[34] Vgl. KARL-FRITZ DAIBER/INGRID LUKATIS, Bibelfrömmigkeit als Gestalt gelebter Religion (Texte und Arbeiten zur Bibel 6), Bielefeld 1991.

[35] Vgl. KLAUS RASCHZOK, Predigt als Leseakt. Essays zur homiletischen Theoriebildung, Leipzig 2014.

4. Die Bibel als »Atem-Raum des Heiligen Geistes« (Oswald Bayer)

Was Luthers Anleitungsschriften zum geistlichen Leben zum Modell reformatorisch geprägter Lebensgestaltung macht, ist ihr spezifischer Gebrauch der Heiligen Schrift. Sie und die aus ihr erhobene biblische Einzelspruchfrömmigkeit werden zum Wahrnehmungsinstrument für die Gottesbeziehung im Lebensalltag. Die Erfahrung des zu uns lebendig sprechenden Gottes ist mit Oswald Bayer an die Heilige Schrift als »Atem-Raum des Heiligen Geistes« gebunden.[36] Die Textwelt der Bibel stellt den Raum einer Erfahrung dar, die ich primär nicht mache, sondern erleide. Sie ist Erfahrungs- und Übungsraum. Gott sorgt von sich aus dafür, dass ich ihn »wahrnehme«, d.h. bewusst sehe und dann tätig ergreife. Die freie Bewegung im Raum der Schrift stellt eine Erkundungsfahrt dar, gleichsam eine Askese im Sinne einer sportlichen Übung.[37] Alle Christen sollen sich in den Heiligen Schriften frei bewegen bzw. aufhalten »und sich völlig in deren Kraft und Wesen hineinverwandeln lassen.«[38] Anfechtung bedeutet für Bayer nichts anderes als die Geltung des Ersten Gebots: Wer meditiert, »wird damit zugleich in den Streit zwischen dem einen und einzigen Herrn und den vielen Herren [...] verwickelt [...]. Es genügt nicht, um sie und damit um Gottes Allmacht ›allein (zu) wissen‹ und sie damit dem geistigen Auge zeitlos gegenwärtig zu erhalten; er muss sie vielmehr ›auch erfahren‹. [...] Die Anfechtung ist nicht etwa der Prüfstein der Echtheit des Glaubens als der Wahrhaftigkeit und Glaubwürdigkeit des glaubenden Menschen. Sie ist vielmehr der Prüfstein des Wortes Gottes, das in der Anfechtung und gegen sie seine Glaubwürdigkeit und Macht erweist.«[39] Der Lebensalltag wird in den biblischen Text eingebracht und dort betend betrachtet.

5. Aktuelle Bedeutung von Luthers Modellvorstellung der Heiligen Schrift als Wahrnehmungsinstrument einer lebensnahen Frömmigkeit

Die entscheidende Bedeutung der Modellvorstellung der Heiligen Schrift als Wahrnehmungsinstrument einer lebensnahen Frömmigkeit besteht darin, dass diese an den biblischen Text als äußeres Wort gebunden wird. Über dem betenden Umgang mit ihm bzw. über seine Verwendung in der Gotteskommunikation wird der biblische Text zum Medium der Gottesgegenwart und Heilsvermittlung durch den Heiligen Geist. Weiter zeigen Luthers Anleitungsschriften zum geistlichen

---

[36] Vgl. OSWALD BAYER, Kämpfender Glaube, in: CHRISTIAN EYSELEIN u.a. (wie Anm. 4), 9-26.
[37] Vgl. a.a.O., 14-17.
[38] A.a.O., 18.
[39] A.a.O., 23.

Leben die hohe Bedeutung des Erlebnis- und Klangraums der Luther-Übersetzung als aszetischem Medium. Schließlich konturiert sich die biblische Einzelspruchfrömmigkeit als wichtiges Instrument, und es werden methodische Schlüssel für einen solchen Umgang mit der Heiligen Schrift mit dem »vierfachen Kränzlein«, der aszetischen Trias und der Kernstellenmarkierung in Luthers Bibelübersetzung zur Verfügung gestellt.

Johannes Rehm hat im Anschluss an Martin Luther das Konzept einer »lebensnahen Frömmigkeit der Arbeit« und des Lebensalltags entfaltet. Dieses lässt sich durch Luthers Anleitungsschriften zum geistlichen Leben hinsichtlich des Bibelgebrauchs näher konkretisieren. Rehm versteht Frömmigkeit im Rahmen der Berufsarbeit als eigenständigen Strang evangelischer Spiritualität. Der Arbeitsplatz ist der Ort, an den man von Gott berufen worden ist, um sich einzubringen, seinen Glauben zu leben und seine Pflicht zu tun. Durch die Anwendung des Rechtfertigungsglaubens auf den Begriff der Arbeit wird ein gesetzliches Missverständnis vermieden. Arbeit ist für Martin Luther alles menschliche Tätigsein in Haus und Hof. Der Arbeitsalltag wird zum Ort der Glaubenspraxis.[40]

Biblische Texte transportieren keine aus ihnen zu erhebende Botschaft, sondern sind Medien der Heilsvermittlung, deren äußeres Wort im betenden Umgang zum inneren Wort der Heiligen Schrift wird.[41]

---

[40] Vgl. JOHANNES REHM, »In Gottes Namen fang ich an ...« Arbeit als Berufung, in: PETER ZIMMERLING (Hrsg.), Handbuch Evangelische Spiritualität, Bd. 3: Praxis, Göttingen 2020, 760-781.

[41] Dieses Verständnis hat nicht zuletzt Folgen für das Anforderungsprofil des evangelischen Pfarrberufs. Dessen professioneller Umgang mit der Heiligen Schrift hat neben der intellektuell-kommunikativen zwingend auch die geistliche Dimension zu umfassen. Diese spielt jedoch gegenwärtig im Studium der Evangelischen Theologie ebenso wie in der sogenannten Zweiten Ausbildungsphase zum Pfarrberuf, dem Vikariat, keine entscheidende Rolle. Sie bleibt eher zufällig der jeweils individuellen privaten Frömmigkeit von Pfarrerinnen und Pfarrern überlassen, ohne konsequent an die Inhalte des akademischen theologischen Studiums zurückgebunden und damit in gleicher Weise wie diese auch der erforderlichen kritischen akademischen Reflexion zugänglich zu sein.

Hanns Kerner

Gebet und Arbeitswelt

Beobachtungen zu individuellen und gemeinschaftlichen Ausformungen

Im Gebetsleben spiegelt sich, was glaubende Menschen bewegt. So ist es nur natürlich, dass die verschiedenen Facetten des Arbeitslebens und der Arbeitswelt im Gebet zur Sprache gebracht werden. Dies geschieht sowohl im privaten wie im öffentlichen Gebet. Bevor ich diese beiden sich zum Teil überschneidenden Bereiche näher betrachte, gehe ich kurz einem auffälligen Phänomen nach. In unserer deutschen evangelischen theologischen Tradition sowie der mit ihr verbundenen privaten und gottesdienstlichen Gebetspraxis kommt der Arbeitswelt bei weitem nicht die Bedeutung zu, die sie im Leben der Menschen besitzt. Dies ist allerdings kein neues Phänomen. Zwei Entwicklungslinien, die dies illustrieren und bis heute nachwirken, seien kurz skizziert.

Die erste betrifft das Problemfeld Arbeiterschaft und Kirche. Hier gerät paradigmatisch die geistliche Begehung des 1. Mai als Tag der Arbeit ins Visier. Dieser stieß sowohl im Kaiserreich wie in der Weimarer Republik bei den evangelischen Kirchen wegen seiner Herkunft und seiner Trägerschaft beinahe durchgängig auf Ablehnung. Dies veränderte sich allerdings schlagartig mit der Machtergreifung der Nationalsozialisten 1933. Jetzt gab man sich vor allem der Illusion hin, dass »im Nationalsozialismus das christliche Verständnis von Arbeit als Dienst Realität« werden würde.[1] So sollten künftig am 1. Mai in den Landeskirchen Predigtgottesdienste stattfinden, und den Pfarrern wurden von den Kirchenleitungen Fürbittgebete an die Hand gegeben.[2] Schnell stellte sich aber heraus, dass man einer Fehleinschätzung erlegen war; die Kirche sollte an diesem Tag höchstens eine den Nationalsozialismus stützende Rolle spielen.[3] Diese Enttäuschung hinterließ Spuren. Als der Alliierte Kontrollrat 1946 den 1. Mai als Feiertag einführte, wurde dies von den Gewerkschaften in Aufnahme der Tradition

---

[1] KARL-HEINZ FIX (Hrsg.), Zustimmung – Anpassung – Widerspruch. Quellen zur Geschichte des bayerischen Protestantismus in der Zeit der Nationalsozialistischen Herrschaft, Göttingen 2021, 86.

[2] Dazu wurde auch beispielsweise von der bayerischen Landeskirche ein Gebet herausgegeben, in dem vor allem für die Überwindung der Arbeitslosigkeit und die Aufhebung der gesellschaftlichen Zersplitterung die Hilfe Gottes erbeten wurde. (Vgl. a.a.O., 85)

[3] Zur Beflaggung der Kirchen am 1. Mai vgl. a.a.O., 86.

des 1. Mai als »Kampf und Feiertag der Arbeiterbewegung«[4] gefeiert. Es wundert nicht, dass dieser Feiertag in den Landeskirchen auf wenig Gegenliebe stieß. Es war ein langer Weg bis zu dem heute weitgehend unverkrampften Verhältnis der Kirchen zum 1. Mai und dessen zumindest punktueller Füllung mit gottesdienstlichem Leben.

Die zweite Entwicklungslinie betrifft die ökumenischen Impulse und die damit verbundenen theologischen Verschiebungen. 1925 bei der ersten Weltkonferenz für Praktisches Christentum (Life and Work) mussten sich die deutschen evangelischen Kirchenvertreter dezidiert mit Positionen rund um die Arbeitswelt befassen, die der ihren zum Teil diametral gegenüberstanden. Eines der Hauptthemen der Konferenz lautete: »Die Kirche und die wirtschaftlichen und sozialen Fragen.«[5] Zentral ging es dabei – verkürzt gesagt – um die Frage, ob es Aufgabe der Kirche sei, das Reich Gottes innerweltlich zu verwirklichen und so auch das wirtschaftliche und soziale Leben zu prägen. Dagegen stand die Position insbesondere des deutschen Luthertums, dass nicht Menschen das Reich Gottes bauen können, sondern dass dies allein in Gottes Hand läge. Für gerechte Arbeitsverhältnisse zu sorgen sei Sache des Staates, nicht der Kirche. Entscheidend war, dass im Laufe der Konferenz auch von Seiten der deutschen Kirchenvertreter dezidiert festgehalten wurde, dass die Verkündigung des Evangeliums auch die sozialen Fragen einschließt.[6] Insbesondere über die gemeinsamen Gebete[7] auf der Konferenz wurde auch die Überzeugung verbreitet, dass die Kirchen ihre sozialen Sünden bekennen und Buße tun sollten, da sie sich durch ihre einseitige Unterstützung des Kapitals an der Arbeiterschaft versündigt hätten. Auffällig ist, dass bei den Gebeten derjenigen, die sich für den Bau des Reiches Gottes in dieser Welt eingesetzt haben, die Gebetsrichtung zu Gott hin oft zu den Mitfeiernden hin wechselt. Eine Homiletisierung des Gebets ist hier zu beobachten. Ein zweiter wirkungsgeschichtlich bedeutsamer Faktor war die Internationalisierung der

---

[4] So ver.di in seiner kurzen Geschichte des 1. Mai (https://muenchen.verdi.de/++co++6e4c 3086-c624-11e3-9983-525400248a66, 27.4.23)

[5] ADOLF DEISSMANN, Die Stockholmer Weltkirchenkonferenz. Vorgeschichte, Dienst und Arbeit der Weltkonferenz für Praktisches Christentum, 19.-30. August 1925. Amtlicher Deutscher Bericht, Berlin 1926, 172-249.

[6] Vgl. HANNS KERNER, Luthertum und Ökumenische Bewegung für Praktisches Christentum 1919-1926, Gütersloh 1983, 220ff.; WOLFRAM WEISSE, Praktisches Christentum und Reich Gottes. Die ökumenische Bewegung Life and Work 1919-1937, Göttingen 1991, 297ff.

[7] Beispielhaft sei hier auf eine Paraphrase von Psalm 130 verwiesen, in der es heißt: » ›Aus der Tiefe rufe ich, Herr, zu Dir, Herr, höre meine Stimme!‹ Von dem Weh, von der Buße, von den sozialen Forderungen der Menschheit redet diese Stimme. Hier handelt es sich nicht nur um einige schwere Sünden, sondern um Riesenverbrechen. Was ihr hört, ist nicht die Klage einer verlorenen Seele, sondern ein furchtbarer Schrei aus der Hölle. ›Laß Deine Ohren merken auf die Stimme meines Flehens!‹ Dir, der Du allein sie bannen kannst, lege ich die Not der sozialen Frage aufs Herz, im Namen Christi und der Massen. ›So Du willst, Herr, Sünden zurechnen ...‹ unsere kirchlichen Sünden, die Sünden der Arbeitgeber und Arbeitnehmer ...« (DEISSMANN [wie Anm. 5], 205)

Gebetsanliegen.[8] In ihren Beiträgen auf der Weltkonferenz beschränkten sich die Vertreter der verschiedenen Kirchen jeweils auf die sozialen und wirtschaftlichen Verhältnisse in ihrem Land und deren dortige theologische Einordnung. Durch die kontroversen Beiträge auf der Konferenz wurde der Blick aber über die eigenen Verhältnisse hinausgeführt und eine gemeinsame Weltverantwortung angeregt. In der ökumenischen Bewegung wurden in der Folgezeit sowohl der praktische Einsatz wie das Gebet für gerechte Arbeitsverhältnisse essentiell.[9] Von Stockholm ausgehend lassen sich beispielsweise Linien zum sozialpolitischen Buß- und Bettag oder zur gottesdienstlichen Aufarbeitung der ungerechten Arbeitsbedingungen in fernen Ländern durch den Weltgebetstag der Frauen aufweisen. Die Ökumenische Bewegung hat eine Internationalisierung der Fragestellungen um die Arbeit gezeigt und die globalen Arbeitsverhältnisse auch im Gebet stärker zur Geltung kommen lassen.

Bevor wir uns den hier angesprochenen Bereichen des öffentlichen Gebets zuwenden, sollen aber vorab Anregungen zum privaten Gebet zu unserem Themenfeld behandelt werden. Die beiden sich zum Teil überschneidenden Bereiche des christlichen Glaubenslebens werden im Folgenden also getrennt betrachtet.

1. Privates Gebet und Arbeitswelt

Ein erster Blick ist Anregungen gewidmet, die von Seiten der verfassten Kirche für die Gebetspraxis gemacht wurden und werden.

1.1 Private Gebete mit dezidiertem Arbeitsweltbezug im Gesangbuch

Eine erste Quelle stellt das Evangelische Gesangbuch[10] dar. Dabei sind sowohl gesungene wie gesprochene Gebete zu betrachten. In den Liedern dominiert eine Arbeitsethik, wie sie in einer Gebetsstrophe des Liedes »O Gott, du frommer Gott« zum Ausdruck kommt: »Gib, dass ich tu mit Fleiß, was mir zu tun gebühret, wozu mich dein Befehl in meinem Stande führet. Gib, daß ich's tue bald, zu der Zeit, da ich soll, und wenn ich's tu, so gib, dass es gerate wohl.« (EG 495) Gott selbst ist

---

es, der den Menschen zur Arbeit und zu einem tätigen Leben beruft, und es ist Aufgabe der Christen, diese zum Lob und zur Ehre Gottes (EG 437,4; 494,6; 501,4) und zum Wohl der Mitmenschen (EG 451,9) gut zu verrichten. In allem gelingenden Arbeiten ist der Mensch dabei auf die Hilfe Christi (EG 68,8; 494,5; 496) und den Segen Gottes (EG 438,6) angewiesen. Verbunden ist das mit dem eschatologischen Ausblick, dass mit dem Verlassen des »Elends dieser Erden« (EG 477,5[11]) auch das Arbeiten und die damit verbundenen Beschwernisse (EG 513,4; 525,3) ein Ende haben (EG 529,1).

Wie auch in manchen Liedern bereits angeklungen[12] soll das Arbeitsleben vom Gebet getragen werden. Während im Evangelischen Kirchengesangbuch im Gebetsteil, in einem ähnlichen Duktus wie bei den Gebeten, im Lied lediglich in der Mette die Bitte gesprochen wird, dass »unsere Arbeit vollbracht werde nach deinem [Gottes] Wohlgefallen«[13], widmet das Evangelische Gesangbuch dem mit der Arbeitswelt verbundenen Spektrum breiteren Raum.[14] Der Dank für einen guten, harmonischen Arbeitsplatz wird genauso bedacht wie die Bitte um Überwindungen von Spannungen im Betrieb. Ein Bittgebet zur Überwindung von Überforderungen im Beruf sowie eine Klage in Bezug auf den Sinn der Arbeit sind für spezifische individuelle Situationen gedacht. Auch für den Fall, dass einen Kurzarbeit oder Arbeitslosigkeit treffen, werden Bitten angeboten. Die sprachlich einfach gehaltenen Gebete zeichnen sich dadurch aus, dass sie in ein existentielles Gespräch mit Gott führen und darauf verzichten, wie die Gesangbuchlieder im Geist traditioneller Topoi lutherisches Arbeitsethos zu formulieren. Was individuell anliegt, wird Gott direkt vorgetragen. Aus dem Rahmen fällt ein Theresa von Avila zugeschriebenes Gebet. Es nimmt die Hausarbeit in den Blick und soll im Bewusstsein dessen, dass alles menschliche Tun in Beziehung zu Gott steht, zur eigenen betenden Betrachtung anregen. Die meisten Anregungen zielen also auf das persönliche Gebet.

1.2   Private Gebete mit dezidiertem Arbeitsweltbezug in Gebets- und Andachtsbüchern

Aus den zahllosen Gebetssammlungen bzw. Andachtsbüchern greife ich zwei heraus, in denen Gebete mit Arbeitsweltbezug einen wesentlichen Anteil haben

---

[11] Hier wird auch die Vorstellung aufgegriffen, dass der Zwang zur Arbeit Folge der Sünde ist.

[12] Vgl. z.B. EG.B 667,1.

[13] Evangelisches Kirchengesangbuch. Ausgabe für die Evangelisch-Lutherische Kirche in Bayern, [1954], 100*.

[14] Vgl. zum Folgenden die dreizehn Gebete in EG.B, 1492-1496. Den individuellen Bereich betreffen die Nummern 2-9.

und gleichzeitig in ihrer Ausführung eine Gebetsschule darstellen: Die Gebets-sammlung von Manfred Seitz und Friedrich Thiele, »Wir beten«[15], und das Andachtsbuch »Wirtschaftswunder« von Johannes Rehm[16].

Der umfangreiche Teil der Gebetssammlung von Seitz/Thiele, in dem die Arbeitswelt bedacht wird, steht in der Tradition lutherischer Berufsethik unter dem Vorzeichen, dass Beruf als Berufung zu verstehen sei.[17] Es ist Gott, der den Menschen an seinen Arbeitsplatz gestellt hat. So endet das Gebet eines mit seinem Arbeitsverhältnis unzufriedenen Beters mit den Worten: »Hilf uns, dankbar und zufrieden dir zu dienen an dem Platz, auf den du uns gestellt hast.«[18] Am jeweiligen Arbeitsplatz sollen die »Dienstpflichten« treu erfüllt werden. Wo Probleme oder gar Feindseligkeiten mit Kollegen auftreten, wird in einer Selbstreflexion erinnert: »du [Gott] hast mir die Kollegen zum Nächsten gesetzt.«[19] Auch in einem schlechten Betriebsklima gilt es, sich als Christ zu bewähren und im Berufsalltag damit ausgleichend umzugehen.[20] Tritt ein Gefühl von Überforderung oder Versagen auf, wird einerseits um Kraft gebetet, aber auch die Bitte ausgesprochen: »Mach mich gewiß, daß du [Gott] mir nicht mehr zumutest als ich leisten kann.«[21]

An den genannten Beispielen wird ersichtlich, dass in der weit überwiegenden Zahl der Gebetsvorschläge die einzelnen Bitten nicht den Standpunkt derer einnehmen, die beten, sondern ein bestimmtes, theologisch begründetes Ethos vermitteln wollen. Die Gebete dieser Sammlung tragen insofern auch einen stark verkündigenden Charakter und sind ein gutes Beispiel dafür, wie in das Gebet gebetsfremde Anliegen eingetragen und das Gebet so für einen anderen Zweck wie beispielsweise den der Verkündigung funktionalisiert wird.[22]

Als Konsequenz dieses letztendlich verkündigungsfunktionalen Ansatzes wird auch Streit zwischen Arbeitgebern und Arbeitnehmern als Sünde bekannt. Im Sehen auf Christus soll der eigene Vorteil zurückgestellt und der Dienst an der Gemeinschaft im Vordergrund stehen.[23] Dienst an der Gemeinschaft ist Dienst an

---

[15] MANFRED SEITZ/FRIEDRICH THIELE (Hrsg.), Wir beten. Gebete für Menschen von heute, Bad Salzuflen/Gladbeck [7]1975.

[16] JOHANNES REHM, Wirtschafts-Wunder. 52 Lichtblicke für den Arbeitsalltag, Leipzig 2021.

[17] So ist diesem Teil der Sammlung auch das folgende Gebet Martin Luthers vorangestellt: »Lieber Vater, in meinem Berufe ist dein Wort und Befehl. Darauf gehe ich hin und werfe heute mein Netz aus und lass dich sorgen, daß es geraten werde. Ich bitte allein, gib deinen Segen und Gedeihen dazu.« (Seitz/Thiele [wie Anm. 15], 173).

[18] A.a.O. 175. Auffällig ist, dass der Schluss des individuellen Gebets im Plural formuliert wird. Hier geschieht offensichtlich der Überschritt von der individuellen Betroffenheit zur Dogmatik.

[19] A.a.O., 187.

[20] Vgl. a.a.O., 188f.

[21] A.a.O., 176.

[22] Vgl. auch KONRAD MÜLLER: Liturgische Präsenz, Liturgische Bildung, Performanz, in: DERS., Gottesdienst und Lebenswelt, Leipzig 2022, 93-113, 104, Anm. 20.

[23] So in dem in die Sammlung aufgenommenen Gebet von TOYOHIKO KAGAWA (a.a.O., 173).

Gott. Konkret geschieht dieser Dienst beispielsweise im Eintreten für Kollegen, die unter einem Vorgesetzten leiden.

Die Gebetssammlung von Thiele und Seitz zeichnet sich dadurch aus, dass sie für sehr viele verschiedene Situationen wie beispielsweise zur Berufsentscheidung oder zur Zusammenarbeit am Arbeitsplatz Gebete zur Verfügung stellt. Auch eine Fülle von Berufsfeldern werden mit je eigenen Gebeten bedacht.[24] Themenfelder wie Beruf und Freizeit oder die Vereinbarkeit von Beruf und Familie sind berücksichtigt. Ähnlich wie bei manchen Gebeten auf der Weltkirchenkonferenz in Stockholm werden öfters die Gebetsrichtung zu Gott verlassen und die Mitfeiernden angesprochen.

Auch in dem primär für die private Frömmigkeit konzipierten Andachtsbuch von Johannes Rehm[25] sind das Arbeitsleben und der Privatbereich organisch miteinander verbunden. Was für Christenmenschen in einem Bereich gilt, hat auch im anderen Geltung. Wie Seitz/Thiele versteht auch Rehm den Arbeitsalltag als Gottesdienst. Dieser ist für ihn »zuallererst ein geistiger und geistlicher Vorgang«, zugleich aber auch »ein zutiefst irdisches und leibliches Geschehen.«[26] Wie im Privaten ist der Mensch auch in der Arbeitswelt auf Gott angewiesen, denn »eine lebensdienliche Wirtschaft und eine menschengerechte Arbeit können wir Menschen offensichtlich nicht aus uns selbst schaffen«.[27] So spricht aus vielen Gebeten die Notwendigkeit, mit Gott in der Alltagsarbeit im Gespräch zu bleiben.[28]

Anders als bei Seitz/Thiele folgen die Gebete einem festen Schema, nämlich Dank (z.B. »Herr Gott im Himmel, ich danke dir für meinen Nächsten, mit dem ich lebe und arbeite.«[29]), Bitte (z.B. »Ich bitte dich, bewahre mich vor übermütigen und verantwortungslosem Handeln, das meinem Nächsten schadet.«[30]) und Lobpreis (z.B. »Ich rühme und preise dich als unseren barmherzigen und gnädigen Gott.«[31]). Mit Dank, Bitte und Lobpreis sollen die Betenden in den »Grundakkord christlicher Glaubenspraxis«[32] einstimmen.

In den Gebeten lässt sich ein theologisch begründetes Grundmuster erkennen: Gott beschenkt uns mit verschiedenen Gaben, die dann zum Wohl des Mitmenschen und der Gemeinschaft eingesetzt werden wollen. Immer wieder spielt dabei Dienst am Nächsten eine zentrale Rolle.

---

[24] Es sind dies: Landwirtschaft, Büroarbeit, Industriebereich, Bergbau, Kaufhäuser, Gaststätten, Hotels, Ämter, Medien sowie mehrfach der Bildungsbereich. (Vgl. a.a.O., 178-184.191)

[25] Johannes Rehm, Wirtschafts-Wunder. 52 Lichtblicke für den Arbeitsalltag, Leipzig 2021.

[26] A.a.O., 12.

[27] A.a.O., 15.

[28] Bezeichnend ist beispielsweise die Bitte um Hilfe, zu erkennen, was in einer Entscheidungssituation zu tun oder zu lassen ist. (Vgl. a.a.O., 33)

[29] A.a.O., 89.

[30] A.a.O., 33.

[31] A.a.O., 211.

[32] A.a.O., 15.

Mit den von Gott empfangenen Gaben ist die Aufforderung verknüpft, diese auch zu gebrauchen. So korrespondiert dem empfangenen Segen die Bitte, am Arbeitsplatz den Kollegen und Kolleginnen zum Segen zu werden.[33] Wo Segen für die eigene Arbeit erbeten wird, wird nahezu selbstverständlich hinzugefügt: »und lass sie anderen zum Segen werden.«[34] Mit dem Dank für die von Gott geschenkte Arbeitskraft ist verbunden, dass diese auch zum engagierten Einsatz derselben verpflichtet. Die von Gott geschenkte Liebe ist die Basis, das Arbeitsleben im Geist der Nächstenliebe zu gestalten.[35] Für mit Gott Versöhnte erwächst der Auftrag, in Konflikten im Arbeitsleben versöhnend zu wirken.[36] Aus der Gemeinschaft mit Gott entsteht auch die Bitte dafür, dass man selbst gemeinschaftsfördernd und gemeinschaftsstiftend tätig werden kann.[37] Mit dem von Gott geschenkten Ruhetag ist neben dem Dank für die freie Zeit auch der Einsatz für den Erhalt des Sonntags verknüpft.[38]

In vielen Gebeten werden auch Probleme und Konflikte aus der Arbeitswelt konkret angesprochen. In Form von Bitten kommen beispielsweise die gerechte Verteilung der Wirtschaftsgüter, der gerechte Lohn, die menschengerechte Gestaltung des Arbeitsplatzes, die menschenunwürdige Arbeit, die öffentliche Fürsprache in Unrechtssituationen oder die Arbeitslosigkeit zur Sprache.[39]

1.3 Private Gebete mit dezidiertem Arbeitsweltbezug im Internet

Sucht man im Internet nach Impulsen für das individuelle Beten mit Arbeitsweltbezug, so eröffnet sich vor allem ein Spektrum von freikirchlichen, esoterischen und muslimischen Gebeten. Auf den Webseiten der Landeskirchen, der Evangelischen Kirche in Deutschland oder der römisch-katholischen Kirche wird man nur in Ansätzen fündig.[40] Lediglich bei der bayerischen Landeskirche findet sich eine Rubrik »Gebete für den Arbeitsplatz«.[41] Hier wird gleich im ersten Gebet ein neuer Akzent gesetzt: »Vor Gott muss ich mich nicht beweisen.« Die bedingungslose Annahme des Menschen durch Gott wird hier in Bezug auf die Arbeit durchbuchstabiert. So werden im Gebet die Blicke auch nicht primär auf die Leistung

---

[33] Vgl. a.a.O., 151.

[34] A.a.O., 25.

[35] Vgl. z.B. a.a.O., 89 und 219.

[36] Vgl. z.B. a.a.O. 165 und 203.

[37] Vgl. a.a.O., 65.

[38] Vgl. a.a.O., 77 und 115.

[39] Vgl. z.B. a.a.O., 29, 73, 171, 175 und 211.

[40] Vgl. z.B. https://www.elk-wue.de/glauben/glaubenstexte/gebete/gebete-zum-tageslauf bzw. https://www.katholisch.de/artikel/42-gebete-fur-jeden-tag (25.4.23). Eine umfangreiche, aber sehr unübersichtliche Webseite mit Gebeten bietet Kirche-Wirtschaft-Arbeitswelt der evangelischen Kirche: https://www.pinterest.de/kwa_ekd/beten/ (25.4.23)

[41] https://gebet.bayern-evangelisch.de/am-arbeitsplatz.php (2.4.23); manche der dort aufgeführten Gebete haben aber nur indirekt spezifisch mit der Arbeitswelt zu tun.

am Arbeitsplatz gerichtet, sondern auf das Umfeld, also auf Kolleginnen und Kollegen oder beispielsweise auf diejenigen, die unter ihren Arbeitsverhältnissen leiden. Es wird um gerechte Verteilung der Arbeit gebetet und Situationen der Überlastung beklagt. Von der Tendenz her werden in diesen Gebeten strukturelle Probleme individualisiert.

Zieht man ein kurzes Fazit, so ist festzuhalten, dass trotz aller Gemeinsamkeiten die Verschiebungen, die innerhalb eines halben Jahrhunderts zu konstatieren sind, beachtlich sind. Das zeigt sich sowohl an den Entwicklungen der Gesangbücher wie der Gebetsliteratur. In der Nachkriegszeit waren auch die individuellen Bitten mit Arbeitsbezug fest in den Rahmen einer bestimmten lutherischen Frömmigkeit und Lehre eingepasst. Spätestens mit dem Evangelischen Gesangbuch werden die Gebete für individuelle Frömmigkeit und die Artikulation politischer Anliegen geöffnet. Dies zeigt sich auch in der Sprache. Während vor fünfzig Jahren die individuelle Gebetssprache in die kirchliche eingebunden ist, werden in der Folgezeit sehr viel stärker Sprachformen verwendet, die dem Alltagssprachgebrauch angenähert sind.

2. Öffentliches Gebet und Arbeitswelt

Im Bereich der Anregungen für arbeitsweltbezogene Gebete in Andachten und Gottesdiensten gilt der erste Blick wieder einem Textteil des Gesangbuchs.

2.1 Öffentliche Gebete mit dezidiertem Arbeitsweltbezug im Gesangbuch

Sehr viel breiter als für den persönlichen Gebrauch ist das Themenspektrum im Bereich der gemeinschaftlichen Gebete. Damit verbunden ist auch die Palette der Menschen, an die gedacht wird, größer. Insbesondere all diejenigen, die in besonderer Weise Verantwortung für ihre Mitmenschen und das Funktionieren der Gesellschaft tragen, kommen in den Blick.[42] Im Fürbittgebet für Arbeitslose werden verschiedene Gruppen von Betroffenen wie Jugendliche oder Langzeitarbeitslose mit ihren je spezifischen Belastungen bedacht. Verschiedene Situationen und Zustände, in der arbeitende Menschen in und an ihrer Arbeit leiden (z.B. Betriebsklima, Konkurrenzdruck, Burn-out), werden benannt. Ganz allgemein wird dafür gebetet, »niemals nach[zu]lassen, für menschenwürdige Arbeit einzutreten«.[43]

---

[42] So werden Menschen »in Industrie- und Verkehrsbetrieben, in Krankenhäusern und Pflegeheimen, in Hotels und Gaststätten, bei Polizei und Feierwehr« benannt. (EGB 1495, 10)
[43] EG.B 1496,12.

2.2 Öffentliche Gebete mit dezidiertem Arbeitsweltbezug in offiziellen Agenden

Wirft man einen Blick in die offiziellen Agenden, so ergibt sich ein uneinheitliches Bild. Die Lutherische Agende I beschränkt sich weitgehend auf die Bitte »um Gottes Segen für unsere Arbeit.«[44] Daneben wird allgemein um »Arbeit und Brot« gebetet sowie Gott angerufen, dass er im Fall von Arbeitslosigkeit helfe.[45] In dieser Tradition steht auch das Evangelische Gottesdienstbuch, das allerdings unter »Besondere Tage und Anlässe« einen Vorschlag für einen Gottesdienst unter der Überschrift »Bitte um gesegnete Arbeit« sowie weitere Tagesgebete zu diesem Anlass abdruckt.[46] Dabei werden wieder das Verständnis von Arbeit als Christendienst sowie die Angewiesenheit auf Gottes Segen zum Gelingen der Arbeit entfaltet. Auch die Bitte, dass alle Arbeit finden sollen, findet sich wieder.[47] In den politischen Bereich, der weitgehend ausgespart ist, ragt die Bitte: »Stärke uns in der Suche nach menschlichen Arbeitsverhältnissen und gerechten Wirtschaftsstrukturen.«[48]

Ein ähnliches Bild bietet das reformierte Agendenwerk »Reformierte Liturgie«.[49] Unter vielen Aspekten werden hier die Arbeitslosigkeit und ihre realen Folgen benannt, beispielsweise für Jugendliche, für Ältere und Alleinstehende unter den Arbeitslosen oder für in der Gesellschaft benachteiligte Frauen. Es wird um Mut gebetet, die benannten Verhältnisse nicht stumm hinzunehmen, sondern für »gerechte und annehmbare Lebensverhältnisse«[50] die Stimme zu erheben.[51]

---

[44] Agende für Evangelisch=Lutherische Kirchen und Gemeinden, Band I, Der Hauptgottesdienst mit Predigt und Heiligem Abendmahl und die sonstigen Predigt= und Abendmahlsgottesdienste, Ausgabe Bayern, Berlin 1957, 296, 299 u.ö.

[45] Vgl. z.B. a.a.O., 278.

[46] Evangelisches Gottesdienstbuch. Agende für die Evangelische Kirche der Union und für die Vereinigte Evangelisch-Lutherische Kirche Deutschlands, hrsg. v. der Kirchenleitung der Vereinigten Evangelisch-Lutherischen Kirche Deutschlands und im Auftrag des Rates von der Kirchenkanzlei der Evangelischen Kirche der Union, Berlin 1999, 460f., 532f.

[47] Allerdings hier mit der Einschränkung: »Lass Arbeit erhalten, wer nach Arbeit verlangt.« (A.a.O., 461) Zur Fürbitte für die Arbeitslosen vgl. auch a.a.O., 572f.

[48] A.a.O., 586.

[49] Reformierte Liturgie. Gebete und Ordnungen für die unter dem Wort versammelte Gemeinde, im Auftrag des Moderamens des Reformierten Bundes erarbeitet und herausgegeben von Peter Bukowski u.a., Wuppertal 1999, 141, 257-260.

[50] A.a.O., 260.

[51] Wo regionale Agenden für den Sonntagsgottesdienst überhaupt dezidiert Gebete für den Bereich Arbeit abdrucken wie z.B. das Württembergische Gottesdienstbuch, bleiben sie in ähnlichem Duktus. (Vgl. Gottesdienstbuch für die Evangelische Landeskirche in Württemberg, Erster Teil: Predigtgottesdienst und Abendmahlsgottesdienst, hrsg. v. Evangelischen Oberkirchenrat, Stuttgart 2004, 302-304)

2.3 Öffentliche Gebete mit dezidiertem Arbeitsweltbezug in Gebetssammlungen für den Gottesdienst

Betrachtet man Gebetssammlungen für den Gottesdienst, so sind auch hier die Gebetsanliegen, die mit der Arbeitswelt verbunden sind, überschaubar. In weit verbreiteten älteren Gebetssammlungen finden sich vor allem die Bitten um ein verständnisvolles und friedliches Miteinander am Arbeitsplatz. Es wird der Geist der Versöhnung beschworen. Wo dezidiert das Verhältnis von Arbeitgebern und Gewerkschaften im Gebet zur Sprache kommt, wird um den Geist des Friedens gebetet.[52] So heißt es beispielsweise: »Bewahre Unternehmer und Gewerkschaften davor, nur den eigenen Vorteil zu verfolgen. Stärke ihre Bereitschaft zum Kompromiss und hilf allen, die um Schlichtung bemüht sind.«[53] Vor allem aber sollen die Betenden persönlich bereit sein, ihre Ansprüche zurückzustellen: »Erneuere unter uns die Bereitschaft zum Verzicht.«[54] Ein verkündigungsfunktionales, politisch-appellatives Moment, in dem weniger der Standpunkt der Betenden, sondern die theologische, sozialethische und gesellschaftspolitische Position der Verfasserinnen und Verfasser zum Ausdruck kommt, ist deutlich sichtbar.

In aktuellen Gebetssammlungen für den Gottesdienst finden sich vor allem allgemeine Aussagen und Assoziationsfelder rund um die Arbeitswelt. Dabei geht es beispielsweise um die Themenkreise: Bereitschaft zu teilen, Gerechtigkeit und Gemeinschaftssinn.[55] Punktuell werden Themen wie die Angst vor Arbeitslosigkeit oder Kinderarbeit aufgegriffen. Aus dem Bereich des Arbeitslebens werden vor allem diakonische Berufe in den Fürbitten bedacht. Sehr viel häufiger als das nahe Arbeitsumfeld kommen in den Fürbitten jetzt allerdings die Menschen aus Ländern mit hoher Armut vor. Hier wird insbesondere um gerechte Arbeitsbedingungen und die faire Verteilung der Güter dieser Erde gebetet.

2.4 Öffentliche Gebete mit dezidiertem Arbeitsweltbezug im Internet

Sucht man nach gottesdienstlichen Gebeten zum Themenkreis Arbeitswelt im Internet, so wird das Feld von den kirchlichen Organisationen und Einrichtungen beherrscht, die in diesem Bereich tätig sind. Evangelischerseits sind hier vor allem die Kirchlichen Dienste in der Arbeitswelt (KDA) und der Dachverband Kirche – Wirtschaft – Arbeitswelt e.V. (KWA),[56] auf katholischer Seite die Katholische

---

[52] Vgl. z.B. BURKHARD HEIM, Beten im Gottesdienst. Gebete mit der Gemeinde für jeden Sonn- und Feiertag, Neuffen 1973, 7, 37, 88, 157, 221 und 5*.

[53] HANS CHRISTIAN KNUTH u.a. (Hrsg.), Höre uns Herr! Neue Kollekten- und Kirchengebete für das ganze Kirchenjahr, Gütersloh 1982, 191.

[54] A.a.O., 189. Dies ist die Quintessenz unter der Überschrift: Wirtschaftskrise/Arbeitslosigkeit.

[55] Vgl. SYLVIA BUKOWSKI u.a., Worte finden. Neue Gebete für Gottesdienst und Alltag, Neukirchen-Vluyn ²2021, 101. In dieser Gebetssammlung finden sich auch Gebete unter der Rubrik »Arbeitslos«, allerdings nur persönliche und keine gottesdienstlichen.

[56] Vgl. z.B. https://www.kwa-ekd.de/spirituelle-impulse/ (14.6.23).

Arbeiterbewegung (KAB) bzw. die Katholische Betriebsseelsorge (BSS) zu nennen. In thematischen Überschneidungsbereichen der Arbeit dieser Organisationen mit der Diakonie bzw. der Caritas werden auch von deren Organen Handreichungen für Gottesdienste mit Themen aus der Arbeitswelt herausgegeben. Diese greifen dann die entsprechenden verhandelten Inhalte und Anliegen im Gebet auf.[57] Im Bereich der KDA konzentrieren sich die Arbeitshilfen auf Gottesdienste zum 1. Mai, auf den Sozialpolitischen Buß- und Bettag und den Workers Memorial Day am 28. April. Die KAB und die BSS füllen den 1. Mai als Gedenktag »Josef der Arbeiter« und begehen am 7. Oktober den Welttag für menschenwürdige Arbeit. Viele der stattfindenden Gottesdienste und Andachten sind ökumenisch getragen. Betrachtet man Arbeitshilfen zu den genannten Anlässen genauer, so ist festzuhalten, dass hier das in den Gebeten aufgegriffene Themenspektrum noch einmal erheblich breiter ist als in den bisher betrachteten Gebeten. Greift man eine beliebige Arbeitshilfe eines KDA zum 1. Mai heraus, so finden sich hier die Bitten um gerechte Löhne und angemessene Arbeitsverhältnisse, um Politiker, die anerkennen, dass menschengerechte Lebensgestaltung Vorrang vor Geschäft und Profit hat, um den Erhalt des lebensdienlichen Rhythmus der Woche mit einem arbeitsfreien Sonntag sowie die Würdigung der Menschen, die am Sonntag arbeiten müssen.[58] Ein entsprechender Blick in eine Handreichung zum Welttag für menschenwürdige Arbeit zeigt ein ähnliches Bild. Im Zentrum von Bitte und Klage stehen dabei übermäßige Arbeitslast, ungesicherte Beschäftigungsverhältnisse, gerechter Lohn und unzumutbare Arbeitsverhältnisse. Junge Menschen, die einen Ausbildungsplatz suchen, werden in den Fürbitten genauso bedacht wie die Arbeitslosen und diejenigen, die sich für Recht und Wahrung der Würde der arbeitenden Menschen einsetzen. Es wird sowohl für Arbeitnehmer wie Arbeitgeber gebetet; allerdings werden diejenigen besonders in der Fürbitte bedacht, die sich als Betriebs- oder Personalräte, in der Mitarbeitervertretung oder in Gewerkschaften einsetzen.[59] Diese Beispiele verdeutlichen, wie sich das Feld der Gebetsanliegen weitet und auch sehr viel stärker in den politischen Bereich hineinreicht. Viele der Impulse für das gottesdienstliche Gebet aus diesem Spektrum fokussieren sich auf ganz bestimmte Themenbereiche und greifen dann diejenigen Anliegen auf, die im entsprechenden Arbeits- oder Themenfeld relevant sind.[60] In

---

[57] Vgl. z.B. https://www.diakonie-bayern.de/fileadmin/Bilder_Dateien/Arbeitshilfen_fuer_ Gottesdienste_Sammlungen/f12_Hilfen_fuer_Arbeitslose_AH-Gottesdienst_final_ web.pdf bzw. https://www.caritas.de/cms/contents/dicvmainzcaritasde/medien/dokumente/gott esdienst-baustei/82068_05-godi-bausteine-komplett.doc (14.6.23).

[58] Vgl. https://www.kda-wue.de/fileadmin/mediapool/einrichtungen/E_kda/Themenheft/ 2022 _1_Mai_Arbeitshilfe_KDA_Nordkirche.pdf (14.6.23)

[59] Vgl. https://www.kab-muenster.de/fileadmin/user_upload/kab-muenster_de/6_Service /Downloads/2020/Bausteine_fuer_eine_Gebetseinheit_am_07._Oktober_-_Welttag_der_ menschenwuerdigen_Arbeit.pdf (15.6.23)

[60] Dabei werden auch oft die (Jahres-)Themen von Gewerkschaften aufgegriffen.

vielen Gebeten wird auch hier die Gebetsrichtung hin zu Gott durchbrochen und es werden Verkündigungsinhalte über die Gebete transportiert.

Nun sind es allerdings nicht nur die eigenen Handreichungen, die als Impulse dafür dienen sollen, Anliegen aus der Arbeitswelt im gottesdienstlichen Gebet zur Sprache zu bringen. Am Beispiel des kda Bayern soll verdeutlicht werden, dass dies nur ein Baustein unter vielen ist. Der kda Bayern verfolgt mehrere Zielrichtungen. Zum einen werden die Ortsgemeinden mit ihren Gottesdiensten bedacht. Dazu werden innerhalb der Evangelisch-Lutherischen Kirche in Bayern mit der dort zuständigen gottesdienstlichen Arbeitsstelle, dem Gottesdienst-Institut Nürnberg, gemeinsame Gottesdiensthilfen erarbeitet und angeboten.[61] Darin werden kirchenjahreszeitlich eingebunden die Verknüpfung von Arbeitswelt und Glaubensleben betont und spezifische Bitten mit Arbeitsweltbezug in der Fürbitte vorgeschlagen.[62] Außerdem werden auf der Homepage des kda für den gemeindlichen Gebrauch beispielhafte Fürbitten zur Verfügung gestellt, die beispielsweise Mobilität, Personalabbau, Migration und Arbeit oder den Sonntagsschutz ansprechen.[63] Auch werden Fürbitten zu bestimmten punktuellen Anlässen an die Dekanate zur Weiterleitung an die Kirchengemeinden gesandt.[64] Um die »Herausforderungen, Sorgen und Erfolge des Arbeitslebens« stärker im Gottesdienstbereich zu verankern, bietet der kda Bayern den Gemeinden an, Gottesdienste in den Gemeinden mit zu planen und mit zu gestalten.[65] Dies gilt nicht nur für spezifische Situationen, etwa wenn in einer Gemeinde eine Betriebsschließung droht.

Zum anderen kommen die Betriebe oder Zielgruppen in den Blick. Es wird angeboten, in Betriebe hineinzugehen und dort Gebete und Gottesdienste mit vorzubereiten und durchzuführen. Im Bereich der Zielgruppengottesdienste sind es vor allem die Handwerkergottesdienste oder die Gottesdienste im Bereich des Gastgewerbes, die regelmäßig initiiert werden. Zudem wird mit Initiativen wie dem Netzwerk Christen in der Automobilindustrie (CAI),[66] die ein christliches Leben in der Arbeitswelt führen wollen und sich unter anderem auch in Gebetskreisen treffen, eng zusammengearbeitet.

---

[61] So gibt beispielsweise der kda Bayern entsprechende Handreichungen zusammen mit dem Gottesdienst-Institut in Nürnberg entsprechende Arbeitshilfen für Gottesdienste am 1. Mai heraus. (Vgl. https://shop.gottesdienstinstitut.org/bete-und-arbeite-rogate-tag-der-arbeit-2005.html, oder https://shop.gottesdienstinstitut.org/bewirb-dich-bei-jesus-gottesdienst-zum-1-mai-2022.html, 10.6.23)

[62] Dabei dominieren die Themen Arbeitssuche und Armut durch Arbeitslosigkeit, aber auch der Arbeitsalltag mit seinen spezifischen Herausforderungen wird bedacht.

[63] Vgl. https://kda-bayern.de/kirche-und-gemeinde/liturgie/ (10.6.23).

[64] Vgl. z.B. das gemeinsam mit der Katholischen Betriebsseelsorge erarbeitete Gebet zur Internationalen Automobilausstellung in München (20210912 Fürbitten Gottesdienst IAA St Matthäus(1).docx). Auch die regelmäßig im Internet bereitgestellten Mittwochsandachten enthalten Impulse für Gemeinden. (Vgl. https://kda-bayern.de/mensch-und-arbeit/halbzeit/, und https://kda-bayern.de/frauenmonat-maerz-2023/ (3.7.23)

[65] https://kda-bayern.de/mensch-und-arbeit/gottesdienste-in-der-arbeitswelt/ (10.6.23).

[66] Vgl. https://c-a-i.info (3.7.23).

Zusätzlich zu der traditionellen Vorgehensweise, Gebetsvorlagen zur Verfügung zu stellen, wird jetzt sehr viel stärker ergänzend ein partizipatives Modell verfolgt, bei dem die Gebete zusammen mit den Betroffenen erarbeitet werden sollen.

3. Kurzes Fazit

Nimmt man die beiden Bereiche privates und öffentliches Gebet zusammen in den Blick, so ist zu konstatieren, dass bei beiden Betrachtungsgegenständen über die Zeit gesehen sowohl Kontinuität wie Veränderungen festzuhalten sind. Ein Kontinuum stellt die Einordnung der Arbeit als Gabe Gottes und als Dienst des Christen dar. Schwerpunkte der Gebetsanliegen in den älteren Gebetsanregungen liegen in den Bereichen Pflichterfüllung und Versöhnungsarbeit. Dagegen werden in den neueren und neuen Gebetsvorschlägen sowohl die individuellen wie die gemeinschaftlichen Wohltaten der Arbeit wie die mit ihr verbundenen Nöte und Ungerechtigkeiten aufgegriffen. Zur Sprache gebracht werden die Anliegen aus sämtlichen Bereichen der Arbeitswelt mit ihren jeweils unterschiedlichen Akzentsetzungen, wozu die kirchlichen Organisationen und Einrichtungen, die intensiv mit der Arbeitswelt befasst sind, einen wichtigen Beitrag geleistet haben und leisten. Eine Verschiebung gibt es auch durch die verstärkte Aufnahme von Gebetsanliegen globaler Ungleichgewichte und Ungerechtigkeiten in Arbeitsbedingungen und Arbeitsverhältnissen. Diese kommen inzwischen ähnlich selten oder häufig in gottesdienstlichen Gebeten vor wie die lokalen Anliegen rund um die Arbeit. Auch die hinter den Gebeten stehenden theologischen Entscheidungen haben sich verschoben. So tendieren insbesondere Gebete aus dem Bereich der mit der Arbeitswelt befassten Organisationen und Institutionen dahin, einen Beitrag zum Bau des Reiches Gottes in unserer Welt leisten zu wollen.

Trotz des verstärkten Engagements auf verschiedenen Ebenen, der Arbeitswelt auch im gemeinschaftlichen gottesdienstlichen Gebet einen breiteren Raum zu erobern, muss nach wie vor festgehalten werden, dass dies in den letzten Jahrzehnten verstärkt, aber doch nur in Ansätzen gelungen ist. Themen aus der Arbeitswelt bleiben nach wie vor im gottesdienstlichen Gebet der Gemeinden unterrepräsentiert.[67]

Problematisch bleibt, dass eine überwiegende Zahl von Gebetstexten weniger die Bedürfnisse der Betenden und mehr die Sicht der Verfasserinnen und Verfasser auf die je aktuelle Arbeitswelt im Blick zu haben scheint. Deswegen steht die liturgiewissenschaftliche Diskussion über »Gebet und Arbeitswelt« vor einer

---

[67] Auf derzeitige gesellschaftliche Tendenzen, die die Unterrepräsentierung der Arbeitswelt im gottesdienstlichen Gebet verstärken wie die Scheidung von Freizeit und Arbeitswelt oder das auf die Religionen angewandte Allgemeine Gleichbehandlungsgesetz (AGG) von 2006, kann hier nicht eingegangen werden.

doppelten Herausforderung: Zum einen die (oft sozialethischen oder gesellschafts-politischen) Anliegen derer, die Gebete verfassen, mit den Bedürfnissen und dem Standpunkt derer, die diese Gebete dann beten sollen, in einen Ausgleich zu bringen, zum anderen das Genre Gebet gegenüber dem Genre Verkündigung nach den jeweiligen Formgesetzen und Formanforderungen besser in seiner spezifi-schen Eigenart zu erfassen.

Traugott Jähnichen

Freiheit digital?
Ansätze einer evangelischen Digitalethik in der Perspektive der EKD-Denkschrift von 2021

1. Einleitung

Die Digitalisierung verändert die gesamte Lebens- und Arbeitswelt grundlegender, als es vor mehr als 100 Jahren im Zuge der Elektrifizierung der Fall gewesen ist. Dieser sich auch in den kommenden Jahren verstärkende Prozess ist von einer tiefen Ambivalenz gekennzeichnet. Die Digitalisierung eröffnet weitreichende Freiheitsspielräume und führt zugleich zu bisher nicht gekannten wirtschaftlichen Machtkonzentrationen und zu Möglichkeiten einer verstärkten Kontrolle und Manipulation von Menschen. Das Aufzeigen dieser Ambivalenzen in Verbindung mit dem Ziel, den Prozess der Digitalisierung konstruktiv im Sinn der Lebensdienlichkeit mitzugestalten, zeichnet die 2021 veröffentlichte EKD-Denkschrift »Freiheit digital« aus. In diesem Beitrag werden exemplarisch Perspektiven der Denkschrift skizziert und weitergehende Entwicklungslinien aufgezeigt.

1. Zum Verständnis von Digitalisierung und Freiheit in »Freiheit digital«

Digitale Geräte beruhen auf einer Sensor-basierten Erfassung sowie mathematischer Auswertung und Verarbeitung digitaler Daten. Letzteres erfolgt über Algorithmen, d.h. formale Regeln, vor allem Rechenvorschriften oder Suchanweisungen, mit deren Hilfe große Datenmengen nach vorgegebenen Kriterien durchsucht und durch Mustererkennungen geordnet bzw. »sortiert« werden können. Die entsprechenden Rechenvorschriften werden in eine Vielzahl von Einzelschritten zerlegt, in einer logischen Reihenfolge mit dualer Entscheidungsstruktur (»Entscheidungsbäume« mit »Ja«- und »Nein«- bzw. 0-1-Ausgängen). Auf einer weiteren Ebene können sich Algorithmen auf der Basis statistischen Lernens selbst optimieren, indem durch eine hohe Anzahl von Wiederholungen von Rechenschritten erfolgreiche Strategien verstärkt und fehlerhafte verworfen werden. Dieses bisweilen ungenau als »selbstlernend« bezeichnete Verfahren führt dazu, dass im Durchschnitt erfolgreiche Schlussfolgerungen als bewährt abgespeichert werden, da diese in den meisten Fällen, jedoch nicht immer, zur Lösung bestimmter Probleme führen. So kann bei automatisierten Übersetzungen ein Programm, je mehr Texte es verarbeitet und verglichen hat, durch den Kontext immer besser erkennen, ob es sich z.B. bei einer »Bank« um ein Sitzgerät oder ein Finanzinstitut handelt. Ähnliches gilt für Bild- oder Spracherkennung. Auch wenn digitale Systeme zunehmend »besser« agieren und in manchen Bereichen menschliches Entscheiden übertreffen, vor allem im Bereich kalkulierend-strategischer Spiele wie Schach, Go oder auch Poker, und sich deshalb anthropomorphe Begrifflichkeiten als Zuschreibungen nahezulegen scheinen, sind diese angesichts des strikt formal-mathematischen Prozessierens von KI-Systemen im Kern unzutreffend.

Vor diesem Hintergrund ist »Digitalität« in erster Linie technologisch zu verstehen[1], d.h. sie ist ein von Menschen entwickeltes Instrument, um dem Auftrag, als Mandatare Gottes in der Welt zu wirken und diese zu beherrschen (vgl. Gen 1, 26ff; Ps. 8 u.a.), konkret: die Welt zu bebauen und zu bewahren (Gen 2, 15), gerecht zu werden. Deshalb hängt ihre ethische Bewertung ebenso wie die Beurteilung anderer Technologien wesentlich von ihrem Gebrauch durch Menschen ab. Es geht darum, ob der Einsatz dieser Technologie dazu beiträgt, mehr Freiheit zu ermöglichen und so die Welt humaner, gerechter und nachhaltiger zu gestalten. Zugleich ist, wie bei den meisten komplexen Technologien, deren Eigenlogik zu beachten, wobei deutlich wird, dass diese nicht allein technologisch-neutral bzw. hinsichtlich ihrer Verwendungen zu bewerten sind, sondern ebenso im Blick auf ihre anthropologischen und gesellschaftlichen Konsequenzen. Dabei ist es in theologisch-ethischer Perspektive zentral, ob und inwieweit diese Technologie menschliche Freiheitsspielräume erweitert oder einschränkt.

Freiheit ist theologisch grundlegend in der »Bindung an Gott und in Relation zu anderen Menschen«[2] zu verstehen. Sie kann sich »nur in der wechselseitigen Anerkennung der Freiheit anderer und in dialogischer Verständigung mit ihnen vollziehen.«[3] Letztlich verdankt sich menschliche Freiheit der Schöpfergüte und des rettenden Eingreifens Gottes in der Geschichte Israels und insbesondere im Handeln Jesu Christi. In diesem Sinn ist Freiheit eine »Gabe Gottes«, der es in der menschlichen Lebensführung zu entsprechen gilt. Die EKD-Denkschrift hat im Horizont dieses Grundgedankens den Versuch unternommen, exemplarische Lebensbereiche, welche durch die Digitalisierung verändert werden, mit Hilfe der »Zehn Gebote« theologisch zu reflektieren. Denn die »Zehn Gebote« sind – gegeben nach dem Exodus aus Ägypten für ein neues Leben in Freiheit – Anleitungen zur

---

[1] Vgl. Freiheit digital. Die zehn Gebote in Zeiten des digitalen Wandels. Eine Denkschrift der EKD, hrsg. vom Kirchenamt der EKD, Leipzig 2021, 22ff.

[2] A.a.O., 20.

[3] A.a.O., 21.

Bewahrung und Bewährung der Freiheit.[4] In einer extensiven Interpretation in der Tradition der Katechismen Luthers sind in der Denkschrift »Resonanzen zwischen gegenwärtigen Phänomenen der Digitalisierung und dem jeweiligen Gebot«[5] expliziert worden mit dem Ziel, Diskursräume zu eröffnen, um die ethische Bildung sowie die Könnens- und Gestaltungspotenziale der Menschheit in eine Balance zu bringen. Im Folgenden werden exemplarische Veränderungsdynamiken der Digitalisierung skizziert, wobei je nach Bereichslogik tendenziell eher positive oder eher problematische Auswirkungen zu analysieren und entsprechend zu gestalten sind.

2. Der Einsatz digitaler Systeme im Gesundheits- und Pflegebereich

Große Chancen zur Verbesserung von Verfahrensabläufen und insbesondere für die Assistenz von Menschen mit Einschränkungen sowie für medizinisch neuartige Therapien bieten digitale Systeme im Gesundheits- und Pflegebereich, wie die Denkschrift im Kontext des »Elterngebotes« darlegt. Die in diesem Sinn eröffneten Möglichkeiten sind vielfältig, teilweise schon im Einsatz, in der Erprobung oder stehen in Kürze zur Verfügung. Hinsichtlich bereits eingeführter und bewährter Assistenzmöglichkeiten ist an Sturzsensoren, Gehstöcke mit integriertem Ortungssystem, Warnungen bei Unterzuckerungen oder automatisierte Hilferufe u.a. zu denken. Auf diese Weise eröffnen digitale Hilfsmittel die Möglichkeit für viele Menschen, möglichst lange auch im Alter oder mit größeren Einschränkungen »zu Hause« leben zu können. Ähnliche Verbesserungen sind für Menschen mit Behinderungen bereits umgesetzt oder in der Erprobung. Dabei spielen High-Tech-Kameras und ggf. Lautsprecher in Brillen für Seh- oder Hörbehinderte zur Verbesserung von Sinnesfunktionen eine große Rolle, um eine verbesserte, eigenständige Lebensführung zu ermöglichen. Auch in der Arbeitswelt, etwa in geschützten Werkstätten, werden z.B. digitale Handschuhe eingesetzt, um Arbeitsabläufe zu verbessern. So können Verfahren der Augmented Reality oder interaktive und multimediale Lern- und Assistenzsysteme die Arbeitsanleitungen und Schulungen nicht allein, aber wesentlich auch für Menschen mit Behinderung verständlicher machen und mehr Teilhabe eröffnen.

Darüber hinaus werden digitale Geräte – mit unterschiedlicher Eingriffstiefe – in den menschlichen Körper implantiert: Exoskelette und Prothesen eher äußerlich, daneben unterschiedliche Formen an den Schnittstellen von »brain«

---

[4] Vgl. FRANK CRÜSEMANN, Bewahrung der Freiheit. Das Thema des Dekalogs in sozialgeschichtlicher Perspektive, München 1983, der die Gebote wesentlich als Impulse zur Bewahrung der im Exodus eröffneten Freiheit versteht. Ebenso lässt sich von einer Bewährung der Freiheit in menschlicher Verantwortung sprechen.

[5] Freiheit digital (wie Anm. 1), 19.

und menschlichen Handlungsmöglichkeiten, etwa Chips zur Personenerkennung, Mikropumpen, Stimulatoren im Gehirn, Schrittmacher mit Funkverbindungen zur Auswertung u.a. Auch Gewebe und Organe können digital gesteuert werden.[6] Auf diese Weise werden digitale Technologien den Menschen »innerlich« beeinflussen, was vermutlich Veränderungen ihres Selbstbildes nach sich ziehen kann, wozu es bisher kaum gesicherte Ergebnisse gibt. Vordringlich ist in diesem Bereich zunächst ein sensibler Umgang mit individuellen Gesundheitsdaten. Sozialethisch ist in diesem Feld die Frage der Verteilungsgerechtigkeit zentral, da aus Kostengründen die meisten dieser innovativen Heil- und Therapiemöglichkeiten bisher nur einem kleineren Kreis von Menschen zur Verfügung stehen.[7]

Neben diesen unmittelbar medizinisch und therapeutisch wirksamen Maßnahmen sind verbesserte Dokumentationen und damit eine Optimierung der Planungsabläufe in Gesundheits- und sozialen Einrichtungen, etwa digitale Dienstpläne, sich gut bewährende Maßnahmen. Dadurch lässt sich die interne Kommunikation deutlich verbessern, was auch für die Kommunikation nach »außen« mit Patient*innen und Angehörigen gilt. Ferner ist eine deutliche Erleichterung der Raum- und Wäschereinigung durch automatisierte Bettensysteme sowie Hol- und Bringdienste zu verzeichnen. Insgesamt kann es durch den guten Einsatz digitaler Technologien zur Entlastung des Personals von einfachen Routinearbeiten, zu einem nachhaltigeren Umgang mit Ressourcen und im Idealfall zu mehr Zeit für Patient*innen kommen. Allerdings besteht auch die Gefahr einer verstärkten Kontrolle der Mitarbeitenden und ihrer Arbeitsabläufe sowie die Zunahme von Standardisierungen und letztlich Verdichtung der Arbeit in diesen Bereichen. Grundlegend ist festzuhalten, dass die Einführung von digitalen Systemen mit den genannten Veränderungen der Arbeitsabläufe in Abstimmung mit Personal- bzw. Betriebsräten oder Mitarbeitenden-Vertretungen zu organisieren ist. Vor diesem Hintergrund ist es eine neue Aufgabe für den kda, durch das Einbringen sozialethischer Kriterien, den Hinweis auf die Kompetenzen der Mitarbeitenden und ein Höchstmaß an Transparenz innerhalb von Kirche und Gesellschaft dafür zu sorgen, dass digitale Systeme menschengerecht und im Sinn des Leitbildes »gute Arbeit für alle« implementiert werden.[8] Resümierend stellt die EKD-Denkschrift in diesem Sinn fest: »Digitale Assistenzsysteme können in der Pflege hilfreich sein. Kirche und Diakonie können digitale Möglichkeiten nutzen, damit Menschen ihre positive Freiheit zur Gemeinschaft der Generationen ausleben ... und nachhaltiger

---

[6] Vgl. Freiheit digital (wie Anm. 1), 118ff.

[7] Vgl. PETER LYSY, Digitalisierungstrends in Wirtschaft, Gesellschaft und Politik, in: ROLAND PELIKAN/JOHANNES REHM (Hrsg.), Arbeit im Alltag 4.0 – Wie Digitalisierung ethisch zu lernen ist. Beiträge aus betrieblicher, arbeitsmarktpolitischer und theologischer Sicht, Berlin 2018, 163-171, 170.

[8] Vgl. JOHANNES REHM, Wider eine Entgrenzung der Arbeit?! Zur Aufgabe der arbeitsweltlichen Dienste im Zeitalter der Digitalisierung, in: PELIKAN/REHM (wie Anm. 7), 191-194, 194.

leben können, ohne ihre Selbstbestimmung aufgeben zu müssen.«[9] Problematisch ist es hingegen, wenn digitale Systeme bloß Arbeitsprozesse verdichten und Pflegende überlasten.

Ein besonderer Streitpunkt in der Öffentlichkeit ist die Frage eines möglichen Einsatzes von digitalen Medien oder auch sog. Pflegerobotern bzw. digitalen »Therapie-Tieren«, wie der Pflegerobbe Paro. Auch hier sind Abwägungen vorzunehmen und die Potenziale wie mögliche Problematiken dieser Technologien zu würdigen. Grundsätzlich können digitale Hilfsmittel nicht die regelmäßige zuverlässige Anwesenheit menschlicher Bezugspersonen ersetzen. Dies wurde nicht zuletzt zu Beginn der Corona-Pandemie im Jahr 2020 besonders deutlich, als zum Schutz alter und vorerkrankter Menschen extreme Kontaktverbote eingeführt wurden, was jedoch die psychische Situation der Betreffenden oft dramatisch verschlechtert hat. Zur Kontaktpflege sind digitale Medien, speziell Online-Kontakte, durchaus hilfreich. Allerdings ist der Mensch als Beziehungswesen wesentlich auf personale Nähe angewiesen.

Pflegeroboter oder auch Therapie-Tiere sind darauf programmiert, Emotionen zu simulieren, worauf Patient*innen durchaus positiv reagieren. Demenzkranke Menschen etwa zeigen häufig gute Reaktionen auf die Pflegerobbe »Paro«. Problematisch ist es allerdings, wenn Patient*innen die Aktionen der digitalen Geräte als menschliche oder tierische Reaktionen missverstehen. Grundsätzlich kann der Einsatz solcher Systeme in triadischen Konstellationen sinnvoll sein, d.h. als Ergänzung menschlicher Interaktion. Ethisch problematisch wäre hingegen der Einsatz von therapeutisch/kommunikativ einsetzbaren Robotern im Pflegekontext, wenn sie dyadisch funktionieren, d.h. unmittelbar menschliche Zuwendung ersetzen.[10]

Digitale Systeme eröffnen somit eine Vielzahl von Chancen im Gesundheits- und Pflegebereich. Dies gilt für die mögliche Humanisierung der Arbeitswelt durch die Entlastung von schweren und routinierten Arbeitsabläufen über die Bereitstellung von Assistenzsystemen bis hin zu neuartigen Formen von medizinischen und ggf. auch psychischen Therapien. Zugleich sind die genannten Problemanzeigen mit zu bedenken und nach Möglichkeit auszuschließen, so dass es in diesem Bereich ganz wesentlich auf die Art des Einsatzes und dessen Gestaltung ankommt. Da die Diakonie hier ein starker Akteur ist, stellt sich mit Nachdruck die Herausforderung, exemplarische Innovationen einer guten Implementation digitaler Geräte zu entwickeln.

---

[9] Freiheit digital, 237.

[10] Vgl. ELISABETH GRÄB-SCHMIDT/CHRISTIAN F. STRITZELBERGER, Ethische Herausforderungen durch autonome Systeme und Robotik im Bereich der Pflege, in: Zeitschrift für Medizinische Ethik, 64 (2018), 357-372.

3. Wirtschaftsethische Herausforderungen der Digitalisierung

Als äußerst problematisch sind demgegenüber die im Gefolge der Digitalisierung sich gegenwärtig entwickelnden weitreichenden Monopolisierungs- und Vermachtungstendenzen zu bewerten.[11]

Während die Sicherung eines fairen Wettbewerbs als eines der grundlegenden Elemente der Ordnungskonzeption der Sozialen Marktwirtschaft zu würdigen ist, kennzeichnet die digitale Wirtschaft außerordentlich starke Pioniergewinne und häufig eine Stabilisierung und Ausbaumöglichkeit ihrer Stellung.[12] Der Pionier in Betriebs- und Anwendungssystemen von PCs, Microsoft, erreichte mit seinem Betriebssystem Windows schnell einen weltweiten Marktanteil von 90%. Ähnlich erfolgreich sind die Digitalunternehmen Google mit der gleichnamigen Suchmaschine und dem Betriebssystem Android, Facebook bzw. Meta mit dem entsprechenden sozialen Netzwerk, der Plattform Instagram und dem Messenger-Dienst WhatsApp oder auch die Verkaufsplattformen eBay und Amazon. Von klassischen Industrien unterscheiden sie sich durch eine äußerst schnelle Marktdurchdringung und eine nahezu zeitgleiche, internationale Präsenz mit der Etablierung einer weltweiten Marktführerschaft. Daher ist die Gewinnhöhe im Verhältnis zum Umsatz in der digitalen Wirtschaft deutlich höher als in anderen Wirtschaftszweigen.[13]

Für diese Tendenzen zur digitalen Monopolbildung gibt es verschiedene Gründe. Der erste Grund ist die besondere Kostenstruktur in diesem Bereich: So ist der Programmieraufwand, z.B. zur Erstellung einer Suchfunktion, in der Regel sehr hoch. Ökonomisch gesprochen fallen zu Beginn bedeutsame »sunk costs« – versunkene Kosten der einmaligen Investition – an, während anschließend jede einzelne Suchanfrage kaum zusätzliche Kosten verursacht. Damit liegen die Grenzkosten jeder einzelnen zusätzlichen Anfrage fast bei null, weil nur eine vergrößerte Rechnerkapazität und ein erhöhter Energieaufwand für Rechner notwendig werden, wenn statt einer Million eine Milliarde Anfragen erfolgen. Es kommt zudem ein weiterer, technisch bedingter Faktor hinzu: Wenn Systeme sich selbst verbessern, weil aus einer bestimmten Anzahl von Suchanfragen immer bessere, d.h. immer genauere Antworten für zukünftige Anfragen generiert werden können, ergibt dies einen Selbstverstärkungseffekt, der von potenziell neu in einen Markt eintretenden Wettbewerbern nicht erreicht werden kann.[14]

---

[11] Ähnliche Problemanzeigen hatte Martin Luther für seine Zeit im Horizont des siebten Gebotes »Du sollst nicht stehlen!« thematisiert.

[12] Vgl. TRAUGOTT JÄHNICHEN/JOACHIM WIEMEYER, Wirtschaftsethik 4.0. Der digitale Wandel als wirtschaftsethische Herausforderung, Stuttgart 2020, 179-182.

[13] Vgl. ACHIM WAMBACH/HANS CHRISTIAN MÜLLER, Digitaler Wohlstand für alle, Frankfurt/M. 2018, 38f.

[14] Vgl. VIKTOR MAYER-SCHÖNBERGER/THOMAS RAMGE, Das Digital – Markt, Wertschöpfung und Gerechtigkeit im Datenkapitalismus, Berlin 2017, 189f.

Eine weitere wesentliche Ursache der Monopolbildung liegt in direkten Netzwerkeffekten. Wenn man sich neu entscheiden muss, ob man einer Social Media-Plattform beitritt, wird man berücksichtigen, in welchem Netzwerk schon die meisten Kontaktmöglichkeiten gegeben sind, um einen möglichst großen Nutzen zu erzielen. Daher werden in sehr hohem Maße Facebook/Meta, WhatsApp oder Instagram gewählt. Dadurch bekommt der Marktführer immer weiteren Zulauf und konkurrierende Anbieter fallen in eine Nische oder verschwinden ganz vom Markt. Ferner sind indirekte Netzwerkeffekte zu berücksichtigen. Wenn man bei eBay oder Amazon die breiteste Angebotspalette findet, wird man dort zuerst suchen und nicht bei den Marktplätzen, bei denen es weniger Angebote gibt. Umgekehrt gilt dies auch für Anbieter von Gütern. Da das Nachfragepotenzial bei Amazon oder eBay am größten ist, werden sie dort ihre Güter anbieten, obschon dort der Wettbewerb intensiv ist, man aber auch die größten Chancen hat, für seine Angebote Abnehmer zu finden.

Die datenbasierte Ökonomie der digitalen Großkonzerne verwendet digital aufbereitete und bearbeitbare Informationen als strategische Ressourcen nicht nur im Bereich des jeweiligen eigenen Geschäftsmodells, sondern kann diese auch in abgeleiteten Bereichen wie dem Marketing für beliebige Waren und Dienstleistungen nutzen. Insbesondere der Markt für Werbung und Anzeigen hat sich in den letzten Jahren durch die Digitalisierung dramatisch verändert. Während klassische Printprodukte und auch die Fernsehwerbung zu den Verlierern dieser Entwicklung gehören und zuletzt die Höhe der Netto-Werbeeinnahmen in Deutschland insgesamt leicht gesunken ist, wächst der Werbeetat im Internet nach wie vor in beträchtlicher Weise.[15] Viele der dort vermeintlich kostenlos zu nutzenden Angebote, etwa die Suchfunktion von Google oder die Nutzung von Facebook, werden durch Werbung finanziert. Was immer man im Internet recherchiert oder liest, die Einblendung von Werbung ist kaum zu umgehen. Problematisch ist für Nutzer*innen neben dieser dominanten Präsenz von Werbung deren häufig mangelnde Transparenz. Werbevideos werden auf YouTube teilweise als Produkttests inszeniert, Influencer*innen vermarkten ihre Sympathiewerte als Werbeträger*innen, Werbebeiträge sind teilweise nur schwer von journalistischen Beiträgen zu unterscheiden. Der Werbemarkt verändert sich aktuell in dramatischer Weise mit dem Ergebnis, dass nunmehr auch dieser Markt weitgehend von den großen Digitalunternehmen, insbesondere von Google und Facebook, die sich inzwischen mehr als die Hälfte der Onlinewerbeumsätze teilen, dominiert wird.

Hinzu kommt das politisch höchst sensible Phänomen, dass einige Unternehmen der digitalen Wirtschaft durch ihr Geschäftsmodell auch auf die politische Willensbildung Einfluss nehmen. Dies geschieht zunächst in einer eher indirekten Form, indem die Internet-Riesen faktisch den Großteil der Aufmerksamkeit der

---

[15] Vgl. JÄHNICHEN/WIEMEYER (wie Anm. 11), 119.

Bevölkerung lenken und somit großen Einfluss darauf nehmen, welche Nachrichten kommuniziert werden. Teilweise geschieht dies auch in direkter Weise, wenn sie Suchergebnisse steuern oder politisch unliebsame Meinungen löschen.[16]

Unter Wettbewerbsgesichtspunkten stellt sich zentral die Frage, ob es sich bei den Machtpositionen der Internet-Unternehmen um relativ abgesicherte Monopolstellungen handelt oder ob die Marktführerschaft angreifbar ist. Da sich der digitale Wandel der Wirtschaftsstruktur in vielen Bereichen noch in der Anfangsphase befindet, kommt es darauf an, dass in den neuen Sektoren digitaler Märkte trotz der skizzierten starken Positionen der großen Internet-Konzerne faire Wettbewerbsbedingungen bestehen und die Märkte für neue Wettbewerber offen sind. So haben in der Vergangenheit Hotelvermittlungsplattformen durch sog. »Bestpreisklauseln« Hotelbetreibern untersagt, ggf. Restzimmer über andere Anbieter oder auf anderen Wegen günstiger anzubieten, was durch das deutsche Kartellrecht seit einigen Jahren verboten ist. Weitaus problematischer waren und sind Verhaltensweisen des Unternehmens Google, das bei Suchanfragen in Europa einen Marktanteil von 90% hält. Bei bestimmten Suchanfragen wurden auf den ersten Seiten bevorzugt Informationen und kostenpflichtige Angebote aus der eigenen Unternehmensfamilie angeboten, weshalb die EU-Kommission ein Bußgeld-Verfahren gegen Google mit einer Strafe in Höhe von 2,42 Mrd. Euro abgeschlossen hat.[17] Vor diesem Hintergrund ist die nunmehr auf den Weg gebrachte Plattformregulierung auf EU-Ebene notwendig und begrüßenswert. Problematisches und missbräuchliches Verhalten von marktbeherrschenden Plattformen und ihrem Umgang mit Daten der Nutzenden ist Einhalt zu gebieten, indem Verhaltenspflichten, insbesondere ein Selbstbegünstigungsverbot, durchgesetzt werden. Darüber hinaus ist anzuregen, ob neue Open-Access-Plattformen mit entsprechenden Zielvorgaben unterstützt werden könnten. Die EKD-Denkschrift »Freiheit digital« stellt pointiert heraus, dass »digitale Technologien ... zunehmend den Charakter von Infrastrukturen« annehmen. »Deshalb muss Struktur und Funktionsweise dieser digitalen Infrastrukturen einer demokratisch-politischen Kontrolle unterliegen, die am Schutz persönlicher Daten orientiert ist.«[18]

4. Digitale Medien als »Gamechanger« menschlicher Kommunikation?

Die mit der Digitalisierung einhergehenden Veränderungen der medialen Kommunikation sind von tiefen Widersprüchlichkeiten geprägt. Indem die Plattform-

---

[16] Vgl. a.a.O., 179f.

[17] Vgl. RUPPRECHT PODZSUN, Kartellrecht in der Datenökonomie, in: Aus Politik und Zeitgeschichte, 69 (2019), 28-34, 31.

[18] Freiheit digital (wie Anm.1), 179.

basierten Kommunikationen die klassische Trennung von Sendern und Empfängern aufheben, erleichtern sie die Teilhabe aller an der Kommunikation. Durch die relativ günstige Verfügbarkeit der entsprechenden Endgeräte ist ein hohes Maß der Teilnahme einer großen Zahl von Kommunikationsteilnehmern realisiert. Daher können die auf der Digitalisierung beruhenden sogenannten sozialen Medien »Menschen zusammenbringen und dabei Ressourcen schonen helfen.«[19] Die Pflege von Kontakten und ein enger Austausch sind gut organisierbar, auch über Kontinente hinweg. Da die gebräuchliche Sprache im Netz relativ leicht und einfach ist, was durch die Verwendung von Zeichen, emojis u.a oder auch die Kürze von Botschaften, wie bei Twitter, verstärkt wird, sind die Schwellen zur Teilnahme niedrig. Dies gilt auch für Möglichkeiten einer schnellen Recherche und Suche von Informationen. Auf diese Weise werden der Zugang zu Informationen und im Idealfall Bildungschancen verbessert. In diktatorischen Regimen gibt es neue Chancen der Informations- und Meinungsfreiheit sowie der Vernetzung von politischen Akteur*innen.

Dadurch werden von hierarchischen Mustern geprägte Diskurse im Netz weitgehend unterlaufen, da der Status des Senders, den er in der analogen Welt innehat, eine geringere Bedeutung besitzt. So spielen z.B. die klassischen »Gatekeeper« der öffentlichen-rechtlichen und der Print-Medien mit ihren Aufgaben der Vorsortierung und Einordnung von Informationen im Netz bestenfalls eine untergeordnete Rolle. Allerdings sind auch im Netz nicht alle Informationen gleich wichtig. Es sind hier neue Formen von »Gatekeepern« aktiv, die durch auf Algorithmen basierenden Vorfilterungen von Informationen agieren. Da bei den Plattformen Werbeetats eine zentrale Rolle spielen und eine hohe Aufmerksamkeit erzielt werden soll, werden in der Regel Informationen verbreitet, die »Sensationalisiertes, Zugespitztes, Radikales«[20] und in diesem Sinn die emotionalen Komponenten der Kommunikation bevorzugen. Die Logik der Kommunikation im Netz zielt tendenziell eher auf das irgendwie »Interessante« und weniger auf das »Wichtige«. Gemeinwohlorientierte Ziele der Zivilgesellschaft lassen sich gleichwohl im Netz gut präsentieren. Allerdings beugen auch sie sich oft dem Primat des Emotionalisierten, was die Kampagnenfähigkeit erhöhen kann, teilweise aber nur bedingt sachgerecht ist.

Vor diesem Hintergrund ist im Blick auf die digitale Kommunikation festzuhalten, dass sensationalisierte Themen breiter gestreut werden als analytisch geprägte Beiträge. Das Internet kann man somit als Ort einer »großen Gereiztheit« und »kollektiven Erregung«[21] bezeichnen, nicht zuletzt weil − scheinbare und wirkliche − Skandale allgegenwärtig kommuniziert werden. Speziell von Personen des öffentlichen Lebens, wie Politiker*innen, anderen Prominenten oder auch Aktivist*innen der Zivilgesellschaft, werden alle ungeschickten Äußerungen oder

---

[19] A.a.O., 115.

[20] SASCHA LOBO, Das Ende der Gesellschaft. Von den Folgen der Vernetzung, Köln 2016, 19.

[21] So der prägnante Titel des Buches von BERNHARD PÖRKSEN, Die grosse Gereiztheit. Wege aus der kollektiven Erregung, München 2018.

Verhaltensweisen, sei es im öffentlichen Raum, sei es privat, sofort kommuniziert und geteilt, was in wenigen Fällen der Aufklärung dienen mag, oft aber Persönlichkeitsrechte massiv verletzt. Je stärker ein Beitrag emotionalisiert, popularisiert, skandalisiert und dadurch Empörung hervorruft, desto größer ist die Wahrscheinlichkeit seiner schnellen und massenhaften Verbreitung im Netz. Neben der Emotionalisierung der digitalen Kommunikation ist ihre Kontextunabhängigkeit kennzeichnend: Oft werden ohne Rücksicht auf einen Ursprungskontext Informationen weitergegeben, was eine scheinbare Eindeutigkeit und Evidenz bewirkt, häufig jedoch von starken Verzerrungen geprägt ist. Aussagen oder Verhaltensweisen sind in der Regel stark kontextabhängig. Wird dieser hingegen durch Schnappschüsse u.a. ausgeblendet, kann die entsprechende Information von Nutzer*innen kaum adäquat eingeordnet werden. Vermutlich lässt sich auch auf Grund dieser Nivellierung von Kontexten der Befund erklären, dass im Netz »fake news« so stark verbreitet sind.

Ferner wird auf diese Weise das Phänomen der sog. »Echokammern« oder »Filterblasen« verstärkt: Jede/r kann senden, was er für interessant hält, aber auch ausblenden, was der eigenen Wirklichkeitsdeutung widerspricht oder diese stört. Persönlich zugeschnittene Informationsfilter erlauben es einfacher als bisher, die eigene Konstruktion der Wirklichkeit sich eindrücklich bestätigen zu lassen. Vor diesem Hintergrund kommt es für die Akteur*innen der Zivilgesellschaft umso mehr darauf an, die klassischen Informationskriterien der Relevanz, der Glaubwürdigkeit und der Überprüfbarkeit einzufordern sowie diese an die eigenen Kommunikationsformen im Netz mit strengen Maßstäben anzulegen.[22]

Schließlich ist digitale Kommunikation wesentlich durch die Logik des Quantifizierens bestimmt. Das fortwährende Messen und Vergleichen im Rahmen von Rankings oder Formen der Bewertungen mit Sternen, Balken u.a., das es auch ohne die Netzkommunikation bereits gab und gibt, wird durch die digitale Messung und somit das massenhafte Bewerten im Netz vereinfacht, gesteigert und erhält dadurch eine scheinbar nicht zu hinterfragende Plausibilität. Das Selbst- und vor allem das Fremdvermessen, bei dem die Kriterien, nach denen bewertet und eingeordnet wird, nicht immer klar sind, führen zu neuen Formen der Verhaltenssteuerung, da der Logik des Quantifizierens in der Regel ein allgemeiner Trend zur Optimierung zugrunde liegt. Durch Messen und Vergleichen werden generell die Logik des Wettbewerbs und damit das Konkurrenzverhalten im Unterschied zur Kooperation gestärkt. Scheinbar objektivierbare Informationen, in der Regel in mathematischer Form ausgedrückt, suggerieren eine hohe Eindeutigkeit, die oft allerdings nur vorgetäuscht ist. Diese Daten machen auf ihre Art sichtbar, wie Menschen einander einschätzen und anerkennen oder Anerkennung verweigern. Vermeintlich führt das »Datensammeln ... zu mehr Objektivität und

---

[22] Vgl. a.a.O., 185 und 186ff.

Orientierung, schafft aber tatsächlich mehr kompetitive Zurichtung.«[23] Insbesondere führt die massenhafte Durchdringung der Kommunikation mit einer quantifizierenden Logik dazu, dass auch Unvergleichliches in die Logik der Bewertung und Vergleichbarkeit einbezogen wird. Angesichts der Eindeutigkeit und der Überzeugungskraft quantitativer Daten, gerade in der mathematisierten und oft graphischen Darstellung, werden qualitative Unterschiede tendenziell ausgeblendet und spielen in der öffentlichen Kommunikation eine geringere Rolle. Sicherlich sind quantifizierbare Daten in vielen Bereichen der Lebenswirklichkeit angemessen und werden durch die digitale Kommunikation oft präziser und deutlicher zum Ausdruck gebracht als es zuvor möglich war. Allerdings dürfte ein sich durchsetzender »Imperialismus« dieser Darstellungsform höchst problematisch sein, da andere Kommunikationsformen, die nicht durch quantifizierbare Daten bestimmt sind, sondern das – oft mühsame – Verstehen des Anderen in den Mittelpunkt stellen, verdrängt zu werden drohen.

Die digitale Kommunikation wird eine immer wichtigere Arena, in der nicht allein Informationen zirkulieren, sondern zunehmend Bilder der Wirklichkeit als Angebote der Weltdeutung entwickelt werden. Auch wenn das Umfeld oft eher Entertainment zu befördern scheint, ist es möglich, im Sinn der Mündigkeit aller Akteur*innen im Netz kontrollierbare Informationen diskursiv und mit Skepsis zu erörtern und dabei nicht zuletzt sorgfältig mit Affekten und Emotionen umzugehen. Nur so lassen sich verständigungsorientierte Diskurse, was für zivilgesellschaftliches Engagement eine wichtige Voraussetzung ist, auch digital gestalten. Dies setzt als Grundhaltung die klassische Tugend der Wahrhaftigkeit und in der Kommunikation die Wahrheitsorientierung voraus, wie es biblisch im achten Gebot verankert ist. In diesem Sinn ist nach der Relevanz und der Proportionalität von Informationen bei der (Weiter-)Verbreitung zu fragen, die transparent und daher der Kontrolle und Kritik zugänglich sein müssen. Im Zweifelsfall ist auf Grund ethischer Abwägungen auf die Weitergabe von Informationen zu verzichten, falls diese Basisvoraussetzungen nicht vorliegen. Auch in der zivilgesellschaftlichen Kommunikation besteht die Gefahr einer Skandalisierung von Sachverhalten, was zu einem kurzfristigen Mobilisierungseffekt führen kann, aber die Glaubwürdigkeit und Relevanz einer gemeinwohlorientierten Verständigung, wie sie für die Zivilgesellschaft kennzeichnend ist, untergräbt. Eine demokratische Öffentlichkeit lebt von dem Engagement und der Verlässlichkeit zivilgesellschaftlicher Akteure, welche die ethischen Standards, mit denen sie im Bereich der digitalen Kommunikation z.B. Plattform-Betreiber oder Programmierer konfrontieren, strikt auf sich selbst anwenden sollten.

Der besondere Beitrag der Kirchen zur Weiterentwicklung einer Ethik der Kommunikation für das digitale Zeitalter liegt in der Herausstellung des Sozialbezugs jeden kommunikativen Aktes. Demgegenüber zielen beiläufige oder subtile Herabsetzungen von Menschen und im Extremfall die sog. »hate speech«

---

[23] FRAUKE HAMANN, Messen und werten, in: Neue Gesellschaft/Frankfurter Hefte 5 (2018), 54-56, 55.

darauf ab, den Nächsten zu denunzieren und so die Kommunikationskultur nachhaltig zu zerstören. Des Weiteren stellt sich, da durch die digitale Kommunikation die Rollen von Sendern und Empfängern austauschbar geworden und nahezu alle Teilnehmer zu öffentlichen Kommunikatoren geworden sind, in neuer Weise die Frage nach der Legitimation öffentlichen Redens.[24] Die Einladungen zu Kommentaren, Bewertungen oder der Weiterleitung von Informationen sind inflationär geworden, so dass ein Ethos der Selbstbegrenzung einzufordern ist, das im Sinn einer Selbstbeschränkung nach der jeweiligen Kompetenz, Relevanz und damit Legitimation zum Sprechen fragen muss. Das Übermaß und der oft fehlende Sachbezug im Bereich digitaler Kommunikation, die letztlich öffentliche Debatten untergraben, sollten insbesondere durch kirchliche Akteur*innen kritisch begrenzt werden. Dementsprechend sind Christenmenschen und die Kirchen als Institutionen herausgefordert,»durch ihr eigenes Kommunikationsverhalten dazu beizutragen, eine nachhaltigere und vertrauenswürdigere Öffentlichkeit zu schaffen. ... Dabei sind neben dem Sachbezug ebenso der Sozialbezug jeder Kommunikation, die ›Nächstenorientierung‹ im Sinn der Anerkennung, zu beachten wie die Frage nach einer Legitimation zum Sprechen.«[25]

5. Fazit und Ausblick

Die Digitalisierung ist zutiefst ambivalent, ihre »Potenziale ... begeistern und ängstigen.«[26] Sie kann eine Vielzahl von Freiheitsräumen eröffnen, indem mehr Selbstbestimmung etwa durch Assistenzsysteme für Menschen mit Einschränkungen möglich wird, die Arbeitsgestaltung, gerade auch in den Gesundheits- und Pflegeberufen, von Routinearbeiten entlastet und individuellere Formen des Zeitmanagements eröffnet werden. Die Kommunikation wird durch digitale Medien erleichtert und demokratisiert, Informationen sind leichter und freier zugänglich, die hierarchische Trennung von Sendenden und Empfangenen wird aufgehoben. Zugleich wird die soziale Kommunikation durch digitale Medien in vielfacher Weise systematisch verzerrt, indem – nicht zuletzt aufgrund der durch Werbung finanzierten Plattformen – insbesondere sensationelle und emotionalisierende Inhalte präferiert werden. Im Blick auf die Entwicklung der Arbeitswelt sind neben den möglichen positiven Effekten die Gefahren einer zunehmenden Kontrolle und Standardisierung der Arbeitsfelder sowie ungeregelte Verdichtungen und Beschleunigungen der Arbeitsrhythmen zu problematisieren. Die in machttheoretischer Hinsicht gefährlichste Entwicklung der Digitalwirtschaft ist die Zunahme einer Machtdominanz einzelner ökonomischer Akteure, die nur noch schwer demokratisch zu kontrollieren oder gegebenenfalls zu begrenzen

---

[24] Vgl. Freiheit digital (wie Anm. 1), 207f.

[25] A.a.O., 207.

[26] A.a.O., 233.

sind. Vor diesem Hintergrund ist der Primat demokratisch legitimierter, politischer Entscheidungen einzufordern, um angemessene Rahmenordnungen für eine menschengerechte und lebensdienliche Einbettung digitaler Techniken zu setzen. Theologische Sozialethik und die arbeitswelt- und gesellschaftsbezogenen Dienste der evangelischen Kirche stehen vor der Aufgabe, auf der Grundlage des biblischen Realismus und eines entsprechenden Menschenbildes Impulse für »eine lebensförderliche Identitätsbildung, für ein soziales Miteinander und eine nachhaltige Gestaltung«[27] wirtschaftlicher Entwicklungen im Horizont der Digitalisierung zu vermitteln.

---

[27] A.a.O., 239.

Matthias Hartmann

Dienend Führen in Zeiten von »New Work«

1. Eine Idee, deren Zeit gekommen ist ...

Von Victor Hugo soll der Satz stammen: »Nichts ist stärker als eine Idee, deren Zeit gekommen ist.« Und tatsächlich scheint es Ideen zu geben, die einige Zeit brauchen, um ihre volle Wirkung zu entfalten, obwohl sie schon bei ihrer ersten Veröffentlichung einleuchtend und attraktiv waren. In Bezug auf die Arbeitswelt in Deutschland scheint das auf die Ideen von Robert Greenleaf und Frithjof Bergmann zuzutreffen. Der Autor und Organisationsberater Robert Greenleaf (1904-1990) entwickelte in den 1970er Jahren das Führungsmodell »Servant Leadership«, das in den USA vielfältige Aufnahme fand und Wirkung entfaltete.[1] Der Philosoph Frithjof Bergmann (1930-2021) wurde angesichts der von ihm wahrgenommenen Grenzen des Wachstums Anfang der 1980er Jahre zum Gründer der New-Work-Bewegung, die sich einem neuen Verständnis von Arbeit und Wirtschaft widmete mit dem Ziel, Arbeit zu etwas zu machen, was Menschen nicht schwächt, sondern stärkt.[2]

Nun scheinen beide Ideen angesichts aktueller Herausforderungen in der Arbeitswelt eine neue Relevanz zu bekommen und interessanterweise sogar miteinander verknüpft zu werden. Der Kontext dieser neuen Wahrnehmung ist die Erfahrung der globalisierten Gesellschaft als »VUCA-World«, also eine Welt, die von Unbeständigkeit (volatility), Unsicherheit (uncertainty), Vielschichtigkeit (complexity) und Mehrdeutigkeit (ambiguity) geprägt ist. Diese Beschreibung der Wirklichkeit ist durch die aktuellen Erfahrungen aus den drei parallel verlaufenden Krisen – der Corona-Pandemie, des Ukrainekriegs mit seinen humanitären

---

[1] ROBERT GREENLEAF, Servant Leadership. A Journey into the Nature of Legitimate Power & Greatness, Mahwah (NJ)1977; DERS., The Servant-Leader Within. A Transformative Path, Mahwah (NJ) 2003; MATTHIAS HARTMANN, Servant Leadership in diakonischen Unternehmen, Stuttgart 2013, 24-52.

[2] SWANTJE ALLMERS u.a., On the Way to New Work. Wenn Arbeit zu etwas wird, das Menschen stärkt, München 2022, IX-3 u.ö.; BENEDIKT HACKL u.a., New Work. Auf dem Weg zur neuen Arbeitswelt. Management-Impulse, Praxisbeispiele, Impulse, Wiesbaden 2017, 3f.

und wirtschaftlichen Konsequenzen und der Klimakrise – noch einmal verschärft. Für die Beantwortung der Frage, wie Führung von Unternehmen, Organisationen und Institutionen in solchen Zeiten gelingen kann, kann eine Beschäftigung mit »Servant Leadership im Kontext von New Work« sinnvoll sein.

2. Servant Leadership – Die Grundidee und ihre Wirkung

Robert Greenleaf war bis zu seinem Ruhestand 1964 bei dem amerikanischen Telekommunikationsunternehmen AT&T für Organisationsentwicklung, Managementforschung und -entwicklung und die Schulung von Führungskräften zuständig. In seinem Ruhestand startete er seine zweite Karriere als Berater, Autor und Dozent und wurde zum Begründer der »Robert Greenleaf Center for Servant Leadership«, die es neben dem Urzentrum in Indiana, das bei seiner Gründung noch »Center for Applied Ethics« hieß, heute weltweit gibt. In seinem programmatischen Aufsatz »The Servant as Leader«[3] formulierte Greenleaf 1970 seine Grundidee: Leiten heißt Dienen. Nach Greenleafs Überzeugung ist eine Führungskraft also beispielsweise dazu da, den Mitarbeitenden zu dienen, nicht über sie zu herrschen. Das habe den Effekt, dass die Mitarbeitenden selbst als Persönlichkeiten wachsen, sich positiv entwickeln und potentiell wiederum selbst zu »Dienern« würden. So breite sich eine Haltung des Dienens im ganzen Unternehmen aus, das auf diese Weise eine dienende Funktion für die Kunden, weitere Stakeholder und damit die Gesellschaft bekomme. Passende Verhaltensweisen einer dienenden Führungskraft sind nach Greenleaf zum Beispiel: zuhören können, sich zurücknehmen können, Intuition besitzen und nutzen, Weitblick haben, überzeugend sein, Mitarbeiter respektieren und akzeptieren. Allerdings ist »Servant Leadership«, so wie es Greenleaf proklamierte, kein Führungskonzept, sondern vielmehr eine Haltung von Führungskräften, die sich im täglichen Führungshandeln auswirkt. Aus diesem Grund lässt es sich nicht schulen, sondern muss, wie andere Führungswerte, über ständige Kommunikation und vorbildhafte Umsetzung von Führungskräften in die Unternehmenskultur hineinwirken.

Die Idee des »Servant Leadership« wurde in den USA relativ breit rezipiert und von unterschiedlichen Managementberatern und Wissenschaftlern weiterentwickelt. So haben zum Beispiel Ken Jennings und John Stahl-Wert fünf prägnante Verhaltensweisen in der Führung von Mitarbeitenden als Kennzeichen eines Servant Leaders formuliert: 1. Auf die Stärken setzen, 2. Den Weg bahnen, 3. Die

---

[3] Vgl. GREENLEAF, Servant Leadership (wie Anm. 1), 21-61.

Latte höher legen, 4. Die Pyramide auf den Kopf stellen, 5. Einem großen Ziel verpflichtet sein (vgl. Abbildung 1).[4]

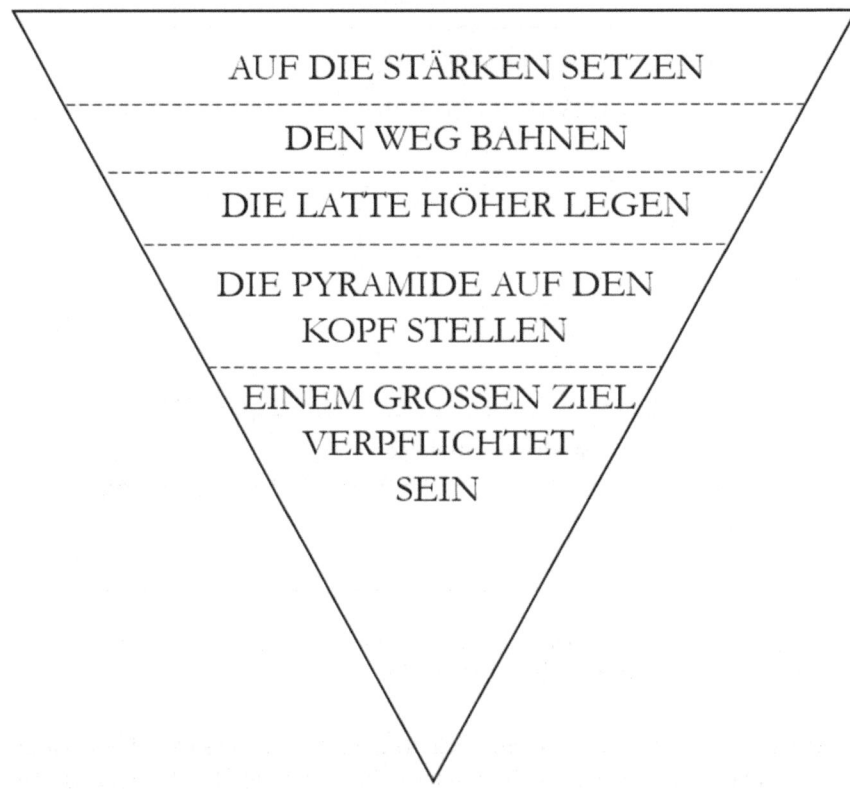

Abbildung 1: Die fünf Kennzeichen eines Servant Leaders nach Kenn Jennings und John Stahl-Wert (Abbildung aus: Hartmann (wie Anm. 1), 33)

James W. Sipe und Don M. Frick haben in den »Sieben Säulen des Servant Leadership« die sieben Kompetenzen bzw. Verhaltensweisen eines Servant Leaders formuliert und zu einem Führungskräfteentwicklungsmodell weiterentwickelt.[5] (vgl. Abbildung 2)

---

[4] Vgl. KEN JENNINGS/JOHN STAHL-WERT, Serving Leaders. Führen heißt dienen. Fünf durchschlagende Maßnahmen, die Ihr Team, Ihr Unternehmen und Ihre Gemeinschaft verändern werden, Offenbach 2004.
[5] Vgl. JAMES W.SIPE/DON M. FRICK, Seven Pillars of Servant Leadership. Practising the Wisdom of Leading by Serving, Mahwah (NJ), 2009.

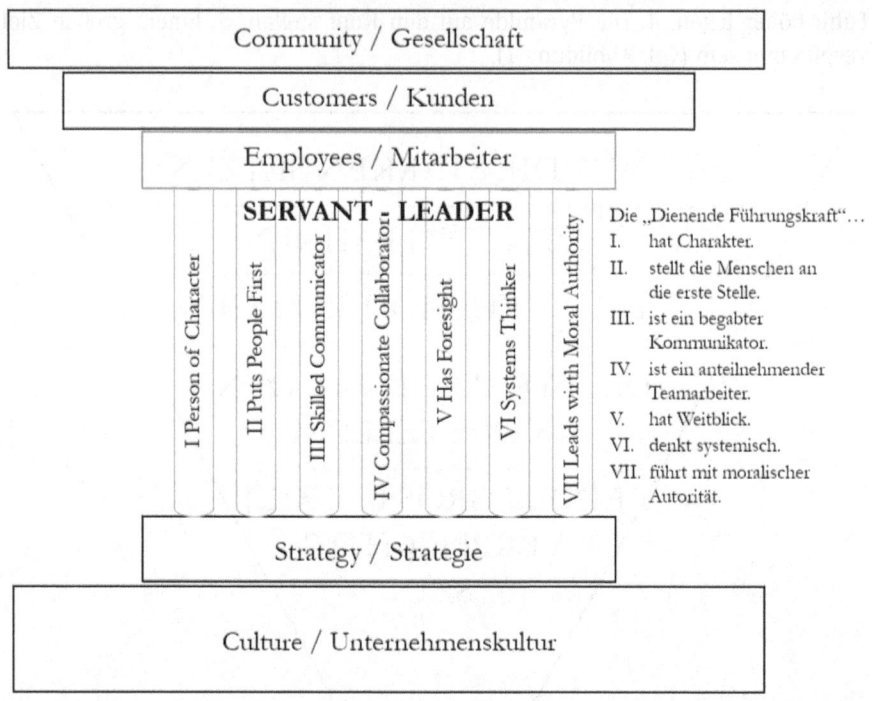

Abbildung 2: Die »Sieben Säulen des Servant Leadership« nach John W. Sipe und Don M. Frick (Abbildung aus: Hartmann [wie Anm. 1], 36)

Inzwischen gibt es in den USA zahlreiche Unternehmen, die sich bei der Darstellung ihres Führungskonzeptes direkt oder indirekt auf die Idee des »Servant Leadership« beziehen, darunter Firmen wie Southwest Airlines[6] oder Starbucks.[7] Es gibt zahlreiche Universitäten und Wissenschaftler, die im Rahmen von Forschungsprojekten, Publikationen, Kongressen und ganzen Studiengängen »Servant Leadership« wissenschaftlich reflektieren und lehren. Und es gibt in der Managementliteratur sehr viele praxisorientierte Hinweise zur Umsetzung von Servant Leadership in unterschiedlichen Unternehmen und Organisationen. So schlägt zum Beispiel Don M. Frick zur Implementierung von Servant Leadership in einem Unternehmen den Führungskräften folgende Vorgehensweise vor: »Learn it, live it, share it, modify it for your own organization, be patient with it.«[8] Also sinngemäß: Lerne zunächst selbst dienend zu führen, setze es in deinem

---

[6] Vgl. KEVIN FREIBERG/JACKIE FREIBERG, Nuts! Southwest Airlines' Crazy Recipe for Business and Personal Success, New York (NY) 1997.

[7] Vgl. HOWARD BEHAR, It's Not About The Coffee. Lessons on Putting People First from a Life at Starbucks, New York (NY) 2009.

[8] DON M. FRICK, Implementing Servant Leadership. Stories from the Field, Ladysmith (WI) 2009, 98; vgl. a.a.O. 89-98.

Verantwortungsbereich um, danach teile deine Erfahrungen und Sichtweise mit anderen, passe das Konzept auf dein eigenes Unternehmen an und habe viel Geduld, weil die Umsetzung von Servant Leadership ein lange andauernder Veränderungsprozess ist.

Diese Beispiele zeigen, dass Servant Leadership als Führungsmodell in den USA tatsächlich an der Basis und in der praktischen Umsetzung angekommen ist. Außerdem wurde Servant Leadership überwiegend in den USA vielfach mit spirituellen bzw. religiösen Vorstellungen verbunden. Grundlage dafür ist die Wahrnehmung, dass die mit Servant Leadership verbundene dienende Haltung von Führungskräften in unterschiedlichen Philosophien und Religionen als wünschenswerte Verhaltensweise von Menschen untereinander charakterisiert wird. So existieren Führungsmodelle, die Servant Leadership mit dem christlichen Glauben verbinden, wie zum Beispiel »Lead Like Jesus«[9]*, oder mit dem Hinduismus, dem Ubuntu[10], einer afrikanischen Kulturphilosophie, oder mit der Philosophie des Aikido, einer fernöstlichen Kampfsportart. In Deutschland bzw. im deutschsprachigen Raum hat »Servant Leadership«, wie es von Greenleaf entwickelt und vertreten wurde, etwas verhaltener Aufnahme gefunden. Gleichwohl findet der Gedanke, die Aufgaben von Führungskräften und die dazu nötige Haltung als »dienend« zu beschreiben, auch hierzulande Befürworter[11].

3. Die systemische Weiterentwicklung des »Dienenden Führens«

»Servant Leadership« ist ein Führungskonzept, das für diakonische Unternehmen interessant ist, nicht allein wegen der begrifflichen Nähe des »Dienenden Führens« zum diakonischen »Dienst« (griech. diakonia), sondern insbesondere wegen seiner grundsätzlichen Ausrichtung des Führungshandelns auf Mitarbeitende und Stakeholder. Führungskräfte haben im Konzept »Servant Leadership« die Aufgabe, für gute an den Mitarbeitenden und ihrer Entwicklung orientierte Rahmenbedingungen zu sorgen und dadurch die Organisation auf den Dienst an den Kunden und der Gesellschaft auszurichten.

Nach einigen Jahren der Umsetzung von »Servant Leadership« in der Führungspraxis eines diakonischen Unternehmens[12] und der Reflexion der Praxiser-

---

[9] Vgl. KEN BLANCHARD, Lead Like Jesus. Revisited. Lessons from the Greatest Leadership Role Model of all Times, Nashville (TN) 2016.

[10] Vgl. MARGIT RAICH, Was die Philosophie des Ubuntu für Servant Leadership bedeutet, in: LEONHARD SCHNORRENBERG (Hrsg.), Servant Leadership. Prinzipien dienender Führung in Unternehmen, Berlin 2014, 311-320.

[11] Vgl. ANSELM GRÜN, Menschen führen – Leben wecken, München 2015.

[12] Vgl. HARTMANN (wie Anm. 1).

fahrungen ist deutlich, dass es eine Weiterentwicklung des Konzepts für diakonische Unternehmen braucht. Zum einen wird das Dienstparadigma von Führungskräften in der Diakonie wegen der Erfahrungen mit der Spiritualisierung des Dienens in der Diakoniegeschichte als durchaus ambivalent erlebt. Zum anderen ist es wichtig, neben dem Verständnis von »Servant Leadership« als »Haltung« von Führungskräften auch operationalisier- und damit erlernbare Elemente in das Führungskonzept zu integrieren.

Eine sehr stimmige Verbindung von Servant Leadership und Systemischer Führung findet sich in dem »Heidelberger Modell Dienender Führung«.[13] Heinz K. Stahl geht in seiner Darstellung des Heidelberger Modells von der These aus, dass für ein aktuelles mitarbeiterorientiertes und effektives Führungsmodell, das auf der Grundperspektive des »Dienens« basiert, ein Bezug zu Religion und Spiritualität nicht notwendig sei. Die Grundfrage der dienenden Führungskraft sei: »Wie kann ich andere führen, damit sie sich persönlich weiterentwickeln und ihr Potenzial voll entfalten können, um unsere gemeinschaftlichen Ziele zu realisieren?« Das Verb »dienen« sei dann eher mit »ermöglichen«, »bewirken« oder »zum Ergebnis führen« gleichbedeutend. »Aufopfern« oder »sich unterwerfen« sei dagegen kein angemessener Bedeutungsinhalt.[14] Davon und von einer systemischen Sichtweise auf Unternehmen und damit auch auf die Führungsarbeit ausgehend beschreibt er die drei Säulen der Dienenden Führung.

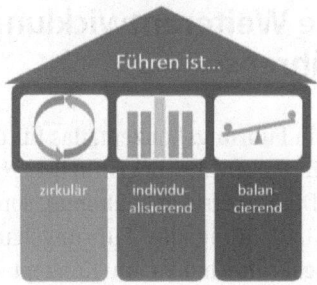

Abbildung 3: Die »drei Säulen Dienender Führung« nach Heinz K. Stahl (Eigene Darstellung nach: Stahl [wie Anm. 12], 10)

Unter der ersten Säule, der »zirkulären Führung«, versteht Stahl den Verzicht auf ein prinzipielles Gefälle zwischen Geführtem und einem Führenden, der einlinig seine Vorstellungen durchsetzt. Vielmehr seien beide Personen in einem kreisförmigen Regelkreis miteinander verknüpft, der durch Feedback bestimmt ist und

---

[13] HEINZ K. STAHL, Dienende Führung. Das Heidelberger Modell, in: HANS R. FISCHER u.a.. (Hrsg.), Dienende Führung. Zu einer neuen Balance zwischen ICH und WIR. Berlin 2019, 5-21; MATTHIAS HARTMANN, Handbuch Führungsethik Teil II: Leadership im Fusionsprozess, Stuttgart 2021, 27-30.

[14] STAHL (wie Anm. 13), 8.

in dem beide an einem Führungsprozess beteiligte Personen(-gruppen) sowohl führen als auch geführt werden. Idealerweise mündet zirkuläre Führung in eine »Resonanzerfahrung«, durch die sich der Geführte selbstwirksam fühlt und, ohne dominiert zu werden, bewegt und aktiv wird.

Die zweite Säule der Dienenden Führung, das »individualisierende Führen«, reflektiert die Vielzahl von Optionen, die einzelne Menschen heute für ihre Lebensgestaltung und damit auch für ihren Arbeitsprozess haben. Aus diesem Grund sei es notwendig, über »(a) die individuellen Werthaltungen, (b) die individuellen Bedürfnisse und damit Motive, sowie (c) dem[15] individuellen ›Ressourcenprofil‹ der anvertrauten Menschen«[16] Bescheid zu wissen.

Und schließlich ist es, als dritte Säule der Dienenden Führung, notwendig, das eigene Führungshandeln in Balance zwischen unterschiedlichen Dilemmata zu bringen. Beim »balancierenden Führen« gilt es, die unterschiedlichsten Gegensätze nebeneinander zur Geltung zu bringen, wie zum Beispiel Mitarbeitenden grundsätzlich zu vertrauen und gleichzeitig bestimmte Bereiche als »Misstrauensbereiche« zu kennzeichnen. Neben Vertrauen und Misstrauen gibt es weitere Beispiele für Gegensätze, zwischen denen eine »handhabbare Zone« der Balance gefunden werden muss: Planen und Improvisieren etwa oder Distanz und Nähe.

Um diese drei Aspekte der Dienenden Führung, also zirkuläre, individualisierende und balancierende Führung, erfolgreich praktizieren zu können, brauchen Führungskräfte, nach Stahl, sechs individuelle Voraussetzungen, die in ihren unterschiedlichen Beziehungen und Abhängigkeiten in der nachfolgenden Abbildung (vgl. Abbildung 4) dargestellt sind: Gemeinsinn, Mut, Konsequenz, Verantwortung, Zurückhaltung und Versöhnlichkeit.

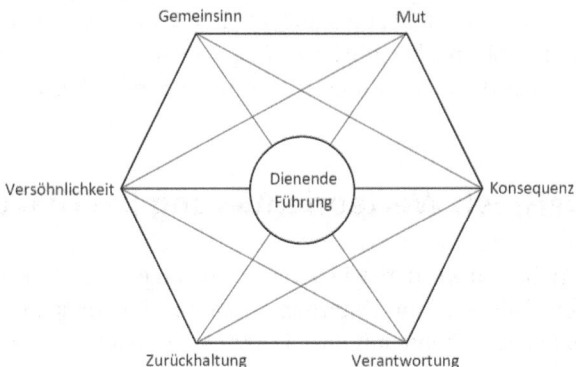

Abbildung 4: Die individuellen Voraussetzungen für Dienende Führung nach Heinz K. Stahl (wie Anm. 12), 19.

---

[15] Der offensichtliche grammatikalische Fehler im Zitat wurde hier nicht korrigiert. Selbstverständlich müsste es »das individuelle...« heißen.

[16] STAHL (wie Anm. 13), 11.

Unter Gemeinsinn wird dabei verstanden, dass eine Führungskraft ihr Führungs-handeln am Nutzen für die Gesamtorganisation ausrichtet. Mut bedeutet, sich trotz Widerstand und Gefahr für ein gemeinsames Ziel einzusetzen. Konsequenz zeigen Führungskräfte, wenn sie ihrer Absicht entsprechend handeln. Verant-wortung übernehmen sie, wenn sie sich die Folgen ihres Handelns zurechnen lassen. Zurückhaltung beweisen sie, wenn sie eine selbstbewusste Bescheidenheit praktizieren. Versöhnlichkeit setzen sie um, wenn sie nach ausgetragenen Kon-flikten wieder eine friedliche Basis zur Zusammenarbeit suchen. Diese sechs Voraussetzungen sind zwar individueller Natur, können aber durch die herr-schende Unternehmenskultur gefördert oder behindert werden.[17]

Auf diese Weise entwirft Stahl ein modernes Führungskonzept, bei dem Führen als gegenseitiger (Kommunikations-)Prozess verstanden wird, bei dem Mitarbeitende mit ihren individuellen Werthaltungen, Bedürfnissen und Ressour-cen wahrgenommen und unterschiedliche Gegensätze bzw. Dilemmata ausbalan-ciert werden. So verstanden kann »Servant Leadership« zur Basis einer werte- und sinnorientierten Führungspraxis werden, und das nicht nur für diakonische Unternehmen, die durch ihr an Menschen orientiertes Dienstleistungsangebot dazu eine besondere Nähe haben und insofern sogar so etwas wie eine Vorreiter-rolle für werte- und sinnorientierte Führung auch in anderen Unternehmen ein-nehmen können. Werteorientierung meint dabei grundsätzlich nicht die Ausrichtung an tradierten Normen, sondern, im Sinne des Wertemanagement-konzepts von Erpenbeck/Sauter, die Entwicklung von Werthaltungen im Unter-nehmen, die mit den Werten der Mitarbeitenden in Dialog und im Idealfall in Übereinstimmung gebracht werden. Mitarbeitende, die eine Resonanz ihrer Werthaltungen mit den Unternehmenswerten erleben, tragen Entscheidungen mit, bringen sich mit großer Überzeugung ein und fühlen sich dem Unternehmen intensiv verbunden. Sie machen die Erfahrung, dass ihre Arbeit »Sinn-voll« ist und damit ihr Grundbedürfnis nach Sinnorientierung befriedigt wird.[18]

4. Praxisbeispiel: Werteorientierung bei Diakoneo

In den letzten 10 Jahren wurden, wie bereits oben angedeutet, mit der Umsetzung des »Dienenden Führens« im Unternehmensalltag bei Diakoneo Erfahrungen gesammelt. Diakoneo ist heute mit über 11.000 Mitarbeitenden und ca. 700 Mio € Umsatz das größte diakonische Unternehmen Süddeutschlands mit über 200 Einrichtungen in Bayern, Baden-Württemberg und Polen. Die Dienstleistungen des Sozial- und Gesundheitsunternehmens reichen von Bildung, stationären und

---

[17] Vgl. a.a.O., 19f.

[18] Vgl. JOHN ERPENBECK, Wertungen, Werte – Das Buch der Grundlagen für Bildung und Organisationsentwicklung, Berlin 2018; ROMAN SAUTER u.a., Agile Werte- und Kompetenzentwicklung. Wege in eine neue Arbeitswelt, Berlin 2018.

ambulanten Diensten für Senioren und Menschen mit Behinderung bis hin zu Gesundheitsangeboten in Medizinischen Versorgungszentren und einem Verbund von sechs Kliniken. Diakoneo hat eine fast 170-jährige Geschichte und geht auf die Gründung der Diakonissenanstalten in Neuendettelsau und Schwäbisch Hall im 19. Jahrhundert durch Wilhelm Löhe bzw. Hermann Faulhaber zurück.

In den meisten im 19. Jahrhundert entstandenen diakonischen Anstalten und Institutionen wurde in dieser Zeit nach dem Vorbild der bürgerlichen Großfamilie geführt. Dies wurde an den Bezeichnungen der einzelnen Protagonisten deutlich. Da gab es die Schwestern und die Brüder, den Hausvater, die Hausmutter, und alle gehörten zur Dienstgemeinschaft, die ein geistliches Konstrukt war. Jede*r hatte ihre*seine Funktion und Rolle. Autorität wurde nicht hinterfragt. Das, was der Patriarch anordnete, wurde akzeptiert. Er war gleichzeitig geistlicher und weltlicher Leiter der Gemeinschaft und wurde durch die Oberin in seinen Aufgaben unterstützt. Dieses Bild prägte auch die diakonische Arbeit in den Diakonisseinenanstalten Neuendettelsau und Schwäbisch Hall lange Zeit bis weit in das 20. Jahrhundert hinein. Auch in der Zeit der Diakoniewerke, zu denen sich die Diakonissenanstalten in den 1970er Jahren weiterentwickelten, in der Leitung schon auf mehrere Schultern übertragen war und die Verantwortung durch ein Gremium wahrgenommen wurde, wirkte dieses Bild noch nach und wurde nur nach und nach von einem moderneren Verständnis von Unternehmensführung abgelöst.

Heute ist in der Führung von Diakoneo das oben beschriebene Verständnis des Dienenden Führens in seiner systemischen Weiterentwicklung maßgebend. Im Sinne dieses Konzeptes wurden im Jahr 2021 mit den Führungskräften Führungsleitlinien entwickelt, die zur Orientierung beim alltäglichen Führungshandeln dienen. Diese Führungsleitlinien lauten:

 *Führungsleitlinien*

Wir als Führungskräfte von Diakoneo

 sind Vorbilder. Auf Basis unserer gemeinsamen Werte und christlichen Ideale handeln wir authentisch und nachhaltig - mit Verantwortung und Kompetenz.

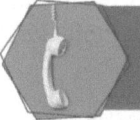 fördern eine offene und vertrauensvolle Kommunikation. Wir geben gegenseitiges Feedback und gehen konstruktiv mit Kritik um. Fehler nutzen wir zur Weiterentwicklung.

 begegnen allen Mitarbeitenden mit Respekt und Achtsamkeit und fördern den Zusammenhalt. Unsere Zusammenarbeit gestalten wir auf Augenhöhe.

 regen den Austausch von Wissen an, ermöglichen unseren Mitarbeitenden und Teams die Entwicklung ihrer Persönlichkeiten und Kompetenzen und stärken die Eigenverantwortung.

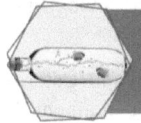 schaffen Transparenz über aktuelle und zukünftige Entwicklungen in unserem Verantwortungsbereich, Klarheit über Aufgaben und Anforderungen und begründen unsere Entscheidungen.

 begleiten unsere Mitarbeitenden und Teams als Partner und Coach, bestärken und motivieren sie in ihrer täglichen Arbeit, geben Rückhalt und schaffen Vertrauen.

Damit verkörpern wir durch unser Führungshandeln die Werte von Diakoneo.

Abbildung 5: Führungsleitlinien von Diakoneo

Im Nachgang der Tagung der Leitenden im Jahr 2021 wurde die Wertekommunikation bei Diakoneo in einem durch die Unternehmensentwicklung verantworteten intensiven Diskussions- und Beteiligungsprozess überarbeitet und gebündelt. Neben dem sinnorientierten Claim »Diakoneo – weil wir das Leben lieben« und der Unternehmensvision wurden die Kernwerte von Diakoneo erarbeitet: Wir sind (1) empathisch, (2) vielfältig und inklusiv und (3) mutig.

WAS UNS BESONDERS MACHT

EMPATHISCH | **VIELFÄLTIG & INKLUSIV** | **MUTIG**

Wir versetzen uns in andere Menschen hinein und nehmen ihre persönlichen Bedürfnisse ernst. Dadurch gelingt uns ein wertschätzender Umgang miteinander.

Wir empfinden die Einzigartigkeit jedes Menschen als Bereicherung. Deshalb beziehen wir jede*n Einzelne*n in unser Handeln ein.

Wir brechen Grenzen auf und entwickeln Diakoneo kreativ und zukunftsorientiert weiter. Durch innovative und nachhaltige Lösungen schaffen wir langfristig Sicherheit.

UNSER WERTEVERSTÄNDNIS

Werte sind unsere Überzeugungen, Haltungen und Ideale. Sie bestimmen wie wir wirken wollen und prägen unser Handeln.

UNSER DIAKONISCH-SPIRITUELLES PROFIL

Unsere Kernwerte basieren auf unserem Diakonisch-Spirituellen Profil. Es beschreibt unser Verständnis von Spiritualität und ist Teil unserer Identität.

Abbildung 6: Die Kernwerte von Diakoneo

Damit diese werteorientierte Kommunikation für alle Stakeholder, insbesondere aber für die Mitarbeitenden von Diakoneo, nachvollziehbar und unterstützbar ist, wurden die Marke, die Vision und die Kernwerte ganz bewusst ohne spezifisch christliche Begriffe, wie z.B. Nächstenliebe, formuliert. Vom Selbstverständnis her kommt aber das christliche Profil durch die benannten und beschriebenen Werte zum Ausdruck.

5. Dienend Führen und New Work

In den 1980er Jahren formulierte Frithjof Bergmann[19] sein Verständnis einer »Neuen Arbeit« und wurde damit zum Begründer einer weltweiten Bewegung. Er

---

[19] Frithjof Bergmann wurde 1930 in Sachsen geboren und wuchs in Hallstatt/Österreich auf, wo er auch maturierte. Kurz vor der Matura im Jahr 1949 gewann er in einem Wettbewerb einen Studienaufenthalt in den USA, nach dem er in den USA blieb, Philosophie an der Universität in Princeton studierte und ab 1958 an der University of Michigan in Ann Arbor Philosophie und Kulturanthropologie lehrte.

gründete das erste »Center for New Work« in Michigan, dem zahlreiche weitere weltweit folgten. Nach seinem Verständnis war »New Work« ein sehr konkretes Modell einer anderen Lohnarbeit im kapitalistischen Wirtschaftssystem. Bergmann stellte sich vor, dass die normale Erwerbsarbeit durch ein Arbeitsmodell ersetzt wird, bei dem Menschen nur noch zu einem Drittel der klassischen Erwerbsarbeit nachgehen, zu einem weiteren Drittel Arbeit verrichten, die sie wirklich wollen, und zu einem Drittel Eigenproduktion betreiben.[20]

Bergmanns Grundgedanken wurden vielfach aufgenommen und gerade in den letzten Jahren für die moderne Arbeitswelt weiterentwickelt.[21] So hat zum Beispiel Markus Väth die »5 Prinzipien von New Work Unternehmen«[22] formuliert:

1. Freiheit (Schaffen von Experimentierräumen für neues Arbeiten, Schaffen einer Kultur des Unperfekten, Stärken der gemeinsamen Vernetzung)
2. Selbstverantwortung (Etablieren von Modellen der Selbstorganisation, Erweitern von Budget-Autorität, Etablieren finanzieller Beteiligungsmodelle)
3. Sinn (Stärkenorientierung und Ausrichtung auf den Organisationszweck, Etablieren einer dreiteiligen Wertschöpfung, Sinnhaftes Gestalten des Alltags)
4. Entwicklung (Etablieren kollektiver Lernstrukturen, Stärken einer kontinuierlichen Selbsterneuerung, Etablieren abgestufter, kollektiver Entscheidungsstrukturen)
5. Soziale Verantwortung (Nachhaltiges und ökologisches Wirtschaften, regionales Engagement, Grundsatz des ehrbaren Kaufmanns)

Zur Umsetzung von New Work haben Swantje Allmers, Michael Trautmann und Christoph Magnussen ein Modell entwickelt, das, Bergmanns Intention aufnehmend, drei Schritte enthält:[23]

• »Starkes Ich: Individuelle Ansatzpunkte, um mehr Sinn und Erfüllung in der eigenen Arbeit zu erleben.
• Starkes Wir: Ansätze, um die Zusammenarbeit im Team und als Organisation sinnvoll zu gestalten.

---

[20] Vgl. HACK (wie Anm. 2); FRITHJOF BERGMANN, Die Freiheit leben, Freiburg 2005; DERS., Neue Arbeit, Neue Kultur, Freiburg 2004.

[21] Vgl. MARKUS VÄTH, Arbeit — die schönste Nebensache der Welt. Wie New Work unsere Arbeitswelt revolutioniert, Offenbach/Main 2016; ALLMERS (wie Anm. 2); HACK (wie Anm. 2); DOROTHEE BROMMER u.a., Faszination New Work: 50 Impulse für die neue Arbeitswelt, Wiesbaden 2019.

[22] MARKUS VÄTH, Die fünf Prinzipien von New Work Unternehmen, online abgerufen unter https://humanfy.de/leistungen/new-work/new-work-charta/ am 22.1.2023.

[23] Vgl. ALLMERS (wie Anm. 2).

- Starke Gesellschaft: gesellschaftliche Chancen und Herausforderungen, mit denen wir uns (auch) im Kontext Arbeit auseinandersetzen sollten.«[24]

In ihrem sehr praxisorientierten Modell sammeln sie zahlreiche Beispiele und Impulse für die Umsetzung von New Work und machen somit deutlich, wie die Umsetzung der Prinzipien von New Work in der Praxis von Teams, Organisationen und Unternehmen gelingen kann. So gehören zum »Starken Ich« Impulse zur Selbstreflexion, Sinnfindung, Selbstmanagement, Gewohnheiten, Gesundheit, Freiheit, Kreativität, Lernen und Resilienz. Zum »Starken Wir« gibt es Impulse zu Organisation, Agilität, Zusammenarbeit, Kommunikation, Meetings, Räume, Führung, Ziele und Kultur. Und zur »Starken Gesellschaft« sind Impulse zu Bildung, Diversität, Technologie, Nachhaltigkeit und Utopien zu finden.

In den meisten New Work-Ansätzen wird davon ausgegangen, dass zur »Neuen Arbeit« auch eine neue Art der Führung gehört: »New Leadership«.[25] Unter diesem Schlagwort werden Führungshaltungen, -prinzipien und -methoden zusammengefasst, die aufgrund der veränderten Anforderungen an Führungskräfte durch die VUCA-Welt (s.o.) und durch die Zielsetzung, Arbeit menschenorientierter zu denken und zu gestalten, sinnvoll und notwendig sind. Grundsätzlich bedeutet »New Leadership« einen Verzicht auf Führung nach dem »Command and Control«-Prinzip und den Aufbau einer »ergebnisorientierten Vertrauenskultur«.[26] Die Führungskraft soll als »Mentor« einen Rahmen schaffen, in dem Mitarbeitende ihre Talente entfalten können, individuell und stärkenorientiert gefördert werden und Freiräume ermöglicht werden. Die Mitarbeitenden bekommen mehr Verantwortung übertragen und wirken an wesentlichen Entscheidungen mit, die Hierarchien werden flacher. Dazu sind eine offene Feedbackkultur, eine konstruktive Fehlerkultur und der Umgang mit flexiblen Strukturen und Prozessen in einer möglichst umfassend vernetzten Organisation hilfreich. Für Führungskräfte ist damit oftmals auch der Verzicht auf eine hervorgehobene Rolle verbunden, die mit Statussymbolen ausgestattet ist. So kann es zum Beispiel sein, dass bei der Umsetzung von New Work die Aufgabe eines Einzelbüros zugunsten eines Shared-Desk-Arbeitsplatzes im WorkSpace auch für Führungskräfte der oberen Ebenen nicht ausgeschlossen ist.

Für die Umsetzung dieser neuen Art von Führung, die auf Werten wie Vertrauen, Offenheit, Kommunikation und Selbstverantwortung beruht, ist es hilfreich, wenn Führungskräfte ein »agiles Mindset« haben, das auch in »klassischen Umgebungen« und nicht nur in agilen Situationen hilfreich ist.[27] Das bedeutet,

---

[24] A.a.O., X.

[25] Vgl. a.a.O., 233-246; HACK (wie Anm.2), 123-133; STEFANIE KRÜGL, Interview: «Wie sieht die Führungskräfteentwicklung der Zukunft aus?", in: BROMMER u.a. (wie Anm. 21), 233-237.

[26] HACK (wie Anm. 2), 124.

[27] Vgl. KRÜGL (wie Anm. 24), 236.

dass sie grundsätzlich offen sind für Neues, »keine Scheu vor schwierigen Situationen haben, zu den eigenen Fehlern stehen und daraus lernen und ihre Mitarbeiter so fördern, dass sie sich gut entwickeln können«.[28] Methoden agiler Führung, die Führungskräfte heute beherrschen sollten, sind Scrum, Kanban, Lean Management und Design Thinking, aus denen Elemente wie Walk and Talk, Dailys, Meetings u.ä. gut in den Führungsalltag integriert werden können.

Die Impulse für »New Leadership« im Kontext von New Work werden im New Work Modell von Allmers, Trautmann und Magnussen (s.o.) folgendermaßen zusammengefasst:

- »Wer andere Menschen führen möchte, fängt am besten bei sich selbst an. Emotionale Intelligenz ist eine gute Voraussetzung.
- Führung setzt im New-Work-Kontext bei einer anderen Haltung an. Das hat unter anderem mit Respekt vor dem Wissen und der Erfahrung der Geführten sowie der Einsicht zu tun, dass es nur zusammen gut wird.
- Bei den Führungsaufgaben geht es immer darum, Menschen in die Lage zu versetzen, selbst wirkmächtig zu werden und Verantwortung zu übernehmen. Die Vermittlung der großen Linie und das Schaffen eines geeigneten Rahmens ist Kernaufgabe von Führung.
- Eine besondere Bedeutung hat nach wie vor die Identifikation neuer und die Entwicklung bestehender Führungskräfte.
- Führung im New-Work-Kontext versteht sich zuallererst als Service und nicht als Karrierebeschleuniger oder Belobigung.
- Führung kann nahezu ohne den Einsatz von Hierarchien in Rollen stattfinden, deren Vergabe sich am Talent orientiert.
- Führung ist teilbar. Heterogene Führungsduos können ihre Stärken noch besser ausspielen.
- Daten und Tools können gute Führung unterstützen.
- Ein Top-Leadership-Team, das bei sich selbst beginnt, stellt die Weichen für die Zukunft.«[29]

In ihren Ausführungen zum Impuls »Führung als Service«[30] beziehen sich Allmers, Trautmann und Magnussen ausdrücklich auf Robert Greenleaf und sein Modell »Servant Leadership«. Sie bezeichnen die »dienende Führungspersönlichkeit« als wichtigen »Gegenentwurf zur traditionellen Führungskraft«, die sich »im Wesentlichen durch »Befehl und Kontrolle« definiert«.[31] Gleichzeitig wird in ihrem Modell – ähnlich wie auch im »Heidelberger Modell der Dienenden Führung« (s.o.) deutlich, dass alleine diese Grundhaltung zur Bewältigung der komplexen Anforderungen an heutige Führungskräfte nicht ausreicht. Sie ist ein wesentlicher

---

[28] Ebd.

[29] ALLMERS (wie Anm. 2), 246.

[30] Vgl. a.a.O., 239f.

[31] A.a.O., 239.

Bestandteil von »New Leadership«, zu dem aber – wie oben dargestellt – noch viele Aspekte, Sichtweisen und Methoden mehr dazu gehören.

Es scheint also wiederum an der Zeit zu sein, als Antwort an die Herausforderungen unserer Zeit (s.o.) neue Impulse für Führung in den Unternehmensalltag zu integrieren und ein neues Verständnis von Arbeit und Führung auch bei diakonischen Unternehmen zur Anwendung zu bringen. Diakoneo hat sich Anfang 2023 auf den Weg gemacht und setzt in einem breit angelegten Projekt, bei dem Mitarbeitende aller Geschäftsfelder und Hierarchieebenen beteiligt werden, New Work im gesamten Unternehmen um. Was das konkret heißt, ist im Moment – Anfang 2023 – noch nicht absehbar. Es wird den Arbeitsalltag auf jeden Fall sehr verändern. Die Hoffnung ist, dass sich Diakoneo damit zu einem noch mitarbeiterorientierteren Sozial- und Gesundheitsunternehmen weiterentwickelt, das gut für die aktuellen und zukünftigen Herausforderungen gerüstet ist.

Die Reise hat begonnen...

Reinhold Friedrich

Linien einer reformierten Wirtschafts- und Sozialethik am Beispiel Johannes Calvins

1. Wirtschafts- und sozialethische Konzepte in der Reformation

In zahlreichen Städten des Spätmittelalters lebte ein hoher Prozentsatz der Bevölkerung in Armut und war angewiesen auf Bettelei, die von der wohlhabenden Bevölkerung gefürchtet wurde. Nachdem sich in der Folgezeit die soziale Welt durch Geldwirtschaft und die Ausdifferenzierung der Stadtkultur tiefgreifend gewandelt hatte, ließen sich die sozialen Probleme nicht mehr mit den traditionellen Instrumentarien der evangelischen Räte – nämlich Klostereintritt, Almosen und gute Werke – lösen. Bettelei und Almosenvergabe unterlagen der humanistischen Kritik, die darin eine selbstverschuldete Abweichung von den frühbürgerlichen Tugenden Fleiß, Ordnung, Disziplin und Mäßigung sah. Außerdem gerieten Wirtschaftsgebaren und Armutsideal der Klöster in einen Gegensatz, mit dem die reformatorische Kritik abrechnete.

In der Reformation wuchs die Überzeugung, dass die Zuwendung zum Armen die Konsequenz der neuen Glaubensüberzeugung war, deren Betätigung in dankbarer Liebe sich vom Individuum hin zur Gemeinde verlagerte. Ferner schälte sich die Kontur dessen heraus, was der Antwortversuch des Calvinismus zur sozialen Frage werden sollte: Arbeit, bescheidener, sparsamer Lebensstil und Geschwisterlichkeit – Tugenden, die sich nun sukzessiv durchsetzten und die Armut jedenfalls in Teilen zu therapieren vermochten.

Mit seiner Kritik am mittelalterlich-monastischen Versuch, die soziale Frage zu lösen, stand Calvin durchaus in der Tradition Martin Luthers. Dieser hatte mit seiner Auffassung von der Gerechtigkeit Gottes die Werke ihres verdienstlichen Charakters entkleidet und die Armenfürsorge aus dem Bereich der Verdienste herausgelöst und der Glaubensexistenz zugeschlagen. Dessen Ruf nach dem Ende der Bettelei in seiner Schrift an den Adel von 1520 sorgte dafür, dass die

Einnahmen der Bettelmönche stagnierten und die Städte selbst soziale Verantwortung übernahmen.[1] Die Armenpflege der Klöster wurde vielfach kommunalisiert oder in die Verantwortung der christlichen Gemeinde gelegt. Auch wurden die alten Bettelordnungen durch verbindliche Armenordnungen abgelöst. Ein Ergebnis dieser Neuordnungsprozesse war die Einrichtung der Wittenberger Beutelordnung von 1520/21 und der Leisniger Kastenordnung von 1523. Neben der Innovation blieb aber bei Luther ein konservativer Grundzug, indem er in der Leibeigenschaft des Feudalismus keinen Grund zur Armut erkannte. Ihre Aufhebung wäre kein evangelisches Ziel, vielmehr würde man durch die Abschaffung der Leibeigenschaft die christliche Freiheit profanisieren.[2] Auch wenn Luther die Überzeugung vertrat, dass Gott für ihn ein Gott der Armen und nicht der Reichen sei, schien er doch weniger an die materielle denn an die geistliche Armut aus der Bergpredigt zu denken. Ein eigenes, vom Evangelium her profiliertes und den sozialen Umständen entsprechendes Instrumentarium in der Armenfrage hat Luther jedenfalls nicht geschaffen. Auf dem Weg zu einem geistlichen Diakonat in der Verantwortung der ganzen Gemeinde bedurfte es weiterer Impulse, um die Armut als Thema reformatorischer Ekklesiologie und Sozialethik zu entdecken.

Diese Impulse kamen aus der Schweiz und Oberdeutschland. Zwingli diagnostizierte die Armut u.a. als Folge des schweizerischen Söldnerwesens. Der oftmals freiwillig eingegangene Dienst in fremden Armeen würde das soziale und wirtschaftliche Gefüge des Landes zerstören, indem wehrkräftige Männer für unbestimmte Zeit abgezogen und mit erbärmlichem Sold zurückgeschickt würden. Aus seiner Kritik an der Monopolwirtschaft, der Währungspolitik, den hohen Steuern und dem Bodenzins erwuchs sein Aufruf zu einer grundlegenden Reformation von Kirche und Gesellschaft.[3] Ein vergleichbares Verständnis für die Forderungen der Bauern brachte der junge Martin Bucer auf. Er legte sein Interesse an der Situation des Armen im »Gesprechsbiechlin« von 1521 erzählend nieder, indem er einen Bauern seine Armut berichten und dessen Ursachen in der feudalen Ausbeutung benennen ließ.[4] Hier deutet sich an, was wenige Jahre später zur politischen Forderung werden sollte, als in Straßburg Katharina Zell, Wolfgang Capito und Martin Bucer Erbarmen mit den Armen forderten. Praktische Konsequenz dieses Eintretens war u.a. die Maßnahme, die Stadttore Straßburgs für Flüchtlinge vom Land zu öffnen. Eine hervorgehobene Rolle in der Armenpflege spielte übrigens Katharina Zell als Hauptrepräsentantin eines neuen weiblichen

---

[1] MARTIN LUTHER, An den christlichen Adel deutscher Nation. Von des christlichen Standes Besserung (1520), WA 6,404-469.

[2] MARTIN LUTHER, Ermahnung zum Frieden auf die Zwölf Artikel der Bauernschaft in Schwaben (1525), WA 18, 326f.

[3] ULRICH ZWINGLI, Wer Ursache zum Aufruhr gibt (1524), in: Huldrych Zwingli Schriften, Bd. 1, hrsg. v. Thomas Brunnschweiler, Zürich 1995, 353.355f.

[4] MARTIN BUCER, Gesprechsbiechlin neüw Karsthans, in: Martin Bucers Deutsche Schriften, Bd. 1: Frühschriften 1520-1524, hrsg. v. ROBERT STUPPERICH, Gütersloh/Paris 1960, 406-444.

Diakonats.[5] Straßburg war zugleich der Ort, an dem die Wurzeln von Calvins Sozialethik lagen.

2. Calvins Überlegungen zu Armut und Reichtum

Aufmerksam nimmt Calvin die sozialen Wirkungen der Wirtschaft in Genf wahr. »Fast alle, denen ihr Vermögen größere Ausgaben gestattet, haben an üppigem Glanz ihr Vergnügen.« Mit diesen Worten unterzieht er den kostspieligen Lebenswandel der Reichen einer Kritik und wirft ihnen vor, die christliche Freiheit zu pervertieren.[6] Die Genfer Situation um 1555 ist bestimmt durch einen beginnenden ökonomischen Aufschwung, an dem die zugezogenen Flüchtlinge erheblichen Anteil haben. Die Negativseite dieses Aufschwungs sind zunehmende soziale Spannungen, Integrationsprobleme der zumeist armen Flüchtlinge, Wohnungsnot, mangelnde Absatzmöglichkeiten für das Handwerk, Geldmangel, Schuldenlast und inflationäre Tendenzen. Genf ist eine Stadt im Umbruch mit einer disparaten sozialen Struktur, die das Faktum der Armut weiter Bevölkerungsteile in sich schließt. Die Antwort des christlichen Glaubens ist gefordert. Calvins wirtschaftsethische Überlegungen verdanken sich der theologischen Grundentscheidung, dass alle menschlichen Beziehungen und jegliche menschliche Tätigkeit unter der Herrschaft Gottes stehen, dem sich alles Zusammenleben und Tun verdankt. In christlicher Freiheit soll das individuelle und das kollektive Leben gestaltet werden, um darin Gott zu ehren und ihm Dankbarkeit entgegenzubringen. Diese Grundentscheidung hat besondere Relevanz für das Zusammenleben der Armen und der Reichen. Ausgehend von der Verpflichtung des Reichen, mit seinen ihm anvertrauten Gaben dem Armen zu helfen, versucht Calvin, das Leben des Armen und des Reichen unter Anleitung der Schrift zu durchdringen.

In vielen seiner Predigten zum Deuteronomium wird Calvins sozialethischer Grundgedanke deutlich: Einerseits fordert Gottes Menschlichkeit die Humanität des Menschen heraus. Andererseits werden die Menschen ungeachtet ihres ökonomischen Status vor Gott als in einem grundlegenden Sinn Bedürftige identifiziert. Wahre Humanität ist eine Humanität der Bedürftigkeit. Sie beruht auf dem verkündigten Wort von der Menschwerdung und Menschlichkeit Gottes und ist darin eine Humanität, die primär im Evangelium gründet und nicht im moralischen Appell.

---

[5] Vgl. http://kulturkirchen.org/texte/dictionary/reformatoren/katharinazell (27.4.23).

[6] JOHANNES CALVIN, Institutio Christianae Religionis, Buch III (=Inst. III)u, Genf 1559, 19,9.

3. Calvins Stellung zu Geld, Eigentum und Zins

Wenn Calvin die Sprache auf Eigentum und Geld bringt, geht er von einer wichtigen Voraussetzung aus: Eigentum heißt, dass etwas Gott gehört. So verhält es sich schon mit den Menschen selbst. Sie gehören Gott und sind mitsamt ihren je persönlichen Gaben und ihrem Besitz Gottes Eigentum. Von hier aus bezieht Calvin Stellung zum materiellen Eigentum. In Genf redet man über Geld. Wirtschaftliche Fragen werden nicht tabuisiert, sondern sind ein Thema, das die Menschen angeht. Geld und Besitz stehen bei Calvin nicht unter negativem Vorzeichen. Vielmehr zeichnet sich seine Haltung durch eine Nüchternheit aus, in der Geld und Eigentum weder verklärt noch verdammt werden. Er behält beides im Blick: die oftmals verzweifelte Situation des Armen und die Logik des Marktes, zu der auch eine maßvolle Zinswirtschaft gehört. Und er erteilt der mittelalterlichen Lösung des Mönchtums, dass die selbstgewählte Besitzlosigkeit einen besonderen Vorzug bei Gott erwirke, eine Absage. Das wird deutlich in seiner Auslegung der Perikope vom reichen Jüngling (Mt 19,16-26 parr.), auf die sich regelmäßig die mittelalterliche Mönchstheologie berief.[7] Calvin schlägt einen neuen Weg der Wirtschaftsethik ein, indem er betont: Christus fordert keineswegs prinzipiell zum Verkauf aller Güter auf – dies kann gar der Eitelkeit Vorschub leisten –, sondern will bewahrt wissen, was Gott den Menschen in die Hand gegeben hat. Darum ruft Calvin die Menschen dazu auf, »Gottes Gaben ohne Gewissensbedenken ... zu gebrauchen«.[8] Er erklärt sogar, dass Güter und Reichtümer dem Gebrauch der Menschen überlassen sind und es nirgends untersagt ist, neuen Besitz zu erwerben. Allerdings gibt er auch Regeln für den Gebrauch der Freiheit, indem er davor warnt, die christliche Freiheit durch frivolen Luxus, Verschwendung der anvertrauten Güter oder Gier zu verderben.[9] Damit macht er auf die Sozialverträglichkeit der Freiheit aufmerksam: Weder hemmungsloser Gebrauch der Freiheit noch der unbedachte Verzicht auf sie vertragen sich mit ihrem christlichen Verständnis. Freiheit ist nach Calvin gebundene Freiheit, gebunden durch den Willen des Befreiers und darum auch gebunden an den anderen Menschen. Freiheit darf nach Calvin nie gegen andere Menschen, sondern soll nach dem Maßstab der Liebe zu ihren Gunsten gebraucht werden. Es ist die Rede vom »Maßhalten in der Freiheit«.[10]

Geld, Besitz und Reichtum sind also keine Hindernisse für den Eingang ins Gottesreich. Vielmehr steht dieses den Armen und den Reichen offen. Und Eigentum ist insofern für sich genommen zunächst einmal unproblematisch, als er letztlich eine Gabe Gottes ist. So kann Calvin auch die Vorzüge des Besitzes loben

---

[7] Calvini Opera quae supersunt omnia (=CO), Berlin/Braunschweig 1863ff., 45,539f.

[8] Inst. III (wie Anm. 5), 19,8.

[9] A.a.O., 19,9.

[10] A.a.O., 19,12.

und etwa die Schönheit von Kleidung oder die Wirkung von Kosmetika hervorheben. Freude an diesen Gaben Gottes, nicht aber Argwohn bestimmt seine Ansicht. Reichtum einfach wegzuwerfen ist noch keine besondere Leistung. Die Liebe aber, zu der der kluge Umgang mit den Gaben, die Freigebigkeit und die Großzügigkeit gehören, ist der Maßstab für den Gebrauch von Besitz und Geld. Calvin mahnt in seiner Genesis-Auslegung:»Hüten wir uns, dass nicht der Reichtum uns beschwere und hinderlich werde auf dem Weg zum Himmelreich!«[11] Zur Liebe als Maßstab für den Umgang mit Geld und Besitz tritt die Dankbarkeit hinzu: Die Gaben sollen mit Dank empfangen und eingesetzt werden. Und in der Auslegung des Gleichnisses vom reichen Kornbauern schreibt Calvin:»Darum haben es alle nötig, sich selbst wach zu machen, damit sie sich nicht aufgrund ihres Reichtums für glücklich halten.«[12] Damit ein Leben gelingt, bedarf es noch anderer Güter als des wirtschaftlichen Wohlergehens. Damit warnt Calvin davor, sein Vertrauen auf irdische Dinge zu setzen und dabei den Geber der Gaben zu übersehen.

Schließlich bricht Calvin mit dem seit der Antike verbreiteten Satz, dass Geld kein Geld erzeuge. Er hält es für sinnvoll, Geld als Startkapital für Unternehmer zur Verfügung zu stellen und eine Wirtschaftsförderung durch Kredite zu ermöglichen. Auf diese Weise förderte er die Integration qualifizierter Kleinunternehmer und Kaufleute, die z.T. als mittellose Flüchtlinge nach Genf gekommen waren. Diese Maßnahmen berühren sich mit der Frage des Zinsnehmens. Der von Calvin ausgehende reformierte Weg in der Zinsfrage zielt einerseits auf eine Regelung gegen die weit verbreiteten und ungerechten Wucherzinsen und muss andererseits die biblische Stellung zum Zinsnehmen (vgl. Lk 6,34) beachten. Calvin bestreitet, dass die Bibel ein totales Zinsverbot fordert, und tritt dafür ein, dass Geld ebenso wie anderer Besitz Gewinn bringen dürfe. Zinsen können sogar ein ökonomischer Anreiz sein, Geld produktiv anzulegen. Vor allem aber fordert Calvin den gerechten Umgang mit dem Zinsnehmen ein: Nur wer wirtschaftlich dazu imstande ist, muss Zinsen zahlen; von Armen hingegen soll kein Zins genommen werden. Darüber zu wachen und die Zinshöhe festzulegen ist Aufgabe des Staates.

Zusammenfassend lässt sich *erstens* feststellen, dass sich Eigentum als gute Gabe Gottes seinem Segen verdankt und in freier Verantwortung genossen, eingesetzt und weitergegeben werden darf. Dies soll nach dem Maßstab der Liebe und in der Haltung der Dankbarkeit für das anvertraute Eigentum geschehen. Die gegenseitige Mitteilung der Gaben in der Gemeinde beruht auf dem Prinzip der Freiwilligkeit. Eine Zwangsenteignung würde diesem Denken, das ausdrücklich das Eigentumsrecht vertritt, zutiefst widersprechen. Auch wenn *zweitens* die *Unterschiede* zwischen Besitzenden und Armen bestehen bleiben, soll aber ihr *Gegensatz* überwunden werden. Das heißt konkret: Habgier, Verachtung des Armen und ein frivoles Protzen mit Luxus widersprechen dem Prinzip der Liebe, nach dem der Besitz gebraucht werden soll. So streitet Calvin gegen jede Praxis,

---

[11] Zu Gen 13,1, in: CO 23 (wie Anm. 6), 189.

[12] Zu Lk 12,16ff., in: CO 45 (wie Anm. 6.), 385.

die dem ärmsten Teil der Bevölkerung schaden könnte. Ihm liegt am Gleichgewicht zwischen wirtschaftlichem Aufschwung und sozialer Gerechtigkeit. *Drittens*
bedürfen wirtschaftliche Regelungen wie das Zinsnehmen der gerechten Ausgestaltung, um ihre Legitimität zu wahren. Die legitime und keineswegs gottlose
Geldwirtschaft muss mit dem biblischen Gebot der Sorge für den wirtschaftlich
Schwachen in Einklang gebracht werden.

4. Praktische Wirkungen von Calvins Wirtschafts- und Sozialethik

»Wir gehören nicht uns selbst, sondern Gott.«[13] In dieser Sentenz lässt sich Calvins
Wirtschafts- und Sozialethik prägnant zusammenfassen. Die in Arme und Reiche
differenzierte christliche Gemeinde bekennt den lebendigen Gott als ihren Herrn,
von dessen Verheißung beide leben und dem sie verpflichtet sind.

Die Frage des Verhältnisses von Armen und Reichen im Bund mit Gott musste
sich praktisch-institutionell bewähren. Statt ihrer offenen oder schleichenden
Divergenz gewann im reformierten Protestantismus der Gedanke der Humanitas
und der Communio von Menschen Gestalt, die in unterschiedlichen wirtschaftlichen und sozialen Kontexten leben. So sind aus Calvins wirtschafts- und sozialethischen Überlegungen konkrete Wirkungen hervorgegangen. In Genf wurde
neben frühneuzeitlichen Maßnahmen der sozialen Gerechtigkeit u.a. die Hilfe für
Glaubensflüchtlinge auf der Durchreise etabliert. Die Genfer Kirchenordnung von
1561, die sich ausdrücklich als »aus dem Evangelium Jesu Christi abgeleitet«
verstand, beschrieb das Amt der Diakonen als den vierten Stand zur Leitung der
Kirche und wies diesen die Aufgaben der Güterverwaltung und der Sorge für die
Kranken und Armen zu.[14]

Exemplarisch soll der Blick auf die Maßnahmen des humanistischen Adeligen
und späteren ostfriesischen Superintendenten Johannes a Lasco gelenkt werden.
Dieser beklagte als Schande, in Emden keine geordnete Armenfürsorge durch-
setzen zu können und entschloss sich 1549, nach London überzusiedeln. Eingesetzt als Superintendent der Gemeinden protestantischer Glaubensflüchtlinge,
verfasste er mit der Londoner Kirchenordnung sein theologisches Hauptwerk, das
weit über London hinaus auf den Protestantismus wirkte.[15] Calvins Humanitas-

---

[13] Inst. III (wie Anm. 5),7,1.

[14] Genfer Kirchenordnung von 1561, in: Calvin-Studienausgabe, Bd. 2, hrsg.v. Eberhard
Busch u.a., Neukirchen-Vluyn 1997, 239 (Zitat) und 256-259.

[15] JOHANNES A LASCO, Forma ac ratio tota ecclesiastici Ministerii, in peregrinorum, potissi-
mum vero Germanorum Ecclesia instituta (1555), in der verkürzten dt. Fassung (Microns
Ordinancien) in: ERNST SEHLING (Hrsg.), Die evangelischen Kirchenordnungen des XVI.
Jahrhunderts, Bd. 7, II.1, Tübingen 1963, 579-667.

und Communio-Gedanke wurde bei ihm weiter profiliert, indem er die Gemeinde-diakonie fortentwickelte. Er richtete ein »Amt der Tische für die Bedürftigen«, ein Diakonenamt, ein, um die Not zu lindern. Den Reichen wurde empfohlen, in christlicher Liebe gerne und reichlich zu geben, zumal ihr Besitz Gottes Eigentum sei. Die Armen wurden aufgefordert, die Gaben ohne Scham und mit gutem Gewissen wie aus Gottes eigener Hand dankbar zu empfangen. Der bei Calvin beschriebene gemeinsame Dienst des Armen und des Reichen bekam hier einen institutionellen Charakter: Beide ehrten Gott durch ihre Freigebigkeit bzw. durch ihre gelinderte Not und Dankbarkeit. Für das theologische Verständnis der Armenfürsorge war das Gebet bei der Einführung der Diakone bedeutsam: »Herr Jesu Christe, der du uns dich selbst in uns armen und unsere armen in dir selbst eigentlich befohlen hast, daß man ein besondere Sorge derselbigen in deiner gemeine tragen sol ...« Der folgende Satz mündet in den Wunsch: »..., auf daß sie (sc. die Diakone) deiner armen unter uns gottseliglich und treulich dienen.«[16] Die Armenfürsorge wurde in der Hinwendung Jesu Christi zu den Armen begründet, als Akt der Nachfolge Jesu Christi motiviert und zum gemeinsamen Dienst der Gemeinde erklärt. Dem entsprach die liturgisch festgelegte Mahnung am Ende jedes Gottesdienstes, der Armen zu gedenken und füreinander zu beten – eine Aufforderung, die die Verpflichtung der ganzen Gemeinde zur Barmherzigkeit zum Ausdruck brachte und auf die Gemeindediakonie zielte. Wieder in Emden angekommen, richtete Johannes a Lasco eine »Diakonie der Fremdlingen-Armen« gemäß dem Londoner Vorbild ein; andere Institutionen für Sieche, Waise und durchreisende Arme kamen hinzu. In der Emder Kirchenordnung von 1571 findet sich die Maßgabe, dass sich die Gemeinden nicht leichtherzig von den armen Flüchtlingen entlasten sollen, indem sie diese in andere Gemeinden wegloben. All dies sind Beispiele für den Stellenwert, der der Sorge für die wirtschaftlich Schwachen und sozial Entwurzelten eingeräumt wurde.[17]

5. Linien einer gegenwärtigen reformierten Wirtschafts- und Sozialethik

Zwar haben sich die Kirchen in Deutschland dem Diskurs über die »vorrangige Option für die Armen« gestellt, bleiben aber in ihrer theologischen Argumentation gelegentlich unscharf. Im gewiss verdienstvollen gemeinsamen Wort der Kirchen »Für eine Zukunft in Solidarität und Gerechtigkeit« (1997) wird die »vorrangige Option für die Armen« durch die Menschenwürde, die in der Gottesebenbildlich-keit verankert ist, und durch das Gebot der Gottes- und Nächstenliebe motiviert. Die Argumentation wird jedoch sogleich für kirchliches Agieren funktionalisiert.

---

[16] A.a.O., 597.
[17] Art. 45, in: Reformierte Bekenntnisschriften und Kirchenordnungen in dt. Übers., hrsg. v. Paul Jacobs, Neukirchen 1949, 258.

Die Option für die Armen wird vage zum »verpflichtenden Kriterium des Handelns« ermäßigt; sie bestehe darin, »Ausgrenzungen zu überwinden und alle am gesellschaftlichen Leben zu beteiligen«. Der besondere Beitrag der Kirchen sei das Eintreten für das Leitbild gesellschaftlicher Verantwortung.[18] So scharf die soziale Analyse im Einzelnen ist, sie bleibt an der entscheidenden Stelle, an der es erforderlich ist, die Formel von der »vorrangigen Option für die Armen« theologisch mit Leben zu füllen, blass.

Das Wirtschaftsleben mitzugestalten und zugleich ein kritisches Bewusstsein für seine Gefahren zu entwickeln, bestimmt die Positionierung des reformierten Protestantismus. Artur Rich, der 1992 verstorbene reformierte Zürcher Wirtschaftsethiker, tritt für eine Ethik der Humanität aus Glauben, Hoffnung und Liebe im Horizont des Reiches Gottes ein.[19] Von hier aus bestimmt er die ethische Dimension des Wirtschaftslebens. Einem Ökonomismus, der die Wirtschaftswelt als System eigengesetzlicher Prozesse betrachtet, stellt er eine Ethik der Ökonomie entgegen, die klarstellt, dass die Wirtschaft um des Menschen willen und nicht der Mensch um der Wirtschaft willen da ist. Die Frage nach dem Menschengerechten wird damit zur grundlegenden Frage der Wirtschaftsethik. Das Menschengerechte ist durch zwei Grundwerte bestimmt, nämlich durch Freiheit einerseits und durch Solidarität andererseits. Aus christlicher Sicht bestimmt Rich die Lebensdienlichkeit als fundamentalen Zweck jeglichen Wirtschaftens. Konkret bedeutet dies, dass im Wirtschaftsleben mehrere Zwecke gelten und zueinander in Beziehung gesetzt werden müssen, ohne dass einer dieser Zwecke absolut gesetzt werden dürfe. Es sind dies der humane, der soziale und der ökologische Zweck des Wirtschaftens.

Ausgehend von dieser Sicht bilden Menschengerechtigkeit, ökonomische Sachgerechtigkeit und Umweltgerechtigkeit das Dreieck einer ethisch verantwortbaren Wirtschaft. Entscheidend ist, dass die christliche Sozialethik die vorgegebene Wirtschaftsform nicht lediglich hinzunehmen, sondern als Aufgabe der aktiven Weltgestaltung im Sinne der Menschenwürde und Nächstenliebe anzunehmen hat. Dabei müssen Theologie und Kirche die sich heute vollziehenden ökonomischen und sozialen Veränderungen in den Industriegesellschaften zur Kenntnis nehmen und kompetent auswerten. Dies geschieht im Rahmen eines christlichen Freiheitsverständnisses, das nicht nur auf die individuelle Freiheit zielt, sondern auch auf Prozesse der Solidarisierung.

Ein zentrales theologisches Anliegen besteht darin, vom Evangelium her danach zu fragen, was in der Welt zu wollen und zu wünschen ist. Das gilt auch für die Frage des gerechten Wirtschaftens. Christinnen und Christen, die sich zur

---

[18] Für eine Zukunft in Solidarität und Gerechtigkeit. Wort des Rates der EKD und der Deutschen Bischofskonferenz zur wirtschaftlichen und sozialen Lage in Deutschland, hrsg. v. Kirchenamt der EKD, Hannover 1997, 44f.

[19] Vgl. ARTUR RICH, Wirtschaftsethik, Bd. 1: Grundlagen in theologischer Perspektive. Bd. 2: Marktwirtschaft, Planwirtschaft, Weltwirtschaft in sozialethischer Sicht, Gütersloh ⁴1991/²1992.

evangelischen Freiheit berufen wissen, werden in Sachen des gerechten Wirtschaftens eine nachdenklich fragende und zugleich pragmatisch konzentrierte Grundhaltung einnehmen, in der die Marktwirtschaft weder verteufelt noch vergötzt wird. Sie werden danach fragen, was es für die Gestaltung der globalen Wirtschaft bedeutet, wenn sie Gott als den Mensch gewordenen Schöpfer und Erhalter allen Lebens bekennen. Sie werden auch danach fragen, was es für den Umgang mit Armen und Reichen bedeutet, wenn sie Gott als den Gott der Gerechtigkeit bekennen. Sie werden die Wirtschaft als »Ökonomie für den Menschen«[20] gestalten. Und sie werden in all ihrem Tun gemeinsam auf das geschriebene und verkündigte Wort Gottes hören und von ihm her die Zeichen der Zeit deuten.

6. Geld und gute Worte

Die Reformierten widmen dem konkreten Leben der Menschen ein besonderes Augenmerk. Die Fragen nach dem Menschen und seinem Leben, nach der Menschlichkeit und der Gerechtigkeit, nach Geld und den wirtschaftlich-sozialen Lebensumständen sind von Anfang an Fragen, die das Gottesverhältnis und damit das Bekenntnis zu Gott berühren. Vom Bekenntnis zum dreieinigen Gott und im Gespräch mit der Bibel haben die reformierten Reformatoren das Thema des Wirtschaftens und der sozialen Verhältnisse aufgenommen. Sie begannen in ichrem Nachdenken beim guten Wort – beim Evangelium und beim Gebot Gottes –, um nun ihrerseits gute Worte zu reden. Wer darum weiß, dass er sein Leben und auch seine Güter Gott verdankt, wird frei vom Zwang, nur auf sich selbst und den eigenen Besitz bezogen zu sein. Der andere Mensch kommt als Mensch Gottes in den Blick. Gemeinsam stehen Menschen als Bedürftige vor dem ewigreichen Gott, der sich ihnen schenkt.

---

[20] Vgl. AMARTYA SEN, Ökonomie für den Menschen. Wege zu Gerechtigkeit und Solidarität in der Marktwirtschaft, München 1999.

Peter Zimmerling

Die Wirtschaftsethik Nikolaus Ludwig Graf von Zinzendorfs und der Herrnhuter Brüdergemeine

Max Weber arbeitete als erster die Bedeutung des Protestantismus für die moderne Wirtschaftsordnung heraus. Aufgrund der innerweltlich gelebten Askese des Calvinismus hat jener maßgeblich zur Entstehung des Kapitalismus beigetragen.[1] Webers Versuch, diesen Gedanken auch auf das Herrnhutertum und seine Wirtschaftsethik auszudehnen, leuchtet dagegen weniger ein. Zwar erkannte Weber, dass die sogenannte Sünderseligkeit den Kern der brüderischen Spiritualität bildete. Zinzendorf wollte, wie Weber zu Recht schreibt, »die Menschen schon in der Gegenwart die Seligkeit gefühlsmäßig empfinden lassen, statt sie anzuleiten, ihrer durch rationales Arbeiten an sich für das Jenseits sicher zu werden.«[2] Deshalb ist das Herrnhutertum auch nicht einfach eine Spielart des älteren Pietismus, sondern sollte als eine ganz eigene Erscheinung protestantischer Frömmigkeit verstanden werden.[3] Weber zieht daraus jedoch nicht die logische Schlussfolgerung, dass das Herrnhutertum mit seiner besonderen Frömmigkeit die Ausnahme von seiner Regel darstellt: Es war eben nicht eine innerweltliche Askese, sondern die alles überstrahlende Freude über die erfahrene Erlösung, die zur geistigen Grundlage der Herrnhuter Wirtschaftsethik wurde.

---

[1] Eine Vorform der folgenden Überlegungen habe ich vorgetragen in meinem Buch: Nikolaus Ludwig Graf von Zinzendorf und die Herrnhuter Brüdergemeine. Geschichte, Theologie, Spiritualität, Holzgerlingen 1999.

[2] MAX WEBER, Gesammelte Aufsätze zur Religionssoziologie, Bd. 1, Tübingen 1920, 141.

[3] Daher ist es angemessener von Zinzendorf und dem Herrnhutertum seiner Zeit als Überwindung bzw. Vollendung des Pietismus zu sprechen (vgl. im Einzelnen PETER ZIMMERLING, »Disponiert zum Fröhlichsein.« Nikolaus Ludwig von Zinzendorf als Vollender des Pietismus, in: Deutsches Pfarrerblatt 110 [2010], 253–258).

1. Grundlagen

1.1 Die Entstehung der Herrnhuter Gemeinschaftssiedlungen

Das 1722 gegründete Herrnhut in der sächsischen Oberlausitz war die erste einer
Vielzahl von christlichen Gemeinschaftssiedlungen, die durch das Wirken Nikolaus Ludwig Graf von Zinzendorfs (1700–1760) ins Leben gerufen wurden. Die
Brüdergemeinorte, die noch zu Lebzeiten des Grafen auf allen damals bekannten
Kontinenten entstanden, waren christliche Experimentalsiedlungen, in denen die
Mitglieder der Herrnhuter Brüdergemeine den in der Geschichte des Protestantis-
mus bis dahin beispiellosen Versuch unternahmen, nicht nur das kirchliche, son-
dern das gesamte gesellschaftliche Leben vom persönlichen Christusglauben her
zu organisieren.[4] In den Statuten von 1727 bekam Alt-Herrnhut eine evangelische
Sozialordnung,[5] wie es sie im Raum des Protestantismus noch nicht gegeben
hatte.[6] Die gemeinsame göttliche Berufung zum Dienst in der Nachfolge Jesu
Christi gab den Herrnhutern die Kraft, die Statuten im Alltag umzusetzen. Das
Ergriffensein von der Liebe Jesu führte zum geschwisterlichen Handeln aneinan-
der.[7] In der Folge entstand in Herrnhut ein christlich-soziales Gemeinwesen, das
auch das Wirtschaftsleben mit einschloss. Auch darin wurde es vorbildlich für die
Brüdergemeinorte auf der ganzen Welt.[8]

1.2 Die wirtschaftsethischen Grundsätze in den Herrnhuter Statuten von 1727

Rechtliche Grundlage des Wirtschaftslebens Herrnhuts wurden die Statuten von
1727, die in die »Herrschaftlichen Gebote und Verbote« und in den »Brüderlichen
Verein und Willkür« untergliedert waren. Bereits in § 2 der »Herrschaftlichen

---

[4] Dietrich Meyer spricht deshalb von einer »Theokratie« (4.1.6 Herrnhut und Herrnhaag,
in: Pietismus Handbuch, hrsg. von Wolfgang Breul, Tübingen 2021, 233).

[5] »Herrschaftliche Gebote und Verbote« und »Brüderlicher Verein und Willkür«, wieder
abgedruckt in: Hans-Christoph Hahn/Hellmut Reichel (Hrsg.), Zinzendorf und die Herrnhuter Brüder. Quellen zur Geschichte der Brüder-Unität von 1722–1760, Hamburg 1977,
70–80.

[6] Erich Beyreuther, Die große Zinzendorf-Trilogie, Bd. 2, Marburg 1988, 189f.

[7] »Brüderlicher Verein und Willkür« § 3, (wie Anm. 5), 75.

[8] Vgl. im Einzelnen die immer noch grundlegende Untersuchung von Otto Uttendörfer,
Alt=Herrnhut. Wirtschaftsgeschichte und Religionssoziologie Herrnhuts während seiner
ersten 20 Jahre (1722–1742), Herrnhut 1925 (Uttendörfer, Alt-Herrnhut, 1. Teil), und Ders.,
Wirtschaftsgeist und Wirtschaftsorganisation Herrnhuts und der Brüdergemeine von 1743
bis zum Ende des Jahrhunderts [Alt=Herrnhut, 2. Teil], Herrnhut 1926, (Uttendörfer, Alt-
Herrnhut, 2. Teil), beide wieder abgedruckt in: Nikolaus Ludwig von Zinzendorf,
Materialien Reihe 2, hrsg. von Erich Beyreuther und Gerhard Meyer, Bd. 22: Schlesien
und Herrnhut, Hildesheim 1984.

Gebote und Verbote« wurde mit der Abschaffung der Leibeigenschaft die Grundlage dafür gelegt, dass sich Herrnhut dauerhaft zu einer Siedlung von freien Handwerkern entwickeln konnte:»Herrnhut soll zu ewigen Zeiten von aller Dienstbarkeit, Leibeigenschaft usw. mit allen seinen statutenmäßigen Einwohnern freigesprochen sein ...«[9]. § 18 hielt den auf Solidarität beruhenden Handelsgrundsatz Herrnhuts fest:»Monopolia hergegen, da einer allein für sich und mit Ausschließung und Hinderung anderer hantieren dürfe, sollen ohne die wichtigsten Ursachen nicht geduldet werden.«[10] Das Wirtschaftsethos Herrnhuts kam auch in § 23 zum Ausdruck:»In Herrnhut soll keiner ohne ausdrücklichen Vorbewußt der Herrschaft, worum oder wozu, auf Wucher leihen oder borgen.«[11] Damit sollte verhindert werden, dass sich Einwohner Herrnhuts existenzbedrohend verschuldeten.

Noch deutlicher kommt der Geist der christlichen Nächstenliebe im»Brüderlichen Verein und Willkür« zum Ausdruck.[12] Herrnhut sollte ein bewusst christlich geprägtes Gemeinwesen werden. Explizit wird festgestellt, dass alles aus Liebe füreinander getan werden sollte (§ 15). Ziel des gemeinsamen Lebens war die Gewinnung der Seelen für Christus (§ 12), womit die spätere Missions- und Diasporaarbeit der Brüdergemeine schon in den Statuten verankert war. Weil die göttlichen Gebote auch für das Wirtschaftsleben galten, wurde in § 31 angeordnet: »Ein Handwerksmann und Künstler soll sein Wort auf den Tag halten, oder wenigstens ein oder 2 Tage vorher die Ursach, warum er's nicht halten kann, dem Besteller anzeigen.«[13]

Entscheidend für die Entwicklung Herrnhuts und der übrigen Brüdergemeinorte war, dass diese Grundsätze keine Theorie blieben, sondern in die Praxis umgesetzt wurden.

1.3 Stewardship: Eigentum als Lehen Jesu Christi

Die Mitglieder der Brüdergemeine betrachteten sich nicht als Eigentümer, sondern lediglich als Verwalter ihrer Güter. Nur auf diesem Hintergrund waren die außerordentlich strenge Reglementierung des Wirtschaftslebens und die einschneidenden Beschränkungen in der Verfügungsgewalt über privates Vermögen durchsetzbar.»Sie sollten denken, daß sie nicht Herren ihres Vermögens, sondern nur Stewarde sind, die ihm Rede und Antwort dafür zu geben haben. Das ist wohl das wenigste, was man von der Wirkung der Lehre von Jesu Blut und Wunden erwarten kann.«[14] Eigentlicher Inhaber des Besitzes war Jesus Christus selbst.

---

[9] Zit. nach HAHN/REICHEL (wie Anm. 5), 70.

[10] A.a.O., 72.

[11] A.a.O., 73.

[12] Abgedruckt a.a.O., 75ff.

[13] A.a.O., 79.

[14] SPANGENBERG, 1753, zit. nach a.a.O., 331.

Zinzendorf und die Herrnhuter nahmen das Gleichnis Jesu »Von den anvertrauten Talenten« (Mt 25,14–30) wörtlich.

Immer wieder wandte sich der Graf gegen das Reichwerdenwollen als Lebensmotiv.[15] Er war überzeugt, dass das Streben nach Reichtum eine Gefahr im Hinblick auf das Engagement für die Sache Jesu darstellte. Auch hierbei konnte Zinzendorf sich auf Aussagen Jesu in den Evangelien berufen (Mk 10,25 par).

Damit korrespondierte die ablehnende Haltung des Grafen gegenüber jeder Form von Kaufläden. In ihnen würden Bedürfnisse geweckt, die man vorher nicht gehabt hätte. »Ich weiß also die Inkonvenienzen [Unannehmlichkeiten], die zum Kramladen [in Herrnhut] Gelegenheit gegeben. Aber davor [dafür] kriegt man eine Hauptinkonvenienz, die ich in einem Dorfe des Herrn durch Verhinderung der Jahrmärkte aufs äußerste zu verhüten gesucht habe, nämlich daß man etwas nötig zu haben gedenkt, das einem sonst nicht eingefallen wäre, wenn man wie ein Junker auf dem Lande vier gute Meilen von der Stadt wohnt. Wenn man aber nahe beim Laden wohnt, so braucht man's und findet wohl gar, daß es unentbehrlich ist. Es ist bekannt, daß dergleichen Dinge in der puren Opinion [Meinung] bestehen, denn alles was nicht zur Bekleidung der Haut und zur Befriedigung des Magens absolut gehört, da ist's einerlei, ob man's hat oder nicht. Alles was in die zwei Klassen nicht gehört, ist bloße Phantasie ... Dem Kramladen bin ich also darum nicht gut, weil den Geschwistern dabei mancherlei einfallen kann, das sie sonst nicht brauchten.«[16] Die Richtigkeit von Zinzendorfs Gedanken kann heute jeder nach dem Einkauf im Supermarkt oder Kaufhaus bestätigen. Zinzendorf erweist sich hier als Anhänger einer Lebenseinstellung nicht des Habens, sondern des Seins.

1.4 Sparsamkeit und Verzicht: Merkmale Herrnhuter Lebensstils

Motivation für Sparsamkeit und Verzicht war die Weitergabe des Evangeliums. Jedes Gemeindeglied sollte sparsam leben, um zu dessen Verbreitung etwas beisteuern zu können. Vor allem die ersten Jahrzehnte Herrnhuts waren von einem einfachen Lebensstil geprägt: »Alles war klein, alles niedrig gesinnt, das zeigte sich auch bei den Häusern. Es waren alles schlecht [schlicht] und klein gebaute Hütten. Niemand schämte sich damals der Arbeit, jedermann legte Hand an beim Bauen und half, Sand, Steine, Kalk und dergleichen Materialien mit Schubkarren herbeizuführen, kurz jedermann tat alles mit Lust und Freuden. Kein Schloß war weder an den Haus-, noch Stuben- und Kammertüren zu finden. Man behalf sich mit hölzernen Klinken. Vor Diebereien hatten sie nichts zu besorgen [befürchten], denn teils waren sie arm, teils wurden sie durch die Munterkeit und Wachsamkeit der ledigen Brüder, die in ihren Nachtwachen mit warmen und

---

[15] Vgl. UTTENDÖRFER, Alt-Herrnhut, 2. Teil (wie Anm. 8), 137.
[16] A.a.O., 43f.

lebendigen Herzen die ganze Nacht durch sangen und durch die Wache der heiligen Engel beschützt.«[17]

Dabei war das Vorbild Zinzendorfs und seiner Frau prägend. »... der Graf Zinzendorf behilft sich sehr geringe mit Kleidern, und was andre auf ihr Pläsir wenden und ersparen könnten, das wendet er auf die Sache des Heilands.«[18] Dabei hat die Gräfin längere Zeit gebraucht, bevor sie sich Zinzendorfs Weg der Armut und Sorglosigkeit um Geld zu eigen machen konnte. Aus der Schweiz schrieb er ihr: »Itzt lerne ich zu Fuße gehen. Inniggeliebte ..., wie herzlich wünsche ich, Du brächest auch durch und sähest Deinem Manne ähnlich, der dann und wann einen Herrn agieren (herausstecken) muß, das meistemal aber ein armer Jünger Jesu sein kann.«[19] Zinzendorf verstand es, seine Frau liebevoll auf seinen Weg zu ziehen: Er schrieb ihr, »... als sie wohl geklagt hatte, daß die Reisen zu teuer seien: ›Daß du ein wenig um Geld sorgest, ist mir sehr leid ... Nicht also, liebe Schwester. Unser Herr wird uns helfen, und so er's nicht tun wollte, wollen wir doch auf ihn hoffen... Daß du noch nicht recht vergnügt über meine Reise bist, bedaure ich. Ich habe Befehl dazu vom Herrn, darauf gehe ich. Ich sehe nicht weiter, als wo er hinweiset. Dein Unglaube wird auch diesmal, wie schon oft (es wäre einmal Zeit zu glauben), beschämt werden.«[20] Ein andermal: »Du kannst Dich auf Hennersdorf und Dresden (erg. wenn Du Dich in Adelsgesellschaften bewegst) anziehen, wie Du willst. Nur in Herrnhut recht schlicht, ohne Reifrock ..., den Armen ähnlicher ... Aber zwinge Dich eben zu nichts, sondern fange ... an, eine Magd zu werden von ganzem Herzen mit den Schwestern ..., wie ich mit den Brüdern.«[21] Zinzendorf forderte sie auch auf, sich der Armen Herrnhuts in verstärktem Maße anzunehmen: »Zu Deinem Tische bitte manchmal Schwestern. Weißt Du, daß die Goldin kein Brot gehabt hat in Pfingsten vor vier Jahren und hungrig zu Bett gegangen ist? Wenn wir ... besähen, wen wir bitten sollten, wir könnten manchmal jemand erquicken.«[22]

Die Motivation zur Einfachheit in der Lebenshaltung war bei allen Mitglieder der Brüdergemeine die gleiche. »Es ist sehr not, drauf zu sehen, daß Herrnhut bei dem starken Anwachs nicht degeneriere und die Einwohner sichs nur kommode einzurichten suchen und dabei vergessen ..., was der Zweck der Ortsgemeine ist. Der Sinn, wenns der Dienst des Heilands und seine Sache fordert, bei ihm Mangel zu leiden, zu hungern und zu frieren, muß nie verloren gehen, sonst sind wir geliefert.«[23] Dabei war man sich bewusst, dass der einfache Lebensstil nicht

---

[17] Uttendörfer, Alt-Herrnhut, 1. Teil (wie Anm. 8), 181.

[18] A.a.O., 180.

[19] Beyreuther (wie Anm.6), Bd. 3, 106.

[20] Uttendörfer, Alt-Herrnhut, 1. Teil, (wie Anm. 8), 164.

[21] Beyreuther, (wie Anm. 6), Bd. 3, 106.

[22] Ebd.

[23] Uttendörfer, Alt-Herrnhut, 2. Teil, (wie Anm. 8), 114.

befohlen werden konnte, sondern eine freiwillige Sache bleiben musste, wenn er von der Liebe zu Jesus und den Brüdern und Schwestern motiviert bleiben sollte.[24]

Auch wenn nach den entbehrungsreichen Anfangsjahren der Herrnhuter Barock entstand und Herrnhut und die anderen Brüdergemeinen sich durch eine gewisse Vornehmheit auszeichneten, war der skizzierte Lebensstil bis in das 19. Jahrhundert hinein nicht nur theoretisches Programm, sondern gelebte Wirklichkeit: »Wir sind nach seinem Namen genannt, haben ein Interesse, eine Wirtschaft; wir sind eins fürs andere da.«[25]

2. Die Herrnhuter Ortsgemeinden als christliche Experimentalsiedlungen

2.1 Innere Überwindung des Zunftzwangs

Angesichts des fehlenden Bauernlandes wurde Herrnhut als Handwerkersiedlung gegründet. Dazu kam, dass viele der mährischen Asylanten, die Herrnhut aufbauten, bereits in ihrer Heimat als Handwerker tätig gewesen waren. Auch die späteren Brüdergemeinorte waren Handwerkerkolonien. Grund dafür war nicht zuletzt, dass die Bewohnerinnen und Bewohner mobil sein sollten, um als Missionare und Diasporaarbeiter jederzeit ausgesandt werden zu können.

Die Organisation der Handwerke unterschied sich in Herrnhut von der traditionellen Zunftverfassung. Auch wenn viele Herrnhuter Meister in den umliegenden Städten zunftmäßig organisiert waren, traten in der Brüdergemeine an die Stelle der Zünfte die Kollegien und Konferenzen der Gemeinde. Ihre Aufgabe war es, durch gemeinsame Beratung und Kontrolle das Handwerk zu fördern, die brüderischen Handwerksgrundsätze in den Ortsgemeinden aufrecht zu erhalten und Streitigkeiten zwischen Meistern und Gesellen zu schlichten. Dazu kam die Festsetzung der Löhne, um die nicht selbständigen Handwerker zu schützen.[26] Keiner sollte durch Ausbeutung von Seiten des Meisters finanziell in Not geraten. Auch die Mieten standen in den Brüdergemeinorten unter Kontrolle der Konferenzen, damit sich kein Hauseigentümer unrechtmäßig bereicherte oder die Ärmeren über Gebühr zur Kasse gebeten wurden. All diese Maßnahmen konnten nur durchgesetzt werden, weil sie von den Einwohnerinnen und Einwohnern der Brüdergemeinorte aufgrund ihres Glaubens innerlich mitgetragen wurden.

---

[24] A.a.O., 115.

[25] NIKOLAUS LUDWIG VON ZINZENDORF, Jeremias, Ein Prediger der Gerechtigkeit, 2. Auflage, Frankfurt/Main und Büdingen 1741, 225, wieder abgedruckt in: DERS., Ergänzungsbände zu den Hauptschriften, hrsg. von ERICH BEYREUTHER und GERHARD MEYER, Bd. 6, Hildesheim 1965 (Jer, Hauptschriften Erg).

[26] Vgl. UTTENDÖRFER, Alt-Herrnhut, 2. Teil (wie Anm. 8), 122.

2.2 Diakonische Orientierung

Hanns-Joachim Wollstadt hat in seiner grundlegenden Untersuchung über die Ämter in der frühen Brüdergemeine schon vor Jahren festgestellt, dass »im alten Herrnhut die ›Diakonie‹ eine wirkliche Wesens- und Lebensäußerung der Gemeine und aus ihrem Leben überhaupt nicht fortzudenken [war]«.[27] Bereits sehr früh existierte eine Armen- oder Unterstützungskasse. Wahrscheinlich hat der kommunale Haushalt sogar in dieser Form begonnen. Wöchentlich wurde in der Anfangszeit von sog. Almosenpflegern und -pflegerinnen ausgeteilt, was die Gemeine für die Armen zusammengelegt hatte.[28] Christian David, der Erbauer Herrnhuts, hielt fest: »Zu Almosenpflegern sind solche genommen, die eine unparteiliche und erbarmende Liebe haben, die aber auch häuslich und Marthen sein. Die zu Kassenhaltern genommen werden, müssen ein gut Zeugnis haben, daß sie treu und redlich sein, von allen Brüdern.«[29]

Neben den Almosenpflegern gab es von Anfang an eine geregelte Krankenpflege. Es sollte keine unversorgten Kranken geben. Schon in den Statuten wurde von Krankenpflegern und -pflegerinnen gesprochen.[30] Beispielhaft war die Bestimmung über die psychisch Kranken. Sie zeigt das Bemühen, niemanden zum diakonischen Hilfsobjekt zu degradieren und damit aus der Gemeinschaft auszugliedern. »Sollte jemand durchs Verhängnis Gottes und eigene Schuld in Wahnsinn verfallen, soll an ihm Gottes Barmherzigkeit bewiesen, und er sehr freundlich getragen, den Verständigsten untergeben, von ihnen nach Leibe und Seel gepflegt, im übrigen aber davon nicht geredet, und so er wieder zurecht kommt, vom vorigen nicht gesprochen werden.«[31] Christian David schrieb über die Krankenpfleger und -pflegerinnen 1729: »Zu Krankenwärtern sind solche genommen, die herzhaftig, frisch und fröhliches Gemüts sind und die Natur und Arznei verstehen. – Der Krankenwärter ihr Amt ist, alle Tage die Kranken zu besuchen, um ihre Lagerstatt sich bekümmern, Arznei verschaffen und sie zum rechten Gebrauch derselben anzuhalten, ihnen Handreichung tun und bei ihnen, wenn's auch nötig, wachen, besonders aber mit ihnen von ihrem Seelenzustand reden, mit ihnen beten oder ihnen was vorlesen und sich ihres Zustandes recht erkundigen, auch solches andeuten und denen Brüdern in ihr Gebet anbefehlen.«[32] Hier wurde die moderne Sozialstation vorweggenommen, ja sogar noch übertroffen, weil sich die Krankenpfleger und -pflegerinnen in Herrnhut auch um die spirituellen Bedürfnisse der Besuchten kümmern sollten. Neben den Kranken sorgte man auch für

---

[27] HANNS-JOACHIM WOLLSTADT, Geordnetes Dienen in der christlichen Gemeinde, dargestellt an den Lebensformen der Herrnhuter Brüdergemeine in ihren Anfängen (Arbeiten zur Pastoraltheologie, Bd. 4), Göttingen 1966, 280.

[28] UTTENDÖRFER, Alt-Herrnhut, 1. Teil (wie Anm. 8), 107.

[29] CHRISTIAN DAVID, 1729, zit. nach a.a.O., 115.

[30] »Brüderlicher Verein und Willkür«, §§ 27f, abgedruckt bei HAHN/REICHEL (wie Anm. 5), 78.

[31] »Herrschaftliche Gebote und Verbote«, § 29, abgedruckt a.a.O., 73.

[32] Zit. nach UTTENDÖRFER, Alt-Herrnhut, 1. Teil (wie Anm. 8), 120.

andere sozial schwache Gruppen, wie die Alten und Unvermögenden (§ 7 der »Herrschaftlichen Gebote und Verbote«) und die Witwen und Waisen (§§ 32ff der »Herrschaftlichen Gebote und Verbote«).

Durch die Gliederung der Gesamtgemeinde zunächst in seelsorgerlich ausgerichtete Kleingruppen, sog. »Banden«, später in die sog. »Chöre« der Kinder, der ledigen Brüder und Schwestern, der Verheirateten und der Witwer und Witwen waren neben den genannten besonderen Ämtern alle Bewohnerinnen und Bewohner für das Wohlergehen der eigenen Banden- bzw. Chormitglieder mitverantwortlich. Daher gab es in Herrnhut keine Randgruppen bzw. Außenseiter.

Die Solidarität untereinander bewährte sich auch in den gemeinschaftlichen Angelegenheiten. Kommunale Einrichtungen wurden in Herrnhut und den anderen Brüdergemeinen vorbildhaft geschaffen und von den Bewohnerinnen und Bewohnern unterstützt. Dazu gehörte die Wasserleitung, die Pflasterung der Straßen, die Straßenbeleuchtung und der Feuerschutz. In Bethlehem/Pa. wurde bereits 1754/55 eine Wasserleitung gebaut. Sie war die erste ihrer Art in Pennsylvanien und hat später dem Wasserwerk in Philadelphia als Muster gedient. In der gleichen Gemeine erfolgte 1763 der Ankauf der ersten Feuerspritze in den Vereinigten Staaten überhaupt. In diesen Zusammenhang gehört auch die Ordnung und Reinlichkeit, durch die sich die einzelnen Brüdergemeinorte auszeichneten. So mussten in Herrnhut die Hauswirte die Straßen – besonders das Pflaster der Fußsteige – reinlich halten und bei Glatteis streuen, aber nicht mit Asche, sondern mit Sand. Die Brennholzvorräte mussten hinter die Häuser gesetzt werden. Die Aborte durften nicht vor 23 Uhr ausgefahren werden. Ferner sollten keine Hunde und Katzen, Hühner und Gänse gehalten werden oder wenigstens nicht zum Vorschein kommen. Herrnhut und die übrigen Gemeinorte waren dadurch von ästhetischer Vornehmheit geprägt.

3. Wirtschaftsethik

3.1 Das Arbeitsethos

Zinzendorf begründete die Arbeit nicht schöpfungstheologisch, sondern christologisch, als Dienst für Christus: »Die Arbeit ist selig und nöthig, weil wir leben, aber nicht daß wir leben, denn unser Brodt gibt uns der Erhalter der gantzen Welt [für Zinzendorf Christus], und unsere Arbeit thun wir ihm.«[33] Dazu kam das Gebot der Nächstenliebe, wobei die Solidarität mit den Mitgliedern der Brüdergemeine an erster Stelle stand. Die wichtigste Unternehmerpersönlichkeit der Anfangszeit, Abraham Dürninger (1706–1773), hielt fest: »Mein Kauf und Verkauf hat den Dienst meines Nächsten zum Zweck, und wo der nicht mag erreicht werden, so

---

[33] NIKOLAUS LUDWIG VON ZINZENDORF, Berliner Reden an die Frauen, 1738, 6, abgedruckt in: Hauptschriften Erg. Bd. 14, Hildesheim 1985 (BRF).

renoncire [verzichte] ich gern auf allen Handel, von welcher Wichtigkeit er mir auch sein möchte.«[34]

Folge dieser doppelten Begründung des Arbeitsethos war eine außergewöhnliche Gewissenhaftigkeit, mit der die Arbeiten verrichtet wurden. »Es soll ein jeder Bruder und Schwester in ihrem Beruf und Hantierung ordentlich sein und nach der Gnade, die sie empfangen, in allem gerecht und brüderlich handeln, damit durch einen gewinnsüchtigen Lohn ihrer Arbeit oder durch teure Verkaufung der Waren die Bruderliebe nicht aus dem Herzen falle. Hingegen soll auch jedes Geschwister beim Handel und Wandel im Einkauf sich nicht auf die weltförmige Art verhalten, als welches ein Beweis des Geizes und Eigennutzes ist. Wir sind auch schuldig, einander im äußeren Handreichung zu tun und zur leiblichen Nahrung beförderlich zu sein ...«.[35]

Die Begründung der Arbeit aus dem Christusglauben und der Nächstenliebe förderte die Solidarität untereinander und führte zur Hochschätzung und Verbreitung des Ehrenamts. Dabei wurden nicht nur die seelsorglichen Gemeindeämter ehrenamtlich ausgeübt, sondern auch die stärker weltlich ausgerichteten wie »Taxmeister«, »Straßen-Vogt« und »Brunnen-Vogt«. Aufgrund der Intensität der seelsorgerlichen Arbeit und der Menge der Gemeinde-Sitzungen bedeutete die ehrenamtliche Ausübung dieser Ämter für viele ärmere Mitglieder der Brüdergemeine ein echtes finanzielles Opfer.

Geprägt von Luthers Berufsgedanken, wehrte Zinzendorf sich entschieden gegen eine Entgegensetzung von »bloß äußerlicher« Diakonie und »eigentlicher« geistlicher Arbeit. »Ich habe manchmal mit Brüdern Streit gehabt, wenn sie von der äußerlichen Diakonie verächtlich geredet und es der Priestersache opponiert [entgegengesetzt] haben. Das ist meine Erkenntnis nicht. Es ist alles einerlei, was man tut. Wenn einem der Heiland gegeben hat, was dazu gehört, so nimmt man das Talent und wendet's an.«[36] Der christliche Glaube hat sich nach reformatorischer Auffassung im ganz normalen Berufsalltag zu bewähren. So war der Graf der Meinung, dass ein Händler durch die Art und Weise seines Handels die Geschäftspartner dazu bringen sollte, ihn auf seinen Glauben anzusprechen: »Er muß in zwei, drei Jahren bei den übrigen Buchführern in solchen Kredit kommen, daß sie zu ihm sagen: Lieber Herr, wir finden, daß du ein Fürst Gottes unter uns bist.«[37]

Konsequenz dieser hohen Wertschätzung der alltäglichen Berufsarbeit war die erstaunliche Forderung Zinzendorfs, statt der Pfarrer lieber Händler und Handwerker zu ordinieren. »Die ökonomischen und Kirchendiakoni sollten besser auseinander gesetzt werden. Ich wollte lieber letztere unkonsekriert lassen als einen ökonomischen. Der muß notwendig wissen, daß sein Amt nicht nur was

---

[34] So ABRAHAM DÜRNINGER, abgedruckt in: UTTENDÖRFER, Alt-Herrnhut, 2. Teil (wie Anm. 8), 177.

[35] Das Richterkolleg in Herrnhut am 19.9.1744, zit. nach UTTENDÖRFER, Alt-Herrnhut, 1. Teil (wie Anm. 8), 49.

[36] UTTENDÖRFER, Alt-Herrnhut, 2. Teil (wie Anm. 8), 48.

[37] Ebd.

Weltliches, sondern auch geistlich ist und darin dem Herrn Christo dient. Diese Diakoni sind's eigentlich, die von den Aposteln ordiniert worden sind. Stephanus und Philippus hatten mit äußerlicher Notdurft zu tun ... Geld schaffen und Ausgeben und Rechnung darüber führen ist nicht genug zu einem Diakono, sondern daß er im Grunde verstehe, wozu er da ist. Dazu muß er etwas in seine Seele kriegen, Gnade und Gabe, allerhand zu erfinden. Dazu dient die Ordination ...«.[38] Die Bewohnerinnen und Bewohner Herrnhuts wurden bereits in ihrer Jugend in den sog. Chorhäusern, in denen die Gemeindeglieder nach Geschlecht, Alter und Stand zusammenlebten, in diese Arbeitsethik eingeführt. Die Zusammenarbeit in größerer Zahl auf engem Raum gab Anregungen und war Ansporn zu hoher Leistung.

Abraham Dürninger war für Zinzendorf das lebendige Beispiel, wie er sich einen Herrnhuter Unternehmer vorstellte.[39] In mehreren Briefen hat Dürninger beschrieben, wie er sich als überzeugter Herrnhuter zum Großunternehmer entwickeln konnte. Nach seiner Hinwendung zum Glauben an Jesus Christus hatte er sich entschlossen, den Kaufmannsberuf aufzugeben, Herrnhuter zu werden und sein Leben in der Stille zu verbringen, um allein für sein Seelenheil zu sorgen. Später erkannte er, dass ein Christ in jedem Stand fromm leben konnte, wenn nur das Leiden Jesu der einzige Gegenstand seiner Liebe war. Darum entschloss er sich, in den Kaufmannsberuf zurückzukehren, und durch seine Kenntnisse etwas zu erwerben, wovon er den Dürftigen zu geben hätte:[40] »Wir treiben die Sache nicht, um uns zu bereichern, sondern unseren Brüdern und Geschwistern damit zu dienen ...«.[41]

Ziel Dürningers war dabei nicht allein das Wohl des einzelnen Gemeindeglieds, sondern das der Gemeinde als Ganzes.[42] Zinzendorf drückte die Motivation Dürningers in seiner kräftigen Sprache so aus: »Die paar Geizhälse unter uns sind geizig fürs Volk und acquirieren gern fürs Ganze, suchen aber nicht sich zu bereichern.«[43]

3.2 Handelsgrundsätze

Der Dienst für die Gemeinde und für das Wohl des Nächsten war auch das Motiv der brüderischen Handelsunternehmungen. Dieses Ziel kommt etwa in folgendem

---

[38] A.a.O., 48f.

[39] Vgl. dazu im Einzelnen HERBERT HAMMER, Abraham Dürninger. Ein Herrnhuter Wirtschaftsmensch des achtzehnten Jahrhunderts, Berlin 1925; vgl. auch HANS WAGNER, Abraham Dürninger & Co. (1747 –1939). Ein Buch von Herrnhutischem Kaufmanns- und Unternehmertum, hrsg. von der Abraham Dürninger-Stiftung zu Herrnhut 1940, bes. 1–99.

[40] Vgl. UTTENDÖRFER, Alt-Herrnhut, 2. Teil (wie Anm. 8), 156f.

[41] A.a.O., 177.

[42] Vgl. a.a.O., 178f.

[43] A.a.O., 183.

Zitat aus einem Brief von Abraham Dürninger zum Ausdruck: »Wir ... bitten kindlich, daß, wo Du was zur Gemeinsache beitragen und dienen kannst, Du es tun wolltest. Es findet sich alles wieder im Ganzen, und wo dem Leibe die nötige Handreichung getan wird, so zirkuliert sein Wohlsein in alle Teile der Glieder, und das Sprichwort hat Grund: Eine Hand wäscht die andere und alle beide das Angesicht.«[44] Dabei stellten die internationalen Verbindungen der Brüdergemeine ideale Voraussetzung für deren Handelsunternehmungen dar. »... wir sind wegen unserer genauen Bekanntschaft in allen Landen mehr als jemand in der Welt imstande, eine generale Handlung und Korrespondence zu führen, von allen nur zu erdenkenden Waren.«[45]

Allerdings war die positive Beurteilung des Handels in der Brüdergemeine nicht unumstritten. Dass die Bedenken zurückgestellt wurden, lag vor allem an der Einsicht, dass die besondere Form des Zusammenlebens der Brüdergemeinmitglieder eine gemeinsame Arbeit in eigenen Betrieben nach christlichen Grundsätzen erforderte. Zinzendorfs Bedenken spiegelt noch folgendes Zitat vom 15. Juli 1755: »Das Kommerzium ist eine Sache, die große Überlegung braucht, wie weit Kinder Gottes darin gehen können und mögen, ohne sich fremder Sünden teilhaftig zu machen. Und das alles aus dem Principio: Es ist nicht viel zu tun zur Verbesserung [der Welt], bis der Heiland kommt und eine Verbesserung macht, als Treue beweisen, Liebe üben, den Menschen Gutes tun, Freund und Feind, gegen die Obrigkeit untertänig, treu und gegen jedermann willfährig sein, aber bei alledem niemand nichts schuldig sein und sich von der Welt unbefleckt erhalten.«[46]

Die Gemeinbehörden in Herrnhut, insbesondere die Handwerkerkonferenz, sahen eine wesentliche Aufgabe darin, die Preise zu kontrollieren. Ziel war, diese möglichst niedrig zu halten, damit die Käufer keine überzogenen Preise zu zahlen hatten. »Es wäre allemal das Beste, wenn man um des Gewissens willen einen billigen Preis nehme.«[47] Unter anderem aufgrund der kontrollierten Preise und Löhne konnten die Handwerker Herrnhuts nur mit Qualitätsware konkurrenzfähig sein. Dies führte zur Einführung einer Qualitätskontrolle aller zu verkaufenden Waren, die durch die Gemeinbehörden ausgeführt wurde. Es wurde festgelegt: »Die Brüder sollen ihre Waren just vor das ausgeben, was sie sind, eher für schlechter als besser. Das Eigenlob ... der hiesigen Waren und Arbeit tauge gar nichts, und doch pflegen es manche sehr stark zu tun.«[48] Aus diesem Grund wurden auch die bescheidensten Anfänge der Reklame als unangemessen abgewiesen.

Folgender Vorfall illustriert die rigorose Anwendung des Qualitätskriteriums beim Handel: Abraham Dürninger hat Alikante-Wein verkauft. Das ist ein »fetter«

---

[44] A.a.O., 145.

[45] Friedrich von Wattewille, 1754, zit. nach a.a.O., 25.

[46] A.a.O., 46.

[47] A.a.O., 120.

[48] A.a.O., 121.

Wein, und so entsteht in den Flaschen etwas Satz. Aufgrund seines Prinzips, nur tadellose Ware zu liefern, will er aber nicht versuchen, diese Eigenschaft durch einen Zusatz zu beseitigen, »indem wir nicht mögen mit Schmieralien umgehen«.[49] Sein christlich geprägtes Gewissen bewahrte Dürninger vor einem möglichen Weinskandal.

Im Herrnhuter Handel wurde auch das Prinzip der festen Preise eingeführt. Der Herrnhuter Gemeinrat beschloss 1734, »daß man nicht handeln solle beim Kauf und Verkauf, noch jemand etwas abzudringen«.[50] Die Firma Abraham Dürninger Co. war das erste Handelshaus auf dem europäischen Kontinent, das nur zu festen Preisen verkaufte.

Neben dem festen Preis und der Qualitätsgarantie war die Zuverlässigkeit ein Hauptgrundsatz des Herrnhuter Handels: Auf das Wort des Kaufmanns sollte unbedingt Verlass sein. Abraham Dürninger meinte: »Es kommt darauf an, daß man mit uns präzise rede, wie die Sachen sich verhalten; so werden alle Unordnungen und Mißverständnisse vermieden und die daraus entstehenden Unannehmlichkeiten, welche gar nicht sein sollten, denn wer schon mit uns verkehrt, muß ein Vergnügen daran haben, ebenso wie wir nicht anders als mit Vergnügen arbeiten mögen.«[51] Ziel war ein offenes und vertrauensvolles Verhältnis zu den Geschäftsfreunden auch außerhalb der Brüdergemeine.

Dem Grundsatz, mit seinem Handel Gott und dem Nächsten zu dienen, entsprach auch der verhältnismäßig geringe Gewinn, mit dem Dürninger und die übrigen Herrnhuter Kaufleute sich bei ihrem Handel begnügten. So arbeitete Dürninger z.T. mit nur 2% Rendite, obwohl er wusste, dass nur wenige Kaufleute auf der Welt damit zufrieden wären.[52]

Die Brüdergemeine bekämpfte heftig jede Form von Steuerhinterziehung in ihren Reihen. Schon damals scheint die Gewissenhaftigkeit gegenüber den steuerlichen Bestimmungen nicht groß gewesen zu sein. Für Dürninger hingegen bestand zwischen einem geringfügigen Vergehen gegen die Steuergesetzgebung und einem großen »vor den Augen Jesu« kein Unterschied; »für uns paßt kein anderer Weg zum Seligsein als der geradeste.«[53]

Dass die Fabriken in der Gemeine nicht auf den Profit des Unternehmers ab-zielten, sondern den Geschwistern Unterhalt und Arbeit verschaffen sollten, präg-te auch Dürningers Verhältnis gegenüber den Arbeitern. Immer wieder spürt man in den Briefen sein soziales Gewissen. In Bezug auf die Bezahlung der Arbeiter schrieb er: »Wir verlangen dem Arbeiter nicht zu nahe zu kommen, daß er sein Brot mit Seufzen esse, sondern daß er sich von seiner Hände Arbeit nähre und uns damit segne, denn beides muß sich zusammen kombinieren lassen.«[54] Dürninger

---

[49] A.a.O., 158.
[50] UTTENDÖRFER, Alt-Herrnhut, 1. Teil (wie Anm. 8), 49.
[51] UTTENDÖRFER, Alt-Herrnhut, 2. Teil (wie Anm. 8), 162.
[52] Vgl. a.a.O., 161.
[53] A.a.O., 169.
[54] A.a.O., 166.

wollte, dass der Lohn seiner Arbeiter nicht bloß deren Existenzminimum sicherte, sondern einen angemessenen Lebensstandard ermöglichte. Nicht immer ließ sich dieses Ziel erreichen. Bisweilen empfand Dürninger die Übermacht der allgemeinen wirtschaftlichen Verhältnisse gegenüber dem guten Willen des Einzelnen sehr schmerzlich.

Schließlich ist noch auf die Stellung zur Konkurrenz einzugehen. Am Beispiel Dürningers wird sichtbar, dass die Herrnhuter Handelsunternehmen sich auch darin von ihren christlichen Grundsätzen leiten ließen. Was sie taten, taten sie nicht im Blick auf ihre Konkurrenten. Dürninger schrieb:»Ich will Dir sagen, wie einfältig ich hier angefangen habe. Ich habe nämlich mich nicht bekümmert, was sie in Zittau, Löbau, Lauban und anderen benachbarten Orten fabrizieren mögen, ... sondern ich habe mir das angesehen, was ich vorgefunden, das habe ich suchen zu stellen so wohlfeil, als mir möglich war, und habe mir auf meinen lieben Herrn verlassen, daß er das Gedeihen dazu verleihe und den Abgang verschaffen werde, daß ich könne lassen fortarbeiten, und er hat mir gegeben über mein Bitten und Verstehen.«[55] Dürninger besaß diese Gelassenheit, weil er sich entschlossen hatte, zuerst nach dem Reich Gottes zu trachten und auf die göttliche Verheißung zu vertrauen, wonach ihm dann, gemäß der Zusage Jesu in der Bergpredigt, alles zur Leibesnahrung und -notdurft Notwendige ohne Sorgen zufallen würde.

Eine moderne Großindustrie hat sich in Herrnhut nicht entwickeln können. Zum einen waren die Herrnhuter Arbeitskräfte zu teuer, zum anderen konnten qualifizierte Kräfte jederzeit in andere Gemeindeaufgaben wegberufen werden. Die Anliegen des Reiches Gottes gingen den Unternehmensinteressen vor: So wurde der beste Drucker einer wichtigen Fabrik als Missionar nach Grönland bestimmt, obwohl kein gleichwertiger Ersatz vorhanden war. Auch wenn das dem verantwortlichen Betriebsführer wehtat, wollte er nicht dagegen sein.[56] Der Aufbau einer Großindustrie wäre nur mit an die Lebensbedingungen der Brüdergemeine nicht gebundenen Arbeitern möglich gewesen. Solche Arbeiter aber waren in Herrnhut grundsätzlich nicht zugelassen.

4. Ausblick

Die Herrnhuter Wirtschaftsethik hatte überregionale Auswirkungen. Angeregt von biblischen Vorstellungen und Geboten wurde eine kleine Minderheit zur Inspirationsquelle für neue, allgemeingültige Maßstäbe in der Wirtschaft. Zu dieser Wirkkraft trugen nicht zuletzt bedeutende Herrnhuter Handwerker und Handelsunternehmer wie Abraham Dürninger bei. Sie verstanden ihren Beruf

---

[55] A.a.O., 168.
[56] Vgl. a.a.O., 155.

bewusst als Dienst am Nächsten. Auf diese Weise wurden sie zum Vorbild künftiger brüderischer Unternehmergestalten.[57] Die Kraft ihres Wirtschaftsethos zeigte sich in der Bereitschaft, an bestimmten Wirtschaftsgrundsätzen auch dann festzuhalten, wenn sie sich zunächst geschäftsschädigend auswirkten. Der »Herrnhuter« wurde in der Folge in Europa zum Idealbild des Handwerkers bzw. des Händlers schlechthin.

Das Prinzip, zu festgesetzten Preisen zu verkaufen, war in der damaligen europäisch-amerikanischen Welt einmalig, setzte sich aber im Lauf der Zeit überall durch. Auch die als Solidargemeinschaften organisierten Betriebe der Chorhäuser wirkten später als Anreger für wirtschaftliche Organisationsformen außerhalb der Brüdergemeine. So hat z.B. Friedrich Wilhelm Raiffeisen (1818– 1888) u.a. aufgrund des Vorbildes der Brüdergemeine in Neuwied den Genossenschaftsgedanken entwickelt.[58]

---

[57] VGL. WILFRIED STRÖHM, Die Herrnhuter Brüdergemeine im städtischen Gefüge von Neuwied. Eine Analyse ihrer sozialökonomischen Entwicklung (Veröffentlichungen der Landeskundlichen Arbeitsgemeinschaft im Regierungsbezirk Koblenz e. V., 12), Boppard a. Rhein 1988, 391.
[58] Vgl. ebd.

Konrad Müller

Impulse zur Grundlegung einer christlichen Sozialethik

Eine Einordnung der Freiburger Denkschrift »Politische Gemeinschaftsordnung«

1. Hinführung

Die Rechts-, Sozial- und Wirtschaftsordnung der Bundesrepublik Deutschland ist bekanntlich wesentlich durch den Katholizismus sowie durch den Protestantismus in seinen volkskirchlichen Ausprägungen beeinflusst worden.

Während in der rechts- und wirtschaftspolitischen Diskussion nach 1945 »in sozialdemokratischer und gewerkschaftlicher Sicht die Forderung nach einer gelenkten Wirtschaft im Mittelpunkt stand, der soziale Katholizismus mehrheitlich ›christlichen Sozialismus‹ und die Liberalen eine freie Marktwirtschaft forderten, sind es vor allem in der Tradition des sozialen Protestantismus stehende Theoretiker gewesen, die eine neue Synthese sozialer Verantwortung und marktwirtschaftlicher Effizienz anstrebten.«[1] Mit den genannten, in der Tradition des sozialen Protestantismus stehenden Theoretikern sind vor allem die Mitglieder dreier in der Zeit des Dritten Reiches gebildeter[2] Freiburger Arbeitskreise gemeint. Diese müssen zwar als voneinander unabhängige Arbeitsgemeinschaften

---

[1] TRAUGOTT JÄHNICHEN, Die ›Soziale Marktwirtschaft‹ und ihre protestantischen Ursprungslinien, in: 70 Jahre Denkschrift des Freiburger Bonhoeffer-Kreises, hrsg. vom Arbeitskreis Evangelischer Unternehmer in Deutschland e. V., o.O. 2015, 9-29, 10. Vgl. dazu auch STEPHAN HOLTHAUS: »Zwischen Gewissen und Gewinn«: Die »Freiburger Denkschrift« und ihre christliche Begründung einer »Sozial-Wirtschaftsethik«, in: Zeitschrift für Marktwirtschaft und Ethik 4 (2016), 28-42, 29-31.

[2] Vgl. dazu CHRISTINE BLUMENBERG-LAMPE, Das wirtschaftspolitische Programm der ›Freiburger Kreise‹. Entwurf einer freiheitlich-sozialen Nachkriegswirtschaft. Nationalökonomen gegen den Nationalsozialismus, Berlin 1973 (Volkswirtschaftliche Schriften 208). Bei den genannten drei Arbeitskreisen handelt es sich namentlich um das sogenannte »Freiburger Konzil«, das »spontan nach der Kristallnacht von christlichen Freiburger Nationalökonomen und Historikern ins Leben gerufen« (a.a.O., 1) worden war, dann als zweites um den »Bonhoeffer-Kreis«, der »von Oktober 1942 bis Januar 1943 [...] die [...] Programmschrift [...] ›Politische Gemeinschaftsordnung. Ein Versuch zur Selbstbesinnung des christlichen Gewissens in den politischen Nöten unserer Zeit‹« (ebd.; zur Bezeichnung vgl. auch a.a.O., 29) verfasst hat, und zuletzt noch um die ab März 1943 tagende »Arbeitsgemeinschaft Erwin v. Beckrath« (ebd.).

angesehen werden, waren aber »personell teilweise identisch«[3]. In diesen Arbeitsgemeinschaften »trafen sich Professoren verschiedener Fakultäten, Nationalökonomen vor allem, um in regelmäßigen Abständen neben Tagesthemen auch tiefer
und weiter ausgreifende Fragen zu besprechen [...]. Hier war eine lebendige und
[...] verschworene Gemeinschaft angesehener Universitätslehrer (und ihrer Frau-
en!). Hier wurde grundsätzlich und unerschrocken gedacht. Nationalökonomen,
Historiker, Juristen und Theologen waren aktive Gesprächsteilnehmer, zugleich
verbunden im Glauben und im gemeinsamen Protest gegen die herrschende
Tyrannei.«[4] Aus der zweiten dieser Arbeitsgemeinschaften, dem sogenannten
Freiburger »Bonhoeffer-Kreis«, ist dann eine Denkschrift von überragender
Bedeutung entstanden: Politische Gemeinschaftsordnung – ein Versuch zur
Selbstbesinnung des christlichen Gewissens in den politischen Nöten unserer
Zeit. Im Juli 1945 veröffentlicht, hat sie einen wesentlichen Beitrag für das »ord-
nungspolitische Konzept [...] und [...] die ethische Fundierung der Sozialen
Marktwirtschaft«[5] geleistet.

---

[3] Ebd. Zur personellen Zusammensetzung der einzelnen Kreise vgl. a.a.O. 157f.163.

[4] HELMUT THIELICKE, Zur Einführung, in: In der Stunde Null. Die Denkschrift des Freiburger
»Bonhoeffer-Kreises«: Politische Gemeinschaftsordnung: Ein Versuch zur Selbstbestimmung des christlichen Gewissens in den Nöten unserer Zeit, eingeleitet von Helmut Thielicke. Mit einem Nachwort von Philipp von Bismarck, Tübingen 1979, 5-23, 7. Thielickes
Zitat bezieht sich explizit auf das Freiburger Konzil. Es ist unscharf; zum erweiterten Kreis
des »Konzils« gehörten auch katholische Theologen. Zudem waren auch die Frauen der
Pfarrer der Bekennenden Kirche sowie eine Pfarrwitwe (Frau Weber) Mitglieder des Konzils; vgl. BLUMENBERG-LAMPE (wie Anm. 2), 157. An der Denkschrift des Bonhoeffer-Kreises
arbeitete beispielsweise auch der bekannte Rechtsphilosoph Erik Wolf mit. Mit dem Theologen Friedrich Delekat bestand seitens des Bonhoeffer-Kreises zumindest brieflicher Kontakt. Vgl. a.a.O., 158.
Zum Zusammenhang zwischen der Arbeitsgemeinschaft Erwin von Beckerath und dem
Bonhoeffer-Kreis vgl. auch NORBERT KLOTEN, Vorwort, in: Der Weg in die Soziale Marktwirtschaft. Referate. Protokolle Gutachten der Arbeitsgemeinschaft Erwin von Beckerath
1943-1947, bearbeitet von Christine Blumenberg-Lampe, Stuttgart 1986, 9-17, 10f.

[5] STEPHAN KLINGHARDT: Einführung, in: 70 Jahre Denkschrift des Freiburger Bonhoeffer-
Kreises, hrsg. vom Arbeitskreis Evangelischer Unternehmer in Deutschland e. V., o.O.
2015, 5-8, 5.
Anlass der Erarbeitung der Denkschrift war ein Besuch Dietrich Bonhoeffers in Freiburg
am 9. Oktober 1942. Dort bat Bonhoeffer im Auftrag der Vorläufigen Leitung der Bekennenden Kirche, »die ›Freiburger‹ (von Dietze, Eucken, Lampe, Ritter) sollten für eine von den
Bischöfen von Chichester und Canterbury geplante Weltkirchenkonferenz, die alsbald nach
Abschluß der Kriegshandlungen stattfinden sollte, eine Denkschrift verfassen.« (Vgl. BLU-
MENBERG-LAMPE [wie Anm. 2], 22.) In ihr sollten »alle Hauptzweige des öffentlichen Lebens
unter den Gesichtspunkten christlicher Sozialethik« (KLINGHARDT, a.a.O. 5) behandelt werden. »Nachdem in allen wesentlichen Punkten Übereinstimmung erzielt war, wurden die
Arbeiten an der Denkschrift ›Politische Gemeinschaftsordnung – Ein Versuch zur Selbstbesinnung des christlichen Gewissens in den politischen Nöten unserer Zeit‹ im Januar
1943 abgeschlossen. [...] Im Juli 1945 hat Gerhard Ritter die Denkschrift im Namen des

Zu den theologisch bemerkenswerten Ausführungen dieser Denkschrift gehören sowohl eine profilierte Bestimmung des Verhältnisses von Glaube und Vernunft als auch eine spezifische Sündenlehre (Hamartiologie). Beide bilden das theologisch-anthropologische Fundament dieses Positionspapiers und sind dessen tragende Säulen.

Beide Säulen scheinen aber zu erodieren. Die christlichen Kirchen haben in hohem Maß an Glaubwürdigkeit, zudem erkennbar an intellektueller Bedeutung verloren. Auch die Rede von der »Sünde« selbst scheint, vor allem in den in der EKD zusammengeschlossenen Kirchen, kaum noch Relevanz zu besitzen.[6] Daher drängt sich die Frage auf, ob in der Gegenwart letztendlich der sozialen Marktwirtschaft auf lange Sicht der tragende Grund entzogen wird oder teilweise bereits entzogen worden ist.

Vor diesem Hintergrund hat die Freiburger Denkschrift *Politische Gemeinschaftsordnung* wieder neu an Aktualität und Relevanz gewonnen.

2. Die Freiburger Denkschrift

2.1 Theologische und weltanschaulich-philosophische Grundlagen der Denkschrift

Um die Reichweite und die Grenzen der Denkschrift zu verstehen, muss man vor allem den auf einen allgemeinen, *weltanschaulich übergreifenden* Konsens zielenden Ansatz erfassen.

»Wir wollen nicht versuchen,« heißt es in Anlage 4 der Denkschrift zur Wirtschafts- und Sozialordnung, »eine besondere evangelische oder auch nur allgemeinchristliche Wirtschaftsordnung zu entwerfen; denn wir können nicht aus den Grundlagen unseres Glaubens für die Wirtschaftsordnung genaue Regelungen mit

---

Mitarbeiterkreises in Freiburg veröffentlicht.« (A.a.O., 7f.) An der entscheidenden Geheimtagung haben »folgende Personen teilgenommen: Carl Goerdeler, der frühere Leipziger Oberbürgermeister und Organisator des zivilen Widerstandes, Otto Dibelius, Generalsuperintendent der Kurmark [...], der evangelische Theologe Helmut Thielicke im Auftrag des württembergischen Landesbischofs Theophil Wurm, [...] sowie als Fachmann und Vertreter der ›Vorläufigen Leitung der Bekennenden Kirche‹ der evangelische Unternehmer Walter Bauer.« (KLINGHARDT, a.a.O., 5.)

[6] Mehr noch als in öffentlichen Verlautbarungen oder in der Predigt spiegeln sich entsprechende Veränderungs- und Verwerfungsprozesse in der Liturgie wider. So zeigt der faktische Verlust des Confiteor als eines dialogisch gesprochenen Sündenbekenntnisses mit folgendem Vergebungs- und Gnadenzuspruch oder Bußruf am deutlichsten an, dass die Lehre von der Sünde offenkundig primär nur noch als akzeptanzmindernd, unzeitgemäß, nicht nachvollziehbar oder sogar als vernunftwidrig beurteilt wird. (Vgl. KONRAD MÜLLER: Das Confiteor. Studien zu seiner Gestalt und Funktion im Gottesdienst sowie im Leben der Kirche, Leipzig 2021)

dem Anspruch auf unverbrüchliche Gültigkeit ableiten. Für die konkreten Anforderungen an die Ausgestaltung der Wirtschaftsordnung ergeben sich vielmehr wichtige Gesichtspunkte aus der jeweiligen Lage; *ihre Erkenntnis ist Sache der menschlichen Vernunft.* Diese Anforderungen brauchen von dem, was ernste Katholiken oder auch viele Nichtchristen erstreben, keineswegs abzuweichen.

Worauf es uns ankommen muß, ist: eine Wirtschaftsordnung vorzuschlagen, die – neben ihren *sachlichen Zweckmäßigkeiten* – den denkbar stärksten *Widerstand gegen die Macht der Sünde* ermöglicht, in der die Kirche Raum für ihre eigentlichen Aufgaben behält und es den Wirtschaftenden nicht unmöglich gemacht oder systematisch erschwert wird, ein Leben evangelischer Christen zu führen.«[7]

Zwei zentrale Anliegen leiteten demnach die Freiburger: Zum einen wollten sie nach den Erfahrungen eines in Deutschland durch den Nationalsozialismus in seinem Bestand bedrohten Christentums eine Ordnung errichten, die es wieder erlaubt, ein christliches Leben zu führen. Im Grundsatz ist in dieser Forderung eine allgemeine Freiheit der Religion und Weltanschauung eingeschlossen.

Zum anderen sollte aber auch eine Wirtschaftsordnung projektiert werden, die neben ihren positiven Ordnungs- und Rechtsvorstellungen darauf angelegt ist, dem Missbrauch von Macht, Geld und Einfluss etc. zu wehren.

Diese Überlegungen enthalten Voraussetzungen, für die zumindest derzeit keineswegs ein Konsens vorausgesetzt werden kann. Dies betrifft vor allem die Aussage, dass es keine Sozial- und Wirtschaftsordnung geben könne, die nicht durch die »Macht der Sünde« gefährdet wäre.

- Diese richtet sich nicht nur gegen utopische Konzepte wie dasjenige einer klassenlosen Gesellschaft. Auch *ordnungspolitische* Denkansätze, die aus ethischen Erwägungen oder allgemein anthropologischen Vorstellungen heraus Modelle einer Sozial- und Wirtschaftslehre entwickeln zu können meinen, *die in sich einen auf Dauer geltenden Vorrang* besitzen würden, werden durch diesen Ansatz hinterfragt.[8] *Aufgrund einer spezifischen Sündenvorstellung* vertreten die Verfasser der Denkschrift also einen allgemein gültigen, prinzipiellen ordnungspolitischen Skeptizismus.

- Stattdessen setzen sie auf Rationalität und Vernunft. Wenn man sich dann auf dieser Basis mit anderen sozial-, gesellschafts- und wirtschaftspolitischen Playern in der Gesellschaft hinsichtlich des Anliegens und

---

[7] In der Stunde Null (wie Anm. 4), 128; Hervorhebungen vom Vf.

[8] Aus diesem Grund grenzen sich die Freiburger auch gegen die Vorstellung ab, »daß es eigentlich nur *eine* wahrhaft christliche Staatsordnung gebe, nämlich die demokratisch-liberale, aus der Volkssouveränität abgeleitete: mit parlamentarischer Verantwortlichkeit der Regierenden, Freiheit für das christliche Gewissen, öffentliche Kritik an den Machthabern zu äußern, und Erziehung der Menschen zu freier Selbstverantwortung. Danach wird es zur Christenpflicht, die gottlose Tyrannis der autoritären Staaten zu zerstören und parlamentarische Freiheit überall wiederherzustellen. Das ist die Staatsauffassung englisch-amerikanischer Kirchenmänner, mit der sich die deutsche Kirche ernstlich auseinanderzusetzen hat.« (A.a.O., 56f.)

des Weges, zum Beispiel bezüglich der Gemeinwohlorientierung oder hinsichtlich des Rechts auf Selbstbestimmung, einigen kann, dann lässt sich nach der Überzeugung der Freiburger aufgrund einer kritischen und unvoreingenommenen Analyse der Lage über verschiedene Weltanschauungen und Religionen hinweg auch ein gemeinsames soziales und gesellschaftliches Handeln vereinbaren.

So spezifisch christlich also die These der Denkschrift klingt, alles ordnungspolitische Handeln, auch auf dem Feld der Wirtschaft, müsse »den denkbar stärksten Widerstand gegen die Macht der Sünde«[9] ermöglichen – es ist gerade dieser utopie- und ordnungsvorstellungs*kritische* Ansatz gewesen, der in guten Teilen einen positiven Anschluss an andere Weltanschauungen und politische Kooperationen nicht nur ermöglicht, sondern regelrecht erzwungen hat.

Bemerkenswert ist, dass in dieser Argumentation ein neues Verhältnis einer christlichen (oder protestantischen?) Soziallehre zur »Vernunft« aufleuchtet. In der Vergangenheit war innerhalb des Protestantismus in der Regel die Lehre von der Sünde vor allem *vernunftkritisch* interpretiert worden. Schließlich ist auch die Vernunft der ›Macht der Sünde‹ unterworfen. Die Verfasser der Denkschrift vertreten zwar ebenfalls diese These. Sie ziehen daraus aber andere Schlüsse, und stellen die Frage nach dem Verhältnis von Hamartiologie und Rationalitätsdiskursen neu. Die Denkschrift weist dabei der Vernunft nicht nur die Aufgabe zu, die »Lage«, also die Situation zu erfassen, in der sozial- und ordnungspolitisch gehandelt werden solle. Vielmehr ist der Dialog zwischen Vernunft und einem christlich geprägten oder anderweitig motivierten Humanismus auch *notwendig*, um für konkrete politische Entscheidungen geeignete moralische oder ethische Maßstäbe zu entwickeln.

Aus dieser theologischen Neubestimmung des Verhältnisses von Glaube und Vernunft ergeben sich weitreichende Fragen. Denn will man beispielsweise wissen, *wogegen* genau sich der Widerstand gegen die Macht der Sünde richten soll, muss man dann nicht doch dieses *Wogegen* an einem Maßstab messen, der jeder Entscheidung *vorausliegt*? Dieser sachliche Zusammenhang trägt in die Argumentation des Freiburger Bonhoeffer-Kreises eine tektonische, also konstruktions- oder systemimmanente Spannung ein. Denn wenn man auf der einen Seite die Notwendigkeit sieht, eine neue Wirtschaftsordnung zu entwickeln, die auf einem *weltanschauungsübergreifenden Konsens* ruhen müsse, dann ist dies nicht leicht mit jeglicher Wertebindung in einen Abgleich zu bringen. Haben nicht die Freiburger, könnte man fragen, mit der Absicht, ein Wirtschafts- und Gesellschaftsmodell zu entwickeln, das den denkbar stärksten Widerstand gegen die Macht der Sünde ermöglich sollte, bereits den Boden jener weltanschaulichen Neutralität verlassen, den sich die Verfassung der Bundesrepublik Deutschland 1949 gegeben hat, um sich nun – gleichsam über die Hintertür – letztlich *doch* der Forderung nach weltanschaulicher Neutralität zu verweigern?

---

[9] A.a.O., 129.

Die an dieser Stelle dialektisch, vielleicht sogar selbstwidersprüchlich anmutende Argumentationsweise der Freiburger Wissenschaftler formuliert nun allerdings eine Problemstellung, die nicht allein für Religionen oder Kirchen, sondern auch für Gewerkschaften und Parteien, ja für alle Formen organisierter Weltanschauungsarbeit gilt, *ja sogar für jedes sich demokratisch verstehende politische System eine entscheidende Herausforderung zur Sprache bringt*: Ob es sich nämlich als grundsätzlich wertfrei verstehen und jede durch einen demokratischen Willensbildungsprozess gefällte Entscheidung akzeptieren wolle oder aber ob sie sich nicht doch an einen gewissen Wertekanon binden müsse, zu dem beispielsweise die Unverletzlichkeit der Würde des Menschen gehören könnte. Demokratie und Rechtsstaatlichkeit sind nicht automatisch deckungsgleich. Sie stehen – im Gegenteil – zueinander sogar notwendig in einem spannungsvollen Verhältnis.

1.1.1 Antworten (1): Freiheit und »historischer Kritizismus«

Die Antwort des Freiburger Bonhoeffer-Kreises auf die Herausforderung, weltanschauliche Neutralität mit normativen Geltungsansprüchen in einen auch *dem Anspruch nach Rationalität genügenden* Abgleich zu bringen, ist komplexer ausgefallen, als es auf den ersten Blick erscheinen mag.

Die »Freiburger« haben eben nicht über die Hintertüre ein gleichsam christliches »Ordnungsmodell« für Staat und Gesellschaft entwickelt und daraus einen Normenkatalog als Maßstab einer künftig zu schaffende Rechts- und Wirtschaftsordnung abgeleitet. Zwar haben sie für sich die Freiheit gefordert, ihren christlichen Glauben zu leben. Sie haben aber diese Freiheit in einen *allgemeinen Freiheitsanspruch* eingebettet gesehen und diesen explizit mit der »sittlichen Persönlichkeit der Menschen«[10] begründet, denen die »selbstverantwortliche Verfügungsbefugnis über wirtschaftliche Güter«[11] nicht vorenthalten werden dürfe. Auch argumentieren die Freiburger mit natürlichen Gemeinschaften. Namentlich wird vor allem die Familie genannt.[12]

Es ist diese sittliche, in natürlichen Gemeinschaften lebende Persönlichkeit, die deren Anspruch auf *Freiheit*, überhaupt auf jene Grundrechte, wie sie sich beispielsweise im Grundgesetz finden, begründet und ihr eine unverletzbare Würde verleiht. Aus sich heraus begrenzt wird die Reichweite der so begründeten Freiheit allerdings dadurch – und dies ist der andere Grund für die Forderung nach weltanschaulicher Neutralität –, dass der Mensch zugleich als ein Wesen verstanden wird, das die ihm von Gott gegebene *oder* von Natur aus zustehende *oder* vielleicht auch nur im Sinne eines Eigeninteresses als »rational« zu begründende Freiheit immer auch notwendig, missbraucht – im Namen des Ich oder auch

---

[10] In der Stunde Null (wie Anm. 4), 129.
[11] Ebd.
[12] Vgl. ebd.

im Namen eines manchmal mit quasigöttlicher Autorität auftretenden ›Wir‹. Freiheit und Ordnung lassen sich deswegen nur in einem spannungsvollen Miteinander denken.

Man wird die tektonischen Spannungen, die für den Freiburger Bonhoeffer-Kreis im *notwendigen* Verzicht auf eine weltanschauliche Grundlegung wirtschaftspolitischer Ordnungen und der ebenso *als notwendig postulierten* Bindung an den universell geltenden Wert der menschlichen Würde liegen mussten, daher nicht als eine Art Selbstwiderspruch auslegen dürfen. Hier zeigt sich in der Struktur der Argumentation der Ansatz paralleler, einander zugeordneter Prinzipien, die eigenständig entfaltet und in ihren Ergebnissen dann in einen Aussagenzusammenhang überführt werden müssen. Freiheit und Wertebindung auf der einen, die instrumentelle Macht der Rationalität und deren normative Ohnmacht auf der anderen Seite bilden ein Spannungsfeld, das die Möglichkeiten menschlichen Handelns und Gestaltens zugleich erweitert und begrenzt. Die »Freiburger« haben ihre politischen Forderungen, die man durchaus als gegenläufig bis selbstwidersprüchlich interpretieren könnte, insofern nur als den Ausdruck einer im Menschen selbst liegenden »Dialektik« verstanden, die weder eine von Wertemaßstäben isolierte Freiheitsideologie noch eine vom Prä menschlicher Freiheit absehende Natur- oder Werteordnung zu denken erlaubt. Der letzte Grund für das dialektische Denken der Denkschrift, hinter den nicht mehr zurückgefragt werden kann, liegt deswegen in der Anthropologie. Trotz eines positiven Menschenbildes, das am Wert *jeden* menschlichen Lebens festhält, ist man schlicht skeptisch gewesen gegenüber der Fähigkeit dieses Menschen, über »Ordnungen« jeglicher Art, und wären sie die denkbar besten, dem »Guten« im Menschen zum Durchbruch zu verhelfen, so dass etwa am Ende der Geschichte eine Realutopie der Überwindung jeglicher Entfremdung und des Glückes auch nur *eines* Menschen Realität werden könnte.

Also: Die Freiburger richten sich gegen Utopismen jeglicher Couleur und Herkunft, ob durch Marx oder Rousseau inspiriert, ob sozialistisch, transhumanistisch oder eben auch christlich. Die Letztbegründung dieses politischen Skeptizismus ist aber eine hamartiologische: »Auch die bestgemeinte Wirtschaftsordnung bietet der Macht des Bösen Zugriffsmöglichkeiten.«[13] *Demokratische Strukturen, die auf der Unterscheidung der Gewalten ruhen,*[14] *dienen deswegen vor allem*

---

[13] A.a.O. 130.

[14] Dass auch dieses Prinzip der Gewaltenteilung diskussionswürdig ist, zeigt sich daran, dass in ihr die Rolle der Medien nicht abschließend geklärt zu sein scheint: neben Legislative, Exekutive und Judikative gibt es eben auch noch eine »Informative«, die, indem sie Information auswählt, bewertet und ›formt‹ und in Bildung und Öffentlichkeit Bewertungsdruck ausüben kann, auf die »klassischen« Gewalten des Staates einen unangemessenen, manchmal durchaus auch problematischen Einfluss ausüben kann. In Zeiten des Internets und der Künstlichen Intelligenz hat sich dieses Problem verschärft.

dem Interessenausgleich und der Kontrolle. Sowohl gegen die Vertreter einer liberal-kapitalistischen als auch gegen die Vertreter einer kollektivistisch-sozialistischen Wirtschaftsordnung analysieren die Freiburger: »Eigennütziges Streben nach irdischen Gütern kann nicht nur da wuchern, wo dem einzelnen Wirtschaftssubjekt ein hohes Maß von Selbstverantwortlichkeit zugebilligt wird, sondern nicht minder in einer kollektivistischen Ordnung. Der Mensch kann an seiner sittlichen Person und an seiner Seele Schaden leiden, wenn er sich in freiem Wettbewerb hemmungslos dem Ringen um irdischen Besitz ergibt, nicht minder jedoch auch, wenn er im Dienste eines vergötzten Kollektivs ausgebeutet wird oder gar andere ausbeutet.«[15] Dem Modell einer ausschließlich der Rationalität verpflichteten, utopisch-optimistischen und sich selbst genügenden »Herrschaft des Volkes« hat der Freiburger »Bonhoeffer-Kreis« deswegen einen historischen Skeptizismus entgegengesetzt. Dem entspricht ein Demokratieverständnis, das durch einen weltanschaulich abgesicherten, im gesellschaftlichen Konsens gelebten Bezug auf die Würde des Menschen, durch die Achtung ›natürlicher Gemeinschaften‹, durch eine pragmatisch-skeptische Einsicht in die Unverfügbarkeit der Geschichte und durch die Bereitschaft zu Selbstkritik ausgezeichnet sein sollte.

1.1.2 Antworten (2): Sittliche Persönlichkeit und natürliche Gemeinschaften

Die Pointe der Freiburger Position liegt darin, dass sie nicht *naturrechtlich* argumentiert. Die Freiburger öffnen nämlich die Rede von natürlichen Gemeinschaften *für unterschiedlichste Gemeinschaftsvorstellungen*, indem sie die Rede von *Gemeinschaft* an den *Personbegriff* zurückbinden. »Denn nur in der Gemeinschaft wird und bewährt sich echte Personalität.«[16] Personalität lässt sich also nicht ohne Gemeinschaftsbezug denken; Gemeinschaftsbezug und Personalität bilden einen unauflösbaren, gleichsam ›strukturell fixierten‹ Zusammenhang. »Wo sich das Individuum der Gemeinschaft entzieht, verkümmert oder entartet es, zu bloß zufälliger, zusammenhangs- und damit verantwortungsloser (in extremen Fällen sogar gemeingefährlicher) Subjektivität und umgekehrt: wo die Gemeinschaft selbstständig-freier, ihrer Selbstverantwortung vor Gott bewußter Persönlichkeiten entbehrt oder diese durch Zwangsmaßnahmen erdrückt und zerbricht, entartet sie zur bloßen Masse, zur geistlosen Herde ohne schöpferisches Leben.«[17]

Interessant ist, dass die Brasilianische Verfassung des 19. Jahrhunderts auch ein »poder moderador«, eine (dem Kaiser obliegende) »moderierende« Aufgabe kennt, die gegebenenfalls im Widerstreit der einzelnen Gewalten auf einen Ausgleich hinwirken sollte.

[15] Ebd. In dieser Aussage ist das Moment der strukturellen Sünde ausdrücklich anerkannt.

[16] In der Stunde Null (wie Anm. 4), 62.

[17] Ebd.

1.1.3 Antworten (3): Gewissen und Gerechtigkeit

Auch beim Gewissensbegriff der Freiburger findet sich eine ähnliche, inhaltliche Flexibilisierung, wenn nicht gar ›Entleerung‹. Die Rede vom menschlichen Gewissen ist für die Freiburger deswegen von zentralem argumentativem Gewicht, weil sie ihnen einerseits erlaubt, im Gewissen eine Art Brücke zu denken, welche die ›sittliche Persönlichkeit‹ mit den ›natürlichen Gemeinschaften‹ verbindet.[18] Zum anderen wird das Gewissen als ein Phänomen wahrgenommen, das in seinen unterschiedlichsten Ausprägungen in jeglicher Kultur, zu jeglicher Zeit und überall, wahrgenommen werden kann. Dass Menschen ein wie auch immer geartetes Gewissen haben, ist die Regel, nicht die Ausnahme.

Es ist dieser weit gefasste Gewissensbegriff, der es den Freiburgern erlaubt, den Spielraum der *Vernunft* im Rahmen ihrer sich durchaus als christlich verstehenden Sozialethik auszuweiten. Die Denkschrift fragt so, nachdem sie naturrechtliche oder geschichtsphilosophische oder offenbarungsbezogene Begründungen einer Sozial- und Wirtschaftsordnung abgelehnt hat: »Bleibt dann also, (das scheint ja zunächst unser Ergebnis) das Gewissen des Christen ohne alle Weisung aus Gottes Wort gegenüber der Aufgabe, eine politisch-soziale Gemeinschaftsordnung bauen zu helfen? Stehen wir nun doppelt ratlos da, nachdem natürliche und geschichtliche ›Schöpfungsordnungen‹ sich als höchst fragwürdige Stützen unserer Erkenntnis erwiesen haben? [...] Die Frage ist gleichbedeutend mit der: ob für ihn [sc. den Christen] etwa das Gesetz Mosis und das Liebesgebot der Bergpredigt Christi nicht mehr gilt? Ob er die Stimme des Gewissens überhören darf, die ihm (bis zu einem gewissen Grade) mit allen sittlich nicht ganz verkommenen Nichtchristen gemeinsam ist? Die Antwort auf eine solche Fragestellung kann gar nicht zweifelhaft sein«[19]. Für die Freiburger ist klar, dass der Christenmensch natürlich seinem Gewissen verpflichtet bleibt. Er kann dabei aber nicht auf gleichsam objektive Normen zurückgreifen. Deswegen muss er gegenüber den Forderungen seines Gewissens *offen* und für sie *frei* bleiben. Denn: »Wo Natur und Geschichte als Wegweiser des Gewissens versagen, bleibt doch die Stimme dieses Gewissens selbst. Sie stellt uns in die Selbstverantwortung jedes einzelnen vor *Gott* und sie weist uns in die Gemeinschaft mit dem Nächsten als an den Ort unserer sittlichen Pflicht«[20].

Für eine christliche Sozialethik hat dies zur Konsequenz, dass sie »alle einzelnen Gebote und Verbote unter das eine, oberste Gebot [stellt]: du sollst Gott als deinen Herrn über alles fürchten und Gott als deinen Vater über alles lieben; [...] Handeln in steter Verantwortung vor Gott – das ist zuletzt der ganze Inhalt christlicher Ethik. Sie stellt [folglich] keine Rechtsnormen irdischer Gerechtigkeit auf; sie erkennt darum auch keine einzelnen wie immer gearteten irdischen Rechtsnormen als absolut, d. h. überall und zu allen Zeiten verbindlich, als identisch mit

---

[18] Vgl. a.a.O. 62f.

[19] A.a.O. 60f.

[20] A.a.O. 62f.

Gottes Willen an. Aber sie stellt das Gebot des Rechthandelns, die Idee der Gerechtigkeit, als dauernde Aufgabe des Menschen in die Verantwortung vor dem lebendigen Gott.«[21]

1.1.4 Antworten (4): Struktur und Gesinnung

Aufgrund dieser Überlegungen kommen die Freiburger zu dem Ergebnis, dass im ordnungspolitischen Handeln eines Staates und seiner Gesellschaft bezüglich aller Fragen, welche die Wirtschaft, das Recht und die Sitte betreffen, immer eine doppelte Perspektive im Blick zu behalten ist. Nichts, auch nicht die Überwindung der Entfremdung des Menschen von sich selbst *allein* durch die Gestaltung humaner Eigentums-, Arbeits- und Produktionsverhältnisse wird nach Auffassung des Bonhoeffer-Kreises zur bleibenden Humanisierung einer Gesellschaft beitragen können. Vielmehr wird – neben dem nicht zu leugnenden Einfluss der Verhältnisse auf den Menschen und seine ›Seele‹ sowie auf den gesellschaftlichen Zusammenhalt, die ausdrücklich nicht bestritten werden! – immer auch »*die Gesinnung entscheidend sein, welche die Durchführung einer Wirtschaftsordnung beherrscht.*«[22] Interessant ist, dass die Freiburger, wie im Zusammenhang mit der Forderung nach Gerechtigkeit, dabei wieder auf das erste Gebot[23] verweisen. Denn jeder »weltliche Totalitätsanspruch [...] verstößt gegen das erste Gebot.«[24]

Die Überzeugung, dass der Gestaltungsmacht des Menschen Grenzen gesetzt sind, dass die Menschheit also auch nicht Herrin ihrer eigenen Geschichte sein kann und ihr *nicht* die Mittel zur Verfügung stehen, sich vor sich selbst zu schützen, hat letztendlich im Freiburger Bonhoeffer-Kreis zu einer Doppel-Forderung geführt: Nämlich im wirtschaftlichen Handeln immer zugleich Fragen der Struktur *und* Fragen der Gesinnung im Blick zu behalten und sie im politischen Handeln immer *gemeinsam zu adressieren*. Würde das eine zu Lasten des anderen vernachlässigt, so würde dies auf absehbare Frist und Schritt für Schritt den gesellschaftlichen Zusammenhalt auflösen. Es würde das Ende eben jenes demokratisch gesicherten, die gegenläufigen Bedürfnisse der Menschen strukturell abbildenden und auf deren Ausgleich zielenden Gleichgewichts bedeuten, welches allein den denkbar stärksten Widerstand gegen die Macht des Bösen gewährleisten könnte.

---

[21] A.a.O. 61.

[22] Ebd.; Hervorhebung vom Vf.

[23] Dieses Gebot lautet in der Fassung von Luthers Kleinem Katechismus: »Ich bin der Herr, dein Gott. Du sollst nicht andere Götter haben neben mir.«

[24] Ebd.

1.1.5 Antworten (5): Der Weg der Mitte, der Mäßigung und der Besonnenheit

Die Verfasser der Freiburger Denkschrift haben auf der Basis dieser Überlegungen daraus die Forderung nach einem ›Weg der Mitte und Mäßigung‹ in spezifischer Ausprägung abgeleitet.[25]

Die Bedeutung dieser Orientierung an der Mitte lässt sich vielleicht am schärfsten durch den Vergleich mit Stereotypen kontrastieren, die gegenwärtig in der gesellschaftlichen Diskussion wahrgenommen werden können. So wird oft – um dies nun seitens des Verfassers selbst stereotyp zu verkürzen – im Großen und Ganzen eine Art »Glaube« an Rationalität, Demokratie und Gerechtigkeit zelebriert.

Demnach erscheint das Miteinander

- einer Wirtschaftsordnung, die sich der Verteilungsgerechtigkeit verpflichtet weiß,
- eines basisdemokratischen Politikverständnisses, das in Mehrheitsentscheidungen einen letzten Maßstab sieht,
- und einer rational begründeten Wissenschaft, die gerade durch den Verzicht auf vermeintlich nicht-rationale, religiöse, ›ideologische‹ oder gar ›populistische‹ Vorannahmen eine konsensfähige und am Gemeinwohl orientierte beziehungsweise das Eigeninteresse des Menschen zähmende soziale Diskurskultur etablieren zu können meint,

der Königsweg für die Lösung aller gesellschaftlicher und politischen Fragen zu sein.

So sehr aber in gewisser Weise ein solches *Strukturdenken* den Überlegungen des Freiburger Bonhoeffer-Kreises entspricht, weil es mit Blick auf die von den Freiburgern so genannte »Macht des Bösen« in sich gegenseitig kontrollierenden »Instanzen« ein angemessenes (und wohl auch notwendiges!) Mittel sieht, um ›die Bösen zu strafen und die Guten zu schützen‹[26], wie Luther die Aufgabe staatlichen Handelns umreißt, so unzureichend muss dieses Strukturdenken doch sein, wenn man nach den Vorstellungen der Freiburger von einem rechten »Weg der Mitte, Mäßigung und Besonnenheit« ausgeht. Denn jegliches politische Handeln, ob es

---

[25] Vgl. dazu In der Stunde Null (wie Anm. 4), 70: »Schon die alten Griechen nannten Mesotes und Sophrosyne, Mäßigung und Besonnenheit die Kardinaltugenden des großen Staatsmannes, die Hybris, die maßlose Überheblichkeit sein Verderben.«

[26] Vgl. Martin Luther, An den christlichen Adel deutscher Nation von des christlichen Standes Besserung. 1520, in: WA 6 (Weimar 1888, 381 | 404-469), 409, 17: »die boszen zustraffen und die frumen zuschutzen«; vgl. 37f: »sie dienet got damit [sc. mit dem Schwert], zur straff der bosen, und zu lob den | frumen «; vgl. auch 410, 6f: »straffen und treyben | wo es die schuld vordienet *odder not foddert*« (Hervorhebung vom Vf.).

»Die Obrigkeit trägt das Schwert nicht umsonst. Sie soll damit die Guten schützen und die Bösen strafen, also eine sittlich begründete Rechtsordnung sichern.« (In der Stunde Null [wie Anm. 4], 64.)

der Rechtspflege dienen oder das gesellschaftliche Leben ordnen will etc., und jegliche »Gesinnungspflege« sind immer als ein Aufgaben*verbund* wahrzunehmen. Im Sinne der Denkschrift des Freiburger Bonhoeffer-Kreises gilt es auch *innerhalb der Konstituenten entsprechender Ordnungsmodelle*, und zwar durch den wechselseitigen Bezug kategorial unterschiedlichster Ebenen wie der Ebene der ›Struktur‹ und der Ebene der ›Gesinnung‹, jeweils sich gegenseitig korrigierende Gegeninstanzen zu etablieren. Kann und soll Rationalität und Diskursivität ohne Wertebindung, das »Gemeinwohl« ohne das Gegenüber des Rechts auf Selbstbestimmung gedacht und Verteilungsgerechtigkeit ohne das Recht auf Eigentum und *eigennützliches* Streben verwirklicht werden? Wie verhalten sich das Bedürfnis einer Gesellschaft nach Gemeinwohlorientierung, und das Bedürfnis des einzelnen Menschen selbst nach Freiheit zueinander? Und in welcher Beziehung stehen die Bedürfnisse der Gegenwart zu jenen – im Kind und seiner »Familie« symbolisierten – Notwendigkeiten, von der Verantwortung für die Zukunft her und auf die Zukunft hin zu denken?[27]

Der Freiburger Bonhoeffer-Kreis hat, ausgehend von einem zugleich positiven und skeptischen Menschenbild, für die Zeit nach der Stunde Null, die durch das Ende der nationalsozialistischen Herrschaft markiert sein sollte, eine sich so weit wie möglich selbst regulierende Ordnung im Sinne der aristotelischen *Politie* gefordert, in der gegenüber verschiedenen Partikularinteressen das Gesamtinteresse der Polis, modern gesprochen: des Staates und der Gesellschaft, gewahrt bleibt. Deren Eckpunkte könnte man in die Begriffe *Würde, Freiheit, Gemeinschaft, Gemeinwohl* und *Eigentum* fassen. Indem die (später so genannte) soziale Marktwirtschaft diese Faktoren miteinander in einen Ausgleich bringen, auf allgemein menschliche Werte beziehen und unter Absehung utopischer Vorstellungen mit einer Haltung selbstkritischer Rationalität verbinden würde, so die Hoffnung der Verfasser der Denkschrift, war ein Weg des Ausgleichs formuliert, der »unter den modernen, durch weitgehende Arbeitsteilung gekennzeichneten Verhältnissen die planmäßige Sicherung einer Gesamtordnung des Wirtschaftslebens«[28] erlauben würde, die so weit wie möglich gegen individuelle oder kollektive, also ggf. auch staatliche Interesseneinflüsse gesichert war und es gesellschaftlichen Kräften leichter möglich machen würde, der Macht des Bösen zu wehren.

2.2 Das theologische Profil des Freiburger Bonhoeffer-Kreises

Dies zeigt: Im Vergleich der Überzeugungen des Freiburger Bonhoeffer-Kreises mit heutigen Demokratiediskursen hat sich die Begründung für die soziale Marktwirtschaft stark gewandelt. Dem in einem aufgeklärten Menschenbild wurzelnden

---

[27] Die Freiburger Denkschrift kennt bereits eine Verantwortung für künftige Generationen. Vgl. a.a.O., 131: »Die Wirtschaft hat den lebenden und *künftigen* Menschen zu dienen« (Hervorhebung vom Vf.).

[28] A.a.O., 132.

historischen Optimismus der Gegenwart mit seiner Orientierung an gesellschaftlichen »Realutopien« steht seitens jener Verfassungsväter, welche die Auffassungen des Freiburger Bonhoeffer-Kreises teilten, ein in einem christlichen Menschenbild wurzelnder Skeptizismus – oder Realismus? – gegenüber, der den weltanschaulichen Kontext demokratischen Denkens und Handelns geradezu im Konträren verankert. Es ist sein antiutopischer Kritizismus sowie die Forderung nach einer expliziten Wertebindung von Staaten und Gesellschaften, die das Staats- und Gesellschaftsbild des Freiburger Bonhoeffer-Kreises von der aktuellen Gesinnungs- und Diskussionslage grundlegend unterscheidet.

Wir stoßen also bei der Denkschrift des Freiburger Bonhoeffer-Kreises immer wieder auf die Vorstellung, dass dem »Bösen« oder, weniger dramatisch formuliert, dem »Missbrauch« jedweder »Ordnung« gewehrt werden müsse. Es könne kein *Brauch* und kein Weg gedacht werden, der zeitlose Gültigkeit beanspruchen und den Weg in eine Zukunft weisen würde, in dem der Mensch auf Dauer vor sich selbst geschützt, gut, frei, selbstbestimmt und zufrieden leben würde. Die Pointe dieser Auffassung liegt dabei offenkundig darin, dass die Verfasser der Denkschrift zu der Überzeugung durchgedrungen waren, dass »keine Wirtschaftsordnung ihren Wert in sich selbst trägt oder von sich aus gute Auswirkungen gewährleistet«[29].

Es ist erkennbar dieser Form- und Ordnungs-Skeptizismus gewesen, der in einer bestimmten, nämlich Lutherschen Anthropologie und Sündenlehre (Hamartiologie) wurzelt, welcher der später so genannten, von Ludwig Erhard in seine endgültige Form gegossenen sozialen Marktwirtschaft ihre besondere Gestalt verliehen hat.

3. Die Basis: Luthers Anthropologie und Sündenlehre

Nun steht allerdings jene Anthropologie und Sündenlehre, auf die sich die Freiburger berufen, in der christlichen Theologiegeschichte relativ isoliert da. Dass beispielsweise seitens der römisch-katholischen Kirche ein »christlicher Sozialismus« bevorzugt wird,[30] und es für die angelsächsischen Kirchen, wie die Freiburger bemerken, »eigentlich nur *eine* wahrhaft christliche Staatsordnung gebe, nämlich die demokratisch-liberale«[31], und dass auch die reformierte Tradition eines Jean Calvin anderen Gedankengängen folgt,[32] lässt es geboten erscheinen, sich näher mit Luthers Anthropologie und Hamartiologie zu befassen. Insbesondere ist zu klären, wie sich bei Luther jener Form- und Ordnungs-Skeptizismus

---

[29] A.a.O., 130.

[30] Vgl. oben Seite 97.

[31] In der Stunde Null (wie Anm. 4), 56.

[32] Vgl. unten das Kapitel: Innerprotestantische Differenzen: Calvins Gesetzesverständnis, Seite 114ff.

begründet hat, der dann letztendlich bei aller Affinität zur demokratisch-liberalen Staatsordnung doch zu jener für die Denkschrift des Freiburger »Bonhoeffer-Kreises« so weitreichenden ordnungspolitischen Zurückhaltung geführt hat, der auf der anderen Seite eine gewisse Aufwertung der Vernunft korrespondiert.

Die folgenden Ausführungen versuchen, die entsprechenden theologischen Hintergründe aufzuhellen.

3.1   Rechtfertigungslehre, Anthropologie und Hamartiologie bei Luther

Luther hat seine Auffassung von Sünde im Zusammenhang mit und in Korrelation zu seiner Gnaden- und Rechtfertigungslehre entwickelt. Je stärker bei Luther die Christologie in die Mitte seines Denkens rückte, wonach die Glaubenden durch und in Christus vor Gott gerechtfertigt werden, der Mensch selbst aber, wie es in einem gottesdienstlichen Sündenbekenntnis heißt, nicht aus eigener Kraft selig werden könne, desto kritischer wurde Luther gegenüber der römisch-katholischen Sündenauffassung seiner Zeit. Diese besaß, bei manchen durchaus gewichtigen Differenzen im Detail, doch weitestgehend darin einen Konsens, dass trotz der Sünde die (»gute«) Natur des Menschen als eines Geschöpfes Gottes erhalten geblieben sei.

Im Jahr 1517, also dem Jahr des Thesenanschlags, der den Beginn der Reformation markiert, hat Luther in einer Disputation gegen die scholastische Theologie[33] seine Sündenlehre nach ihrer philosophischen Seite hin näher entfaltet. Luther wendet sich in dieser Disputation, bei der *die Beziehung des Menschen zu Gott* Hauptthema ist, vor allem gegen die Auffassung, dass der Mensch von sich aus Gott lieben könne.[34] Vielmehr gilt nach Luther umgekehrt, dass der Mensch nicht wollen könne, dass Gott *Gott* ist.[35] Im Menschen wäre, ohne Gottes Gnade, immer ein (von Gott sich abwendender) Wille wirksam, *auch wenn der Mensch das Gesetz Gottes befolge.*[36] Der Gegensatz zur römisch-katholischen Anthropologie tritt hier bereits in all seiner Schärfe ins Licht. Sünde ist demnach für Luther ihrem Wesen nach *aversio a Deo*, Abwendung von Gott.[37] Ihr »Gegenstand« ist die *Gottesbeziehung*. Im letzten beschreibt Sünde deswegen das immer tätige und wirksame,

---

[33] MARTIN LUTHER, Disputatio contra scholasticam theologiam 1517, WA 1 (D. Martin Luthers Werke. Kritische Gesammtausgabe, Bd. 1, Weimar 1883), 221|224-228.

[34] »18. Diligere deum super omnia naturaliter Est terminus fictus, sicut Chimera.« (A.a.O. 225, 3f)

[35] »17. Non potest homo naturaliter velle deum esse deum, Immo vellet se esse deum et deum non esse deum.« (225, 1f)

[36] Vgl. a.a.O. 227, 37f – 228, 1f, die Thesen 77 und 78: »77. Semper aversa voluntas et conversa manus sunt in lege domini sine gratia dei. 78. Conversa voluntas ad legem sine gratia dei est affectu commodi sui talis.«

[37] Vgl. auch CHRISTINA AXT-PISCALAR, Art. Sünde VII, in: TRE 32 (2001), 400-436, 401f.

»kräftige« Moment einer das Leben des Menschen durchdringenden Gottesfeindschaft, die sich nicht notwendig gegen Gott, wohl aber gegen Gottes Gottsein richtet und sich als Auflehnung gegen das Erste Gebot des Dekalogs äußert.

Aus der *Erfahrung* lässt sich allerdings nach Luther eine solche Sündenerkenntnis, dass der Mensch nicht wollen kann, dass Gott *Gott* ist, nicht gewinnen. Denn auch der in theologischer Hinsicht »*sündige*« Mensch kann unter den Gesichtspunkten einer bürgerlichen oder auch christlichen Moral durchaus ein »*guter*« Mensch sein. Aber der Wille, schreibt Luther in These 79 seiner Disputation gegen die scholastische Theologie, »der dem Gesetz [Gottes] ohne die Gnade Gottes zugekehrt ist, ist es nur mit Rücksicht auf den eigenen Vorteil.«[38] Zudem verleiht auch die Taufe den Getauften und Glaubenden keinen »habitus«, der dem Menschen jetzt ermöglichen und ihn befähigen würde, von sich aus Gott aus ganzem Herzen zu lieben. Luthers Sündenlehre hat insofern einen streng *theologischen*, die Gottesbeziehung des Menschen bedenkenden Standpunkt eingenommen. Sie ist nicht – anthropologisch – als Lehre vom Sein des Menschen, sondern – theologisch – als Lehre von der Beziehung zu Gott gefasst. Ihr philosophisches Korrelat besitzt diese theologische Anthropologie deswegen auch nicht in der Ontologie des Menschen und der Bestimmung seiner Wesensverfasstheit, sondern in der Erkenntnistheorie und Ethik: Es gibt keine »Form« des Vorstellens und es gibt keine »Gestalt« des Handelns, die nicht von der Hybris des Menschen, auch des Christenmenschen, bedroht und vor ihr geschützt wäre. Von diesem Neuansatz aus hat Luther die mittelalterlich-scholastische Philosophie, auf der die Theologie der Papstkirche seiner Zeit argumentativ ruhte, grundlegend umgestaltet, argumentativ reorganisiert und letztendlich im hegelschen Sinne »aufgehoben«.

3.2 Folgerungen für eine christliche Anthropologie. Die Konkordienformel

War es nun allerdings ohne Schwierigkeiten möglich, bezüglich der *Beziehung des Menschen zu Gott* zu dem Ergebnis zu gelangen, dass der Mensch Sünder wäre, weil er sich von Gott abgewendet habe und eben nicht wolle, dass Gott *Gott* ist, so ergaben sich *theologische* und, daraus abgeleitet, für die Theologen der Reformationszeit *anthropologische Fragen*. Wie konnte man Aussagen über die Beziehung des Menschen zu Gott in Aussagen über die *Beziehung des Menschen zur Welt* – das »Ich« oder das »Selbst« mit einbegriffen – übersetzen? Denn drohte nicht mit der theologisch begründeten, umfassenden Infragestellung der Möglichkeit der Selbstrechtfertigung und Eigen-Gerechtigkeit jegliches ethische Denken seine Grundlage zu verlieren? Es entsteht so etwas wie ein argumentativer »gap«, eine Folgerungs- und Orientierungslücke, wenn postuliert wird, dass alles, was der Mensch aus eigener Kraft zu tun vermag, in sich zumindest potentiell den Keim der Auflehnung gegen Gott trägt und jegliche Selbstrechtfertigung ausschließt.

---

[38] KURT ALAND (Hrsg.): Luther deutsch. Bd. 1: Die Anfänge, Göttingen ²1983, 360. Zum lateinischen Originaltext vgl. Anm. 36.

Welcher Moralkodex, welche Normen und Werte, welches Ethos und welche Maßstäbe können dann noch verbindlich gemacht werden? Man bedenke zudem, dass in diesem Fragehorizont auch eine existentielle Dimension eingeschlossen ist; Luthers Sündenlehre, könnte man ihr vorwerfen, führe doch geradewegs in die Desorientierung und Entmutigung ... und wie soll man dann wissen, was hier und heute, jetzt und in diesem Augenblick geboten ist?

Nicht nur von römisch-katholischer Seite wurde und wird deswegen gegen entsprechende Auffassungen geltend gemacht, dass der Mensch, zum einen, doch auch nach dem Sündenfall Gottes *gutes Geschöpf* geblieben wäre. Und, zum anderen, würde auch Gottes Gnadenhandeln dem Menschen wieder zu neuer Gerechtigkeit aufhelfen können.

Diese Thesen haben aus mehreren Gründen starkes Gewicht. Genannt sei nur ein schöpfungstheologischer Aspekt:[39] Denn wenn man vermeiden will, dass Gott als Urheber der Sünde gedacht werden müsse – was mit der Vorstellung eines zugleich liebenden und gerechten Gottes nur schwer vereinbar ist –, dann kann Sünde doch nicht als ein Wesensmerkmal des Menschen aufgefasst werden. Dieser Gedanke würde der Vorstellung von der (guten) geschöpflichen Natur des Menschen und seiner von Gott gegebenen Gottebenbildlichkeit widersprechen – ein Argument übrigens, das eben zu jener Überzeugung geführt hat, gegen die sich Luther in seiner Disputation gegen die scholastische Philosophie so stark gewehrt hatte, nämlich, dass der Mensch natürlicherweise nun eben doch Gott über alles lieben könne.

Oder, anders gefragt: Wie war jener argumentative »gap«, nämlich jene bereits erwähnte Folgerungs- und Orientierungslücke, zu schließen, wenn, jetzt in der Sprache der Freiburger gesprochen, alles Menschliche der Macht des Bösen Zugriffsmöglichkeiten bieten könne?

Es ist wahrscheinlich nicht übertrieben, zu sagen, dass die Theologie der damaligen Zeit mit dieser Fragestellung überfordert gewesen ist. Der Grund dafür liegt im Aristotelismus, der bis weit in das 17. Jahrhundert hinein nicht nur als philosophische Norm, sondern auch als wissenschaftlicher Standard und Konsens gegolten hat. Für die aristotelische Philosophie aber war die Unterscheidung von Substanz und Akzidenz maßgeblich, um sowohl die Natur als auch den Menschen wissenschaftlich zu erfassen. Demnach war zwischen der Substanz, also dem »Wesen« des Menschen, und seinen diesem Wesen bloß anhaftenden Eigenschaften, seinen Attributen, zu unterscheiden. Im Schema dieses Denkens musste dann Sünde aber *entweder* bezüglich der *Substanz* des Menschen, also hinsichtlich seines »Wesens«, gedacht oder aber als Akzidenz, als bloß anhaftendes »Attribut« dieses Menschen verstanden werden. Letzteres würde aber der Wesensbestim-

---

[39] Ein analoges Argument gilt aber zum Beispiel auch in der Christologie: Wenn Jesus Christus nicht nur als wahrer Gott, sondern eben auch zugleich als »wahrer Mensch«, wenn auch als sündlos, gedacht werden soll, dann forderte dies zwingend, die Natur des Menschen nicht als ihrem Wesen nach als »sündig« zu bestimmen.

mung des Menschen als »gut« keinen Abbruch tun. Man kann die fatale Alternative, in die hier das aristotelische Denken und die aus ihm abgeleitete Anthropologie führen, auch an den Thesen und Auffassungen der Denkschrift des Freiburger Bonhoeffer-Kreises verdeutlichen. Würde es zutreffen, dass »Sünde«, nur eine »Akzidenz« (im aristotelischen Sinn) wäre, ließe sich die Aussage des Freiburger Bonhoeffer-Kreises, dass auch die bestgemeinte Wirtschaftsordnung der Macht des Bösen Zugriffsmöglichkeiten bieten würde, letztendlich nur schwer begründen. Ist aber der Mensch ›seinem Wesen nach‹ Sünder, lässt sich umgekehrt die Hoffnung kaum noch rechtfertigen, durch Konzepte wie die »soziale Marktwirtschaft« zumindest unter bestimmten Bedingungen Wesentliches für die Menschen und die Gesellschaften, in denen sie leben, leisten zu können. Das positive Verhältnis der Freiburger zur *Vernunft* wäre dann ebenfalls kaum begründbar.

Luther jedenfalls hat beide Denkalternativen abgelehnt. Für ihn waren theologische Gründe maßgeblich, eine Anthropologie zu entwickeln, die den Menschen nicht nach »Seinsqualitäten« bestimmt, sondern aus seiner Gottesrelation heraus begreift. Diese Gottesbeziehung nie aus dem Blick zu verlieren und ihr auch gegenüber jeglicher Ontologie Geltung zu verschaffen, kann als eines der zentralen Anliegen der Theologie Luthers bestimmt werden.

34 Jahre nach Luthers Tod im Jahr 1546 hat sich nach langen und intensiven Diskussionen das Luthertum dafür entschieden, Luthers anliegengeleitetem Weg einer Sündenlehre zu folgen, die sich den durch das philosophische und wissenschaftliche Denken der damaligen Zeit provozierten Alternativen verweigerte.

In diesem Sinne hat die sogenannte Konkordienformel aus dem Jahr 1580 gegen die philosophischen Voraussetzungen der damaligen Zeit, deren Wissenschaft sich an Aristoteles orientierte und dadurch die lutherische Theologie in ein Dilemma geführt hatte, festgehalten, dass der Mensch seiner Natur nach Geschöpf Gottes bleibt, dieser Natur aber die Erbsünde »eingeprägt«[40] wäre. Ansonsten empfiehlt sie, die aristotelische Unterscheidung von Substanz und Akzidenz nicht »vor dem gemeinen unverständigen Volk«[41] zu gebrauchen, bei den Gelehrten aber an ihr festzuhalten, erlaube sie doch, »zwischen Gottes und des Teufels Werk auf das deutlichst«[42] zu unterscheiden, »weil der Teufel kein Substanz schaffen, sondern allein [...] die von Gott erschaffene Substanz vorderben kann.«[43] Im Grunde genommen hat damit das Luthertum die Hilfskonstruktion einer mythologi-

---

[40] »Peccatum enim originis [...] intime inhaeret infixum ipse naturae, substantiae et essentiae hominis.« (BSLK 774, 21-24). Mit dem Adjektiv »eingeprägt« wird das lateinische »inhaeret infixum« nur bildhaft und annähernd wiedergegeben. – Mit dieser Bestimmung geht das Luthertum im theologisch-argumentativen Vollzug über die aristotelische Unterscheidung von Substanz und Akzidenz hinaus.

[41] BSLK 775,33

[42] BSLK 776, 1f.

[43] BSLK 776, 3-6. Mit dieser Aussage wird die aristotelisch-ontologische Fragestellung zumindest im Ansatz in eine beziehungstheoretische überführt.

schen Redeweise gewählt, um so das Denken in Substanz und Akzidenz zu überwinden und stattdessen ein beziehungsorientiertes Denken einzuführen. Für das
Luthertum der Reformationszeit war damit gesichert, dass der Mensch zwar seinem »Wesen« nach nicht böse oder schlecht wäre, aber doch in seiner Verfasstheit
so »verderbt«, dass nichts vor der Gefahr des Missbrauchs geschützt wäre. Es liegt
ganz auf der Linie dieser Hamartiologie, wenn die Freiburger schreiben, dass auch
»die bestgemeinte Wirtschaftsordnung [...] der Macht des Bösen Zugriffsmöglichkeiten«[44] bieten würde, weshalb immer auch »*die Gesinnung entscheidend [sei],
welche die Durchführung einer Wirtschaftsordnung beherrscht.*«[45]

Der Zusammenhang dieses Denkens mit der Auslegung des Ersten Gebots,
wie sie Luther gibt, ist deutlich und wird auch in der Denkschrift formuliert. »Jeder
weltliche Totalitätsanspruch [...] verstößt gegen das erste Gebot.«[46]

4. Innerprotestantische Differenzen: Calvins Gesetzesverständnis

Nun hat auch *Jean Calvin*, auf dessen Theologie sich die Reformierte Kirche beruft,
wie Luther sein Sündenverständnis aus dem Ersten Gebot abgeleitet. In der konkreten Auslegung dieses Gebotes sind allerdings beide Reformatoren höchst
unterschiedliche Wege gegangen.

Denn während »für Luther die Sünde in ihrer Wurzel nicht illegitimen, sich
verfehlenden *Gebrauch einer legitimen Subjektivität* des eigenen Recht-handelns
bedeutet, sondern viel eher die illegitime *Anmaßung einer solchen Subjektivität*
eigenen Recht-handelns überhaupt – aus der dann freilich nur Unrechtes kommen
kann«[47], interpretiert Calvin Sünde primär als *Ungehorsam* gegen Gottes Gebot,
der aus Hochmut und Anmaßung erwächst: »[D]enn wäre der Mensch nicht in
seiner Anmaßung höher gestiegen, als ihm verstattet und als es von Gott aus recht
war, so hätte er in seiner (hohen) Stellung bleiben können. Aber [...]: Der Anfang
des Untergangs ist der Ungehorsam.«[48] Für Calvin ist also der Mensch in seiner
Geschöpflichkeit mit einer gewissen »Eigenständigkeit« begabt. »Denn Gott hat
uns im Anfang zu seinem Bilde geschaffen, um unsere Seele zum Eifer in rechtem
Tun und zum Trachten nach dem ewigen Leben zu erwecken [...]. Wir sind mit
Vernunft (ratio) und Verstand (intelligentia) begabt, um in einem heiligen und

---

[44] In der Stunde Null (wie Anm. 4), 130.

[45] Ebd.; Hervorhebung vom Vf.

[46] Ebd.

[47] WILFRIED JOEST, Ontologie der Person bei Luther, Göttingen/Zürich 1967, 305; Hervorhebungen vom Vf.

[48] JOHANNES CALVIN, Unterricht in der christlichen Religion. Institutio Christianae Religionis, nach der letzten Ausgabe von 1559 übersetzt und bearbeitet von Otto Weber, hrsg.
von MATTHIAS FREUDENBERG, Neukirchen-Vluyn 2008, 129 (II.1.4).

ehrbaren Leben uns nach dem vorgestreckten Ziel der seligen Unsterblichkeit auszustrecken.«[49]

Die Differenz der Calvinschen Auffassung zu Luthers Sündenlehre und zu seiner Exegese des Ersten Gebots ist deutlich. Für Luther macht »nicht erst die falsch gebrauchte Eigenständigkeit, sondern das Einnehmen einer Position der Eigenständigkeit überhaupt [...] die Grund- und Personsünde«[50] aus. Man könnte auch sagen, dass Luther und Calvin die im Ersten Gebot geforderte, für das Menschsein des Menschen als konstitutiv und grundlegend erachtete *Gottesbeziehung* des Menschen je anders gedacht und begründet haben.

Der beschriebene anthropologisch-hamartiologische Dissens zwischen Luther und Calvin hat dazu geführt, dass beide Reformatoren in der Sozialethik zu höchst unterschiedlichen Folgerungen gelangt sind. Der Ableitungszusammenhang zwischen Sündenlehre und Sozialethik entsteht dabei dadurch, dass der Vorstellung, wie das Sündersein des Menschen zu verstehen ist, eine dementsprechende Vorstellung des Gnadenhandelns Gottes korreliert. Man kann dies an beiden reformatorischen Positionen ablesen. Calvin hat das Wirken des Heiligen Geistes bei den Gläubigen so beschrieben, dass diese »durch die Leitung des Geistes innerlich so gesinnt und gewillt [sind], dass sie Gott gerne gehorchen möchten.«[51] In den Geboten der Bibel findet der Genfer Reformator deswegen ein »vollkommenes Urbild der Gerechtigkeit«[52], an dem sich der Gläubige orientieren solle und könne. Das in der Bibel gegebene Gesetz Gottes wird für Calvin dadurch zum »beste[n] Werkzeug, durch das sie [sc. diejenigen, die von Gott erwählt sind,] von Tag zu Tag besser lernen, was des Herrn Wille sei, nach dem sie ja verlangen, und durch das sie auch in solcher Erkenntnis gefestigt werden sollen. Wenn ein Knecht auch noch so sehr von ganzem Herzen danach trachtet, sich bei seinem Herrn recht zu bewähren, so hat er doch noch immer nötig, die Eigenart seines Herrn genauer zu erforschen und zu beachten, der er sich ja recht anpassen will.«[53] Für Calvin hat deswegen die auch vom Luthertum geteilte Vorstellung einer Neigung des Menschen zum Bösen, einer »inclinatio ad malum«[54], seitens der Glaubenden die »Freiheit zum Gehorsam«[55] nicht begrenzt.

Luther hat demgegenüber, entsprechend seiner Sündenlehre, die Wirksamkeit Gottes in den Glaubenden anders gefasst: »Erleuchtet durch den heiligen

---

[49] A.a.O., 127 (II.1.1).

[50] Joest (wie Anm. 47), 305.

[51] Calvin (wie Anm. 48), 190 (II.7.12).

[52] A.a.O., 190 (II.7.13). Unter »Gesetz« versteht Calvin die »ganze Gestalt der Gottesverehrung, wie sie Gott durch Moses Hand eingerichtet und gelehrt hat.« (A.a.O., 183; II.7.1).

[53] A.a.O., 190 (II.7.12).

[54] Vgl. a.a.O., 158 (II.3.9), wo Calvin die Neigung des Menschen zum Bösen aus biblischen Stellen ableitet, in denen Gott darum gebeten wird, dass er unser Herz zu ihm hinneigen solle.

[55] Vgl. dazu Luca Baschera, Hinkehr zu Gott. ›Buße‹ im evangelisch-reformierten Gottesdienst, Göttingen 2017, 82-85.

Geist, da gefellet mir das erste Gebot von hertzen wol durch die gnade, so Christus mir bracht hat, dieweil ich an jn gleube.«[56] Dem Menschen bleibt Gott gegenüber nur noch die *confessio* aufgetragen. »Dabei ist nicht in erster Linie an das Bekenntnis nach außen gedacht, [...] sondern an den Vorgang zwischen Mensch und Gott im Hören und Annehmen des Wortes. Der Mensch bekennt Gott als den, der allein der Gute ist und das Gute vermag und wirkt; er gibt damit Gott die Ehre, ihn als *Gott* zu bekennen.«[57]

Calvin hat in gewissem Umfang die Frage nach dem rechten Tun *beantwortet*. Luther hat sie im Grunde genommen *aufgehoben*.

Die aus nicht-theologischer Perspektive vielleicht nur als minimal wahrgenommenen Differenzen in einer auf das Erste Gebot bezogenen Anthropologie und Sündenauffassung, die Luthers und Calvins Denken unterscheiden und sich letztendlich auf eine Abweichung in der Topologie systematisch-theologischen Denkens sowie im Anschauungsraum, der mit dem Ersten Gebot verbunden wird, zurückführen lassen, bewirken deswegen am Ende doch enorme Verschiebungen im Bereich der Ethik und Sozialethik.

5. Luthers Hamartiologie und die Sozial- und Wirtschaftsethik des Freiburger Bonhoeffer-Kreises

Die genannten Verschiebungen lassen sich auch an der Denkschrift des Freiburger »Bonhoeffer-Kreises« ablesen.
Drei Punkte seien benannt.

- Zum ersten hat Luther, da er dem *Gehorsam* gegen jegliches Gesetz oder jegliche ›Ordnung‹ keine theologische Funktion zuerkennen konnte, *jegliches Ordnungsdenken in »Formen«* infrage gestellt. Er hat, indem er im Vollzug jeder vermeintlich gottgegebenen Ordnung die Möglichkeit der Hybris mitgedacht hat, wonach sich der Mensch Gott auch dadurch widersetzen kann, dass er Gottes Gebote erfüllt und dies selbstrechtfertigend gegen »Gott in Christus« wendet, jeglicher theologisch begründeten Ordnungsvorstellung den Boden entzogen.
  Dadurch aber ist, übrigens nicht nur auf dem Feld der Ethik, sondern auch auf dem Feld der Frömmigkeit, des Glaubens und des gemeindlichen Glaubenslebens, so etwas wie jene bereits beschriebene Orientierungslücke entstanden, die vieles von der philosophisch-weltanschaulichen Dynamik

---

[56] MARTIN LUTHER, Auslegung des ersten und zweitens Kapitels Johannis in Predigten 1537 und 1538 Das erste Kapitel, in: WA 46 I (Weimar 1913), 538-721, 662, 14-17.
[57] JOEST (wie Anm. 47), 298f.

des Luthertums erklären kann.[58] Luthers Deutung des Ersten Gebotes und die hamartiologischen Konsequenzen, die er daraus gezogen hat, haben etablierte Begründungszusammenhänge für weltliche ›Dinge‹ zerrissen. Bezüglich sozialethischer Vorstellungen führt dies beispielsweise dazu, dass für Luther auch »das, was im Alten Testament nicht der *lex naturalis* [sc. dem Naturrecht] entspricht, als zeitgebundene Satzung (›der Juden Sachsenspiegel‹) [...]) die Christen nichts angeht. [...] Was dem mit dem Gesetz alleingelassenen Menschen nicht gelingen kann, geschieht durch den Christusglauben: *Er* erfüllt das 1. Gebot und darin auch alle anderen Gebote [...]. Durch den Glauben wird der Christ Herr des Gesetzes; er bedarf seiner nicht mehr als eines ›Lehrers guter Werke‹ [...], ja kann mit Christus ›neue Dekaloge‹ machen, die besser sind als der des Mose«[59]. Dies steht Calvins Vorstellung des Gesetzes als eines vollkommenen Urbilds der Gerechtigkeit diametral entgegen.

Vor diesem Hintergrund der funktionalen Einschränkung der Bedeutung des (biblisch bezeugten, zum Beispiel im Dekalog gegebenen) ›Gesetzes‹ für das Leben der Gläubigen, überhaupt jeglicher Norm und Form, lässt sich auch verstehen, warum die Freiburger der Vernunft ein neues Gewicht haben geben können und sie funktional entgrenzen. Es wird erkannt, dass auch Gerechtigkeit nicht »machbar« und definierbar ist. Was folglich *Gerechtigkeit* in einer konkreten Situation bedeuten kann, muss daher jetzt mit Hilfe der Vernunft geklärt werden. Dies gilt, obwohl die »Offenbarung in Christus [...] die Aufhebung, nicht die Bestätigung der natürlichen, d. h. menschlich-vernünftigen Begriffe von Gerechtigkeit«[60] ist. Deswegen stellt auch für die Freiburger die christliche Ethik »keine Rechtsnormen irdischer Gerechtigkeit auf; sie erkennt darum auch keine einzelnen wie immer gearteten irdischen Rechtsnormen als absolut, d. h. überall und zu allen Zeiten vorbildlich, als identisch mit Gottes Willen an. Aber sie stellt das Gebot des Rechthandelns, die Idee der Gerechtigkeit, als dauernde Aufgabe des Menschen vor dem lebendigen Gott.«[61]

Bei Luther jedenfalls hat hinsichtlich der ersten Tafel des Gesetzes bis zu seinem Lebensende ein sowohl *philosophie-* als auch *erkenntniskritischer* Ansatz überwogen.[62] Luther argumentiert deswegen immer vor allem als *Ausleger der Heiligen Schrift*, der das Paradox, ja die Antithese akzeptieren kann, wenn ihm dies vom Christuszeugnis her geboten zu sein erscheint. Der Freiburger »Bonhoeffer-Kreises« denkt demgegenüber »bottom-up«

---

[58] Man denke nur an Søren Kierkegaard, dessen Existentialismus als Konsequenz einer auf der Linie Luthers liegenden Hamartiologie begriffen werden kann.

[59] RUDOLF MAU, Art. Gesetz V. Reformationszeit, in: TRE 13 (1984), 82-90, 83.

[60] In der Stunde Null (wie Anm. 4), 60.

[61] A.a.O., 61.

[62] Dieser Ansatz kommt bereits in seiner Disputation über die scholastische Theologie deutlich zum Ausdruck.

wirtschafts- und gesellschaftsanalytisch, verbindet dies dann dialektisch mit einer lutherischen Sündenauffassung und kommt so zu neuen Folgerungen bezüglich einer protestantischen Sozial- und Wirtschaftsethik. Hinsichtlich der zweiten Tafel des Gesetzes, also bezüglich der ethischen Forderungen des Dekalogs erkennen die Freiburger der Vernunft einen erweiterten Spielraum zu. Die Vernunft dient nicht nur der »Erkenntnis der Lage«[63], sondern hat nach dieser Auffassung ebenso eine normative Bedeutung. Im Gewissen, das an Gerechtigkeit »interessiert« ist, wird jeder Mensch auf den vernunftgeleiteten Diskurs hin im Grundsatz anschlussfähig.[64]

• Deswegen setzt der Freiburger Bonhoeffer-Kreis gegen ontologische Aussagen, die mit dem »Gutsein« des Menschen argumentieren, und gegen ethische Konzepte, die von einem Naturrecht ausgehen oder in der »Geschichte« letztgültige Quellen der Vorstellung von Recht und Gerechtigkeit finden zu können meinen,[65] auf das menschliche *Gewissen*. Der Dekalog und seine Radikalisierung in der Bergpredigt wird vor diesem Hintergrund als eine »schroffe Abweisung aller Versuche des Menschen [interpretiert], sein sündiges Handeln durch Berufung auf eine angebliche Eigengesetzlichkeit der natürlichen Ordnungen, in denen er nun einmal lebt, zu beschönigen.«[66] Das göttliche Gesetz wird jetzt nicht mehr von einer definierend-fordernden, sondern von einer umgrenzend-ausschliessenden Funktion her verstanden. »Mit seiner vorwiegend negativen Fassung (als *Ver*bote) steckt der Dekalog gewissermaßen[67] die Grenzen [...] ab, so daß er weniger eine Lehre vom Naturrecht, als (wenn man so will) von Natur-*Un*recht darstellt«[68] Die Bergpredigt ist deswegen auch nicht als ein radikalisiertes Gesetz zu verstehen, sondern ist »eine Anweisung zur Selbsterforschung des sittlichen Bewußtseins. Sie knüpft inhaltlich an die im Gewissen jedes Menschen, ob Christ oder Nichtchrist, vorfindlichen sittlichen Bewußtseinsbestände an.«[69]
Die Freiburger entwickeln also gegen naturrechtliche oder geschichtstheologische Vorstellungen einen *phänomenologischen* Gewissensbegriff. In den Menschen werden nur »sittliche Bewusstseinsbestände« konstatiert, ohne dass diese beispielsweise im Sinne Schelers material nach

---

[63] Vgl. das Zitat zu Anm. 7.

[64] Die Freiburger behaupten damit allerdings weder, dass *jeder* Mensch ein Gewissen (im christlichen Sinne) habe, noch, dass Gott durch das Gewissen unmittelbar zu jedem Menschen spreche; vgl. die Ausführungen im nachfolgenden Unterpunkt.

[65] Vgl. die erhellenden Darlegungen in: In der Stunde Null (wie Anm. 4), 57f.

[66] A.a.O., 61.

[67] Im Zitat »ss« statt »ß«, da an dieser Stelle »gewissermaßen« für einen Zeilenumbruch getrennt ist.

[68] In der Stunde Null (wie Anm. 4), 61.

[69] Ebd.

einer Werteethik bewertet oder im Sinne Heideggers existential ausge-
deutet werden könnten. »Es gibt »keine besonderen Inhalte christlicher
Ethik, die sie von dem sittlichen Bewußtsein der Menschen überhaupt
unterschiede. Aber sie stellt alle einzelnen Gebote und Verbote unter das
eine, oberste Gebot: du sollst Gott als deinen Herrn über alles fürchten
und Gott als deinen Vater über alles lieben [...]. Handeln in steter Verantwortung vor Gott, dem persönlichen Gott und Herrn der Welt – das ist
zuletzt der ganze Inhalt christlicher Ethik. [...] [S]ie stellt das Gebot des
Rechthandelns, die Idee der Gerechtigkeit, als dauernde Aufgabe des
Menschen in die Verantwortung vor dem lebendigen Gott.«[70]
Mit dieser Auffassung grenzen sich die Freiburger auch von »der angeblich echt lutherischen Lehre von den ›Schöpfungsordnungen‹«[71] scharf
ab.[72]

6. Résumé und Ausblick

Die drei Freiburger Kreise, das »Freiburger Konzil«, der Freiburger »Bonhoeffer-
Kreis« und die »Arbeitsgemeinschaft Erwin von Beckerath«, haben, wenn wir die
Ergebnisse unserer Analyse Revue passieren lassen, nicht nur innerhalb des
Luthertums neue Auffassungen über die »Grundzüge einer politischen Gemeinschaftsordnung nach christlichem Verständnis«[73] entwickelt. Die Denkschrift des
Freiburger Bonhoeffer-Kreises hat im Grunde genommen sogar ein theologisches
Desiderat des Luthertums bearbeitet, das dieser Denkschrift auch eine *hohe theologische Bedeutsamkeit* verleiht. Die Freiburger haben exemplarisch durchdacht,
welche staatstheoretischen, gesellschaftspolitischen und sozialethischen Konsequenzen daraus folgen, dass es, was Luthers Auffassungen entspricht, keine soziale, gesellschaftliche, rechtliche oder sonstige »Ordnung« geben könne, die nicht
zugleich auch der »Macht der Sünde« ausgeliefert wäre. Sie haben damit eine Ar-
gumentations- und Orientierungslücke geschlossen, die im Luthertum durch eine
Sündenlehre entstanden ist, die Sünde nicht primär als ein bestimmtes Tun oder
Nicht-Tun, sondern als eine potentiell mit jeglichem Tun oder Nicht-Tun verbundene »Haltung«, versteht – als einen »Daseins*vollzug*«, der sich in allem zu
dem Anspruch des Ersten Gebotes beziehungsweise des Doppelgebotes der Liebe
verhält. Nach dieser Sündenlehre ist der Mensch, sofern er Sünder ist, »in sich

---

[70] Ebd.

[71] A.a.O., 57.

[72] Namentlich distanziert sich die Denkschrift in diesem Zusammenhang von Paul Althaus,
Emil Brunner, Friedrich Gogarten und Georg Wünsch, die nach der Überzeugung des
Freiburger Bonhoeffer-Kreises in der theologischen Diskussion der damaligen Zeit eine
»höchst bedenkliche und verwirrende Rolle« gespielt haben. (Ebd.)

[73] A.a.O., 3.

selbst verkehrt, indem er selbstmächtig und darin selbstbezüglich verfaßt ist, wodurch *ipso facto* der Gottesbezug als Grund unseres Seins im Vollzug negiert, das Ich seiner Selbstfixiertheit anheimgegeben ist und der gesamte Weltvollzug unter den Verwertungszusammenhang für das eigene Ich gebracht wird.«[74]

Die Freiburger haben daraus einen, wenn man so will, ordnungspolitischen und historischen Pragmatismus abgeleitet, der gegenüber allen denkbaren Machbarkeitsvorstellungen und gegenüber jeglichem Erkenntnisoptimismus grundsätzlich skeptisch eingestellt ist. Positiv haben sie gegenüber komplexen weltanschaulichen Theoriebildungen mit Heilsverheißungen jeglicher Couleur auf die analytische Kraft der Vernunft gesetzt, die sich unter Verzicht auf ideologische Vorannahmen mit den jeweiligen Erfordernissen der Zeit befasst und dem Gewissen verantwortlich bleibt. Sie haben – als Männer und Frauen christlichen Glaubens – auf eine spezifische Form der Rechtsstaatlichkeit geachtet, in welcher der ›sittlichen, darin gemeinschaftsverhafteten Persönlichkeit‹ des Menschen Freiraum gewährt wird, und als Ordnungsprinzip angestrebt, durch die Balance der »Gewalten« dem Missbrauch von Macht, Einfluss und Geld möglichst starke Hindernisse entgegenzustellen.

All dies hat sie zu einer Staatsauffassung geführt, die dem Staat ein hohes Maß an Selbstbeschränkung auferlegt. Eben weil es nach Auffassung der Freiburger kein zeitlos ideales Modell des Staates geben kann, haben die Freiburger darauf gesetzt, dass sich die Aufgabe des Staates darauf beschränkt, die Bösen zu strafen, die Guten zu schützen und der Not zu wehren.

Durch ihren fast strukturalistisch anmutenden Gewissensbegriff haben sie sich die Forderung nach weltanschaulicher Neutralität des Staates nicht nur aneignen können, sondern sogar müssen. Sie tendieren insofern zu einem Gesellschaftsbild, das durch eine weltanschaulich offene Diskurskultur gekennzeichnet ist, ohne mit einem »Apriori der Kommunikationsgemeinschaft«[75] allerdings jene an Utopismen grenzenden Erwartungen und Hoffnungen zu verbinden, wie sie die Vertreter der 2. Frankfurter Schule, Otto Apel und Jürgen Habermas, bis heute vertreten.

Den Beitrag der Kirchen für die Gestaltung der Gesellschaft weisen die Freiburger primär den *Laien* zu; diese bringen die entsprechende Fachexpertise mit, der ihrer Stimme im gesellschaftlichen und politischen – nicht notwendig jedoch im *öffentlichen* Diskurs – Gewicht zu verleihen mag. Nimmt man den institutionellen Aspekt von Kirche hinzu, dann obliegt den Kirchen als eigenständigen Stimmen auf dem Forum des öffentlichen Streits nicht nur eine kritische Funktion, sondern auch eine konstruktive Rolle: mitzudenken und dabei vor allem auch das eigene, vom Doppelgebot der Liebe geformte Gewissen ernstzunehmen. Christliche Ethik ist für sie eine spezifisch gefasste ›Gesinnungsethik‹ im Sinne

---

[74] CHRISTINE AXT-PISCALAR, Art. Sünde VII. Reformation und Neuzeit, in: TRE 32 (2001), 400–436, 429.
[75] Vgl. OTTO APEL: Transformation der Philosophie, Bd. 2: Das Apriori der Kommunikationsgemeinschaft, Frankfurt a.M. ⁶1999, insbesondere 358-435.

einer Gewissensethik; diese richtet sich am Ersten Gebot (Hamartiologie!) sowie am Doppelgebot der Liebe (Gerechtigkeit!) aus.

Dass dies *verpflichtet*, haben die Mitglieder der Freiburger Arbeitsgemeinschaften durch ihren Widerstand gegen die nationalsozialistische Diktatur gelebt. Zum Teil haben sie dafür auch mit ihrem Leben bezahlt.[76]

An vielen Stellen mutet das theologische, sozialethische und politische Konzept des Freiburger Bonhoeffer-Kreises modern an. Man denke nur an die Vorstellung der weltanschaulichen Neutralität des Staates oder auch an ihren Gewissensbegriff.

Gerade in ihrer Radikalität ruhen beide Grundüberzeugungen aber auf einer gänzlich »unmodernen« Anthropologie und Sündenlehre.

Dies macht die Begründungszusammenhänge, welche die Freiburger formulieren, aber für uns erst interessant. Sie weisen auf Gefährdungen von Rechtsstaatlichkeit und Meinungsfreiheit hin: nämlich, wenn ein letztlich akritisches, Utopien überhöhendes und von einem nur schwer zu rechtfertigenden Geschichtsoptimismus getriebenes Denken meint, über Zukunft *verfügen* zu können, oder wenn auf selbstregulierende Mechanismen wie den »Markt« oder auf eine demokratische Verfassung allein vertraut wird. Ebenso wehren sie sich gegen die Fixierung von Normen aller Art, mit denen etwa das Wesen »natürlicher Gemeinschaften« modelliert oder ein Ideal von Sprache konstruiert wird – was bei beiden deren funktionaler Offenheit widerspricht. Zuletzt plädieren sie für eine erweiterte Funktion der *Vernunft,* die nicht nur im Bereich der Weltanschauungen auf ›wissenschaftliche‹ und im Bereich pragmatischen Handelns auf eine ›instrumentelle‹ Vernunft begrenzt werden darf. Vernunft darf (und kann) sich nicht selbst fesseln und festlegen. Die Freiburger haben Vernunft als eine ›freie Vernunft‹ verstanden, die nicht auf der Illusion eines allumfassenden gemeinsamen Wissens ruht, sondern, besser als jedes andere Mittel, das Menschen sonst noch zur Verfügung steht, unterschiedlichste Wissens- und Glaubensbestände miteinander ins Gespräch bringen kann.

Die Freiburger Denkschrift zeigt jedenfalls durch die »Besonnenheit«, mit der sie eine neue, im letzten rechtfertigungstheologisch, anthropologisch und hamartiologisch begründete Staats-, Wirtschafts- und Gesellschaftsordnung konzipiert hat, dass Hamartiologie, dass Sündenlehre nicht nur ein religiös oder theologisch zentrales Thema ist. Als religiöser Ausdruck einer skeptischen, zumindest kritischen Grundhaltung wird sie immer auch (sozial-)ethische Relevanz besitzen. Denn, so formuliert es die Denkschrift in der pathetischen Sprache ihrer Zeit: »Wo die wärmende und leuchtende Flamme wahrer Gottesverehrung verlischt, da wird

---

[76] Beispielhaft sei hier auf Adolf Lampe hingewiesen. Er gab den entscheidenden Impuls zur Bildung des Freiburger Konzils (vgl. BLUMENBERG-LAMPE [wie Anm. 2], 17. Am 8. September 1944 verhaftet, starb er am 9. Februar 1948 an den Folgen der Haft. (Vgl. In der Stunde Null [wie Anm. 4], Anhang [ohne Seitenangabe].)

es unheimlich kalt und finster in der Welt. Da werden die Ideologien zu dämonischen Mächten, weil ohne irgend eine Art von Gläubigkeit keine menschliche Gemeinschaft zu existieren vermag.«[77]

Zwar bleiben noch viele Fragen an die Freiburger offen.

So wäre etwa zu diskutieren, ob die von den Freiburgern vorgenommene Auslegung des Doppelgebotes der Liebe wirklich zu einer *Gesinnungsethik* führt. Könnte sie nicht, zumindest partiell, mit einer *Verantwortungsethik* verbunden werden?[78]

Oder: Wenn die Freiburger von natürlichen Gemeinschaften wie der Familie reden, ist immer noch nicht wirklich geklärt, was »natürliche Gemeinschaft« oder »Familie« genau meint. Weithin offen bleibt auch eine Vielzahl ekklesiologischer Herausforderungen, die der Freiburger Ansatz mit sich bringt.[79] All dies muss hier dahingestellt bleiben.

---

[77] In der Stunde Null (wie Anm. 4), 54.

[78] Vgl. beispielsweise den spätorthodoxen lutherischen Theologen David Hollaz (1648-1713), der mit Bezug auf 1 Tim 5,22, wo von ›fremder Sünde‹ die Rede ist, verantwortungsethisch argumentiert: Angerechnet werden kann nach Hollaz fremde Schuld bereits dann, wenn wir sie mit einer »wirksamen Absicht« geschehen lassen, etwa wenn wir »durch aktives Mitwirken, durch Rat, durch bloßes Zusehen, durch Wegsehen, durch Duldung oder durch Schweigen uns am Bösen beteiligen oder es geschehen lassen.« (Vgl. DAVID HOLLAZ, Examen theologicum acromamaticum universam Theologiam thetico-polemicam complectens, Stargard 1707, Pars II, 177f.)

[79] Dies bezieht sich in erster Linie vor allem auf das Selbstverständnis lutherischer Kirchen, auf die Bestimmung ihrer Rolle in der Gesellschaft sowie auf die Funktions- und Rollenverteilung von Aufgaben, Verantwortlichkeiten und Ämtern innerhalb der Kirchen.
Die Freiburger tendieren dazu, in politischen und gesellschaftlichen Belangen das »Laienelement« (aufgrund einer entsprechend gegebenen Fachkompetenz!) in den Kirchen zu stärken. Die Freiburger, selbst Laien, haben vor allem die evangelische Laienschaft dafür verantwortlich gemacht, dass »unsere deutschen Reformationskirchen [...] dem Dämon der Macht und der nationalen Selbstvergötzung verfielen« (In der Stunde Null [wie Anm. 4], 35).
Dies würde im Umkehrschluss gerade auch im Bereich der öffentlichen Stellungnahme zu gesellschaftlichen, rechtlichen oder politischen Themen seitens der verfassten Kirche und ihrer Amtsträger eher Zurückhaltung geraten erscheinen lassen.
Bezüglich des Kirchenrechts ist zu beachten, dass sich Luther selbst an *einer* Stelle für formale Festlegungen entschieden hat, nämlich bei den Sakramenten (Taufe, Abendmahl, aber auch Buße und Ordination), deren Performativität von definierten Vollzügen abhängig gedacht wird. Dies aber bedeutet doch, dass, wo bestimmte theologische Anliegen (wie das *extra nos* von Verheißung, Vergebung und Rechtfertigung) gewahrt werden müssen, auch das Luthertum zu Festlegungen von Form und Norm gelangen muss. Dies gilt insbesondere für den Gottesdienst, der, wie keine andere Lebensäußerung menschlicher Kultur, dem Ersten Gebot korreliert.
All dies kulminiert in der immer noch offenen Frage nach einer theologischen Grundlegung kirchenrechtlicher Bestimmungen und kirchlicher Verfassungen.

Dennoch gibt die Denkschrift des Freiburger Bonhoeffer-Kreises wesentliche und wegweisende Impulse für eine lutherische Wirtschafts- und Soziallehre. Luthers rechtfertigungstheologisch begründete Hamartiologie bleibt von hoher sozialethischer Relevanz. Die Mütter und Väter des Grundgesetzes der Bundesrepublik Deutschland sind, davon inspiriert, einen wirtschafts- und sozialpolitischen Weg einer »neuen Synthese sozialer Verantwortung und marktwirtschaftlicher Effizienz« gegangen, dem letztendlich auch ökonomisch ein großer Erfolg beschieden gewesen ist. Zudem hat er zum sozialen und gesellschaftlichen Frieden der Bundesrepublik Deutschland sowie zur Durchsetzung einer humanen Rechtsordnung einen unschätzbaren Beitrag geleistet.

Weil allerdings der anthropologische Hintergrund dieses im wahrsten Sinne des Wortes richtungsweisenden Ansatzes nicht nur nicht mehr gesehen, sondern abgelehnt wird, tendiert die aktuelle politische Willensbildung sowohl an den Flügeln des demokratischen Spektrums als auch — beunruhigenderweise — in dessen Mitte immer mehr zu Radikalisierungen, sowohl was die Erwartungen an politisches Handeln als auch, damit verbunden, was die Wahl der Mittel bei der Durchsetzung politischer Ziele betrifft. Jene weltanschauliche Mitte und Mäßigung, jene politische Balance, die auf der Einsicht ruht, dass jegliche Ordnung, ja alles Menschliche der Macht des Bösen Zugriffsmöglichkeiten bietet, scheint mir im Zusammenwirken eines allzu optimistischen *Geschichtsverständnis*, das dem »Wesen« des Menschen oder der Wirkkraft der Veränderung der »Umstände« allzu viel zutraut, mit einem letztlich vernunftwidrigen *Erkenntnisoptimismus* verloren zu gehen.

Ist in der Gegenwart letztendlich der sozialen Marktwirtschaft auf lange Sicht einer ihrer tragenden Gründe entzogen? Man muss befürchten, dass dies der Fall ist.

Hans G. Ulrich

»Wir leben oder sterben, so sind wir des Herrn«[1]

»Sterben« im Verständnis christlicher Tradition, auch im Blick auf die seelsorgerliche Praxis und die Diskussion um den »assistierten Suizid«

1. Zur Wirklichkeit des menschlichen Sterbens

Dass das Sterben zu uns Menschen auf ganz eigene, uns Menschen zukommende Weise gehört, müsste nicht ausdrücklich thematisiert werden, wenn es nicht, wie vieles andere, nicht zuletzt die menschliche »Arbeit«, zu unserem menschlichen Leben gehörte, indem es zugleich von uns Menschen auch geprägt, bestimmt und wie oft zu hören ist, »gestaltet« und so auch darüber verhandelt wird. »Was ist menschliche Arbeit?«, »Wie menschliches Leben (er-)zeugen?« ist zur Frage geworden, oder »Wie sterben?«, oder auch »Wie das Leben beenden?«. Was mit den Fragen um das menschliche Sterben in den Blick kommt, ist in vieler Hinsicht akut geworden, nicht nur durch die weitgehende Bestimmung des Sterbens durch die medizinische Praxis, sondern durch andere, nicht einfach zu fassende Veränderungen in dem, was als unsere menschliche »Lebenswelt« anzusprechen ist. Manches, gewiss, ist davon unmittelbar greifbar, wie eben die Probleme und Unsicherheiten, die sich daraus ergeben, dass das Sterben immer mehr abhängig davon erscheint, was an medizinischen Möglichkeiten gegeben ist. So sterben Menschen nicht, wenn die Zeit zu sterben gekommen ist, weil der Körper erschöpft ist oder eine Krankheit, nach allem, was medizinisch zur Therapie und Linderung zu tun war, das Ende bestimmt. Vielmehr greifen viele medizinischen Maßnahmen so aktiv in das Sterben ein, dass es dominant davon bestimmt ist, was jeweils das Ziel des Eingriffs ist: eine weitergehende Befreiung vom Sterben, eine gezielte Verkürzung oder auch Verlängerung des »am Leben bleiben« oder des Sterbens. Auf der anderen Seite steht all das, was an – nicht nur medizinischen – Möglichkeiten gegeben ist, das Sterben von Menschen, wie es sich denn einstellt, helfend und erleichternd zu begleiten. So gehört das Sterben zu dem menschlichen Leben, das immer auch vita passiva ist, die Dimension des Lebens, die erfahren und erlitten wird.

Es war immer klar, dass diese Unterscheidung zwischen den passiven und aktiven Anteilen in der Praxis kaum wirklich deutlich bewahrt werden kann. Es

---

[1] Röm. 14,8.

gibt zu viele Überschneidungen und Übergänge zwischen dem, was passivisch erfahren wird, und dem, was aktiv herbeigeführt oder bestimmt wird. Aber dennoch entspricht diese Unterscheidung der Wirklichkeit menschlichen Lebens, in dem die vita passiva und aktives Eingreifen zugleich und miteinander verwoben und doch nicht ineinander aufzulösen sind. Es wäre abstrakt, das Sterben als passivisches Geschehenlassen zu verstehen. Es bleibt aber gleichermaßen abstrakt, das Sterben in die eigene Regie nehmen zu wollen. Es geht vielmehr darum, eben die Hilfe und den Beistand erfahren zu können, die dem Verstehen dessen folgt, was »wirklich« ist. Die damit angezeigte Unterscheidung bedarf in vieler Hinsicht jeweils der akuten Konkretion und Einübung. In dieser Unterscheidung wird festgehalten, dass Menschen in ihrem Sterben den Beistand erfahren, der ihnen das Sterben bewahrt, wie es zu uns Menschen gehört, wie es unserer vita passiva und activa zugehört – ein Sterben, wie es denn ein »menschliches« genannt werden kann. Dies zu bewahren ist die Aufgabe einer Praxis, in der ein sterbender Mensch von anderen Menschen in seinem Sterben Begleitung und Erleichterung erfahren kann – im Kontext einer Verständigung und Kommunikation, die den Sterbenden nicht mit dem allein lässt, was andere mittragen können. Es bleibt dann, gewiss, eben auch das, was der Sterbende alleine, für sich, erfährt, durchlebt und wie auch immer selbst »bearbeitet« oder »verarbeitet«. Auch diese Unterscheidung zwischen dem einsamen und einem begleiteten Sterben bewahrt den Blick auf die gegebene differenzierte Wirklichkeit, so wie sie zu uns Menschen gehört.

Mit der Frage, was zu uns Menschen gehört, bleiben wir aufmerksam und kritisch dabei, zu verstehen, was die Wirklichkeit ist, der wir Menschen zugehören und die uns Menschen bestimmt, und fixieren uns nicht allein auf die Frage, was zu tun ist und was die Ziele und Grenzen dieses Tuns sind. So gilt es nicht, irgendeine Vorstellung von Sterben und Tod realisiert zu sehen – woher sollte diese Vorstellung kommen? –, sondern zu fragen, was es für uns Menschen heißt, zu sterben, und was für uns Menschen der Tod bedeutet. Dem verstehend nachzugehen, dem auch im Handeln verstehend zu folgen, ist eine Praxis, die davor bewahrt, über solches Verstehen hinweg Sterben gestalten zu wollen. Auch die medizinische Praxis ist ja gemäß ihrer Aufgabe zu helfen, zu lindern und zu heilen von diesem Verstehen geleitet.

Diese Praxis des Verstehens gehört zu einer »Ethik«, die eben die Wirklichkeit, der wir Menschen zugehören und die uns bestimmt, zu verstehen, zu erschließen und zu erproben hat.[2] Dies ist ihre tiefgreifend hermeneutische Aufgabe. Die explorative Arbeit am Verstehen dessen, was zu uns Menschen gehört und was die Wirklichkeit ist, der wir Menschen zugehören, bewegt sich in den hier angezeigten Unterscheidungen, wie der zwischen der vita activa und der vita passiva. So bleibt sie kritisch dagegen, das menschliche Leben weitgehend »dem Menschen« in die Regie und Verantwortung »gegeben« zu behaupten, ohne

---

[2] Zur theologischen Thematisierung von »Wirklichkeit« siehe WOLF KRÖTKE, Was ist »wirklich«? Der notwendige Beitrag der Theologie zum Wirklichkeitsverständnis unserer Zeit, Berlin 1996 (Öffentliche Vorlesungen, Humboldt-Universität zu Berlin, H. 79).

dass dieses »Gestalten« und »Verantworten« noch an das Verstehen dessen gebunden ist, was uns Menschen zugehört und dem gerecht wird, was wir wirklich sind.

In besonderer Dramatik wird dies eben dort akut, wo menschliches »Leben« direkt thematisiert auf die Tagesordnung kommt, in der darüber verhandelt wird, wie dieses menschliche »Leben« in seinem Verlauf und Sinn zu »gestalten« ist. Auf diese Weise sind auch das »Sterben« und der »Tod« auf die Tagesordnung gekommen, in äußerster Zuspitzung dort, wo nicht mehr nach einem Sterben gefragt wird, wie es Menschen zugehört, sondern nach einem »guten Tod«[3], als wäre auch der »Tod« gezielt in den Blick zu fassen oder gar derart in die Regie zu nehmen, dass er durch menschliches Tun oder Nicht-Tun herbeigeführt wird. Diese Konstellation erscheint in akuter Dramatik unausweichlich dort, wo mit dem in den Blick genommenen »Tod« unausweichlich die Selbst-Tötung auf die Agenda kommt — als etwas, das nicht mehr widerspruchsvoll oder bedrohlich oder anders einzelnen Menschen begegnet, sondern als Möglichkeit menschlichen Eingriffs zu verhandeln ist. Zu verhandeln ist dies offensichtlich im Zusammenhang des Rechts und seiner Schutzfunktion. Was immer auf eine solche Tagesordnung kommt, kann dem geltenden Recht nicht widersprechen und muss entsprechend ausdrücklich im Recht geregelt werden.

In den Prozeduren der Gesetzgebung erscheinen damit aber Problemstellungen, die von weit tieferer Bedeutung für unser menschliches Leben sind und die in ihrer Bedeutung weiter reichen als das, was zunächst innerhalb der Gesetzgebung (bezogen auf bestimmte Fälle oder Adressaten) zur Geltung zu bringen ist. So ist mit dem Urteil des Bundesverfassungsgerichts zum »assistierten Suizid« ein unausweichlicher Anstoß gegeben, in der vom Gericht angesprochenen Öffentlichkeit der Rechtsgemeinschaft und darüber hinaus grundlegend darüber nachzudenken, was Tod und Sterben bedeuten.[4] Was »Tod« und »Sterben« für uns Menschen bedeuten, kann freilich, schon in der Fragestellung, nicht von der Gesetzgebung oder der Rechtsdogmatik bestimmt sein, auch wenn diese eine Bedeutung unterstellen muss, die ihrer Schutzfunktion entspricht. Mit dem hier gegebenen, ja, herausfordernden Anlass, über Tod und Sterben nachzudenken, ist daher von vornherein mitzudenken, wie weit die Aufgabe der Klärung reicht. Und in der Tat: sie reicht weiter als bisher deutlich geworden ist. Auch das Folgende kann nur einiges Wenige anzeigen.

Ein hervorragender Ort des Nachdenkens ist die christliche Tradition, ihre seelsorgliche Praxis und die darin enthaltene Theologie, sofern sie eben im Zusammenhang ihrer Aufgabe, die Wirklichkeit zu verstehen, in der wir Menschen uns

---

[3] Siehe dazu grundlegend: ROBERT SPAEMANN/BERND WANNENWETSCH, Guter schneller Tod? Von der Kunst, menschenwürdig zu sterben. Basel, Giessen 2013.
[4] Zur juristischen Diskussion siehe: GIAN DOMENICO BORASIO/RALF J. JOX/JOCHEN TAUPITZ/ URBAN WIESING (Hrsg.), Assistierter Suizid. Der Stand der Wissenschaft. Mit einem Kommentar zum neuen Sterbehilfe-Gesetz, Berlin 2017 (Veröffentlichungen des Instituts für Deutsches, Europäisches und Internationales Medizinrecht, Gesundheitsrecht und Bioethik der Universitäten Heidelberg und Mannheim, Band 46).

finden dürfen, auch damit befasst ist, wie »menschliches Leben« zu verstehen ist und wie diesem Verstehen entsprechend das auszuüben ist, was »seelsorgliche Praxis« heißt. Diese seelsorgliche Praxis hat im Kontext all dessen, was medizinisch, psychologisch oder philosophisch bearbeitet wird, ihren ganz eigenen Grund und ihre besondere Ausrichtung. Die seelsorgliche Praxis hat ihre Aufgabe in der Geschichte und der Wirklichkeit, die anders als im Glauben und im Verstehen – in diesem »fides quaerens intellectum« – nicht zu fassen ist. Das gilt nicht zuletzt für die Aufgabe, »Sterben« und »Tod« zu verstehen, ein Verstehen, das immer wieder einmal, wie jetzt, durch die Gesetzgebung tangiert und herausgefordert wird.

2. Zum Urteil des Bundesverfassungsgerichts

Das Urteil des Bundesverfassungsgerichts stellt fest, dass die »Assistenz« beim Suizid straffrei ist. Das soll für jeden Suizid jeder Person, unabhängig von ihrer psychisch-physischen Verfassung gelten, also auch unabhängig von einem irgendwie anzunehmenden »Leiden«. Die entscheidende Implikation ist, und doch nicht völlig unabhängig von der Verfassung der Person, dass die »Person«, so das Verfassungsgericht, »frei verantwortlich« den Suizid vollziehen will und vollziehen kann. Für diesen eigenen »frei verantwortlichen« Vollzug darf sie Assistenz von anderen Menschen in Anspruch nehmen. Diese Assistenz ist grundsätzlich straffrei. Die Bedingungen für die Gewährleistung eines so vollzogenen Suizids müssen gesetzlich fixiert werden. Es muss so auch gewährleistet sein, dass der Suizid »frei verantwortlich« wirklich auch vollzogen werden kann. Eben dies macht es nötig, Regelungen für eine »Assistenz« aufzustellen. Das setzt entsprechende Diagnosen und Beratungen voraus, die den Vollzug in »Freiverantwortlichkeit« ermöglichen, garantieren und bestätigen. Die darin enthaltenen Schwierigkeiten und Widersprüche werden inzwischen intensiv auch in der theologischen Ethik diskutiert.[5] Sofern sie sich als nicht auflösbar gezeigt haben, sind zusätzliche Lösungen und Wege reflektiert worden, die über das hinausgehen, was das Gerichtsurteil erfasst.

Das Verfassungsgericht bewegt sich in seiner Argumentation innerhalb der Rechtsdogmatik und ihrer spezifischen Logik (was freilich im Detail auch zu prüfen ist). Dazu gehört, dass das Gericht hinsichtlich der Straffreiheit des Suizids und der Suizidassistenz nicht zwischen verschiedenen Dispositionen, »Gründen«, Motivationen etc., die zum Suizidwunsch und zum Suizidvollzug führen, unterscheiden kann. Es kann nur fixieren, welche Prozeduren eingehalten werden müssen. Es geht um eine prozedural fixierte Sicherheit, die die betroffenen Beteiligten

---

[5] Siehe die umfassende und kritische Darstellung und Analyse von MARCO HOFHEINZ, »Sterbehilfe« für den Jerusalemer Menschen?, in: EvTh 82 (2022), 364–379.

im Vollzug dessen schützt, was als »frei verantwortlich« vollzogener Suizid definiert wird.

Es hat sich (auch der Justiz) die Frage gestellt, ob das Gericht es bei der Feststellung der Straffreiheit des »assistierten Suizids« hätte belassen können, mit einer Begründung, die dies als notwendige rechtsdogmatische Folgerung festhält, die sich aus der Straffreiheit des Suizids ergibt, die aber offen lässt, was »Suizid« bedeutet. Hier zeichnet sich die Grenze dessen ab, was überhaupt im Recht erfasst werden kann. Dazu wären auch die Stimmen zu hören, die darauf verweisen, dass gleichermaßen diejenige Moral hier an ihre Grenze stößt, die den artikulierten Rahmen bildet, innerhalb dessen sich jedes menschliche Zusammenleben bewegt und die mit dem Recht im Einklang stehen muss. Diese Grenze ist hier damit gegeben, dass der Suizid eine Aktion ist, die das »Subjekt«, das dieser Moral folgt, auslöscht, und dass ein »Subjekt« anzunehmen oder einzufordern ist, das sich dieser mit allen Menschen geteilten »Möglichkeit« gegenüber sieht. Wenn jedoch das »Subjekt« im Sinne des von Kant formulierten kategorischen Imperativs als »autonom« verstanden wird, dann ist dieses »Subjekt« an das allgemeine »Gesetz« gebunden, dem alle Menschen gleichermaßen folgen. So wäre bei diesem Verständnis von Autonomie zu fragen, ob der Suizid in diesem Sinne »autonom« vollzogen werden kann, das heißt, dass diese Aktion einem »Gesetz« folgt, in dem artikuliert ist, was allen Menschen zugehört und zukommt. Wie könnte in dieses »Gesetz« die Möglichkeit, sich selbst zu töten (oder wie das dann zu formulieren wäre), eingeschrieben sein als etwas, das zu uns Menschen gehört?

»Autonomie« erscheint hier jedoch in einer anderen, spezifischen Bedeutung, sofern diese nicht nur der Abgrenzung und dem Schutz gegenüber dem Eingriff durch die Rechtssetzung und die Gesetzgebung dient, sondern eine weitergehende positive Bestimmung erfährt. Das Bundesverfassungsgericht stellt weitergehend fest:

> »Art. 1 Abs. 1 GG schützt die Würde des Menschen, wie er sich in seiner Individualität selbst begreift und seiner selbst bewusst wird. Hierzu gehört, dass der Mensch über sich selbst verfügen und sein Schicksal eigenverantwortlich gestalten kann.« (BVerfGE 49, 286, 298)

Damit ist ein weiter Rahmen abgesteckt, in den auch der »Suizid« eingeordnet erscheint. Hier bleibt unausweichlich zu fragen, ob das so gelten kann. Zu fragen ist eben, wie der »Suizid« zum Menschen gehört. Gehört er zum Menschen, jedenfalls vielleicht, wie oft gesagt wird, als ein (je singulärer) »Grenzfall«? Oder soll der Suizid gar als immer gegebene »Handlungsoption« gelten? Von welchem Standort aus, in welchem Kontext könnte davon die Rede sein?

All dies bleibt in der Debatte weitgehend unbestimmt, und zwar so, dass diese Unbestimmtheit nicht etwa als – vielleicht nicht aufzulösendes – Problem markiert wird, sondern im Gegenteil gebraucht wird, um ein Entscheidungstableau mit möglichst wenigen ausdrücklich fixierten rechtlichen Voraussetzungen zu etablieren. Was hier unbestimmt bleibt, geht weit über das hinaus, was im Rahmen der laufenden Diskussion mit dem Verfassungs-Gerichtsurteil ohnehin geklärt werden muss. Das betrifft jedenfalls die Implikationen, die mit der Interpretation des Grundgesetzes und ihrer sprachlichen Fassung gegeben sind wie mit der Rede von der »freien Verantwortlichkeit« oder der »Autonomie« der »Person«.

Die Stellungnahmen im Zusammenhang der gegenwärtigen Debatte, die auf das Bundesverfassungsgericht und auf die inzwischen vorliegenden Anträge zur Gesetzgebung reagieren, müssen sich fragen lassen, ob sie wirklich andere, weiterentwickelte oder auch widersprechende Erkenntnisse und Unterscheidungen generiert haben. Es ist auch zu fragen, was die bisher vorliegenden kirchlichen Stellungnahmen[6], aber auch die theologische Tradition und die gegenwärtige theologische Diskussion dazu beigetragen haben.[7] Eine der dicht begründeten theologischen Bearbeitungen findet sich in Karl Barths »Kirchlicher Dogmatik« III,4.[8] (Dieser Text war auch der Bezugstext für den Streit, der vor zehn Jahren in der Schweiz in gleicher Weise stattgefunden hat.[9])

Darauf ist zurückzukommen. Hier galt es zunächst, das Problem anzuzeigen, wie das Recht innerhalb seines eigenen Rahmens, in der ihm eigenen Dogmatik und Logik, verbleibt und eben so und nicht anders seine ihm zukommende Schutzfunktion ausübt. Die Frage ist, was die Rechtsdogmatik implizieren muss, um dieser Schutzfunktion gerecht zu werden und nicht davon abzuweichen oder gar auf etwas anderes primär zu zielen. Die Schutzfunktion bezieht sich hier darauf, dass in jeder Hinsicht die körperliche Unversehrtheit und zugleich mit ihr die »Integrität der Person« geschützt wird.

2.1 Integrität der Person

Zur »Integrität der Person« gehört, soweit ist das unter Berufung auf das Grundgesetz unterstellt, auch der »Suizid«. Der Suizid kann unter dieser Voraussetzung jedenfalls nicht unter Strafe gestellt werden. Es wird festgehalten, dass der »Suizid« als Wunsch und Tat zur »Integrität der Person« gehört, so dass die jeweilige einzelne Person vor Bewertungen, Einwirkungen etc. von anderen auch

---

[6] Sterben hat seine Zeit, Gütersloh 2005 (EKD-Texte 80); Gott ist ein Freund des Lebens, Herausforderungen und Aufgaben beim Schutz des Lebens. Gemeinsame Erklärung des Rates der Evangelischen Kirche in Deutschland und der Deutschen Bischofskonferenz, 2000.
[7] Siehe dazu die verschiedenen theologischen Beiträge in: MICHAEL COORS/SEBASTIAN FARR (Hrsg.), Seelsorge bei assistiertem Suizid. Ethik, praktische Theologie und kirchliche Praxis, Zürich 2022.
[8] KARL BARTH, Die kirchliche Dogmatik Bd. III, Die Lehre von der Schöpfung, Teil 4, Das Gebot Gottes des Schöpfers. 2. Teil, Zürich 1993, (§ 55) 459-543. Barth verweist auch auf Bonhoeffer, siehe: DIETRICH BONHOEFFER, Ethik, hrsg. v. ILSE TÖDT/HEINZ EDUARD TÖDT/ERNST FEIL/CLIFFORD J. GREEN, Gütersloh 1992 (DBW, Bd. 6), 192-199.
[9] FRANK MATHWIG, Zwischen Leben und Tod. Die Suizidhilfediskussion in der Schweiz aus theologisch-ethischer Sicht, Zürich 2010 (Beiträge zu Theologie, Ethik und Kirche, 5).

in Bezug auf den Suizid zu schützen ist. Dass eine Person immer auch in Verbindung mit anderen Menschen zu sehen ist und dass eine Person immer in Bezug auf diese Menschen lebt und handelt, kann dem Recht zufolge nicht zur Konsequenz haben, dass der Suizid »gemeinsam« vollzogen wird. Der Betroffene allein muss der Logik des Rechts entsprechend der Akteur bleiben. Dass die Assistenz beim Suizid straffrei bleibt, setzt voraus, dass diese »Assistenz« ausschließlich »Teil« eines von der betroffenen Person »selbst« vollzogenen Suizids bleibt und keinerlei »Fremdeinwirkung« impliziert.

Damit ist das Problem gegeben, was »Selbst«-Vollzug heißen kann, wie Suizid (noch) als eine eigene »Tat« verstanden werden kann, wie »Selbst-Vollzug« also wirklich »Sui-zid« im personal-subjektiven Sinn, gewahrt bleibt. Das Problem stellt sich umso mehr, weil, wie von vielen Seiten betont wird, kein Mensch als »Selbst« ohne Bezug auf andere Menschen existiert und insofern auch der Suizid-Wunsch nur grundsätzlich, nicht real, als von aller jedenfalls einflussnehmender Kommunikation isoliert gelten kann. Das Recht muss aber einen solchen unabhängigen »Wunsch« oder »Willen« unterstellen und entsprechend fordern, dass der Gesetzgeber für reale Bedingungen sorgt, die vor jeder Beeinflussung schützen, die einen Suizid oder »Suizid-Willen« befördert.

Auf der einen Seite soll also der Mensch, der einen Suizid vollzieht, dies ganz alleine und unbeeinflusst wollen und tun können, auf der anderen Seite soll auch gelten, dass ihm jeder Beistand zuteilwird, der ihm in dieser Situation in der Weise hilft, dass er den ihm eigenen Willen folgen kann. Es soll ihm ermöglicht werden, diese Eigenständigkeit zu bewahren, auch gegen Zwänge und Bedingungen, die diese beeinträchtigen. Somit soll also ein so qualifizierter Suizid geschützt und gewährleistet werden, was dann womöglich auch professionellen Beistand erfordert. Was immer beratend bewirkt wird, das muss aber in »freiem« Nachvollzug aufgenommen werden. Menschen bleiben in diesem (geforderten) Selbst-Bezug des »möglichen« Suizids auf sich zurückgeworfen, welchen Beistand auch immer sie von außen erfahren. Dies wird auch als »Selbstbestimmung« gefasst.

2.2 »Selbstbestimmung«

So ist auch zu fragen, was »Selbst-Bestimmung« heißt.[10] Welches »Selbst« »bestimmt« »sich selbst«? Welche Philosophie, welche Psychologie, welche Psychoanalyse hat dafür eine Beschreibung, die dieses mehrfache »Selbst« zu fassen vermag?

In der philosophischen und theologischen Diskussion ist auf dem Hintergrund der biblischen Tradition in den Blick gerückt worden, dass wir Menschen »uns« wirklich sehen und begegnen können, wenn wir als solche »angeredet« werden. Ohne diese Anrede von einem Anderen und die Antwort darauf, bleibt alles

---

[10] Siehe dazu EBERHARD SCHOCKENHOFF, Selbstbestimmtes Sterben als unmittelbarer Ausdruck der Menschenwürde? Zum Suizidassistenz-Urteil des BVerfG vom 20. Februar 2020, in: IkaZ. Communio, 49 (2020), 408-417.

Selbstgespräch, in dem nur das »Selbst« gegeben ist, das spricht und nur in den Grenzen dessen, was es selbst erfasst oder sich angeeignet hat. Nur eine Anrede, die uns als Mitteilung erreicht, als Botschaft, die uns als die einzigartigen Adressaten dieser Botschaft wahrnehmen lässt, lässt uns unserem wie auch immer disponierten »Selbst« gegenübertreten. Jedoch würde auch dann nur eine Perspektivenvielheit gegeben sein, in der »ich« mich sehen kann, sofern ich die je weitere Perspektive von anderen übernehme und dann eben nicht auf die wirklich andere Wahrnehmung von einem anderen treffe.

Wie dieses so gefasste Angeredet-sein, so ist auch meine Anrede, die nicht durch einen anderen Menschen als Adressaten determiniert ist, sondern Antwort auf eine Anrede ist, ein solches Herausgenommen-werden aus der Selbst-Befangenheit. Dafür steht das Gebet an den Gott, der sich um das bitten lässt, was uns Menschen verheißen ist, und – wie ausdrücklich in der Bitte »Dein Wille geschehe« – die Befreiung von dem Wünschen und Wollen erfahren lässt, das uns bindet.

3. Hiobs Freiheit und Befreiung

Diese Umkehrung in der Disposition eines Menschen, hat die biblisch-theologische Sprache in Gottes Anrede an den Menschen und als Gebet des Menschen zu Gott erfasst. Nur in diesem Gegenüber, nur in diesem »extra nos« findet er sich nicht mehr in seinem eigenen Horizont oder seiner eigenen Geschichte gefangen. So wird es paradigmatisch von Hiob erzählt. Hiob gerät an die Grenze erträglichen Leidens und ebensolcher Verlassenheit und kommt so weit, dass er sich den Tod wünscht. Hiob erfährt sich einsam und verlassen, obgleich er von Freunden umgeben ist, die ihn permanent beraten. Sie geben ihm Ratschläge, wie er aus seiner Isolation herauskommen kann. Sie sehen das Problem in Hiobs Weigerung, sein Leiden als etwas hinzunehmen, für das es durchaus eine Erklärung oder Einordnung geben wird. Verwiesen wird auf eine gegebene Ordnung der Dinge, in die auch der Mensch eingefügt ist, eine Ordnung, der zu folgen ist. Für diese Ordnung der Dinge steht, so die Freunde, »Gott« ein. Hiob verweigert es, sich dem zu unterwerfen. Er sieht sich dem »Tod« nahe und mit diesem »Tod« herausfallen aus der konkreten Wirklichkeit, aus der Geschichte, in der er sich noch immer auch mit Gott verbunden weiß. Die Freunde reden an ihm vorbei, sie haben ihm nichts wirklich zu sagen. Die Freunde wollen ihm beibringen, der Ordnung der Dinge zu folgen, zu der auch eigenes Verschulden gehört, eine Realität, die auch moralisch zu fassen ist. Wie auch immer diese moralische Logik lautete, von verschiedenen Freunden, verschieden akzentuiert, Hiob weigert sich, einer solchen allgemeinen Logik zu folgen. Er beharrt darauf, in der bestimmten Geschichte und Wirklichkeit zu bleiben, in der er sich einzig als dieser Mensch »Hiob«, von dem er spricht, finden kann, eine Geschichte, in der er nicht auf sich allein und eine Moral oder Ordnung zurückgeworfen ist, sondern in der er erwarten und hoffen darf, dass seine Geschichte weitergeht und er nicht verloren ist. Keine wie auch immer »realistisch« gefasste Disposition kann die Bestimmung eines Menschen in der Geschichte und ihrer Wirklichkeit, in der er sich findet, ersetzen und ihn damit zu diesem oder jenem modellhaften »Subjekt« machen, das nirgendwo wirklich verortet ist. Hiob wartet, er hofft auf ein Signal, das wirklich ihm gilt. Hiob besteht darauf, dass die bestimmte Geschichte weitergeht, die Gott mit ihm angefangen hat. Hiob kann im Tod keinen Exit sehen, der ihn befreit, sondern nur einen, in dem er verloren geht. Dieser Tod, der nach dem »Sündenfall« in das menschliche Leben eingebrochen ist, gehört nicht zu der anderen Geschichte, die Gott mit ihm angefangen hat.

In diesem einsamen Insistieren und Beharren hört Hiob dann die Botschaft von seinem Gott: »Du bist nicht aus meiner Geschichte mit Dir herausgefallen. Du hast zu Recht die Hoffnung nicht aufgegeben und nicht gegen all das gut Gemeinte Deiner Freunde eingetauscht. Du kannst in meiner Geschichte mit Dir weiterleben.« Das hört Hiob in seiner Einsamkeit. Diese Botschaft erreicht ihn. Kein Mensch kann, so wie die Freunde Hiobs eben, diese Botschaft ersetzen wollen. Die Freunde Hiobs bleiben die guten Berater, die ihm aber nicht helfen in eben der Einsamkeit und Verlassenheit, in der er sich erfährt. Wer wollte diese Einsamkeit »Freiheit« nennen?! Wer wollte Hiob einen Menschen nennen, der sich »selbst bestimmt«? Und was ist Hiobs Menschenwürde? Es ist seine Würde im Blick auf diesen Gott, im bittenden und klagenden Reden zu diesem Gott, das er sich nehmen lassen will, indem er etwa mit Gott einen Deal machte. Gerhard von Rad, einer der besonderen Ausleger der biblischen Weisheitsliteratur, zu der das Hiob-Buch gehört, hat gesagt: Hiob stolziert vor Gott wie ein Hahn. Ja, so erscheint Hiob, alles Gegacker seiner Hühner-Freunde nicht achtend. Es ist die Würde, von der Hiob (wörtlich) sagt: »Was ist das Menschlein, dass du sein groß achtest, dass du dein Herz auf es richtest?«[11] (Hiob 7,17, siehe auch Psalm 8,1). Das eben ist seine Würde, dass Gott an ihn denkt, nicht irgendeine Selbst-Bestimmung. Hiob dreht die Imago-Dei Einbildung direkt um, wenn er sagt: »Er (Gott) ist nicht ein Mensch wie ich, dem ich antworten könnte, dass wir miteinander vor Gericht gingen.« (Hiob 9,32) Nein, ich, dieser Mensch, bin gewürdigt, dass Gott sich mir zuwendet und ich mich an ihn wenden kann. Und darauf insistiere ich. Dies ist Hiobs Würde. Diese begründete Hoffnung ist seine Würde. Das macht Hiob nun nicht seinerseits zum Modell oder Vorbild, weil diese Würde allen Menschen gegeben ist, die darin ihre je eigene Geschichte mit Gott erfahren.

In dieser Dramatik hat Karl Barth den Suizid abgebildet gesehen, jede Art Suizid. Denn jeder Suizid ist von dieser abgründigen Dramatik des Zurückgeworfen-Werdens auf sich selbst bestimmt. Dies festzustellen setzt schon voraus, keine Modelle von Suizid als dem Menschen »mögliche« Wege der Selbst-Bewahrung, Selbst-Behauptung, souveräne Freiheitsausübung oder was immer zu behaupten, wie eben auch das rechtsdogmatische Modell von dem Suizid, der »frei-verantwortlich« und selbstbestimmt vollzogen wird. Der Suizid lässt sich in kein solches

---

[11] Übersetzung: Martin Buber.

Modell fassen, ohne dass es dem Menschen aufgezwungen oder projiziert wird, der, wie es offensichtlich naheliegt zu verstehen, sich »wünscht«, tot zu sein oder seinen Tod »will«.

Solche Modelle sind allenthalben impliziert, wenn vom Suizid aufgrund von »Entscheidung«, »Urteil« oder eben auch »Selbstbestimmung« die Rede ist. Immer wird ein »Subjekt« insinuiert, das so weit »souverän« ist, dass es über sein Leben entscheiden und entsprechend handeln kann. Und so wird für dieses insinuierte »Subjekt« auch ein Kontext imaginiert, in dem dann dieses Entscheiden und Handeln eingebettet ist. Damit wird der Suizid als zum Menschen gehörig, anthropologisch als Möglichkeit eingebaut und soll dann doch gleichwohl nicht zu einer »normalen« Option werden.

Zur Vorstellung eines »souveränen« Menschen ist an Hiob zu erinnern, der darin souverän ist, dass er darauf insistiert, nicht mit Menschenbildern und Moralen überfallen zu werden, sondern der Mensch bleiben zu dürfen, dessen Geschichte eine andere ist als die, an deren Ende der Tod als Exit ins Nichts steht, weil seine Geschichte in Gottes Hand ist. Allein dieser Hand weiß er sich ausgeliefert und in ihr aufgehoben, allein in dieser Unfreiheit ist seine Freiheit begründet.

4. Souveränität und Anfechtung

Zur »Souveränität« hat Karl Barth vermerkt: »Wer sich selbst tötet, scheint sich sich selbst gegenüber für letztlich souverän zu halten. In dieser letzten, höchsten Souveränität und zum Zweck ihrer Behauptung scheint er zu handeln: paradoxerweise, indem er sie wegwirft, indem er nicht mehr sein will, indem er wirksam dafür sorgt, daß er nicht mehr sein muß.«[12] Damit sind wir zunächst einmal ohne Modell für den Suizid. Doch der alles entscheidende Punkt ist damit noch nicht erreicht. Es sind zunächst nur die nötigen Abgrenzungen gegen die Modellierung des Suizids. Dazu gehört aber auch, den Suizid als »Grenzfall« (so auch Barth) zu kennzeichnen, denn auch dann sind wir dabei, den Suizid irgendwo zu lokalisieren, eben dort, wo eine »Grenze« verläuft, gesetzt ist oder auch wie auch immer gegeben ist. Vielmehr sind wir zunächst konfrontiert mit einer de facto gegebenen »Möglichkeit« einer menschlichen Aktion, für die es keine kategoriale Zuordnung gibt. Wenn wir jedoch von »Unmöglichkeit« sprechen, dann bleibt auch dies noch korreliert zu einer Möglichkeit, der sie gegenübergestellt erscheint, so wie der »Ausnahmezustand« noch einen fassbaren »Zustand« anzeigt, in dem sich einer de facto als »Souverän«, der nichts und niemanden mehr über sich hat, findet, nicht in einem »Nichts«, in dem nichts mehr Fassbares geschehen und getan werden kann.

---

[12] BARTH (wie Anm. 8), 465.

Hier hat sich denn auch die Forderung festgemacht, die Bedingungen dafür zu erhalten, dass der betroffene Mensch noch im Hoffen, Bangen, Warten wie auch immer bleiben kann, auch im Warten auf den Beistand, den Menschen selbst nicht geben können, im Warten auf das Wort, die Zusage, die Menschen nicht geben und nicht einlösen können. Barth bemerkt dazu:

> »Man bedenke, daß der Mensch, der mit dem Gedanken an Selbsttötung umgeht, sich auf alle Fälle so oder so in der Finsternis der Anfechtung befindet. Die Anfechtung besteht aber darin, daß ihm Gott als sein Gott verborgen ist, daß er in Gefahr und im Begriffe steht, im Abgrund der göttlichen Verwerfung oder – was auf dasselbe herauskommt – im Abgrund des Atheismus zu versinken, sich selbst allein, sich selbst als Souverän zu sehen, über sich – und nun also aus irgend einem bestimmten Grunde auch um sich, hinter sich und vor sich – eine schauerliche Leere. Da steht er als ein Souverän, der mit seiner Souveränität nichts mehr anzufangen weiß, der in seiner ganzen Souveränität keine Zukunft mehr vor sich sieht! ...
>
> In jene Finsternis hinein leuchtet nur ein Licht, dieses aber durchdringend und siegreich – kein: ›Du sollst leben!‹, sondern das: ›Du darfst leben!‹, das kein Mensch dem anderen und auch Keiner sich selbst sagen kann, das aber Gott selber gesprochen hat und immer wieder spricht. Der Grund der Anfechtung besteht immer darin, daß der Mensch Gott nicht mehr sprechen, ihn eben das nicht mehr sagen hört.«[13]

5. Ohne Geschichte – in der anderen Geschichte

So weit Karl Barth zur Einsamkeit und Leere, zu dem, was die theologische Sprache als »Anfechtung« gefasst hat, die alles in Frage gestellt sieht, was Menschen auf Gott vertrauen lässt, und die ihn auf sich selbst zurückwirft. Hiob war eine solche angefochtene Figur. Hiob steht in der »Anfechtung«, in dem absoluten, haltlosen Angewiesensein darauf, dass er sich dem anvertrauen darf, der einzig sein Leben trägt. Diese Anfechtung ist noch Zeichen seiner Würde, der Adressat dieser Botschaft zu sein, die er nicht (mehr) zu hören vermag. Noch viel weniger wird er die irgendwie mitschwingende Ermahnung aufnehmen können, dass er am Leben bleiben »soll«.

Es ist kein Gesetz, keine Ordnung, kein Menschenbild, keine Moral, die hier aufgerufen wird, auch keine Ethik, die den Zustand der Anfechtung aufrecht-erhält. Vielmehr wird hier eine Geschichte zugelassen, in welcher jeder sich befindet, deren Unfassbarkeit niemand aufheben kann, indem er, was das Ende angeht, mit dem Tot-sein erwartet, das alte Leben hinter sich zu lassen. Mit dieser Erwartung, das alte Leben hinter sich lassen zu können, bleibt ihm aufgebürdet, sich mit einer »conditio humana« und dem Tod, der zu ihr gehört, zu arrangieren. Anders ist die Botschaft davon, dass Gott die Geschichte, die er mit jedem

---

[13] A.a.O., 463f.

Menschen angefangen hat, weiterführen wird. Dies nicht zu glauben, dies nicht hören zu können, ist eben die Situation der Anfechtung, der durch keine Affirmation zu begegnen ist. Die Anfechtung hält die Frage fest »Was widerfährt mir? Wo finde ich mich?«. Sie hält die Frage fest »Wann ist das Leiden zu Ende? Wann geht das Leiden zu Ende?«. Sie hält die Bitte fest »Mach End, o Herr, mach Ende!«.

6. Ars moriendi

Hiob ist kein gnostischer Existentialist, der einzig das Ausgeliefertsein an die Realität seines Leidens oder allgemein des Lebens wahrnimmt und daher einen Ausweg sucht. Die Schmerzen und Leiden, die Hiob hat, bleiben für ihn eine Provokation Gottes. Das ist Hiobs Ars moriendi im Stand der Anfechtung, ein hoffnungsvolles Bleiben, das gleichwohl nichts ausschließt, was an Hilfe und Beistand dazu möglich ist.

Das alles sind gewiss keine »Gedanken«, die einen Menschen beschäftigen oder gar tragen können, der sich in jener »Anfechtung« findet. Hiob will Gott jetzt und hier reden hören, was immer er zu sagen hat. Dies können ihm die Freunde nicht ersetzen. Das macht seine Einsamkeit aus. Es ist die Einsamkeit dessen, der sich nicht vertrösten lassen kann. Solche Ver-tröster hat er alle schon um sich. Trost ist in der biblischen Sprache, in der Nähe zum ebenso naheliegenden Zusammenklang von Trost und Trust und Ver-Trauen, das Widerständige, so widerständig wie der Hirtenstock, von dem der Psalm (23) sagt, »er tröstet« (»Dein Stecken und Stab trösten mich«). Hiob wartet, hofft auf ein anderes Wort, auf ein widerständiges Wort, er hofft auf das Wort von dem, der für sein Wort einsteht und einstehen kann. Alles andere wären Versprechen, Versprechen von Menschen, die dazu nicht autorisiert sind.

Hier sind wir an dem Punkt, an dem sich fassen lässt, was die Deklaration des Verfassungsgerichts und derer, die ihm zustimmen, fixiert: die »Würde der Person«, wie sie das Recht zu schützen hat, als die Würde des Menschen, der auf nichts und niemanden setzen soll, dieser »Souverän«, der in einer insinuierten »Entscheidung« auf sich allein gestellt ist. Hiob lässt sich dazu nicht überreden. Er behaftet Gott dabei, dass Gott die Geschichte weiterführt, die er mit ihm angefangen hat. Er behaftet Gott dabei, dass nicht er, Hiob, entscheiden und Regie führen muss. Die Botschaft, die Hiob schließlich hört, von Gott direkt, weil die Freunde nicht imstande sind, sie zu bezeugen, heißt: Du Hiob, hast Recht, dem zu widersprechen, was Dir widerfährt. Das ist Deine Würde und Deine Freiheit hier und jetzt.

7. Die andere Freiheit – in der anderen Geschichte

Dies ist die Freiheit dessen, der gewiss sein darf, dass er die Last der Regie über sein Leben nicht tragen muss. Es ist die Freiheit, Gott beim Wort zu nehmen, und die Freiheit der Klage und der Provokation, die Freiheit, die abgründigen Sorgen auf Gott zu »werfen«: »Alle Eure angstvollen Sorgen werft auf ihn, er wird sie aufnehmen.« (1. Petr 5,7). Diese Umkehrung der Zuständigkeit und »Verantwortung« bestimmt die biblische Grammatik. Das ist die Befreiungsbotschaft, die hier zu hören ist. Die Botschaft erzählt davon, dass meine Geschichte, die Gott mit mir angefangen hat, nicht zu Ende ist und auch mit dem Tod nicht zu Ende kommt. Die Botschaft erzählt von dieser anderen Geschichte. Der Tod ist darin nicht die Grenze, die Schwelle, die ein Jenseits markiert, die wie jede Schwelle so oder so zu überschreiten wäre. Aber wohin? Der Tod ist ein dem Menschen gesetztes Ende, das Ende der Geschichte, zu der der Tod gehört, der Tod, der ins Nichts führt, der Tod, dem nur die andere Geschichte widersteht, die Gott mit der Auferweckung Jesu Christi neu angefangen hat.

Die Zumutung der Botschaft ist die bezeugte Gewissheit, in dieser anderen Geschichte aufgehoben zu sein – und dies jetzt schon vor dem Tod. Jetzt schon hat das neue Leben begonnen, das Leben, das mit dem »Tod« nicht zu Ende ist. Zu dieser anderen Geschichte gehört ein anderes Sterben, das Sterben eines anderen Todes, das Sterben des Todes, den Gott selbst durch die Auferweckung Jesu aufgehoben hat.

Diese andere Geschichte hat besonders Paulus immer neu festgehalten: »Wir tragen allezeit das Sterben Jesu an unserm Leibe, damit auch das Leben Jesu an unserm Leibe offenbar werde.« (2Kor 4,10). In diese andere Geschichte dürfen wir Menschen uns versetzt wissen, in diese andere Geschichte, die nicht mit demjenigen Tod endet, der ins Nichts führt. In diese andere Geschichte gehört jetzt unser menschliches Sterben: »Leben wir, so leben wir dem Herrn; sterben wir, so sterben wir dem Herrn. Darum: wir leben oder sterben, so sind wir des Herrn.« (Röm 14,8) Keine Einstellung oder Haltung ist hier gefordert. Alles kommt darauf an, dass diese Geschichte, wie auch immer, artikuliert wird oder symbolisch präsent bleibt.

8. Seelsorgliche Praxis

Was muss demgegenüber eine Begleitung im Sterben leisten, wenn sie helfen will, im Sterben Regie zu führen, statt jenes Vertrauen präsent zu halten, an dieser anderen Geschichte teilzuhaben, für die Gott einsteht, für die einzig Gott selbst einstehen kann, der den Tod in Jesus Christus überwunden hat und alles eigene Tun daran auszurichten? Welche Zumutung, den Tod als Exit zu denken, der – wohin? – zu nehmen ist und darin die letztgültige Freiheit des Menschen zu sehen?

Zwischen dem Sterben, das uns Menschen zukommt, und dem selbst herbeigeführten Tod bleibt die unüberbrückbare Differenz zwischen verschiedenen Geschichten, die nicht aufzuheben ist. Das Sterben, das uns Menschen zukommt, ist mit der Verheißung und Hoffnung versehen, die über den Tod, als dem Ende unseres alten Menschseins hinausreicht und die im Sterben in unser zu Ende gehendes Leben hineinreicht. Auch der Wunsch tot zu sein, kann in dieses Sterben gehören und seinen Ausdruck finden.

Es ist zu fragen, warum das Sterben, wie es zum Menschen gehört, in den verschiedenen Diskursen nicht wirklich als eben menschliches, als dem Menschen so zukommendes und auch gewährtes in den Blick kommt – mit all dem, was an Hilfe und Beistand geleistet werden kann, aber vor allem mit all dem, was von jener anderen Geschichte im Sterben präsent wird. Das Bleiben in der Anfechtung wie das Bleiben in der Geschichte, für die wir selbst nicht einstehen müssen, lässt uns befreit sein davon, das Sterben in die Regie nehmen zu müssen. Dies macht die ars moriendi und eine ihr entsprechende seelsorgliche Praxis aus, die in der Botschaft enthalten ist, dass wir Menschen gewürdigt sind, dieser anderen Geschichte zuzugehören, die Gott mit uns angefangen hat und die er weiterführen wird – in alle Ewigkeit.

Wort und Welt

Ökumenische und interreligiöse
Dimensionen

Bernd Elmar Koziel

Studierendengemeinden als Orte der Ökumene

1. Zu Beginn ein Blick zurück

Die frühesten Anfänge[1] der Geschichte christlicher Studierendengemeinden[2] mag man ab Ende des 12. Jahrhunderts in den »mittelalterlichen Bursen« lokalisieren, Kollegien, in denen Studenten unter einer verantwortlichen Leitung zusammenlebten und dort auch »Seelsorge« erfuhren.[3] Alternativ kann man diese Anfänge im 17. Jahrhundert sehen, als Studierende Gruppen bildeten, in denen sie in ihrem besonderen Lebenskontext mit Gleichgesinnten christliche Gemeinschaft pflegen konnten.[4] Im evangelischen Raum waren es damals wie dann im Fall der näheren Vorgeschichte der heutigen Situation – das ist vom ausgehenden 19. Jahrhundert bis in die Zeit vor dem zweiten Weltkrieg – vor allem Studierende selbst, die teils gegen die vorherrschenden Interessen der kirchlichen Autoritäten[5] (aber im

---

[1] Der Jubilar war über viele Jahre hin als ev. Studentenpfarrer an der Univ. Bamberg tätig; einen Teil dieser Zeit war auch der Vf. als kath. Hochschulseelsorger dort im Einsatz: mit Dank für das gelungene ökumenische und kollegiale Miteinander!

[2] Im Folgenden verwenden wir die Begriffe »Studierendengemeinde« und »Hochschulgemeinde« wechselweise, ungeachtet tatsächlicher historischer und möglicher systematischer Unterschiede (zur Frage noch weiter unten).

[3] Vgl. HERIBERT HALLERMANN, Präsenz der Kirche an der Hochschule. Eine kirchenrechtliche Untersuchung zur Verfassung und zum pastoralen Auftrag der katholischen Hochschulgemeinden in Geschichte und Gegenwart, München 1996, 56-58.

[4] Vgl. ANDREAS MÜHLING, Studierendengemeinden in Deutschland bis 1945 und in Westdeutschland 1945-1990, in: UWE-KARSTEN PLISCH/CORINNA HIRSCHBERG/MATTHIAS FREUDENBERG (Hrsg.), Handbuch Studierendenseelsorge. Gemeinden – Präsenz an der Hochschule – Perspektiven, Göttingen 2022, 19-30, hier 20.

[5] Vgl. MÜHLING, Studierendengemeinden, über die evangelische Situation: »Bis zum Ende des Ersten Weltkrieges lag damit die katechetische, seelsorgerliche, diakonische wie auch die soziale Begleitung von Studentinnen und Studenten an den Hochschulen ganz in den Händen von Vereinen und privaten Initiativen. Deutlich ist: Seelsorge, Diakonie und Verkündigung an Studierenden war Sache der Amtskirchen damals nicht.« (23) Eine Folge: »Somit befanden sich diese christlichen Gemeinschaften von ihren Anfängen an in einem

Dienst an einem christlich verstandenen Glauben[6]) aktiv wurden, oder auch andere private Initiativen, die sich aus christlichem Geist berufen fühlten, sich auch der sozialen Belange der Studierenden anzunehmen. Dies geschah namentlich 1895 durch Gründung der »Christlichen Studenten-Vereinigung« (CSV; ab 1897 als »Deutsche Christliche Studenten-Vereinigung«, DCSV) sowie alsbald einer dazu alternativ gemeinten, inhaltlich anders akzentuierten Neugründung des »Studentenbunds für Mission« (SfM, 1896).[7] Hinzu kam 1905 als Frauenbund die »Deutsche Christliche Vereinigung studierender Frauen« (DCVSF), die mit dem DCSV kooperierte.

Auf katholischer Seite realisierte sich ein nämliches Bemühen zu einem Teil in der Bildung kirchlicher Vereine wie der Marianischen Kongregationen[8] (seit dem 16. Jahrhundert) und nach 1848 von Studentenverbindungen – wobei »eine spezifisch kirchlich-klerikale Ausrichtung« selbstverständlich erschien.[9] Daneben sind es hier vergleichsweise früh einzelne Angebote (Vorträge, Gesprächskreise) der lokalen Geistlichkeit aus Pfarreien oder aus den Reihen von Hochschuldozenten,[10] die sich im Sinne einer auch für andere Gruppen eingeführten »Standesseelsorge«[11] nun gezielt an Studierende richteten. In der Folge begannen die damit befassten Geistlichen, ohne schon einen bischöflich beauftragten Status zu haben, sich bereits als (nebenamtliche) »Studentenseelsorger« zu verstehen.[12] Als »erster hauptamtlicher Hochschulseelsorger des deutschen Sprachgebiets« wurde 1912

---

inhaltlich wie strukturell ambivalenten, häufig auch kirchenpolitisch umstrittenen Verhältnis zu den jeweiligen verfassten Kirchen.« (20)

[6] MÜHLING, a.a.O., 20, spricht von den dezidiert »theologischen Motive[n] zur Bildung dieser Gemeinschaften« und nennt jene trotz der eher institutionskritischen Situierung durchaus »vielfältig«.

[7] »Eine nicht unerhebliche Zahl von Studenten beklagte eine angeblich fehlende missionarische Ausrichtung der CSV, verließ daher die CSV und gründeten wenig später 1896 den von der Erweckungsbewegung geprägten ›Studentenbund für Mission‹ (S. f. M.).« (MÜHLING [wie Anm. 4], 22; zum Ganzen 20-23) Wir kommen auf das damit gesetzte Thema zurück.

[8] Vgl. HALLERMANN (wie Anm. 3), 58-60.

[9] MATTHIAS STICKLER, Art. Studentenverbindungen, in: Staatslexikon[8] online, https:// www.staatslexikon-online.de/Lexikon/Studentenverbindungen (Stand 05.11.2022).

[10] Vgl. HALLERMANN (wie Anm. 3), 69; Franz Xaver Bischof, Einführung anlässlich der Eröffnung der Ausstellung *Aufbrüche – Abbrüche – Umbrüche. Katholische Hochschulseelsorge zwischen Akzeptanz und Ablehnung* am 29. April 2007, in: DERS. (Hrsg.), Katholische Hochschulseelsorge zwischen Akzeptanz und Ablehnung. Zur Geschichte der Katholischen Hochschulseelsorge an der Ludwig-Maximilians-Universität München 1927 bis 2007 (LM-Universum, 6), München 2008, 11-16, hier 12; RICHARD HARTMANN, Art. Hochschulseelsorge, in: Staatslexikon[8] online, https://www.staatslexikon-online.de/Lexikon/ Hochschulseelsorge (Stand: 05.11.2022).

[11] HALLERMANN (wie Anm. 3), 64.

[12] Vgl. HALLERMANN, a.a.O., 65-71. So waren es auch katholischerseits (zur evangelischen Kirche s. oben) zunächst private Vorstöße, ggf. auch Forderungen, die von studentischer Seite selbst erhoben worden waren (68), die erst mit der Zeit zu positiven Reaktionen der kirchlichen Autoritäten geführt haben (s. 72.97).

ein Priester in Freiburg im Breisgau bestellt,[13] in anderen Regionen erst deutlich danach.[14]

Spätestens seit den Jahren der Weimarer Republik erfasste man die Studieren-denseelsorge in beiden großen Konfessionen dann auch vermehrt als offiziellen Auftrag der Kirche.[15] Bald nach Kriegsende wurden evangelischer- wie katholi-scherseits jene nun landes- bzw. amtskirchlichen[16] Strukturen grundgelegt,[17] die noch das Bild der heutigen ESGen und KHGen rahmen. Dabei waren die Nach-kriegsjahre jeweils vom Geist der tradierten Kirchlichkeit und Spiritualität,[18] gewiss in ihrer spezifischen Ausrichtung auf studentische Kontexte, geprägt und standen damit in großer Kontinuität zur Lage während der Vorkriegsjahrzehnte. Das änderte sich bis in die 1960er Jahre bereits sukzessive[19], katholischerseits namentlich mit den Fluktuationen, die das Zweite Vatikanum auslöste[20], massiv aber dann während und in Folge der 1968er-Zeit. Nun wurden ESGen und KHGen[21]

---

[13] Vgl. CLAUDIA ANGELIKA LEISTRITZ, Von den Anfängen der Katholischen Hochschulseel-sorge bis zur Errichtung der Katholischen Hochschulgemeinde 1900 bis 1947, in: FRANZ XAVER BISCHOF (wie Anm. 10), 19-47, hier 20; HALLERMANN (wie Anm. 3), 71.

[14] LEISTRITZ, a.a.O., 29 notiert für München: »Die Hochschulseelsorge lief bis 1927 unorga-nisiert«, als dort der erste Hauptamtliche mit dem Amt betraut wurde.

[15] Vgl. für den evangelischen Raum Mühling (wie Anm. 4), 24.

[16] Vgl. KAI HORSTMANN, Campus und Profession – Pfarrdienst in der Evangelischen Studie-rendengemeinde (Praktische Theologie heute, 118), Stuttgart 2012, 20 zur i. A. »landes-kirchlichen« Verfasstheit der ESGen im Unterschied zur »Laienbewegung« DCSV. Gleich-wohl erhält sich der letztere Bezug auch weiterhin im ersten Aspekt jener »Doppelstruktur als Studierendenbewegung wie als Teil der verfassten Kirche«, die die ESGen seit Anbeginn kennzeichnet (ebd., 39).

[17] Vgl. die »Ordnung der Evangelischen Studentengemeinde in Deutschland« 1946 (MÜH-LING [wie Anm. 4], 27). Im selben Jahr gibt es auch erste KHGen auf den Territorien deut-scher Diözesen. Zur breiteren Etablierung der Bezeichnung »Katholische Hochschulge-meinde(n)« s. LEISTRITZ (wie Anm. 13), 45. Ebd. auch der Hinweis auf die sich 1947 bildende »Katholische Deutsche Studenten-Einigung«, eine Dachorganisation, die zugleich auch wei-tere mit der Studierendenarbeit befasste Gruppierungen versammelte; 1973 dann Grün-dung der »Arbeitsgemeinschaft der katholischen Studenten- und Hochschulgemeinden« (AGG). Vgl. HALLERMANN (wie Anm. 3), 88-98; AGG (Hrsg.), In welchen Zeiten leb(t)en wir? Kirche an der Hochschule. Bilanz und Perspektiven nach 40 Jahren KDSE/AGG, Bonn 1987.

[18] Vgl. für diese Zeit die inhaltliche Charakteristik (evangelisch) bei MÜHLING (wie Anm. 4), 28: »Bibelarbeit, Seelsorge und Verkündigung standen neben gemeinsamen Freizeitaktivi-täten.« Ähnlich BISCHOF (wie Anm. 10), Einführung, 13, mit Blick auf die katholische Situation in München.

[19] Vgl. für den katholischen Bereich CHRISTIAN SCHMIDTMANN, Katholische Studierende 1945-1973. Eine Studie zur Kultur- und Sozialgeschichte der Bundesrepublik Deutschland, Paderborn u.a. 2006, hier 191-315 (»Ende oder Anfang? Katholische Studierende 1958-1966«).

[20] Vgl. etwa STEPHAN MOKRY, »Epoche Konzil«. Die Münchner KHG in der Zeit des Zweiten Vatikanischen Konzils in: Bischof (wie Anm. 10), 61-73.

[21] S. auch TINA KATHARINA PUTZ, Studentische Unruhen und KHG – Ein Prozess innerer Erneuerung: Die Auswirkungen der 68er auf die KHG, in: Bischof (wie Anm.10), 75-89.

ähnlich wie andere studentische Foren und Vereinigungen zu Stätten der Diskussion und des gesellschaftlich-sozialen, sozialreformerischen, bisweilen auch – revolutionären Engagements. Klassische Themen galten demgegenüber schnell als konservativ bis reaktionär, was indes nicht bedeutet, dass nicht (wie bisher oder unter neuen Vorzeichen) auch theologische Gegenstände ihr Publikum gefunden hätten.[22] Auch nach dem Abflauen der »heißen Phase«[23] blieb das Themenspektrum, das vor Ort verhandelt wird, nachhaltig verändert. Obgleich sich die konkreten Agenden bis in die Gegenwart beweglich zeigen, stehen Fragen, die letztlich den Einsatz für eine bessere Welt insinuieren, weiter hoch im Kurs. Unterdessen bedeutet dies keinen Gegensatz mehr zu erklärten Anliegen kirchenoffizieller Verlautbarungen.[24] Nach wie vor spürbar ist dennoch auch eine Neigung zur Kirchendistanz, die sich (gewiss nicht nur) aus der Institutionen- und Autoritätskritik der 1968er-Bewegung erhalten und vielleicht à la longue den katholischen Raum vergleichsweise stärker erfasst hat.

2. Hochschulseelsorge in ESGen und KHGen: eine Bestandsaufnahme

Hochschulgemeinden werden nicht nur von den Kirchen getragen und mit Budget und Personal ausgestattet, sondern sie verstehen sich auch als an der Schnittstelle zur Institution Hochschule/Universität angesiedelte Orte der Kirche. Sie nehmen damit teil am kirchlichen Auftrag, der sich in einer jeweiligen (situationsspezifischen) Verwirklichung kirchlicher »Grundvollzüge«[25] äußert bzw. als Verkündigung des Evangeliums und Spendung der Sakramente[26] zu umreißen ist. Damit festgeschrieben ist ein Bemühen sowohl um den »Auferbau der Gemeinde« (Paulus)[27] als auch, und verbunden damit, um – in klassischer Terminologie gesprochen – das »Heil« der jeweiligen einzelnen. So geht es um »Seelsorge« in einem weiteren oder auch engeren Sinn, ohne dass man sich ein solches Geschehen

---

[22] Vgl. Heinz-Werner Kubitza, Geschichte der evangelischen Studentengemeinde Marburg (Marburger Wissenschaftliche Beiträge, 1), Marburg 1992, 330f.

[23] Mühling (wie Anm. 4), 28 titelt: »Unruhige Jahre«. Vgl. ebd.: »Die gesellschaftlichen Umbrüche der 60er- und 70er-Jahre führten zu einer inhaltlichen Verschiebung der ESG-Arbeit.«

[24] Vgl. etwa den »konziliaren Prozess« für »Gerechtigkeit, Frieden und die Bewahrung der Schöpfung« (ÖRK, Vancouver 1983) oder katholischerseits die Enzykliken »Fratelli tutti« (2020) bzw. »Laudato si« (2015).

[25] Vgl. dazu Andreas Wollbold, Handbuch der Gemeindepastoral, Regensburg 2004, 68-93; für den spezifischen Kontext der Hochschulgemeinde s. Johann Michael Gleich/Willi Junkmann, Kirche und Hochschule. Zur Lage der Hochschulpastoral in den 1990er Jahren, München 1996, 152-154.

[26] In der Linie der Confessio Augustana, Art. 7.

[27] 1 Kor 14,12; Röm 14,19.

allein als »top-down«-Prozess vorstellen dürfte[28] (wenn denn mit einer solchen Vertikalität auf kirchliche Hierarchien abgehoben sein sollte). In dieser Aufgabenstellung kommen Studierendengemeinden mit den Pfarrgemeinden überein, die nach dem Territorialprinzip über »die Fläche« hin organisiert sind. Sie unterscheiden sich aber in bestimmter Hinsicht (»Funktionspfarrämter« bzw. »kategoriale Seelsorge«[29]) zugleich von ihnen.

Betrachtet man also ESGen und KHGen als solche Orte von »Seelsorge«, erscheinen sie im Vergleich zu Territorialgemeinden[30] von vornherein deutlicher als Zwitterwesen. Auf der einen Seite sind sie Begegnungsraum für alle,[31] die sich punktuell vom Angebotsspektrum des erstellten (Jahres- oder Semester-) Programms ansprechen lassen und sich je und je entscheiden, an ausgeschriebenen Veranstaltungen teilzunehmen oder offene Treffs zu besuchen. Hier ist der Begriff einer »Passagenpastoral«[32] oder »okkasionellen Pastoral«[33] einschlägig, wenn damit die lose Inszenierung wechselweiser Gelegenheiten bezeichnet sein soll, die auf einen niederschwelligen, also weder von besonderen Voraussetzungen abhängenden, und passageren, also nicht (unmittelbar) auf Bindung und Festlegung

---

[28] Vgl. Hans-Georg Ulrichs, Poimenik en passant. Seelsorge an Hochschulen, in: Wolfgang Drechsel/Sabine Kast-Streib (Hrsg.), Seelsorgefelder. Annäherung an die Vielgestaltigkeit von Seelsorge, Leipzig, 2017, 93-99, hier 93: »Die Gemeinde ist nicht nur poimenisches ›Objekt‹ eines professionellen Seelsorgers, sondern selbst seelsorgerische Akteurin. Die Gemeindeglieder sind sich gegenseitig Seelsorgende, etwa in den Chören und anderen Gruppen.«

[29] Ersteres die evangelische, letzteres die katholische Begrifflichkeit (vgl. Ulrichs, a.a.O, 94), die ebenso auf einige vergleichbare Formen der Pastoral zutrifft, welche die übliche, nach Raumprinzipien organisierte (»territoriale«) Seelsorge in Pfarreien ergänzen: so namentlich Krankenhaus-, Gefängnis- oder Schulpastoral. Katholischerseits ist als nähere Gestalt die förmliche Errichtung einer »Personalpfarrei« nach c. 518 CIC möglich, aber nicht zwingend (c. 813) und im deutschen Sprachraum auch nicht allgemeine Praxis, vgl. dazu Hartmann (wie Anm. 10): wo nicht, tritt auch unter dieser Rücksicht stärker der Charakter als pastorale Arbeits- und Anlaufstelle in den Vordergrund als ein eigentlich gemeindlicher (pfarrlicher) Impetus.

[30] Auch in ihnen gibt es je nach konkreter Strukturierung mehr oder minder passagere bzw. de facto von Gemeindegliedern/Fernstehenden als solche wahrgenommene Momente.

[31] Sicherlich in erster Linie Studierende, daneben auch Lehrende aller Couleur, in der Verwaltung Tätige sowie überhaupt Akademiker am Ort: Ulrichs (wie Anm. 28), 96 erwähnt zudem noch deren jeweilige Familien.

[32] Vgl. Johann Pock, Gemeinden zwischen Idealisierung und Planungszwang. Biblische Gemeindetheologien in ihrer Bedeutung für gegenwärtige Gemeindeentwicklungen. Eine kritische Analyse von Pastoralplänen und Leitlinien der Diözesen Deutschlands und Österreichs (Tübinger Perspektiven zur Pastoraltheologie und Religionspädagogik, 26), Wien/Berlin 2006, 40f.

[33] Vgl. Johannes Först/Peter Frühmorgen, Okkasionelle Pastoral (Würzburger Theologie, 18), Würzburg 2022.

abzielenden Kontakt mit Kirche, Glaubensleben, christlicher »Lebensform«[34] setzen.[35] Man kommt und ist bei der Sache. Doch dann geht man auch wieder und schaut »vielleicht irgendwann« wieder vorbei, wenn es gerade »mal passt«. In dieser Hinsicht sind etwa Bemühungen um eine »City-Pastoral«[36] und natürlich die Programminhalte von Bildungshäusern und kirchlichen Akademien vergleichbar.

Auf der anderen Seite[37] allerdings stehen Strukturen, die in Anlehnung an die Verfasstheit territorialer Kirchengemeinden gestaltet sind und wie dort ein gewisses Maß an Bindung und Verbindlichkeit signalisieren und in Anspruch nehmen: ein Pfarrer/eine Pfarrerin bzw. andere Hauptamtliche, häufig ein als »Gemeinderat« tituliertes Gremium bzw. eine Gruppe von »Sprecher/-innen«, dazu gegebenenfalls eine periodisch einberufene »Vollversammlung«[38] potenziell aller Partizipierenden. Solche »gemeindlichen« Formen sind tendenziell auf (eine größere) Dauer angelegt. Statt primär auf die Befriedigung individueller Interessen zu setzen, avanciert Vergemeinschaftung dabei zu einem Eigenwert. Diese äußert sich nicht allein in einem (gewissen) Gefühl der Zugehörigkeit zur Institution Hochschulgemeinde, das beim erstgenannten Aspekt durchaus noch fehlen kann, sondern in einem Bewusstsein der Zusammengehörigkeit der Beteiligten untereinander. Mag eine solche Gemeinschaftsbasis nicht selten auch unter weitgehender Absehung eigentlich kirchlicher oder christlicher Anliegen Gestalt gewinnen, so bildet sie auf der anderen Seite meist eine nicht unwesentliche Voraussetzung, wenn das Ziel einer je individuellen Teilhabe an einem institutionalisierten Christ- und Kirchesein überhaupt in Betracht kommen soll – und damit wiederum kollektiv auch das der Weitergabe des Glaubens, ja letztlich der Zukunft der Institution Kirche.[39] Freilich braucht eine solche Perspektive auch den mehr

---

[34] Vgl. Christian Grethlein, Christsein als Lebensform. Eine Studie zur Grundlegung der praktischen Theologie (ThLZ.F, 35), Leipzig 2018.

[35] Mit ähnlicher Beschreibung ist bei Michael N. Ebertz, Kirche im Gegenwind. Zum Umbruch der religiösen Landschaft, Freiburg i.Br. (1997) ²1998, 141f, die Rede von »Kommunikationspastoral«. Vgl. dazu Ulrike Bittner, »Und wenn sich die Lebenssituation ändert, ist das o.k.«: Eine Untersuchung der evangelischen Kirche als Gemeinschaft unter den Bedingungen postmoderner Mobilität, Göttingen/Bristol 2016, 145-147.

[36] Vgl. Martina Bär, Urbane Logik und Theo-Logik. Gottesrede in (post-) modernen Stadtgesellschaften, Freiburg im Breisgau 2020, 100-102; Christa Georg-Zöller, »Hochschulkooperation: Die »Zeichen der Zeit« erkennen und deuten – Die Stadt als Ort der Theologie« in: Ludger Hagedorn/Patricia Löwe (Hrsg.), Stadt und Religion. Wegzeichen zu einer postsäkularen Urbanität, Freiburg im Breisgau 2021, 48-64, hier 55f.

[37] Eine Mischform bildet die Teilnahme an mehr oder minder regelmäßigen Kursen und Kreisen oder – gewiss mit einem wieder anderen Bewusstsein für Regelmäßigkeit – an Gottesdiensten.

[38] Die Bezeichnungen variieren jeweils.

[39] Vgl. Helmut Eder, Kirche als pastorales Netzwerk: Chancen und Konsequenzen einer operativen Kirchenkonzeption (Werkstatt Theologie: Praxisorientierte Studien und Diskurse, 21), Wien/Berlin 2012, 163 (mit Verweis auf Medard Kehl).

punktuell Interessierten nicht einfach ferne zu liegen. Wie umgekehrt in gewisser Weise auch beim skizzierten gemeindlichen Handeln zu berücksichtigen ist, dass Hochschulgemeinden aufgrund ihrer besonderen Situation gleichsam unvermeidlich passagerer orientiert sind, als das wiederum für klassische Territorialgemeinden gilt. Letztere richten sich an eine lokale Wohnbevölkerung, die zumeist länger am Ort und damit im Umfeld der betreffenden Kirchengemeinde verweilt, als jedenfalls[40] Studierende sowohl im Jahreslauf als auch für die gesamte Studienzeit am Studienort bleiben.[41]

Unbenommen dieser Beobachtungen mag man bereits vom Wortsinn (»ESG« vs. »KHG«[42]) ausgehen und dann rückschließen, dass sich die ESGen auf die »Studierenden« konzentrieren und damit naturgemäß Gemeinde eher in Form einer greifbaren Gemeinschaft auszubilden vermögen, als das der in der katholischen Bezeichnung implizierte Akzent auf einer Sammlung unterschiedlicher Adressaten innerhalb des Kosmos »Hochschule« (nicht nur Studierende, sondern Lehrende, Mitarbeitende in Verwaltung und Laboratorien etc.)[43] realistischerweise erwarten lässt. Tatsächlich reicht die Differenz formal noch weiter und erstreckt sich schon auf die Angemessenheit des Gemeindebegriffs, der auf evangelischer Seite dezidiert Verwendung findet, aus katholischer Warte hingegen allein schon rechtliche Fragen aufwirft.[44] Indes klingen die beiderseitigen Selbstzuschreibungen ansonsten so verschieden nicht, ob sie die Rede von der »Gemeinde« nun enthalten oder vermeiden.[45] Und in praxi klagen ebenso ESGen[46] über die mäßige reale Zugehörigkeits- und Bindungsbereitschaft der Studierenden wie auch KHGen über die

---

[40] Das muss für andere Adressaten der Hochschulpastoral (siehe oben) nicht gleichermaßen gelten.

[41] Entscheidungen im Umfeld der Bologna-Reform führen zu ähnlichen Effekten: Der verschulte Studienalltag begünstigt eher einmalige bzw. zeitlich begrenzte Engagements in allen Belangen, die nicht direkt das Studium betreffen. Das Bologna-Ziel einer Verkürzung der Regelstudienzeiten tut ein Übriges.

[42] Freilich gibt es da und dort auch »Katholische Studierendengemeinden« (KSGen). Zur Namensfrage vgl. (mit dem damaligen Stand) schon HALLERMANN (wie Anm. 3), 53-55.

[43] So denn auch das Anliegen der Würzburger Synode, vgl. a.a.O., 54.237-262, besonders 253-255.

[44] Zum Thema vgl. aus katholischer Sicht a.a.O., 76-87.248-251; dort 248 der Hinweis auf die Würzburger Synode: »Die Hochschulgemeinden sind im Synodenbeschluss ›Gemeinde‹, nicht aber ›Pfarrei‹.« (S. auch die selbstverständliche Erwähnung von »Gemeinde« in der Bezeichnung »KHG«); RICHARD HARTMANN, Welche Zukunft hat die Hochschulgemeinde? Freiburg im Breisgau u.a. 2000, 246-266.304-308; aus evangelischer Warte s. die Diskussion bei HORSTMANN (wie Anm. 16), 78-85.98-107.108-114.

[45] Vgl. die katholisch verbreitete Rede von der »Kirche an der Hochschule« – zu diesem Stichwort der Würzburger Synode s. HALLERMANN (wie Anm. 3), 248-251, sowie nochmals HARTMANN (wie Anm. 44) – mit der evangelischen von der »Gemeinde Jesu Christi an der Hochschule« (»Ordnung des Verbandes der Evangelischen Studierendengemeinden in Deutschland« von 2014, Präambel: https://bundes-esg.de/fileadmin/user_upload/ESG/ Downloads/Allgemein/Ordnung_der_Bundes-ESG.2018.VV.pdf, Stand 05.11.2022).

[46] Vgl. HORSTMANN (wie Anm. 16), 42.

bis dato uneingelösten[47] Ansprüche auf »Hochschule« als ganze (und weisen also eine faktische Reichweite auf, die mehr oder minder auf den Kreis der Studierenden beschränkt bleibt).

3. Die Hochschulgemeinden und die Geschichte der Ökumene

Historisch waren die »Jugend- und Studentenbünde«, die im evangelischen Raum seit Mitte des 19. Jahrhunderts auf Weltebene sowie national – von den deutschen Studierendenvereinigungen war schon die Rede – entstanden sind, »Vorläufer«[48] der ökumenischen Bewegung.[49] Diese Feststellung gilt, auch wo anfänglich noch nicht das Ziel der Kircheneinheit propagiert wurde, aber doch eine überkonfessionelle Ausrichtung auf der Tagesordnung stand.[50] Nachdem in der Zeit nach der ersten Weltmissionskonferenz im Jahr 1910 in Edinburgh die ökumenische Bewegung immer mehr an Fahrt aufgenommen und auch das gemeinsame Erleben der leidvollen Zeit seit 1939 zu nochmals neuen Einsichten geführt hatte,[51] nimmt es nicht wunder, dass auch in den nach dem Zweiten Weltkrieg gegründeten ESGen der ökumenische Gedanke ein bestimmender Faktor wurde.[52] Die katholische Kirche hingegen hatte den Ökumenismus in mehreren Stellungnahmen verurteilt und eine aktive Mitwirkung verboten.[53] Hier kam daher – von einzelnen theologischen Initiativen, aber auch der eigenen römischen Beschäftigung mit den Ostkirchen[54] abgesehen – erst mit dem Zweiten Vatikanum und in Rezeption seines Ökumenismusdekrets »Unitatis Redintegratio« (1964) eine nachhaltige Neuforma-

---

[47] Vgl. HARTMANN (wie Anm. 44) 281; GLEICH/JUNKMANN (wie Anm. 25), Kirche, 95 (an der dort beschriebenen Lage dürfte sich in der gen. Hinsicht auch rund 25 Jahre später nichts geändert haben).

[48] REINHARD FRIELING, Der Weg des Ökumenischen Gedankens. Eine Ökumenekunde (Zugänge zur Kirchengeschichte, 10), Göttingen 1992, 41, vgl. auch 41-45.106-108.

[49] Vgl. JOHANNES JÜRGEN SIEGMUND, Bischof Johannes Lilje, Abt zu Loccum. Eine Biographie. Nach Selbstzeugnissen, Schriften und Briefen und Zeitzeugenberichten. Mit einem Geleitwort von Eduard Lohse, Göttingen 2003, 441: »*Zur Geschichte der Ökumenischen Bewegung* erinnert Lilje daran, dass diese aus internationalen Zusammenschlüssen der christlichen Jugend- und Studentenbünde im 19. Jahrhundert entstanden ist. Das sind: der Weltbund Christlicher Junger Frauen (YWCA) 1844, Weltbund der Christlichen Vereine Junger Männer (YMCA) 1855 sowie der Christliche Studenten-Weltbund (WSCF) 1895. Lilje zählt als Ergänzung diesen hinzu: den Weltbund für internationale Freundschaftsarbeit der Kirchen – World Alliance for Promoting International Friendship through the Churches.«

[50] Vgl. FRIELING (wie Anm. 49), 106f.

[51] Vgl. JÖRG ERNESTI, Kleine Geschichte der Ökumene, Freiburg im Breisgau 2007, 47-63.

[52] In dieselbe Periode fiel dann auch die Gründung des ÖRK 1948.

[53] Vgl. ERNESTI, (wie Anm. 51), 39-46.

[54] Vgl. a.a.O., 41f.

tierung. Für die Öffentlichkeit hatte sich damit das Verhältnis der Konfessionen gewandelt, wie gerade in Deutschland mit Blick auf die Geschichte der Reformation betont wurde.[55]

Jedenfalls ist nun auch für die KHGen der Weg frei, selbst[56] und auf breiterer Ebene aktiv zu werden und auf die ESGen zuzugehen. Angesagt sind zunächst fallweise Begegnungen und Kooperationen in den Angeboten: »in nahezu jeder Universitätsstadt existierten ökumenische Gesprächs- und/oder Bibelkreise«,[57] feierte man ökumenische (Wort-) Gottesdienste[58] und zeigte sich auch sonst aufeinander verwiesen. Binnen kurzem waren so »[...] das ›Gespräch‹ und der ›Austausch‹ zwischen evangelischen und katholischen Studentengemeinden fast unbemerkt zu einer Selbstverständlichkeit geworden.«[59] Mehrere Aspekte bündeln sich in dieser Feststellung: Das teils euphorisch begrüßte Miteinander war in der Zeit der konziliar-nachkonziliaren Anfänge vor allem Praxis, nicht Gegenstand theoretischer theologischer Erwägungen. Alsbald war man sich zudem der vorausliegenden, vorkonziliaren Abgegrenztheit und umgekehrt der Größe des nun erreichten Umschwungs nicht mehr bewusst.[60] Und für die erste Folgezeit kann es dann schnell heißen: »Die Ökumene war nun nicht mehr Ziel, sondern bereits Voraussetzung. [...] Gemeinsame Gottesdienste gab es zu dieser Zeit zwar ganz selbstverständlich weiterhin. Der Schwerpunkt lag aber nun eher auf politischen und gesellschaftlichen Themen«,[61] die gemeinsam angegangen wurden und in denen man vereint tätig werden wollte. Womöglich weil damit auch die Beschäftigung mit dem bis dato unweigerlich in konfessionskulturellen Ausprägungen ausgestalteten Christlichen selbst ein Stück weit aus den Augen geraten konnte, schien in dieser Absehung vom spezifisch Konfessionellen als solchem auch bereits der Keim dafür gelegt, weitere tradierte Grenzziehungen zu nivellieren: sei es zwischen christlicher und säkularer Weltauffassung,[62] sei es in Richtung auf andere Weltreligionen hin. Umgekehrt war die Begeisterung der ökumenischen Anfangsjahre später nicht davor gefeit, auf der ein oder anderen Gegenseite restaurative Tendenzen zu provozieren.

---

[55] Vgl. SCHMIDTMANN (wie Anm. 19), 242f.

[56] Bereits 1948 hatte aber die ESG München die KHG zu ihrer »Freizeitwoche« mit eingeladen: vgl. Florian Heinritzi, Phönix aus der Asche oder: Kontinuität in bewegter Zeit? Die KHG in den Jahren von 1948 bis 1958, in: BISCHOF (wie Anm. 10), 51.

[57] SCHMIDTMANN (wie Anm. 19), 243.

[58] Vgl. CHRISTOPH HARTMÜLLER, Einheit im Angesicht Gottes: Zur Geschichte der ökumenischen Gebets- und Gottesdienstgemeinschaft im deutschsprachigen Raum (Studien zur Pastoralliturgie, 45), Regensburg 2021, 228 u.ö.

[59] SCHMIDTMANN (wie Anm. 19), 243.

[60] Zu beiden Aspekten vgl. die Hinweise bei SCHMIDTMANN, a.a.O., 243.

[61] HARTMÜLLER (wie Anm. 58), 228.

[62] Vgl. SCHMIDTMANN (wie Anm. 19), 245-248. Der dortige Hinweis auf Rahners »anonyme Christen« zeigt freilich auch, dass manche Grenzen nicht ohne innere Notwendigkeit in Frage stehen.

Auf das Thema »ökumenische Selbstverständlichkeiten« werden wir noch zurückzukommen haben, wobei sich auch der hier weiter zu referierende geschichtliche Gang noch in dieser Linie begreifen lässt. So schloss sich mancherorts eine
Phase auch struktureller ökumenischer Zusammenarbeit unter den zuvor unbe-
fragt konfessionell geprägten Hochschulgemeinden an. Dabei war und ist die
Spannbreite groß: von einem gemeinsam gestalteten Programmkalender, der die
je eigenen Angebote von ESG und KHG nebeneinander auflistet; über ein beidseits
verantwortetes Programm mit ökumenischem »Auftritt« unter selbständigem
Fortbestehen von ESG und KHG bis hin zu einem für die Angebote der lokalen
ESG und KHG gemeinsam genutzten Gemeindezentrum; von unterschiedlichen
Formen der Einbindung bzw. Integration des anderskonfessionellen Partners in
die eigene, grundlegend noch konfessionelle Struktur von ESG oder KHG über die
Bildung einer äußeren ökumenischen Dachstruktur bei innerem Fortbestehen
jeweils von ESG und KHG bis hin zu einer neu etablierten Institution mit Namen
»Ökumenische Hochschulseelsorge oder -gemeinde« als Ersatz für eine jeweils
eigenständige ESG und KHG (wenn auch nicht unter Austausch des eo ipso
konfessionell gebundenen Seelsorgepersonals).[63] Manche der je und je realisierten
Projekte und Vorhaben erwiesen sich als kurzlebig[64], womit gegebenenfalls auch
Rückbewegungen zu konfessionell gebundenen Mentalitäten und Milieus ange-
zeigt sind. Andere bewähren sich bereits seit Jahrzehnten.[65]

Und doch sind – wie wir bereits sahen – kirchliche Strukturfragen, gar nur
die eigene Institution Hochschulgemeinde betreffend, bloß ein kleiner Teil dessen,
was sich in ökumenischer Verbundenheit bedenken und praktizieren lässt. Ein
anderer besteht in der Reflexion (kontrovers-) theologischer Themen, ein dritter
in einem konzertierten, durchaus in unterschiedlichen konfessionellen Herkünften situierten, aber sich darin nicht begrenzenden Engagement für gesellschaftliche Fragestellungen und Handlungserfordernisse. Nicht vergessen wird man
gemeinsame Gottesdienste, ob diese eigens unter dem Titel »ökumenisch« gelabelt
oder in »konfessioneller Gastfreundschaft« konzipiert sind. Schließlich sind und
waren die ESGen und KHGen Orte der gelebten interkonfessionellen Begegnung,
nicht nur der in spezifisch »ökumenischen« Angeboten vorgeplanten und anbe-
raumten Kontakte, sondern auch der alltäglichen zwischenmenschlichen Beziehungen von Menschen unterschiedlicher konfessioneller Beheimatung, die in offenen Treffs vorbeischauen oder sich zu womöglich inhaltlich ganz untheologischen
Themenbereichen versammeln. Im Ganzen dieser vielfältigen Aspekte waren die
Studierenden- bzw. Hochschulgemeinden eine ökumenische Erfolgsgeschichte.
Sie waren Träger der ökumenischen Bewegung im Alltag wie auch – gelegentlich

---

[63] Zu diesem in Deutschland tatsächlich realisierten Projekt vgl. Matthias Burger, Ökumenische Zusammenarbeit, in: Plisch/Hirschberg/Freudenberg (wie Anm. 4), 228-236, hier
229-231.

[64] So das gemeinsame Programm der Münchener KHG und ESG, das lediglich vom WS
1972/73 bis zum WS 1973/74 reichte: Putz (wie Anm. 21), 82 (s. freilich 85).

[65] Vgl. nochmals Burger (wie Anm. 64), 229-231.

und wo dafür begeisterungsfähige Personen präsent waren – Avantgarde ausdrücklicher Bemühungen, um das Anliegen der Ökumene voranzubringen. Dazu konnte es nicht zuletzt deshalb kommen, weil sich nicht selten eine merkliche Koinzidenz ergab zwischen den Aktiven der Hochschulgemeinden und jenen, die auch darüber hinaus in einem weiteren oder engeren Sinn kirchlich engagiert und interessiert waren.[66] Sind damit Feststellungen umrissen, die noch für die Rolle der Ökumene in den heutigen Hochschulgemeinden charakteristisch sind?

4. Die »Mitglieder« der Hochschulgemeinden und die Ökumene heute

ESGen und KHGen rekrutierten ihre Interessenten oder zum Engagement Bereiten, mit anderen Worten ihre potentiellen »Mitglieder«, auch früher schon aus einem speziellen Segment der Gesellschaft, nämlich der sich aktuell akademisch bildenden oder, je nachdem, auch noch der bereits entsprechend gebildeten Gesellschaftsschicht. Mögen sich deren Grenzen in den letzten beiden Jahrzehnten mit der Propagierung des Studienwegs als mehrheitlichem gesellschaftlichen Idealbild und Bildungsideal massiv ausgedehnt haben, so wird man auch weiterhin die besondere Ausrichtung einer Klientel nicht übersehen, die ungeachtet der später zu erwartenden Multiplikatorenrolle vieler Absolventinnen und Absolventen selbst eben nicht für das Ganze der Gesellschaft steht. Umgekehrt wird heute der besondere Charakter gerade in religiöser Hinsicht nochmals stärker zu Buche schlagen, als man das für die frühere Lage hätte vermerken können. Zwar hat sich die ganze Gesellschaft weiter säkularisiert, doch dürften derartige Effekte die Gruppe der Studierenden (und Akademiker) nochmals ungleich stärker erfasst haben. So mag man u.a. folgende Merkmale für kennzeichnend halten: tendenziell säkularer als der Durchschnitt der Bevölkerung; stärker an Vernunftidealen ausgerichtete Weltanschauung; geringeres Maß an Religionsausübung, Kirchenbindung, Gottesdienstbesuch, mutmaßlich aber höhere Bereitschaft zu zivilgesellschaftlich-menschenrechtlichem, vielleicht auch »nächstenliebendem« Engagement. In gewissem Umfang werden die betreffenden Akteure auch schon vor Aufnahme ihres Studiums entsprechend disponiert gewesen sein. Allerdings wird der besondere Arbeits- und Lebenskontext Hochschule bzw. Studentenschaft ein Umfeld sein, das mit hoher Wahrscheinlichkeit seinerseits spezifische, hier vor allem eben auch säkularisierende Wirkungen auf den Einzelnen ausübt. Generell ist das jugendliche bzw. adoleszente Alter (der Studierenden) auch selbst nochmals ein Faktor, der – nach allgemeiner religionssoziologischer Studienlage – zumindest

---

[66] Auch eine nennenswerte Zahl von Theologiestudierenden war Teil dieser Schnittmenge, obschon jene auch damals wohl in erster Linie ihre eigenen Kreise außerhalb der Studierendengemeinden pflegten.

für größere Teile der fraglichen Kohorte auf tendenziell kirchendistanzierte Selbstauffassungen schließen lässt.

Diese allgemeinen Beobachtungen wird man indes in Bezug auf jene Studierenden, die auf Angebot und Ansprache der Hochschulgemeinden positiv reagieren, wieder ein Stück weit relativieren. Das gilt zumindest für jenen Anteil von vielleicht 5-6 % der Studentenschaft, der zum »*aktiven Kreis der Mitglieder von Hochschulgemeinden*« gehört[67] (während eine ungleich höhere Zahl ein »*Potential von Interessierten*« bildet[68]). Von den Aktiven heißt es, »dass ein großer Teil von ihnen [...] auf eine, in der Regel ausgeprägte [,] religiöse Sozialisation zurückblicken«[69] könne. Das muss keine notwendige Bedingung sein, aber offensichtlich eine, die in den meisten Fällen eine Rolle spielt, wenn es um die mögliche Affinität zur Institution Hochschulgemeinde geht, welche – wie immer man individuell (affirmativ oder abgrenzend) zur real existierenden Kirche steht[70] – so oder so eben doch mit »Kirche« oder jedenfalls dem »Glauben« assoziiert wird.[71] Die benannte religiöse Sozialisation wiederum korreliert insbesondere mit einem »religiös geprägten Elternhaus«.[72] Zu rechnen sei freilich damit, dass zunehmend weniger Studierende eine solche Erziehung oder eine anderweitige Hinführung zum Glauben mitbringen würden und damit das Reservoir derer, die in den Hochschulgemeinden die Gruppe der Aktiven konstituieren, weiter schwinden werde.[73] Doch

---

[67] GLEICH/JUNKMANN, (wie Anm. 25), 96 (die hier publizierte Studie »Forschungsprojekt Hochschulpastoral« betrifft die Arbeit im katholischen Bereich und stammt aus dem Jahr 1995). Ebd., 151 werden die Betreffenden dadurch bestimmt, dass sie »sich heute an den Aktivitäten der Hochschulgemeinden beteiligen«: Wie die nähere Aufschlüsselung zeigt (112f), heißen in diesem Sinne all jene »aktiv«, die entweder »häufig« an Veranstaltungen teilnehmen oder gar ein »Amt« (z.B. Sprecher) bekleiden, während alle, die nur »gelegentlich« teilnehmen, nicht gemeint sind. Ausdrücklich vermerkt ist, »dass bei dieser Fragestellung noch nicht differenziert wurde nach katholischer und evangelischer Hochschulgemeinde« (die Nennungen also den Besuch sowohl der einen wie der anderen Institution an einer konkreten Hochschule umfassen konnten, 112). – »Fast 20 Prozent« der Befragten hätten im Übrigen »schon einmal eine Veranstaltung der Hochschulgemeinde besucht« (106).

[68] GLEICH/JUNKMANN, a.a.O., 96 sprechen (1995) von weiteren 27 %. Diese Gruppe zeige sich »ohne weiteres den Bemühungen und Aktivitäten der Hochschulgemeinden aufgeschlossen [...], auch wenn solche Interessensbekundungen zunächst als sehr unverbindlich und vage zu beurteilen sind.«

[69] A.a.O, 151.

[70] Und selbst wenn man sich – ggf. auch als KHG-»Aktiver« – ausdrücklich nicht als »Mitglied der Kirche« sehen sollte (a.a.O., 129).

[71] Vgl. zum Ganzen a.a.O., 129-135 (»Da der Glaube ein wesentliches Merkmal für den Zugang zur Hochschulgemeinde darstellt«, 128).

[72] GLEICH/JUNKMANN, a.a.O., 128 notieren, »*dass mehr als 3/4 der in der Hochschulgemeinde engagierten Studierenden* [d.i. der oben als »aktiv« Bezeichneten, B.E.K.] *aus einem religiös geprägten Elternhaus stammen.*«

[73] Vgl. a.a.O., 151, aufgenommen bei HARTMANN (wie Anm. 44), 282.

wie immer es sich mit dieser Prognose verhält, stellt sich die Frage, was die postulierte Beziehung zwischen religiöser Sozialisation und der Zugehörigkeit zum Aktiven- bzw. Trägerkreis im Blick auf das Thema der Ökumene bedeuten mag:

Führt eine gelungene Weitergabe des Glaubens durch das Elternhaus oder auch die Kirchengemeinde zu einem hohen Maß an ökumenischer Offenheit oder erweist sie sich im Gegenteil als dafür hinderlich? Die Antwort ist von der Glaubensgestalt abhängig, die konkret vermittelt wurde. Unter den Bedingungen konfessioneller Christentümer wird christlicher Glaube zwar unausweichlich in konfessioneller Prägung (die »Kirchen« im Plural) tradiert, aber nicht notwendigerweise in konfessionalistischer Verengung. Diese kann es sicher geben und dürfte dann auch im Rahmen der Hochschulsituation keine positiven Akzente evozieren oder ökumenischen Bemühungen sogar prinzipiell entgegenwirken. Nicht auszuschließen ist, dass (manche) Anhänger eines missionarisch-evangelikalen Christseins, wie man sie auch in Studierendengemeinden antreffen kann,[74] sich hier zuordnen lassen. Wo indes eine dezidiert kirchennahe Erziehung zugleich ein ökumenisches Bewusstsein grundlegen konnte, sollte es sich dabei kaum bloß um jenen Allerweltsgedanken von Ökumene (»Es ist eh' alles eins!«; »Man sollte sich nicht an Unterschieden aufhalten, sondern eher die Gemeinsamkeiten finden!«[75]) handeln, der in der Mehrheitsgesellschaft[76] verbreitet ist, ohne im Regelfall noch mit einem tieferen Interesse verknüpft zu sein. Vielmehr wird man unter den genannten Bedingungen auf ein »reflektiertes ökumenisches Bewusstsein«[77] hoffen dürfen, das geeignet ist, Ökumene als ernsthaftes Anliegen zu bejahen und es dann auch im Kontext der Studierendengemeinde zu verfolgen. Ein solches mag es auch brauchen, wo es zum Beispiel – und nicht zuletzt im Blick auf Studierende

---

[74] Zum Thema noch weiter unten.

[75] Das letztere Zitat steht ursprünglich sogar im Kontext einer Ökumene der Religionen: vgl. REBECCA NOWAK, Die Bedeutung von Religion für junge Menschen, in: FRIEDRICH SCHWEITZER/GOLDE WISSNER/ANNETTE BOHNER/REBECCA NOWACK (Hrsg.), Jugend, Glaube, Religion. Eine Repräsentativstudie zu Jugendlichen im Religions- und Ethikunterricht (Glaube – Wertebildung – Interreligiosität: Berufsorientierte Religionspädagogik, 13), Münster 2018, 187-202, hier 190. Für die Hinweise zur aktuellen Studienlage danke ich Prof. Dr. Konstantin Lindner, Bamberg.

[76] So vermutlich auch die Gruppe der in KHG- oder ESG-Veranstaltungen nur gelegentlich anzutreffenden Studierenden (s. oben). Zum Thema vgl. auch den Hinweis bei FRIEDRICH SCHWEITZER/GOLDE WISSNER/REINHOLD BOSCHKI/MATTHIAS GRONOVER, Einführung – Zusammenfassung – Zentrale Ergebnisse, in: SCHWEITZER (wie Anm. 76), 10-39, hier 24: »[...] wie sich Jugendliche und junge Erwachsene im Verhältnis zu der in unserer Gesellschaft vorherrschenden religiös-weltanschaulichen Vielfalt positionieren. Die qualitative Untersuchung zeigt, dass ihnen mehrheitlich Toleranz, Offenheit und dialogische Verhältnisse sehr wichtig sind, sowohl innerhalb der eigenen Religion als auch gegenüber anderen Religionen.«

[77] Regine Oberle, Universitäre Religionslehrer/innen-Ausbildung im Spannungsfeld von Konfessionalität und Ökumene. Eine empirisch-qualitative Untersuchung aus Sicht der Lehrenden (Übergänge. Studien zur Ev. und Kath. Theologie/Religionspädagogik, 17), Frankfurt am Main u.a. 2010, 196 (zit. aus Studieninterviews).

aus östlichen Ländern – darum ginge, die hierzulande zentralen bilateralen Beziehungen mit der evangelisch-lutherischen Kirche um multilaterale Perspektiven zu erweitern.

Man wird sich klarmachen müssen: Die oben apostrophierte Selbstverständlichkeit einer ökumenischen Gesinnung, die in der Nachkonzilszeit schon früh Ausdruck gefunden hat und auf ihre Weise auch in das eben angedeutete Alltagsbewusstsein eingegangen ist, muss weder eine hinreichende Basis dafür sein, sich selbst für eine Ökumene der Konfessionen zu verwenden, noch auch nur die Bemühungen anderer zu stützen, das bisher auf diesem Gebiet Erreichte innerhalb der Konfessionskirchen zu stabilisieren. Wer die Ökumene der Konfessionen für sich selbst als ein im Grunde überwundenes Problem betrachtet[78] (und als eines, das auch andere nicht länger als problematisch erachten sollten), löst sich tendenziell von der nach wie vor bestehenden partikularen Realität der Konfessionskirchen ab, ohne doch mit dieser seine selbst erlangte Offenheit zu vermitteln. Was das für die Reproduktionsfähigkeit eines nach wie vor nur konfessionell weitergegebenen christlichen Glaubens bedeutet, sei dahingestellt. Womöglich rührt ein Teil der gegenwärtig nicht zuletzt bei jüngeren Generationen beobachteten Zurückhaltung in Sachen ökumenischen Interesses[79] bereits daher, dass unter der Ägide der beschriebenen ökumenischen Durchschnittsauffassung zuallererst die Aufmerksamkeit und Neugierde für die eigene konfessionelle Heimat nachgelassen hat, mit dem daraus resultierenden Mangel an »Standpunktfähigkeit« aber wiederum die Bedingung der Möglichkeit für ein tieferes Verstehen des konfessionell Anderen (»Perspektivenwechsel«) fehlt und so sich ein qualifiziertes Miteinander gar nicht ereignen kann.[80] Auch die Tatsache, dass gerade Jugendliche und

---

[78] Vgl. das Selbstzeugnis einer 17-jährigen aus dem röm.-katholischen Religionsunterricht: »Ich glaube nicht wirklich katholisch, bzw. finde das evangelische Christentum passender. Ich sag immer ich glaube ›ökumenisch‹.«, zit. bei Annette Bohner, Glaubensveränderung: Selbsteinschätzungen der Jugendlichen, in: Schweitzer (wie Anm. 76), 168-180, hier 175.
[79] Vgl. Kurt Kardinal Koch, Wohin geht die Ökumene? Rückblicke – Einblicke – Ausblicke, Regensburg 2021, 11: »In vielen Begegnungen und Diskussionen höre ich freilich auch Klagen, das ökumenische Engagement habe in vielen Bereichen an Kraft und Vitalität verloren oder zumindest eingebüßt. Vor allem bei Ad Limina-Besuchen berichten Bischöfe, das Interesse an der Ökumene sei, zumal bei der jungen Generation und auch bei jüngeren Priestern, schwächer geworden.«
[80] In diesem Sinne (für eine jüngere Alterskohorte) die Zusammenhänge bei Ulrich Riegel/ Mirjam Zimmermann/Steffi Fabricius/Benedict Totsche, Die Wahrnehmung der Religiosität von Kindern und Jugendlichen im konfessionell-kooperativen Religionsunterricht NRWs durch die Lehrpersonen, in: OERF. Österreichisches Religionspädagogisches Forum 29 (2021) 2, 103-121, hier 107.119. S. dazu auch die Aussage in 105: »Eine für den kokoRU notwendige konfessionelle Standpunktfähigkeit wird von den Lehrkräften nicht wahrgenommen, konfessionelles Bewusstsein sei für die SchülerInnen lebensweltlich irrelevant.« Ähnlich die Ergebnisse einer Durchsicht von Studien zum konfessionell-kooperativen Religionsunterricht bei Ulrich Riegel/Mirjam Zimmermann, Befunde zum Lernen und Lerneffekt im konfessionell-kooperativen Religionsunterricht, in: RpB 45 (2022) 2, 89-105, hier 94: »Die Auswertung von Gruppendiskussionen im Rahmen der Evaluation des kokoRU in

junge Erwachsene ihren (christlichen) Glauben eher als selbstbestimmte Angelegenheit wahrnehmen[81] und in Befragungen regelmäßig hohe Werte an Kirchendistanziertheit[82] artikulieren, mag – wieder die selbstverständliche ökumenische Haltung vorausgesetzt – zwar persönlich zu einem dialogischen Verhalten führen, scheint aber einem einheitssuchenden Engagement im Sinne der institutionellen Konfessionskirchen eher abträglich zu sein.

5. Die heutige Gestalt der Hochschulgemeinden und die Ökumene

Verschafft man sich einen raschen Überblick über ausgewählte Programme der deutschen ESGen und KHGen, so wird man konstatieren, dass Ökumene in der Regel nicht unter den führenden Themen rangiert, die in der jeweiligen Angebotspalette verhandelt werden. Das widerspricht nicht, sondern entspricht gerade der Selbstverständlichkeitsthese. Ökumenisch gesonnen »ist man«. Gegen Angebote, die natürlich und ohne dass das irgendwer überhaupt registrieren würde, eine gemischt-konfessionelle (gegebenenfalls auch eine gemischt-religiöse) Teilnehmendenschar aufweisen, wird keiner etwas einzuwenden haben. Das heißt aber, wie bereits angedeutet, eben noch nicht, dass allein daraus ein bewusster Impuls in Richtung auch nur auf eine Auseinandersetzung mit den konfessionellen Herkünften der Teilnehmenden selbst erwüchse oder gar eine Vertiefung der großkirchlichen ökumenischen Beziehungen als solcher. Eine Ausnahme bilden im Kontext handlungspraktischer Möglichkeiten und Notwendigkeiten (Spielräume ökumenischer Gottesdienste) Fragen von Abendmahl/Eucharistie[83] oder Seitenaspekte, die sich bei der geläufigen Verhandlung je spezifisch konfessioneller, im Besonderen römisch-katholischer Reizthemen (Zölibat etc.) ergeben. Neben

---

NRW erbringt zudem, dass die Lehrpersonen bei ihren Schülerinnen und Schülern nur ein sehr eingeschränktes Interesse an Bildungsprozessen beobachten, die eine Perspektivenübernahme der jeweils anderen Konfession anzielen oder gar ein konfessionelles Bewusstsein problematisieren [...]. Die Befragten nehmen die Kinder und Jugendlichen als durchweg konfessionell kaum gebunden wahr und sehen auch im konfessionell-kooperativen Lernarrangement nur wenig Aktivierungspotential, das Interesse an den Konfessionen zu wecken. Entsprechend skeptisch sind diese Lehrpersonen, was das Erreichen der kokoRU-spezifischen Lerneffekte der Standpunktfähigkeit und des Perspektivenwechsels angeht«.

[81] »Mehrheitlich sehen die Jugendlichen und jungen Erwachsenen ihren Glauben als unabhängig von der Kirche an (»*Mein Glaube hat nichts mit der Kirche zu tun*«, 54%). Darin wird der [...] Wunsch nach religiöser Selbstbestimmung sichtbar, aber auch deren Verständnis im kritischen Gegenüber zu religiösen Institutionen.« (SCHWEITZER [wie Anm. 77), 10-39, hier 23)

[82] Vgl. dazu a.a.O., 10-39, hier 23.27.

[83] Zu diesem und weiteren Aspekten vgl. BURGER (wie Anm. 64), 232-236.

diesen Gegenständen der Kirchenkritik dominieren im Angebot vielleicht der meisten Hochschulgemeinden Veranstaltungen, die sich mit den bereits erwähnten gesellschaftlich-sozialen Fragen, den internationalen Beziehungen, nachhaltigem Wirtschaften und der Klimakatastrophe[84] befassen. Unter den erklärt religiösen Themen haben seit geraumer Zeit die Belange des interreligiösen Dialogs[85] sowie der Beziehungen namentlich zu Judentum und Islam vordere Plätze inne. Nicht zu übersehen sind diverse Ratgeberthemen, die im weitesten Sinne die Agenden von Lebenskunst/-stil, auch -bewältigung – mit dem Ziel eines individuell glücklich gestalteten Lebens – traktieren.[86]

Sicherlich sind auch jeweilige ESGen bzw. KHGen keine uniformen Größen, sondern zeichnen sich untereinander durch eine gewisse Pluralität aus. Anhand der inhaltlichen Orientierung der Angebotsstruktur hat man sogar eine »Typologie« (dreier) charakteristischer Ausprägungen analysiert.[87] Unter dem Stichwort »Problem- und theorieorientierte Gemeinden« findet sich dabei auch das Stichwort »Oekumene« – ohne dass sein Vorkommen freilich immer und überhaupt einen spezifisch religiösen Sinn signalisieren müsste.[88] Andererseits lassen die diversen Jugend-, Sinus- und Kirchenmitgliedschafts-Studien nicht erwarten, dass es in diesem Punkt zu erheblichen Unterschieden in der Einschätzung der Wertigkeit unseres Themas kommen sollte. Das trifft sich mit dem Gesagten. Allerdings stellen, das wird man zu beachten haben, auch die vorgeordneten Vorstellungen von Christsein und Kirchesein selbst nochmals eine plurale Wirklichkeit dar. Natürlich spiegeln die genannten Typen von Studierendengemeinden zu einem

---

[84] Zwischenzeitliche Klagen, die bei der (je) aktuellen Jugend/jungen Generation einen Mangel an politisch-gesellschaftlichen Interessen bemängelten, sind mit dem Aufkommen der »Fridays for Future«-Bewegung (2019) zumindest ein ganzes Stück weit gegenstandslos geworden.

[85] Auch hier liegen die Mehrheitsbewertungen auf der zum Thema Ökumene skizzierten Linie, vgl. dazu (unter Beachtung der Alterskohorte) RIEGEL/ZIMMERMANN (wie Anm. 80), hier 103: »[...] es gehört zu den konsistenten Befunden religionspädagogischer Jugendforschung, dass Schülerinnen und Schüler andere Religionen vor allem als Bereicherung erleben und das Verhältnis zwischen den Religionen vor allem inklusiv und kaum noch exklusiv begreifen«.

[86] Vgl. dazu BERND ELMAR KOZIEL, »Glück und Glas ...« Vom Glück im Leben, in: DERS., Corona und andere Unwägbarkeiten. Vier Stücke systematischer Theologie, Würzburg 2022, 133-169.

[87] Vgl. GLEICH/JUNKMANN (wie Anm. 25), 46f. Neben dem von uns genannten Typus werden angeführt (147): »Religiös-liturgisch-ästhetisch orientierte Gemeinden« sowie »Gesellschaftspolitisch-handelnde Gemeinden«.

[88] In bestimmten Zusammenhängen steht es in einem allgemeine(re)n Sinn für die interreligiöse (ggf. überhaupt weltanschauliche Ökumene (vgl. KUBITZA [wie Anm. 22], 200: »dass seit der Studentenbewegung auch Nichtchristen Glieder der Studentengemeinde sein konnten«) oder auch einfach für weltweite Problemkonstellationen.

Teil auch die damit aufgerufenen Akzentuierungen wider.[89] Für weitere stehen die Konfessionen mit ihren tradierten Spezifika. Andere Unterschiede liegen quer zu den Konfessionskirchen und beruhen letztlich auf differenten hermeneutischen Grundentscheidungen (u.a. buchstäbliche Lesart der Heiligen Schrift). Auch der Studierendenseelsorge sind hier schon von ihrer Geschichte her Spannungen eingeschrieben,[90] die sich in konkreten Fällen auch heute artikulieren und gegebenenfalls auch divergente Bewertungen der Ökumene implizieren können.

Doch basiert die ökumenische Realität innerhalb der Hochschulgemeinden nicht nur auf subjektiven oder kollektiven Wertschätzungen, sondern genauso auch auf strukturellen Gegebenheiten. Die betreffenden Gemeinden haben sich mit der Zeit, wie in einigen Gesichtspunkten bereits beschrieben, weiterentwickelt. In den meisten Fällen scheint die momentane Situation weiterhin von den Merkmalen jener Phase geprägt, die sich nach den bewegten Zeiten der 1968er-Jahre und einer anschließenden Konsolidierungs- und Professionalisierungsperiode,[91] durch die mögliche Alternative kennzeichnen lässt: »Forum oder Gemeinde?«[92] Damit ist hingewiesen auf die immer geringere Neigung zur verbindlichen Gemeinschaftsbildung, welche gerade die zeigen, die nicht zum kleinen inneren Kern der jeweiligen ESGen und KHGen zählen, während jene durch diesen inneren Zirkel gegebenenfalls massiv eingefordert wird[93]: und umgekehrt auf den sich stattdessen herausbildenden Charakter der Hochschulgemeinden als Dialogort mit rascher Themenfolge und alles in allem ausgeprägt passageren Zügen. In religiöser Hinsicht noch typischer als der Forumsbegriff, der Formen eines einigermaßen tiefgehenden Austauschs insinuiert, scheint freilich das Bemühen um »niederschwellige Angebote« einerseits und der beobachtete Trend zur je wechselnden Projektarbeit[94] andererseits. Auch unter dieser Voraussetzung muss es nicht erstaunen, dass das Ökumene-Thema vielerorts aus dem Vordergrund der aktiven Befassung in den Hintergrund der (vermeintlichen) Selbstverständlichkeiten geriet: Es gehört zu den theoretisch anspruchsvolleren Themen, die naturgemäß ein länger währendes Einarbeiten und »Dranbleiben« erfordern. Dem Wunsch

---

[89] Näheres bei BERND ELMAR KOZIEL, Ordensspiritualitäten und der Reichtum christlichen Glaubens, in: Ordensreferat des Erzbistums Bamberg in Verbindung mit den Bildungshäusern Vierzehnheiligen (Hrsg.), Ordensspiritualität. Bearbeitet von Silvia Haase, Bamberg 2015, 8-17.

[90] Vgl. oben zur Neugründung des SfM, heute zur Existenz von evangelikalen u.ä. orientierten Gruppen namentlich innerhalb der ESGen. Zur Problematik vgl. auch (hier mit dem Fokus auf jüngeren Alterssegmenten) MARIA STETTNER, Missionarische Schülerarbeit, München 1999.

[91] Zum Letzteren vgl. (hier für München) FRANZ XAVER BISCHOF, KHG Leo 11 – Neuanfang im Zeitalter der Professionalisierung, in: DERS. (wie Anm.10), 99-103.

[92] DOMINIK TERSTRIEP, Die KHG heute – Forum oder Gemeinde?, in: BISCHOF (wie Anm 10), 105-109.

[93] Vgl. den Hinweis bei HORSTMANN (wie Anm. 16), 5 auf die »Beziehungsarbeit«.

[94] Vgl. HARTMANN (wie Anm. 44), 296.

nach Verkürzung entsprechen sie zumeist nur um den Preis einer verkürzenden Wahrnehmung.

6. Resümee

Die Hochschulgemeinden waren eine Zeitlang Orte reflektierter und sind weiterhin Orte selbstverständlich gelebter Ökumene. Jeweils partizipierten und partizipieren sie an Entwicklungen innerhalb der Studentenschaft und der Hochschule als Lebensraum wie auch der Gesellschaft überhaupt, die Christsein und Kirchlichkeit betreffen. Beides driftet seit geraumer Zeit, gefühlt und nach Studienlage, mehr und mehr auseinander, auch weil – wie wir sahen, auch schon in der jüngeren Generation – ein Bewusstsein von der Selbstbestimmtheit des Glaubens um sich greift, das in deutlich geringerem Maße als früher bereit ist, den Kirchen eine so oder so beanspruchte Auslegungskompetenz für das, was Religion und, davon kaum kategorial unterschieden,[95] Christsein heißen soll, einzuräumen. Diese Situation führt zu paradoxen Effekten, weil das, was einzelne selbst als (christlicher) Glaube definieren und erfahren, immer schon durch die Brechung konfessioneller Linsen auf sie gekommen ist, ohne dass diese Situation – und damit ein fiktives Christsein in Rein-»kultur« – je ganz durchsichtig werden würde. Wer die gesellschaftlich wirksame Relativierung des Konfessionellen vor diesem Hintergrund selbst als ökumenisches Handeln und Sein identifiziert,[96] meint damit jedoch nicht das Thema Kircheneinheit selbst, sondern im Wesentlichen die Bereinigung des Christseins (Kern) um seine Schalen (konfessionelle Christen- und Kirchentümer).[97] Aber gewiss: Die Suche nach dem Wesen des Christlichen kann nie abwegig sein. Und was das heute real existierende ökumenische Bewusstsein bewirken wird, mag die Zukunft zeigen.

---

[95] Vgl. dazu auch OBERLE (wie Anm. 77), 196.

[96] Im Ergebnis ähnlich die Zielvorgabe eines »konfessionsübergreifenden Religionsunterrichts« bei JAN WOPPOWA/BERND SCHRÖDER, Nach der Gemeinschaft der Christinnen und Christen fragen. Religionsdidaktischer Kommentar, in: DIES. (Hrsg.), Theologie für den konfessionell-kooperativen Religionsunterricht. Ein Handbuch, Tübingen 2001, 331-342, hier 340, die dafür den Begriff einer »Ökumene des dritten Weges« (Ulrike Link-Wieczorek) übernehmen.

[97] Diese Intention scheint schon deshalb verständlich, weil die Frage nach der Vereinbarkeit des Institutionellen mit dem Religiösen unter den Bedingungen der Gegenwart kaum Aussicht auf eine positive Antwort hat.

Manfred Böhm

Der Schutz des arbeitsfreien Sonntags – ein ökumenisches Anliegen

»Dass sich die Kirchen für den Sonntagsschutz einsetzen, ist doch nichts weiter als reines Eigeninteresse. Sie möchten, dass die Menschen in ihre Gottesdienste gehen. Aber das machen die sowieso nicht mehr!« So lautete der recht emotionale Beitrag des Geschäftsführers einer großen Warenhausfiliale während einer Podiumsdiskussion zur Frage der Ladenöffnungszeiten.

Sind die Kirchen nichts anderes als Eigenoptimierer in Sachen sonntäglicher Gottesdienstfeiern? Man könnte bisweilen durchaus diesen Eindruck gewinnen. Eine Kirche, die sich auf ihre Selbsterhaltung konzentriert, ist ja nun auch wahrhaftig nicht aus der Luft gegriffen. Die Kirchengeschichte ist voll von Beispielen, in denen die Kirche vor allem sich, die eigenen Strukturen und Pfründe, im Blick hatte und nicht das Evangelium, und damit die Bedingung ihrer eigenen Existenz.

Auch beim Thema »Sonntagsschutz« lässt sich das dingfest machen. Anders ist es kaum zu erklären, dass mancherorts zwischen den Kirchen vor Ort und den Ländern regelrechte Burgfriedensverträge geschlossen worden sind. Der Deal lautet: Die Gottesdienstzeiten am Sonntagvormittag bleiben natürlich geschützt, d.h. da bleiben die Läden selbstverständlich geschlossen. Am Sonntagnachmittag aber werden dann die Läden im Rahmen der gesetzlichen Möglichkeiten geöffnet, ohne dass Kirchenvertreter dagegen irgendwelche Einwände erheben. Solche Vereinbarungen sind allzu durchsichtig. Man muss sich nicht wundern über den verbreiteten Vorwurf kirchlichen Eigeninteresses.

Aber: Wen als Kirchenvertreter beim Thema »Sonntagsschutz« nur der eigene Gottesdienst interessiert, hat überhaupt nicht begriffen, worum es überhaupt geht.

1. Es geht um den Schutz des arbeitenden Menschen

Sonntagsschutz ist zuallererst Menschenschutz. Das war von Anfang an so, wie der Blick in die ältesten biblischen Quellen zum Thema bestätigt:

8 Gedenke des Sabbats, halte ihn heilig!
9 Sechs Tage darfst du schaffen und all deine Arbeit tun.
10 Der siebte Tag ist ein Ruhetag, dem HERRN, deinem Gott, geweiht. An ihm darfst du keine Arbeit tun: du und dein Sohn und deine Tochter, dein Sklave und deine Sklavin und dein Vieh und dein Fremder in deinen Toren.
11 Denn in sechs Tagen hat der HERR Himmel, Erde und Meer gemacht und alles, was dazugehört; am siebten Tag ruhte er. Darum hat der HERR den Sabbat gesegnet und ihn geheiligt. (Ex 20)

Sabbat, wörtlich übersetzt »aufhören« oder »ruhen«, wird hier nicht etwa als Mittel für einen höheren Zweck verstanden. Es geht also nicht darum, mit der Arbeit aufzuhören, um etwas anderes stattdessen zu tun. Das Aufhören und die darin beinhaltete Ruhe des Nichtarbeitens sind der eigentliche Zweck, worum es geht. Die schöpfungstheologische Begründung im dann folgenden Vers Ex 20,11 ist eine erklärende Rahmengebung, die erst wohl in nachexilischer Zeit als nachträglicher Verweis auf Gen 2,2f. hinzugefügt worden ist.[1]

Erst im späteren Buch Dtn 5 wird dann im Vers 15 doch noch ein über das bloße Aufhören hinausgehender Zweck genannt:

12 Halte den Sabbat: Halte ihn heilig, wie es dir der HERR, dein Gott, geboten hat!
13 Sechs Tage darfst du schaffen und all deine Arbeit tun.
14 Der siebte Tag ist ein Ruhetag, dem HERRN, deinem Gott, geweiht. An ihm darfst du keine Arbeit tun: du und dein Sohn und deine Tochter und dein Sklave und deine Sklavin und dein Rind und dein Esel und dein ganzes Vieh und dein Fremder in deinen Toren. Dein Sklave und deine Sklavin sollen sich ausruhen wie du.
15 Gedenke, dass du Sklave warst im Land Ägypten und dass dich der HERR, dein Gott, mit starker Hand und ausgestrecktem Arm von dort herausgeführt hat. Darum hat es dir der HERR, dein Gott, geboten, den Sabbat zu begehen. (Dtn 5)

Wie in einer erläuternden Erklärung zum älteren Exodustext wird hier eine Bedeutung des Sabbats beschrieben, die das bloße Aufhören in einen größeren geschichtstheologischen Zusammenhang stellt und inhaltlich vertieft: Nie mehr sollen versklavende Arbeitsverhältnisse dominieren! Die Erinnerung an die eigene Versklavung in Ägypten und an die Befreiung daraus durch Gott ist genau zu diesem Zweck kollektiv wachzuhalten.

Schließlich wird der Sabbat im priesterschriftlichen Schöpfungstext universal installiert:

2 Am siebten Tag vollendete Gott das Werk, das er gemacht hatte, und er ruhte am siebten Tag, nachdem er sein ganzes Werk gemacht hatte.

---

[1] Vgl. GUNTHER WENZ, Zehn Worte der Weisung. Der Dekalog als Inbegriff der Tora, in: International Journal of Orthodox Theology 8/1 (2017), 31-59, 37.

3 Und Gott segnete den siebten Tag und heiligte ihn; denn an ihm ruhte Gott, nachdem er das ganze Werk erschaffen hatte. (Gen 2)

Nachdem den Israeliten durch die Zerstörung des salomonischen Tempels das Zentrum ihrer Jahweverehrung abhandengekommen war, bedurfte es anderer Maßnahmen, um ihre religiöse Identität zu sichern. So avancierte der Sabbat zu einem der wesentlichen Erkennungsmerkmale israelitischer Identität.

Der Sabbat als siebter Tag der Schöpfungswoche verankert den Schutz des arbeitenden Menschen in der göttlichen Chronologie. Nach göttlichem Vorbild installiert, ist er der Arbeitsruhe vorbehalten, dient aber auch dem kollektiven Gedenken an die Befreiungstat Gottes zur Beendigung der Sklaverei. Und diese kulturelle Errungenschaft ist in der Tat ein Menschheitserbe, denn versklavende Arbeitsverhältnisse sind natürlich über alle Kulturen und Ethnien hinweg bis in unsere Gegenwart hinein Realität und gleichzeitig selbstverständlich als menschenunwürdig und damit als schlichtweg indiskutabel zu verwerfen.

2. Das römische und das israelitische Arbeitsverständnis

In der römischen Antike war die Arbeitswelt klar gegliedert. Grob gesprochen gab es eine horizontale Spaltung. Die besitzlosen Römer (und das war die Mehrheit der Bevölkerung) und natürlich ganz unten die Sklaven trugen die Hauptlast der gesellschaftlichen Produktion, vor allem Landwirtschaft, Handwerk und Handel. In der Oberschicht lebte man von leistungslosen Einkommen aus seinen Besitzungen. Der erwirtschaftete gesellschaftliche Mehrwert landete in den Truhen dieser Reichen. Man verstand sich dort durchaus auch als tätig, aber eben nicht körperlich. Man widmete sich den Staatsgeschäften, der öffentlichen Verwaltung oder den schönen Künsten. Anstrengende, schweißtreibende körperliche Arbeit galt in der Oberschicht als unedel und ehrenrührig. Dementsprechend hielt man sich davon fern und überließ sie der Unter- und Mittelschicht. Diese horizontale Spaltung – unten fremdbestimmte Anstrengung, oben selbstbestimmte Zeit – soll es ja in bestimmten Gesellschaften auch heute noch geben.

Das israelitische Arbeitsverständnis, wie es sich im Sabbatgebot manifestiert, ist demgegenüber ein anderes. Arbeit und arbeitsfreie Zeit sind anders verteilt, nicht horizontal zwischen oben und unten, sondern vertikal: Alle arbeiten sechs Tage lang, auch die Herren, und alle ruhen am siebten Tag – auch die Knechte. Die selbstbestimmte Zeit ist damit nicht – wie man es auch heute noch zur Genüge kennt – entlang der gesellschaftlichen Schichtung verteilt, sondern kommt in einem neuen kollektiven Rhythmus allen zugute. Der Sabbat, die Unterbrechung, das Aufhören ist also tatsächlich eines der ersten Arbeitszeitschutzgesetze der Menschheit und somit der Garant dafür, dass es nicht mehr zu einer vielleicht

auch nur schleichenden Rückkehr zu ägyptischen Arbeits- und Ausbeutungs-
verhältnissen kommt.

Der Sabbat schlägt eine Schneise in die Funktionalität des Alltags und schenkt
mittendrin die Erfahrung zweckfreier Existenz, indem er die ihm zugrundeliegende Exoduserfahrung wachhält. Diese Erfahrung ist keinesfalls historisch abgeschlossen und damit eine bloße Episode aus der frühen Geschichte Israels. Der
Exodus hört quasi niemals auf. Er reicht bis in die jeweilige Gegenwart und
manifestiert sich in entsprechenden Strukturen und in einer befreienden Ethik.
»Losgelöst von der Erinnerung an die Befreiung aus der Unterdrückung gibt es in
den biblischen Traditionen keine Ethik. Nur so wird deutlich, dass die Gebote
nicht den Charakter der Knechtschaft besitzen, sondern der Bewahrung der
Freiheit dienen.«[2] Ohne die Exodusüberlieferung hängt sozusagen die gesamte
Sozialethik in der Luft. Erst das Exodusgeschehen gibt den befreienden Grundton
vor. Die ethischen Gebote aus der Tradition Israels, und damit auch das Sabbatgebot, sind somit keineswegs fremdbestimmte Außenlenkungen, sondern dienen
der permanenten Bewahrung der errungenen Freiheit. Sie sind beständiger Aufruf
zum Auszug aus je aktuellen Gefangenschaften in eine davon befreite Welt. Die
Macht des befreienden Gottes äußert sich nicht in der Durchsetzung heteronomer
Abhängigkeit, sondern setzt den Menschen frei in sein eigenes Subjektsein. Dass
Gott die Macht hat, befreit den Menschen vor hegemonialen Abhängigkeiten von
anderen Menschen.

3. Arbeit unter kapitalistischen Vorzeichen

Solange die Arbeit aber unter kapitalistischen Bedingungen als abhängige Lohnarbeit geleistet werden muss, bleibt sie – und kommt sie äußerlich noch so
attraktiv daher – fremdbestimmt, im schlimmsten Fall sogar prekär und ausbeu-
terisch. Denn die Arbeit, die von Seiten des Kapitals als Ware betrachtet und
behandelt wird, erzeugt mehr Wert, als durch den Lohn, der lediglich der Repro-
duktion der Arbeitskraft dient, abgegolten wird. Dieser wirkursächlich durch die
Arbeit geschaffene Mehrwert (in Form von Warenwerten oder Dienstleistungen
und schließlich von Geld) wird durch die Eigentümer an Produktionsmitteln
abgeschöpft. Arbeitnehmerinnen und Arbeitnehmer bekommen nicht den vollen
Ertrag für ihre Arbeit. Sie bekommen einen Teil. Sie leben aber in der Illusion,
damit sei ihre Arbeitsleistung zur Gänze vergütet. Was sie bekommen, ist nichts
weiter als ein »Abfindungslohn«, der auf Gewinnbeteiligung auf Dauer verzichtet.[3]

Kapitalismus ist demnach ein wirtschaftliches System zur Aneignung des von
der Arbeit erzeugten Mehrwerts durch das Kapital.

---

[2] Jürgen Manemann, Revolutionäres Christentum. Ein Plädoyer, Bielefeld 2021, 135.
[3] Vgl. Oswald von Nell-Breuning, Kapitalismus – kritisch betrachtet. Zur Auseinandersetzung um das bessere »System«, Freiburg/Basel/Wien 1986, 171.

Arbeit unter diesen Bedingungen ist entfremdete Arbeit, auch wenn sie als solche vielleicht gar nicht empfunden wird. Diese Entfremdung hat mehrere Dimensionen:

Da dem arbeitenden Menschen die Produktionsmittel nicht gehören, gehören ihm auch nicht die Produkte seiner Arbeit. Sie gehören einem anderen. Er wird mit jenem oben benannten Reproduktionslohn abgespeist.

Auch die Tätigkeit des Produzierens ist dem arbeitenden Menschen entfremdet. Sie dient nur als Mittel, um Bedürfnisse zu befriedigen. Das eigentliche Leben findet sozusagen außerhalb der Erwerbsarbeit statt. Karl Marx spricht in diesem Zusammenhang gar von »Zwangsarbeit«[4], was man bei einem genaueren Blick in die derzeitige prekäre Arbeitswelt gar nicht so abwegig finden muss. Der moderne Kapitalismus hat es aber auch geschafft, diese Entfremdung vollkommen zu verschleiern und sogar als Selbstverwirklichung zu inszenieren. »Im neoliberalen Regime findet die Ausbeutung nicht mehr als Entfremdung und Selbst-Entwirklichung, sondern als Freiheit und Selbst-Verwirklichung statt. Hier gibt es nicht den anderen als Ausbeuter, der mich zur Arbeit zwingt und mich ausbeutet. Vielmehr beute ich mich selbst freiwillig in dem Glauben aus, dass ich mich verwirkliche. Ich verwirkliche mich zu Tode. Ich optimiere mich zu Tode.«[5]

Und weil der Mensch unter der kapitalistischen Produktionsweise entfremdet arbeiten muss, entfremdet er sich auch von seinem Wesen, d.h. von dem, was den Menschen zum Menschen macht, von seinen körperlichen, geistigen und sozialen Potentialen.

Kein Wunder also, dass als Konsequenz aus der Entfremdung von Arbeitsprodukt, Arbeitstätigkeit und menschlichem Wesen die Entfremdung des Menschen vom Menschen steht. Das Recht auf Arbeit unter diesen Voraussetzungen ist nichts anderes als das Recht, ausgebeutet zu werden.[6] Denn solange Arbeit nichts weiter ist als ein Verwertungsrohstoff zur Kapitalvermehrung, wird es keine Aufhebung der Entfremdung geben. »Arbeitet, arbeitet, Proletarier, vermehrt den Nationalreichtum und damit euer persönliches Elend. Arbeitet, um, immer ärmer geworden, noch mehr Ursache zu haben, zu arbeiten und elend zu sein. Das ist das unerbittliche Gesetz der kapitalistischen Produktion.« So schreibt Paul Lafargue, der Schwiegersohn von Karl Marx 1880 in seiner Schrift »Das Recht auf Faulheit«.[7]

---

[4] Karl MARX, Die entfremdete Arbeit, in: MEW Band 40, Berlin 1968, 514.

[5] BYUNG-CHUL HAN, Das falsche Versprechen der Arbeit, in: Philosophie Magazin, Nr.6/ 2015, 63.

[6] Vgl. KUNO FÜSSEL/GÜNTHER SALZ, Das Ganze verändern. Beiträge zur Überwindung des Kapitalismus (Hrsg. Katholische Arbeitnehmer Bewegung in der Diözese Trier), Norderstedt 2016, 58.

[7] Paul Lafargue, Das Recht auf Faulheit. Widerlegung des »Rechtes auf Arbeit« von 1848 (Zürich 1887), Köln 2015, 23.

Unter den Vorzeichen der kapitalistischen Verwertungs- und Verteilungslogik vermehrt lohnabhängige Arbeit stets nur den Reichtum der Reichen und vergrößert die Armut der Armen.

Eine rein reformorientierte Kritik an Gesellschaft und Arbeitswelt, die diesen dem Kapitalismus, zumal dem neoliberalen Kapitalismus, zugrundeliegenden Ausbeutungs- und Entfremdungszusammenhang übersieht, verziert, um ein Bild von Marx aus anderem Zusammenhang zu gebrauchen, die Kette mit allerlei Blumen. Die Kette selbst als Ursache aller Übel kommt aber nicht in den Blick.

4. Der Sonntag und der Kapitalismus

Das genau ist in Anknüpfung an Dtn 5,15 der unaufgebbare Kern des Sabbatgebots[8]: Nicht lohnabhängige Arbeit unter kapitalistischen Bedingungen ist des Daseins letzter Zweck, sondern jenseits davon ein nicht-entfremdetes Leben in Freiheit und Selbstbestimmung, ein Leben in bewusster Subjekthaftigkeit durch Überwindung aller objektivierenden Verhältnisse. Die Befreiung aus der Knechtschaft also ist die innerste Mitte des Sabbats. Aus der wach zu haltenden Erinnerung daran erwächst der Auftrag, für die Zukunft keine Arbeitsverhältnisse mehr zuzulassen, in denen der Mensch entwürdigt und ausgebeutet wird. Im Sabbat ist die Befreiung beheimatet.

Der Sonntag als christlicher Nachfolgetag des Sabbats setzt dem noch eines drauf, weil er die Gewichte nicht unwesentlich verschiebt. Noch vor aller erbrachten Leistung an den nachfolgenden Arbeitstagen wird mit dem Sonntag als Wochenanfang deutlich, worauf es eigentlich ankommt. Vor aller zweckgebundenen Funktionalität des Alltags steht die bedingungslose und zweckfreie Würde des Menschen, die in der Arbeitsfreiheit des Sonntags ihren Ausdruck findet. Noch vor jeder Leistung rangiert die bedingungslose menschliche Würde. Der Sonntag ist somit die Vorschau auf eine Gesellschaft freier Menschen. Der selbstbestimmte Sonntag ist auch der Ton, auf den die gesamte, in weiten Teilen oft genug fremdbestimmte Restwoche gestimmt ist. »Ist der Sabbat Israels vornehmlich ein Tag des Gedenkens und des Dankens, so ist das christliche Auferstehungsfest vornehmlich ein Tag des Anfangs und der Hoffnung.«[9]

Im arbeitsfreien Sonntag liegt deshalb ein starkes kapitalismuskritisches Potential, das bisher zu wenig in den Blick genommen worden ist. Für den neoliberalen Kapitalismus mit seiner umfassenden Verwertungslogik ist der

---

[8] Vgl. zum Folgenden MANFRED BÖHM/OTTMAR FUCHS, Würde statt Verwertung in der Arbeitswelt, Würzburg 2022, 142ff; auch: MANFRED BÖHM, Der Sonntag – Flausen im Kopf und Freiheit im Blick, in: THERESIA HEIMERL/JOACHIM KÜGLER (Hrsg.), Eine bessere Welt – ohne Religion?, Würzburg 2018, 228-235.

[9] JÜRGEN MOLTMANN, Sabbat/Sonntag: Schöpfung, Erlösung, Vollendung, in: MARTIN FREY/PAUL SCHOBEL, Konflikt um den Sonntag. Der Fall IBM und die Folgen, Köln 1989, 121-130, 129.

arbeitsfreie Sonntag ein gefährlicher Tag. Er setzt den Menschen Flausen in den Kopf, die Flausen nämlich eines vom Verwertungsdruck befreiten Lebens. Er hält die Vision aufrecht, dass unser Leben mehr ist als nur Produzieren, Konsumieren und Funktionieren und dass erst jenseits davon die Eigentlichkeit unseres Daseins zu ihrem Recht kommt.

Diese kapitalismuskritische Zuspitzung dürfen die Kirchen nicht einfach ungenutzt liegen lassen. Die indikativische Erfahrung zweckfreier Existenz ermutigt uns zu visionären Suchbewegungen nach alternativen Lebens- und Gesellschaftsentwürfen und zum Handeln in diese Richtung. Mit dieser subversiven Hoffnung stellt der Sonntag die behauptete Alternativlosigkeit des derzeitigen kapitalistischen Weltentwurfs in Frage. Der religiöse Gehalt des Sonntags bringt den Befreiungscharakter erst so richtig auf den Punkt und zu Bewusstsein: Der biblische Gott ist ein Gott, der um die Zwangsverhältnisse der Menschen weiß und sich für deren Subjekthaftigkeit stark macht. Die sonntägliche Liturgie muss also mehr sein als nur eine folgenlose Ästhetisierung des Alltags. Sie ist nicht der Zuckerguss unseres Lebens. Vielmehr lässt ihre absolute Unverzwecktheit etwas erahnen von der Fülle des Lebens jenseits aller Arbeitszwänge. Karl Rahner spricht sehr treffend von der »seligen Nutzlosigkeit der Liebe zu Gott«[10], einer Nutzlosigkeit, die als solche erst so richtig greifbar wird vor dem Hintergrund der allgemeinen Verwertungslogik, die sich in allen Lebensbereichen unserer Gesellschaft und der menschlichen Existenz breit gemacht hat. Diese Nutzlosigkeit wirkt damit aufgrund ihres bloßen Daseins störend und unangepasst. Der Mehrwert der Kirchen für den Sonntag ist also tatsächlich, dass sie »nutzlose« Freiheitsräume zur Verfügung stellen können, die im Alltag der Menschen ansonsten allzu leicht und allzu oft der hegemonialen und fremdbestimmten Vernutzung zum Opfer fallen.

5. Die Allianz für den freien Sonntag

Die sogenannte Sonntagsallianz ist ein Zusammenschluss kirchlicher und gewerkschaftlicher Gruppen auf Bundesebene und auch in der Mehrzahl der Bundesländer. Seit 2011 existiert auch ein Arbeitsbündnis auf europäischer Ebene, die European Sunday Alliance. In Deutschland haben neben der Gewerkschaft ver.di die Katholische Arbeitnehmerbewegung (KAB) und die Katholische Betriebsseelsorge und von evangelischer Seite der Bundesverband Evangelischer Arbeitnehmerorganisationen (BVEA) und der Kirchliche Dienst in der Arbeitswelt als Träger dieses Bündnis im Jahr 2006 ins Leben gerufen. In vielen Städten, Regionen und Gemeinden ist dieser Zusammenschluss aktiv. Meist

---

[10] KARL RAHNER, Die unverbrauchbare Transzendenz Gottes und unsere Sorge um die Zukunft, in: Schriften zur Theologie 14, 1980, 405 – 421, 414

sind die Kirchengemeinden vor Ort und nicht selten auch der örtliche Deutsche Gewerkschaftsbund (DGB) mitbeteiligt.

Mit der Föderalismusreform des Jahres 2006 hat der Bund die Kompetenz zur Regelung des Ladenschlusses in die Verantwortung der Länder abgegeben. Auslöser für die Gründung der Sonntagsallianz waren die daraufhin mancherorts entstandenen Initiativen der Bundesländer, ihre Ladenöffnungszeiten zu liberalisieren und dadurch den Sonntag seiner verbrieften grundsätzlichen Arbeitsfreiheit zu berauben. Die kirchlich-gewerkschaftlichen Initiatoren setzten sich zum Ziel, auf den verschiedenen politischen Ebenen, wo über Sonntagsarbeit entschieden wird, gemeinsam für den Schutz der Arbeitsfreiheit am Sonntag einzutreten.

Die Anfeindungen waren von Anfang an durchaus heftig, besonders von Seiten der großen Handelskonzerne, die natürlich eine weitgehende Deregulierung des Sonntagsschutzes verfolgten, um ihre Marktmacht ungehindert ausspielen zu können. Einer solchen Deregulierung, nicht nur bei den Ladenöffnungszeiten, sondern viel weitergehender auch beim Arbeitsschutz, stellt sich die kirchlich-gewerkschaftliche Sonntagsallianz seit Jahren entgegen – und das durchaus mit Erfolgen, wie verschiedene Urteile des Bundesverfassungsgerichts und des Bundesverwaltungsgerichts belegen.

6. Gewerkschaft als natürlicher Bündnispartner

In der Tageszeitung »Frankenpost« vom 3. September 2022 positioniert sich die FDP wieder einmal für einen liberalisierten Ladenschluss und natürlich für den Wegfall des Anlassbezugs für die Sonntagsöffnungen. Dem Forchheimer Landtagsabgeordneten Sebastian Körber ist die Zusammenarbeit von Kirchen und Gewerkschaften in dieser Frage offensichtlich ein Dorn im Auge. Er beklagt, dass er »diese ungleiche Ehe von Gewerkschaft und Kirche« nicht verstehe. (S. 11)

Dass Kirchen und Gewerkschaften beim Thema Sonntagsschutz am gleichen Strang in die gleiche Richtung ziehen, ist das Ergebnis eines jahrzehntelangen vertrauensbildenden Annäherungs- und Begegnungsprozesses. Die Zeiten gegenseitigen Misstrauens mit entsprechenden Unvereinbarkeitsbeschlüssen sind endgültig vorbei und somit Geschichte. Kirchen und Gewerkschaften verbindet heute ein breiter sozialethischer Konsens, der sich mit den Begriffen soziale Gerechtigkeit, Solidarität und Menschenwürde in der Arbeitswelt formal beschreiben lässt. In vielen gemeinsamen Aktionen, Verlautbarungen und Initiativen gewinnt dieser Konsens konkrete Kontur. Die Allianz für den freien Sonntag ist dabei nur eine Facette der konstruktiven Zusammenarbeit im Interesse der Arbeitnehmerinnen und Arbeitnehmer.

Nicht zuletzt die neoliberale Dominanz der letzten Jahrzehnte in Wirtschaft und Arbeitswelt mit all ihren negativen Auswirkungen auf die Situation der arbeitenden Menschen haben die Annäherung von Kirchen und Gewerkschaften stark befördert und sie zu engen Bündnispartnern gemacht. Diese Bündnispartnerschaft hat mit »ungleicher Ehe« wenig, aber mit inhaltlicher Übereinstimmung viel zu tun. Dass neoliberalen Lobbyisten die alte Frontstellung zwischen Kirchen und Gewerkschaften, wie sie sie noch aus dem 19. und bis weit ins 20. Jahrhundert hinein so verlässlich kennen, lieber wäre, offenbart wohl eher ihren Wunsch, die gegenwärtigen gesellschaftlichen Ungleichheitsverhältnisse zu zementieren, und damit ihre eigene Ignoranz gegenüber den sozialen Herausforderungen der Gegenwart.

7. Die Sonntagsallianz – ein Aktionsbündnis

Im Lauf der Jahre haben sich bei den lokalen Allianzen eine Vielzahl von Aktionsformen und Handlungsmöglichkeiten herausgebildet, die den Schutz des arbeitsfreien Sonntags gesellschaftlich stärken. Das reicht von klassischen Kundgebungen und thematischen Gottesdiensten über Arbeitshilfen und Unterrichtsmodellen bis hin zu Kurzfilmen und Fachtagungen. Die lokalen Allianzen sind untereinander gut vernetzt. Was sich bewährt, wird weitergegeben. Zwei Handlungsfelder sind dabei der besonderen Aufmerksamkeit wert.

Als spezielle Aktionsform der Sonntagsallianzen haben sich die sogenannten Ruhemobs bewährt. In formaler Anlehnung an die inzwischen verbreiteten Flashmobs machen sich, mit Vorliebe an verkaufsoffenen Sonntagen, Aktivist*innen inmitten von Fußgängerzonen oder öffentlichen Plätzen mit Liegestühlen breit. Es gibt möglicherweise kurze erklärende Wortbeiträge dazu und Vorübergehende werden eingeladen, auf leeren Liegestühlen ebenfalls Platz zu nehmen. Das demonstrative Nichtstun inmitten der hektischen Einkaufsaktivitäten ist die eigentliche Aktion. Sie lebt vom Kontrast. Die so Ruhenden verweigern sich der vorherrschenden Ruhelosigkeit und Getriebenheit und rücken damit eine nicht selten verdrängte Dimension unserer Existenz in den Mittelpunkt. Sie protestieren dadurch zugleich gegen den gesellschaftlichen Trend, die Erwerbsarbeit zu entgrenzen, die bisher kollektiv arbeitsfreien Zeiten damit zu kontaminieren und so unsere gesamte Lebenswelt zu verbetrieblichen.

Das zweite Handlungsfeld liegt auf juristischem Gebiet. Gemeint sind die inzwischen zahllosen und in der Regel erfolgreichen Klagen verschiedener örtlicher Sonntagsallianzen gegen geplante Sonntagsöffnungen in ihrem Zuständigkeitsbereich. Grundlage dafür sind verschiedene höchstrichterliche Entscheidungen, von denen zwei hier erwähnt seien, das Urteil des Bundesverfassungsgerichts vom 1. Dezember 2009 und das Urteil des Bundesverwaltungsgerichts vom 12.Dezember 2018[11].

---

[11] Das Urteil des Bundesverfassungsgerichts vom 1.12.2009 findet sich unter https://www. bundesverfassungsgericht.de/SharedDocs/Entscheidungen/DE/2009/12/rs20091201_1b vr285707.html (abgerufen am 28.4.2023), das Urteil des Bundesverwaltungsgerichts vom

In der genannten einschlägigen Entscheidung des Bundesverfassungsgerichts ist nachzulesen, dass »ein zeitlicher Gleichklang und Rhythmus, also eine Synchronität« der Arbeitsruhe, ergo eine kollektiv arbeitsbefreite Zeit eine wesentliche Grundlage für das soziale Zusammenleben der Menschen darstellt. Ein rein »wirtschaftliches Umsatzinteresse« oder ein alltägliches »Shopping-Interesse« rechtfertigen keine Sonntagsöffnungen. Nur als Ausnahme dürfen die Läden geöffnet werden, wozu es »eines dem Sonntagsschutz gerecht werdenden Sachgrundes bedarf«.

Im Urteil des Bundesverwaltungsgerichts sind Sonntagsöffnungen nur als »Annex« zu einem besonderen Anlass, der das »öffentliche Bild des Sonntags prägt«, möglich. Außerdem sind solche anlassbezogenen Sonntagsöffnungen »auf das räumliche Umfeld der anlassgebenden Veranstaltung« einzugrenzen. Eine Prognose der Besucherzahl wird als notwendige Maßnahme vorausgesetzt.

Mit solchen Urteilen im Rücken konnten in verschiedenen Bundesländern viele kommunale Sonntagsöffnungen, weil nicht den gesetzlichen Vorgaben entsprechend, verhindert werden. Die Sonntagsallianzen arbeiten auf juristischem Gebiet also mit durchaus großem Erfolg.

8. Die Sonntagsallianz – ein Wertebündnis

Die Sonntagsallianz ist indes weit mehr als ein an partiellen Interessen geknüpftes Aktionsbündnis. Es geht ihr tatsächlich nicht nur um den Schutz des Sonntags als eines singulären Wochentags und schon gar nicht, wie einleitend dargestellt, nur um den Sonntagvormittag. Es geht vielmehr um den Schutz des arbeitenden Menschen mithilfe dieses jüdisch-christlichen Menschheitserbes Sabbat/Sonntag. Vor allem ist die Sonntagsallianz also ein Wertebündnis. Es hält die Erinnerung an dieses Menschheitserbe wach und formuliert es aktuell und konkret in die jeweilige Situation vor Ort. Dabei stehen die Interessen der Menschen im Mittelpunkt und nicht die der Kirchen. Der Kirchenvater Irenäus von Lyon bringt das mit der bekannten Formulierung auf den Punkt: gloria Dei homo vivens, der Ruhm Gottes ist der lebendige Mensch. Es heißt bei ihm ausdrücklich nicht homo fidens oder homo religiosus. Es geht beim Sonntagsschutz um den Menschen und eben nicht um die Institution Kirche. Es kann und darf ja nicht sein, dass in dieser um sich greifenden Verwertungsspirale des derzeitigen Kapitalismus alles das verschwindet, was die Würde und Menschlichkeit des Menschen ausmacht.

Nicht umsonst sind der Kirchliche Dienst in der Arbeitswelt und die katholische Betriebsseelsorge in der Sonntagsallianz, also beim Schutz der Menschen vor unnötiger Sonntagsarbeit, im Grunde rundum und flächendeckend engagiert. Für die Menschen in der Arbeitswelt da zu sein, besonders für die Abgehängten

---

12.12.2018 findet sich unter https://www.bverwg.de/121218U8CN1.17.0 (abgerufen am 28.4.2023).

und an den Rand Gedrängten, ist schließlich ihr ureigenster Auftrag. Dort, wo der Druck Menschen in die Knie zwingt, dort, wo Menschen durch asymmetrische Machtverhältnisse klein gemacht und klein gehalten werden, dort, wo demzufolge Resignation und Sprachlosigkeit um sich greifen, genau dort anwesend zu sein, die Betroffenen zu begleiten, mit ihnen zu klagen und anzuklagen, sie aufzurichten, sie zu ermutigen und trotz allem mit ihnen zu feiern und zu singen, das entspricht unserem Verständnis von inkarnatorischer Pastoral. Der Kirchliche Dienst in der Arbeitswelt und die Katholische Betriebsseelsorge tun damit im Grunde nichts anderes, als im gemeinsamen Wort »Für eine Zukunft in Solidarität und Gerechtigkeit« von 1997 nachzulesen ist: Sie »…folgen der Bewegung Gottes, der sich vorrangig den Armen, Schwachen und Benachteiligten zugewandt hat, damit alle ›Leben in Fülle haben‹ (Joh 10,10).« (248)

Und das ist unser verbindend ökumenisches Anliegen. Die Ökumene ist dann kein trennendes, sondern ein verbindendes Ereignis, wenn nicht die Plausibilitäten und Feinheiten der jeweiligen kirchlichen Identität, sondern die Belange und Bedürfnisse der Menschen, seien sie religiös oder nicht religiös, in den Mittelpunkt gerückt werden und das kirchliche Handeln bestimmen. Gerade im Absehen von den eigenen kirchlichen Interessen finden die Kirchen zu ihrer Bestimmung, nämlich Zeichen und Werkzeug des Heiles Gottes für diese Welt zu sein.

Ottmar Fuchs

Bildung zur Solidarität, auch wenn sie ›nichts bringt‹!

Auch die Nazis waren oft sehr gebildet. Bildung ist durchaus ambivalent, wenn nicht klar ist, wofür sie eingesetzt wird bzw. was sie kompensieren soll.[1] Es gibt eine inhaltliche Ökumene der Bildung, die noch tiefer liegt als die interkonfessionelle oder interreligiöse Ökumene, ihr aber ebenfalls zugrunde liegt: die Ökumene der Barmherzigkeit und Gerechtigkeit, der unbedingten Caritas und der unbegrenzten Diakonie.[2] Weltweit ist diese Ökumene zu finden *und* schmerzlich zu vermissen.

Vor vielen Jahren schon habe ich ein Bild gesehen, das mich bis heute bewegt und begleitet, das mich und auch mein Denken seit langem »bildet«, eine Fotografie:[3] Der Aufstand im Warschauer Ghetto (19.4. bis 16.5.1943) ist niedergeschlagen. Die Sieger treiben die Überlebenden zusammen, um sie nach kurzer Zeit zu exekutieren oder in die Gaskammern zu schicken. Hier beginnt das Bild. Neben einem Soldaten, aufrecht, Gewehr nach oben, ein angewinkeltes Knie, in lässiger Herrscherpose, liegen eine Frau und ein Mann, die zusammengehören, mit den Köpfen zum Boden. Der Mann bringt seinen Körper seitlich an die Frau, bedeckt sie etwas, legt seinen Arm schützend über ihren Kopf und Hals.

1. Umsonst und nicht umsonst

Angesichts brutalster Schutzlosigkeit ist dieses Schutzhandeln rational sinnlos und menschlich doch das Einzige, was zu tun noch möglich ist. Ein Bild der

---

[1] Zur Ambivalenz der Bildung vgl. UTE LEIMGRUBER, Nachfolge ist Bildung ist Weltgestaltung, in: Jahrbuch für Biblische Theologie, Bd. 35 (2020), Göttingen 2021, 167-190, 171-173.

[2] Vgl. OTTMAR FUCHS, Die andere Reformation. Ökumenisch für eine solidarische Welt, Würzburg 2016, ²2017.

[3] Bildnachweis: https://www.welt.de/geschichte/zweiter-weltkrieg/gallery115180739/Unbekannte-Fotos-aus-dem-Warschauer-Getto.html, Zugriff 28.12.22; zur Diakonie als inhaltlichem Prinzip der Bildung vgl. auch LEIMGRUBER (wie Anm.1), 184-187.

Nichtaufgabe der Liebe in der Gewalt, eines »gewaltigen« Widerstandes gegen die Gewalt: mit der Macht der Zärtlichkeit gegen die nackte Gewalt an von Schutz und Würde entblößten Menschen, umsonst, weil die Maschinerie der tödlichen Gewalt nicht gestoppt wird, nicht umsonst, weil sich darin die ohnmächtige Macht der Liebe ereignet, die keiner Zweckbestimmung unterliegt.

Die Struktur des Bildes aus Warschau ermutigt paradoxerweise dazu, in der Bedrängung, in der Schutzlosigkeit und Bedrohung, ja in der Hoffnungslosigkeit nicht die letztmöglichen Räume zu verlieren, wo Zärtlichkeit und Kraft, Liebe und Schutz zusammengeraten. In Zeiten wachsender Bedrohung schutzbedürftiger, behinderter und vor Elend und Gefahr fliehender oder darin ausharrender und gegendemonstrierender Menschen geht es darum, nicht zu resignieren, sondern auch im Hoffnungsmangel die Räume der Solidarisierung auszubauen. Gerade in schrumpfenden Handlungsspielräumen, so Jürgen Habermas, sind wachsende Verantwortlichkeiten gefragt.

2. Resignative Erfolgsbedingung

Ein unnachgiebiges Bild gegen alle, die sagen, es habe ja doch keinen Sinn, sich für Gerechtigkeit und Barmherzigkeit einzusetzen und dafür etwas zu riskieren, weil es ja doch keinen Erfolg habe. Die Demonstrationen im Iran haben viel Schmerz gekostet und keine staatlichen Veränderungen gebracht. Im Gegenteil. Waren sie sinnlos? War die mitleidende Solidarität der (vor allem) Frauen außerhalb Irans sinnlos, weil auch sie keinen Erfolg haben?

Es gilt, den Blick zu öffnen für diese Kraft, für diese Zivilcourage, die schützende Hand um jemanden zu legen, als eine eigene Welt in einer Welt der Gewalt, der Destruktion, der gegenseitigen Zerstörung und der Zerstörung der Natur. Angesichts dieses Bildes gilt nicht die Resignation: Was wir schon tun können, nutzt nichts, ist nur ein Tropfen auf den heißen Stein. Dass dieser Tropfen fällt, ist entscheidend. Und manchmal, so sagt ein afrikanisches Sprichwort, sind solche Tropfen die Vorboten eines befreienden Regens. Aber auch wenn dies nicht der Fall ist: Dass solche »Tropfen« nie verloren gehen, ist eine unmöglich mögliche Hoffnung, der immer noch viele, auch viele gläubige Menschen anhängen. Keine dieser Szenen ist, auch wenn die Geschichte darüber hinweggeht, jemals verloren, jedenfalls nicht in den Augen Gottes. Gott sucht alle diese Augenblicke der Solidarität zusammen. Er sammelt sie ein und lässt nichts davon untergehen. Woher kommt diese verrückt-phantastische Hoffnung?

3. Sacer esto

Nach dem italienischen Philosophen Giorgio Agamben verkörpert der »Homo sacer« das nackte Leben im Zugriff staatlicher, struktureller bzw. mehrheitlich basierter Gewalt.[4] Es ist die Strategie der Herrschenden, die Existenz bestimmter Menschen und Kreise auf das nackte Leben zu reduzieren.[5] »Das ›Sacer esto‹ im römischen Recht nämlich bedeutete einen doppelten Ausschluss des Delinquenten: Durch die Straffreiheit des Tötens aus der Sphäre des Menschen und durch die Nichtzulassung der Opferung aus der Sphäre der Götter. Ein verurteilter homo sacer existiert als lebendiger Toter im Niemandsland jenseits von Gottes- und der Menschenwelt, in dessen Grauzone zulässige Tötung und verbotene Opferung zusammenfallen.« So »verkörpert er das nackte Leben im Zugriff souveräner Macht«.[6]

Agambens Gedanken können unschwer mit dem Bild aus Warschau in Verbindung gebracht werden. Die archaische Gestalt des homo sacer bricht hier in einer erschreckenden Weise durch die Zivilisationsdecke durch. Es ist die souveräne Macht, die über den Ausnahmezustand der anderen entscheidet und sie außerhalb der Rechtsordnung stellt.

Dass diese ausgegrenzte Ohnmacht Souveränität gewinnt und die herrschenden Diskurse und Praktiken unterbricht, ist nicht zuletzt die Botschaft des Gekreuzigten, der am Kreuz ebenso vernichtet wie verflucht ist, in Tateinheit mit jener von außen kommenden guten Macht, die in der Auferstehung diesem Leben, das als Torheit erscheint, zum grundlegenden und auch für den Normalfall signifikanten Extremfall erhebt.

4. Kreuz als Schmerz Gottes

Weltweit riskieren Menschen die Erfahrung von Ausgrenzung und Schmerz. Die Leiden der demonstrierenden Menschen im Iran treffen mich zutiefst. Meine Trauer ist ohne Wirkung und doch kann ich ohne sie nicht leben. Es gibt viel zu viele Orte, die solche Trauer und auch Wut auslösen. Man kommt gar nicht hinterher. Und das war schon immer so und wird immer so bleiben, solange es diese egoistische, gierige und gewalttätige Menschheit gibt, und solange es Menschen gibt, die nicht wegschauen.

Das Kreuz ist der Schmerz Gottes über diese Welt. Es ist wenigstens das, wenn Gott schon nicht hilft, noch nicht! Gott ist im auferstandenen Christus, was er in Jesus gezeigt hat: der in den Leidenden der Schöpfung »mitseufzt« (vgl. Röm 8,22) und der in den hungrigen, fremden, obdachlosen, nackten und kranken Menschen begegnet (vgl. Mt 25,32-43).

---

[4] Vgl. GIORGIO AGAMBEN, Homo sacer. Die souveräne Macht und das nackte Leben, Frankfurt am Mai 2001, 94.

[5] Vgl. CHRISTIAN BAUER, Transgressionen der Moderne, in: DERS./MICHAEL HÖLZL (Hrsg.), Gottes und des Menschen Tod?, Mainz 2003, 19-47, 42ff.

[6] AGAMBEN (wie Anm. 4), 42.

Das ist viel, auch wenn es zu wenig ist, weil Gott eingreifend nichts verändert. Es ist dann so, als gäbe es ihn nicht. Analog dazu: Als wüssten die Demonstrierenden im Iran nichts davon, dass es auch außerhalb viele gibt, die mit-leiden und mit-hoffen, wider alle Hoffnung. Aber die christliche Botschaft ist hier hartnäckig kontrafaktisch: Es gibt Gott, und er ist auch noch letztlich gut, weil er uns in Christus seinen Mitschmerz offenbart. Ohne letzteres könnte uns ein derart herzloser Gott gestohlen bleiben. Warum dies so ist, wissen wir nicht. Es treibt den Menschen die Klage und Anklage ins Gesicht.[7] Es gibt nur diesen Rest an Glauben: Gott schmerzt der Menschheit Schmerz, und zwar total und vollkommen. Dann gibt es, wie Dietrich Bonhoeffer in Todesnähe schreibt, »gute Mächte« im Universum, die uns »wunderbar« tragen und bergen.

Und deshalb überzeugt mich überhaupt nicht die kaltschnäuzige Einstellung: Was haben wir davon, wenn sich unser Leiden in Gott verdoppelt?[8] Das ist genauso, als wenn ich sagen würde: Was haben die Geschlagenen, Gefangenen und Getöteten im Iran davon, dass außerhalb ihres Landes Menschen mit-leiden und mit-sorgen?

5. Im Kreuz ist Heil

Ja, mit dem Kreuz steht und fällt der ganze Gottesglaube. Die Offenbarung des geschundenen Gottessohnes offenbart die Wahrnehmung der Geschundenen als theologischen Ort, wo wir, auch wenn das gar nicht richtig möglich ist, ihren Schmerz an unser eigenes Herz heranlassen, mit der ethischen Konsequenz, uns dafür einzusetzen, dass sie aus der permanenten Exklusion frei kommen, nicht als Erfolgsbedingung, sondern als unbedingten Mitkampf für ihre Befreiung. Es geht um die Ermächtigung zugunsten der auch die direkt Nichtbetroffenen betreffenden Definitionsmacht der Betroffenen.[9] Und wenn wir selbst im Schmerz leben und sterben, sind wir nicht allein, hoffentlich nicht bei Menschen, sicher nicht bei Gott.

Unter Menschen, die geliebt wurden und lieben können, gibt es die Erfahrung: Den Menschen lieben, lässt ihn sagen: du sollst nicht sterben. Dieser Gedanke von

---

[7] Zur Ijobsgeschichte als komplexem Ort auch verstehensresistenter Bildung vgl. IRMTRAUD FISCHER, Für das Leben lernen wir – und das Leben lehrt uns, in: Jahrbuch Biblische Theologie 35, Bildung, 95-113, 105-107; zur Bildung nicht nur als Leistung, sondern als Ereignis im Horizont der Gnade (und nicht der Perfektionierung), vgl. EULER RENATO WESTPHAL, Der Mensch und seine Gefährdungen (Gen 4-11), in: ebd., 35-63, 53-55.

[8] Gott geht »natürlich« im Mitleiden mit der Menschheit nicht auf, Gott ist unendlich mehr und darüber hinaus, aber das ist er auch, und zwar unbegrenzt, vgl. OTTMAR FUCHS, Die Pastoral im Horizont der »unverbrauchbaren Transzendenz Gottes« (Karl Rahner), in: Theologische Quartalschrift 185 (2005) 4, 268-285, 279-284.

[9] Vgl. DERS., »A pauperibus evangelizari«. Einige Aspekte zur »Definitionsmacht« der Armen, in: Theologische Quartalschrift 193 (2013), 251-263.

Gabriel Marcel bringt eine Einsicht zum Vorschein, die der christliche Glaube bis in die Liebe Gottes hinein gültig sein lässt, auch über den Tod der Menschen und der Welt hinaus. So unmöglich wie ein mitleidender Gott, so unmöglich ist die letzte Rettung, von uns aus gesehen. Aber wer wird Hoffnung nur unserem Blickwinkel unterwerfen wollen? Ostern lässt trotzig ahnen, dass das rettend Unmögliche möglich ist!

6. Empathiefähiges Wissen ist Weisheit

Die Menschen wissen viel, vor allem, wenn sie ihr Smartphone zur Hand haben. Aber wozu wird Wissen gewusst? Die Ökonomisierung des Wissens im Sinne des Anwendungswissens ist weitgehend nur als Volumen-Kompetenz und als Flexibilisierungs-Kompetenz gefragt: also möglichst viel von dem Wissen, was man zur Anwendung braucht, und möglichst viel Wissen davon, wie man damit flexibel umgeht. Dadurch wird der andere Typ eines darüberhinausgehenden Wissens vernachlässigt: nämlich das Orientierungswissen, das freie, unverzweckte Bildungswissen und das ›umsonstige‹ Wissen. Die Kirchen sollten ihre Investitionen in ihre Bildungsinstitutionen nicht kürzen, eher sind sie zu erweitern: im Dienst an einer Gesellschaft, in der sich Wissen für die Weisheit und solidarische Empathie öffnet.

Antonio Russo

Luther in italienischer Sprache und der ökumenische Dialog

Einige Perspektiven

1. Luther in Italien

In den letzten Jahren sind zahlreiche Publikationen über Martin Luther (1483-1546) erschienen, ebenso wie Ausgaben und Übersetzungen seiner wichtigsten Schriften. Insbesondere die italienische Literatur ist um bedeutende Werke gewachsen, nicht zuletzt wegen des 500. Jahrestages der Reformation (1517-2017)[1]. In diesem Zusammenhang wurde für die Claudiana in Turin die

---

[1] Für einen Überblick: Lubomir Jozef Zák, Percorsi e risultati. difficolta e speranze del dialogo cattolico-luterano, in: »Annales Theologici« 31 (2017), 293-349; Riccardo Burigana, Casa Ieggere? Note per una bibliografia sulla Riforma del XVI secolo e sulle sue eredità in: »Revista de Teologia e Ciencias da Religiao« 6 (2016), 265-302; Ders., Ecclesia semper reformata: La Riforma della Chiesa a 500 anni da Lutero, in Paralellus. Revista de Estudos de Religiao, UNICAP 8 (2017), 407-430; Fulvio Ferrario, Eduardo López-Tello Garcia/Emanuela Prinzivalli (Hrsg.), Riforma/riforme: continuità o discontinuità? Sacramenti, pratiche spirituali e liturgia fra il 1450 e il 1600, Brescia 2019. Im Jahr 2022 wurde ein Band über das Heilige Abendmahl gedruckt (Lutero e la Santa Cena. Storia, ontologia e attualità, Torino, 2022, mit Beiträgen, zusätzlich zu denen der Herausgeber des Textes, von: Johannes Schilling u.a. hrsg. v. Lubomir Zák/ Dieter Kampen. Der Band fasst die Ergebnisse einer internationalen Konferenz über Luther und das Heilige Abendmahl zusammen, die 2021 von der Akademie für Lutherische Studien in Italien veranstaltet wurde. Die Absicht ist, wie Paolo Ricca in seinem Vorwort betont, das Interesse an Luthers eucharistischem Denken wiederzubeleben. Dies ist keine zufällige Wahl, sondern der Tatsache geschuldet, dass die Thematisierung von Luthers Abendmahlsauffassung bedeutet, »in das Herz seiner Theologie und auch seiner Frömmigkeit vorzudringen. In der Tat ist es nicht abwegig zu sagen, dass die Art und Weise, wie Luther das Abendmahl interpretiert, geglaubt und gelebt hat, wahrscheinlich den Zugang zu seinem Verständnis der gesamten christlichen Religion darstellt« (7). Es handelt sich also um einen entscheidenden Aspekt, der die Quelle und der Gipfel der christlichen Einheit sein sollte und stattdessen »zu ihrem Gegenteil und ihrer Verleugnung, zu einem Zeichen und Instrument und Ort der christlichen Spaltung geworden ist« (7). Erwähnenswert sind auch die Texte, die von der Studienkommission zwischen der Päpstlichen Lateranuniversität in Rom und der Universität Tübingen gedruckt wurden. Im Jahre

Veröffentlichung der Ausgewählten Werke Martin Luthers in einer von Paolo Ricca[2] geleiteten Reihe in Angriff genommen, die dank der Sorgfalt der Texte, der genauen Informationen der Kommentare und der Darstellung, die sie in ihre Zeit einordnet, den Weg zu einer konkreteren und strengeren Würdigung des Vaters der protestantischen Reformation eröffnet.

Unter den neueren Studien ist vor allem das von Franco Buzzi, Dieter Kampen und Paolo Ricca herausgegebene Sammelwerk über Luther und die Mystik (Turin 2014) zu erwähnen, das die Veröffentlichungen der Accademia di Studi Luterani in Italien einleitet.[3] Insbesondere der letztgenannte Text sollte die jüngste Literatur über Luther berücksichtigen, um zur Stärkung der Grundlagen des ökumenischen Dialogs beizutragen und zu betonen, »was uns mehr eint als trennt«[4]. Das Ziel bestand darin, einige »wichtige Aspekte des theologischen Denkens von Luther, die auch von katholischer Seite gewürdigt werden müssen, als authentisch christlich einzuordnen sowie umgekehrt Aspekte von Luthers Denken, die in der breiten katholischen Tradition des späten Mittelalters wurzeln ...«,[5] festzumachen. Insbesondere ging es darum, Luthers Verhältnis zur Mystik und deren Bedeutung in der lutherischen Theologie zu überprüfen, was die Notwendigkeit mit sich brachte, die grundlegenden Züge zu analysieren und zu erfassen, die ihn von seinen historischen Vorgängern (biblische Texte, Kirchenväter – darunter vor allem Augustinus –, Bernhard von Clairvaux, Tauler, Staupitz) unterscheiden. Daraus ergibt sich die Schlussfolgerung, dass »seine gesamte Soteriologie [...] im Hochzeitsbild ihren glücklichsten und plastischsten Ausdruck findet [...] wir

---

2020 wurde der dritte Band in italienischer und deutscher Sprache gedruckt, herausgegeben von EILERT HERMS/LUDOMIR ZÁK, Battesimo e Sacramento dell'altare nel fondamento e oggetto della fede. Studi teologici sulla dottrina cattolico-romana ed evangelico - luterana, Città del Vaticano 2020.

Zusätzlich zu diesen Arbeiten ist zu beachten, dass im Jahre 2023 auch der Band MARTIN LUTERO, »Il nostro più grande tesoro«. Scritti sul sacramento dell'altare, hrsg. von A. SABETTA, Vorwort von F. Ferrario und Nachwort von G. Lorizio, Roma 2023, erschienen ist.

[2] PAOLO RICCA (Torre Pellice, 19. Januar 1936) ist ein italienischer Theologe. Er lehrte von 1976 bis 2002 Kirchengeschichte an der Theologischen Fakultät Valdese in Rom. Er promovierte in Basel unter der Leitung von Oscar Cullmann mit einer Arbeit über die Eschatologie des vierten Evangeliums zum Doktor der Theologie. Derzeit lehrt er als Gastprofessor am Päpstlichen Athenäum Sant' Anselmo in Rom. Zu seinen jüngsten Werken über Luther und die Reformation gehören: Lutero, mendicante di Dio, Brescia 2010 (mit E. Cantarella); La fede cristiana evangelica. Un commento al Catechismo di Heidelberg, Torino 2011; L'ultima cena, anzi la Prima. La volontà tradita di Gesù, Torino 2013; Dal battesimo allo »sbattezzo«: la storia tormentata del battesimo cristiano, Torino 2015; Dell'aldilà e dall'al di là. Che cosa accade quando si muore?, Torino 2018; Ego te absolvo. Colpa e perdono nella Chiesa di ieri e di oggi, Torino 2019; Happening dello Spirito. Cose nuove e cose antiche sul culto cristiano, Torino 2020; Domande di vita, Torino 2020; Sermoni, Bologna 2020.

[3] Vgl. http://asli.studiluterani.it/

[4] FRANCO BUZZI, Un differente lavoro ecumenico, in DERS./DIETER KAMPEN/PAOLO RICCA, Lutero e la mistica, Torino, 2014, 10.

[5] BUZZI (wie Anm. 4), 10.

stehen vor einer ›neuen Mystik‹, die völlig originell und innovativ ist und Christus und sein Erlösungshandeln in den Mittelpunkt stellt«[6]. Diese Besonderheit der lutherischen Theologie legt den Grundstein für eine Neuinterpretation des Reformators, die sich von dem Bild seines Denkens, das seit dem 19. Jahrhundert vorherrschte, abhebt und aus diesem Grund, so Cassese, »neue Horizonte für die historiographische Untersuchung und den ökumenischen Dialog eröffnet«[7]. Es ist kein Zufall, dass Dieter Kampen in der Einleitung einräumt, dass sich die Situation im Vergleich zu den Positionen von Karl Barth und Giovanni Miegge in Italien, die sich klar gegen eine Relektüre des Reformators aus einer mystischen Perspektive aussprachen, heute verändert hat:[8] Wir sind also mit einem hermeneutischen Rahmen konfrontiert, in dem die mystischen Aspekte von Luthers Theologie zunehmend geschätzt werden. Ein bezeichnendes Beispiel dafür ist der kürzlich erschienene Band, herausgegeben von Berndt Hamm und Volker Leppin,[9] in dem man bereits im Vorwort lesen kann:»Während bisher in der Lutherforschung ein breiter Konsens darüber bestand, dass Luther zwar traditionell mystische Motive, Bilder und Begriffe aufgreift und transformiert, aber nicht wirklich als mystischer Theologe zu verstehen ist, wird in dieser Publikation die Überzeugung bekräftigt, dass die Gesamtkomposition von Luthers Theologie einen mystischen Charakter hat und dass die Genese dieser Theologie als die Konzeption einer neuen Form von Mystik zu beschreiben ist«.[10] Diese erneuerte Perspektive gibt allen Aufsätzen, die den Band über Luther und die Mystik bilden, auf verschiedene Weise eine Orientierung.

2. Weltliche Autorität und die Freiheit des Christen

Ebenfalls bei Claudiana in Turin erschien 2015 L'autorità secolare, fino a che punto le si debba ubbedienza (1523).[11]

---

[6] MICHELE CASSESE, La mistica nuziale in Martin Lutero, in: BUZZI/KAMPEN/RICCA (wie Anm. 4), 228.

[7] Ebd.

[8] Vgl: KAMPEN, Introduzione (wie Anm. 4), 15.

[9] Vgl. BERNDT HAMM/VOLKER LEPPIN, Gottes Nähe unmittelbar erfahren. Mystik im Mittelalter und bei Martin Luther, Tübingen 2007; VOLKER LEPPIN, Die fremde Reformation. Luthers mystische Wurzeln, München 2016; DERS., Reformatorische Gestaltungen. Theologie und Kirchenpolitik in Spätmittelalter und Früher Neuzeit, Leipzig 2016.

[10] KAMPEN, Introduzione (wie Anm. 4), 17.

[11] Dieser Text war bereits 1949 in dem von GIUSEPPINA PANZIERI SAIJA herausgegebenen und übersetzten Band Luther, Scritti politici, mit einer Einleitung von Luigi Firpo für UTET gedruckt worden (dann 1959 in einer 2. Auflage nachgedruckt und schließlich 1978 neu aufgelegt). In der aktuellen Ausgabe wird jedoch neben einer neuen Fassung erstmals auch der deutsche Originaltext in Italienisch angeboten – entnommen aus Band 3, Christ und Welt, von Luther Deutsch, Deutsche Studienausgabe von Helmut Zschoch – mit einer

In diesem Werk will Luther die wichtigsten Merkmale der weltlichen Autorität erfassen. Er hatte sich jedoch bereits mit dem Problem der »zwei Regimenter« befasst, beispielsweise in seinem Appell an den christlichen Adel der deutschen Nation (1520), dann in seiner Antwort an Melanchthon über die Auslegung des so genannten ius gladii (1521) und in einigen Predigten im Jahr 1522. Insbesondere in dem Text über die weltliche Obrigkeit analysiert Luther den Anspruch deutscher Fürsten, nach Belieben in das Leben ihrer Untertanen eingreifen zu können, und spart ihnen gegenüber nicht mit Epitheta und Ausdrücken wie »stumpfe Hirne«, »Schwindler«, »Wahnsinnige«, »tollwütige Landsknechte«, die das Wort Gottes leugnen und das arme Volk schikanieren. Das Hauptmotiv für diese harten Verurteilungen ist ein Zweifaches: Einerseits will man das arrogante und ungerechtfertigte Recht der Herren, uneingeschränkt zu herrschen, zurückweisen, andererseits will man eine sichere Grundlage für den Einsatz des weltlichen Schwertes schaffen. Daraus ergibt sich die Notwendigkeit einer kritischen Analyse des Wertes der weltlichen Autorität. Die normgebende Quelle oder Norm, aus der man sein Leben schöpft, ist das Wort Gottes, dem damit ein Rang und eine Würde zugeschrieben wird, die von keiner anderen Autorität übertroffen wird; und darauf bezieht sich der Reformator in der Tat, vor allem im zweiten Teil seines Werkes (120-153), der der zentrale ist, um die Ansprüche der unbegrenzten Herrschaft der weltlichen Autorität zu prüfen und zu entkräften, die sich nicht einmischen und vor allem nicht die Formen des religiösen Gottesdienstes vorschreiben darf. Die Herren, die dies tun, überschreiten ihre Grenzen, benehmen sich wie Narren und verderben mit ihrer despotischen und rücksichtslosen Autorität die Seelen, indem sie sich als »ungehobelte Bestien« erweisen.

Jahrhunderte lang war dieser Aspekt eines der meistdiskutierten Themen in der Lutherliteratur, und nicht wenige Gelehrte haben dem Reformator vorgeworfen, die Legitimität der Obrigkeit unkritisch verstanden zu haben, so sehr, dass er seinen Untertanen unbedingten Gehorsam einbläute, und so in Deutschland, insbesondere mit seiner scharfen Verurteilung des Bauernaufstands, antiliberale Instanzen maßgeblich gefördert zu haben, die dann dazu beitrugen, die positive Entwicklung der Demokratie über Jahrhunderte hinweg abzutöten oder zu vereiteln. Andererseits will der Reformator, anders als gemeinhin angenommen, zumindest in diesem von Claudiana angemessen überarbeiteten Text, keine Lobeshymnen auf die Inhaber der verfassungsmäßigen Macht anstimmen. Er geht sogar so weit, das Recht auf Ungehorsam einzufordern, wenn diese die Grenzen ihres Mandats überschreiten.

In diese Richtung geht auch die Neuausgabe der Resolutiones mit einer lateinischen Fassung von Angelo Alimonta und Paolo Ricca, die die Seiten des Bandes 1 (525-608) der Weimarana mit dem vollständigen Titel Resolutiones disputationum de indulgentiarum virtute wiedergibt, d.h. von der Absicht getragen ist, Luthers Positionen genauer als bisher zu erfassen. Über diese Arbeit wurde bereits

---

ausführlichen Einleitung, die den Seiten des Reformators ihren klar erkennbaren Sinn zurückgeben will.

ausführlich berichtet und diskutiert, zuerst von A. Mario Rossi[12] und dann vor allem in dem inzwischen klassischen, mehrfach aufgelegten Lutherband von 1946 von Giovanni Miegge[13]. In der Claudiana-Ausgabe steht dem Leser zum ersten Mal in italienischer Sprache nicht nur eine wertvolle Einführungshilfe, sondern auch Luthers vollständiger Kommentar mit der jeweiligen Übersetzung und der Originalvorlage zur Verfügung. Wir haben es hier mit einem Werk Luthers zu tun, das nach dem Lob von Miegge in Vergessenheit geraten ist, das es aber wert ist, wiederbelebt zu werden, weil in ihm der wahre und echte Sinn der vom Reformator entwickelten evangelischen Buße zum Ausdruck kommt. Diesem Aspekt wird heute wieder mehr Aufmerksamkeit geschenkt. Die Resolutionen sollen vor allem den besonderen Charakter der 95 Thesen, die am 31. Oktober 1517 in Wittenberg angeschlagen wurden, verdeutlichen sowie die biblischen und patristischen Quellen, aus denen sie schöpfen und die das Gewebe bilden, das sie miteinander verbindet, aufweisen. Ein Brief Luthers an den Bischof von Brandenburg vom 22. Mai (oder nach Ansicht einiger Gelehrter vom 13. Februar) 1518 stellt die Thesen und die Resolutionen in ihren Kontext. Er erläutert dann kurz ihre Entstehung und die Motive, die ihre diskursive Artikulation geleitet haben.

Der zugrundeliegende Ausgangspunkt, der auf diesen Seiten schon in den ersten diskursiven Worten auftaucht, ist, dass man eine Thematisierung der ursprünglichen Bedeutung der Themen Buße und Ablass neu durchführen will. Von dieser Notwendigkeit bewegt, fühlt sich der Reformator mit seiner Initiative in voller Ausübung der Funktionen und des Mandats, die ihm als Theologe von der Kirche anvertraut wurden, »verpflichtet (coactus)«, Stellung zu beziehen. Folglich lädt er die kirchliche Gemeinschaft mit seiner Analyse ein, in dieser Hinsicht eine kritische Funktion auszuüben. Insbesondere steht Luther erneut vor dem Problem, die polemischen Ziele der Wittenbergischen Schrift zu unterscheiden und zu präzisieren. Das Motiv, das in dem Werk im Vordergrund steht, ist das der Buße. Es ist kein Zufall, dass er in den 95 Thesen, vor allem in den ersten vier, seine Analysen auf dasselbe Thema konzentriert hatte. Dasselbe geschieht in dem Brief, der die Übersendung einer Abschrift der Resolutionen an Johannes Staupitz begleitet, damit dieser sie seinerseits an den Papst schickt, in dem Luther davon spricht, dass »wahre Buße nur die ist, die aus der Liebe zur Gerechtigkeit und zu Gott kommt, und dass dies das eigentliche Prinzip der Buße ist, nicht ihr Zweck und ihre Erfüllung [...]. Dieses Wort von dir hat mich wie ein scharfer Pfeil getroffen, und seitdem habe ich begonnen zu untersuchen, was die Heilige Schrift über die Buße lehrt«.[14] Auf der Grundlage dieser Überlegungen lernt Luther die Tatsache, dass »›Buße‹ oder metànoia ›Reue‹ und das Bewusstsein

---

[12] Vgl. A. Mario Rossi, Lutero e Roma. La fatale scintilla. La lotta intorno alle indulgenze 1517-1519, Roma 1923.

[13] Vgl. Giovanni Miegge, Lutero. L'uomo e il pensiero fino alla Dieta di Worms. 1483-1521, Torino 2008, 192-217.

[14] Martin Lutero, *Le Resolutiones. Commento alle 95 Tesi (1518)*, hrsg. von Paolo Ricca, Torino 2013, 33.

des begangenen Übels bedeutet, nachdem er die Verurteilung akzeptiert und den Irrtum anerkannt hat, als eine nie wieder aus den Augen zu verlierende Wahrheit kennen und voll akzeptieren. Dies kann jedoch nicht ohne eine Veränderung der inneren Einstellung und Liebe geschehen. All dies entspricht vollkommen der Theologie des Paulus, die meines Erachtens durch nichts besser veranschaulicht werden kann«[15]. Der wahre Sinn der Buße ist also hinreichend geklärt und »entspringt dem Evangelium von der Rechtfertigung des Sünders, der unentgeltlich, wie der verlorene Sohn, der nach Hause zurückkehrt, mit dem Mantel der Gerechtigkeit des für ihn gekreuzigten und auferstandenen Christus bekleidet wird. Reue kommt von Vergebung, nicht Vergebung von Reue«[16]. Es ist die Theologie des Kreuzes, die hier zum Vorschein kommt und für das Denken des Reformators von zentraler Bedeutung ist. In der Tat ist »das Kreuz Christi und des Christen das Herz der wahren Buße. Diese Überzeugung war für Luther nun unausweichlich«.[17]

Diese radikal antihumanistische Perspektive gipfelt in einem Text des Reformators über die Freiheit des Christen, der überraschenderweise kürzlich neu aufgelegt wurde. Eine Übersetzung der deutschen, aber auch der lateinischen Fassung des letztgenannten Werkes war bereits mehrfach gedruckt worden.[18] In der von Paolo Ricca herausgegebenen Ausgabe werden dem italienischen Leser die beiden Originaltexte Luthers mit ihren jeweiligen Vollübersetzungen, von denen die lateinische vom Herausgeber erstellt wurde, in einem raffinierten redaktionellen Layout sowie einer wertvollen Einführungshilfe präsentiert. Die deutsche Fassung hingegen ist die mittlerweile klassische Version von Giovanni Miegge. Im Anhang ist auch die päpstliche Bulle Exsurge Domine – in lateinischer Sprache und in der italienischen Fassung von Marco Genre – abgedruckt.

---

[15] A.a.O., 12.

[16] RICCA, Introduzione (wie Anm.4), 15.

[17] Ebd.

[18] Vgl. MARTIN LUTERO, La libertà del cristiano (1520), hrsg. von PAOLO RICCA, Torino ²2012. Der Text wurde zuerst von GIOVANNI MIEGGE veröffentlicht, Doxa, Milano 1931 (nachgedruckt von Claudiana im Jahr 2004 in der 7. Auflage); dann in dem Band MARTIN LUTERO, Scritti politici, con intr. di Luigi Firpo, hrsg. und übers. von GIUSEPPINA PANZIERI SAIJA, für UTET im Jahr 1949 (1959 in der 2. Auflage neu vorgeschlagen und 1978 nachgedruckt); und im Jahr 1994, hrsg. von JOACHIM LANDKAMMER, der auch eine Übersetzung vieler Varianten des lateinischen Textes gibt – nützlich, um auf soliden Grundlagen den Ursprung und die Bedeutung von Luthers zweisprachiger Schrift zu rekonstruieren – und mit einem kritischen Apparat und einer wertvollen und umfangreichen bibliographischen Hilfe versehen ist. Die lateinische Fassung wurde erstmals im 16. Jahrhundert ins Italienische übertragen und zwar in einer anonymen Ausgabe, die 1883 von Claudiana neu aufgelegt wurde. In jüngerer Zeit wurde eine neue Übersetzung, hrsg. von Italo Pin, erstellt, die in dem Band: Le 95 tesi. Della libertà del cristiano. Sulla prigionia babilonese della Chiesa, Pordenone 1984, enthalten ist; und ein weiteres von Giuseppe Bof herausgegebenes Werk (Padua 2004).

Diese Schrift stellt, wenn auch mit einigen Einschränkungen oder besser Widersprüchen, die sich zum Teil durch den allgemeinen Kontext der Zeit erklären lassen, »eine entscheidende Etappe nicht nur in der Geschichte der christlichen Freiheit, sondern auch in der Geschichte der Freiheit insgesamt dar [...] Mit der Freiheit des Christenmenschen legte [Luther] den Grundstein zu einem großen Gebäude, an dem viele andere, ebenfalls von verschiedenen Voraussetzungen ausgehend, lange gearbeitet haben«.[19]

Dies sind also die Situationen, die im Vordergrund der Arbeit stehen, die uns hier interessieren, und die wir verstehen und unterscheiden müssen, um das dichte Beziehungsgeflecht, in dem sie sich artikulieren, zu entwirren. Für den Reformator selbst enthalten sie »das Wesentliche des christlichen Lebens«[20]. Was aber sind ihre konstituierenden Merkmale, die den Hintergrund und die Voraussetzung für alle anderen Schriften und die wichtigsten Kämpfe und Stationen in Luthers Leben bilden? Es ist in dem hier zu untersuchenden Werk der einzige Text, den Luther ex professo dem Thema der Freiheit gewidmet hat, der »daher einen programmatischen Wert hat und als solcher auch im Licht der späteren Entwicklungen in Luthers Geschichte gelesen werden muss«.[21]

In der Einleitung ordnet Ricca das Werk zunächst in den historischen Kontext der Zeit ein; dann erläutert er kurz seine Entstehung und die Gründe, die seine diskursive Artikulation leiten. Um den gedanklichen Rahmen, an dem sich der Text in seinen wichtigsten Spannungsrichtungen orientiert, konkret zu erfassen, stellt sich ihm insbesondere das Problem, die polemischen Ziele der Schrift zu bestimmen und zu präzisieren. Zu diesem Zweck nimmt er den Kontext des 16. Jahrhunderts als Bezugs- und Vergleichspunkt und umreißt in aller Kürze fünf Interpretationen der Freiheit, denen die kritische Analyse des Reformators gegenübergestellt wird. Der erste Vergleich wird mit dem Konzept der libertas ecclesiae angestellt, d. h. mit der von Gregor VII (1073-1085) ausgehenden und im Dictatus papae (1075), auch unter dem Einfluss der falschen Dekretalen, zusammengefassten Idee, dass die Freiheit der Kirche in der Autorität des Papstes liege und zum Ausdruck komme, dass diese der des Kaisers übergeordnet und daher mit absoluter, unbegrenzter und universaler Macht ausgestattet ist. »Nichts davon findet sich in Luthers Freiheitsbegriff, für den [...] die Kirche, in der das Wort Gottes frei zirkuliert, frei ist«[22], und weiter: »libertas ecclesiae bedeutet die Freiheit jeder einzelnen Gemeinde, ›alle Lehre zu beurteilen und Doktoren der Theologie zu berufen, einzusetzen und zu entlassen‹«.[23]

---

[19] Paolo Ricca, Introduzione, in: Martin Lutero, L'autorità secolare, fino a che punto le si debba ubbidienza (1523), Torino 2015, 60-61.

[20] Luther schreibt: «summa (nisi fallor) vitae christianae compendio congesta, si sententiam captes»; Lutero, La libertà (wie Anm. 19), 65f.

[21] Ricca, Introduzione (wie Anm. 20), 10.

[22] A.a.O., 11.

[23] Ebd.

Und dann ist da noch die Frage der politischen Freiheit mit ihrer drastischen Kritik an den Bauern. Hier sah der Reformator nach Ricca zu Unrecht in dem Bauern, der sich gegen die Herren erhob, eine aufrührerische Person, die von der Absicht beseelt war, die bestehende Ordnung aus den Angeln zu heben und abzuschaffen, und dabei von falschen, vom Teufel gesandten Propheten geleitet wurde. Zu Recht machte er jedoch gleichzeitig ein Konzept der christlichen Freiheit deutlich, das sich geistig und innerlich, theologisch begründet, von dem unterscheidet, was im sozialen Gefüge des »Reiches dieser Welt« zum Ausdruck kommt. Die beiden unterschiedlichen Auslegungen der christlichen Freiheit sind jedoch nicht unvereinbar miteinander, so dass es unfair und falsch wäre, die eine gegen die andere auszuspielen und sie zu trennen. In den sozialen und politischen Forderungen der Bauern sah der Reformer daher »zu Unrecht eine unvermeidliche Verzerrung, wo es sich vielmehr um eine notwendige Umkehrung handelte«.[24]

Ein dritter Vergleichsbegriff philosophisch-theologischer Art, den man zum Verständnis von Luthers Positionen im Auge behalten muss, ist die klassische Frage der Willensfreiheit, die in der Geschichte des Christentums schon seit Augustinus und Pelagius im Zentrum heftiger Auseinandersetzungen stand und an der sich die Scholastik lange abgearbeitet hat. Der Reformator setzte sich mit den Positionen des christlichen Humanismus von Erasmus auseinander und widersprach ihnen. Die Konfrontation mit Letzterem führt zu einer radikalen Verneinung der These, dass der menschliche Wille die Macht hat, zum Heil oder vom Heil weg zu führen. Für Luther ist nämlich, wie auch aus De servo arbitrio (1525)[25] hervorgeht, »der freie Wille eindeutig ein göttlicher Name und kann mit keinem anderen konkurrieren als mit der göttlichen Majestät [...] Ihn den Menschen zuzuschreiben, käme gleichbedeutend mit ihnen die Göttlichkeit selbst zuschreiben, und ein größeres Sakrileg kann es wohl nicht geben«.[26] Aus diesen Gründen, der humanistischen Annahme, und für einige maßgebliche Interpreten »gegen den ›modernen‹ Menschen aller Zeiten«[27] stellt er das alttestamentarische Beispiel des

---

[24] A.a.O. 14. Zu diesen Aspekten siehe auch Ricca (wie Anm. 20), 60-61.

[25] Zu diesem Werk schreibt Heiko Augustinus Oberman, Martin Luther. Un uomo tra Dio e il diavolo, Bari 1987, 209: »Es wird als zu komplex und seltsam abstrakt formuliert angesehen; die Gelehrtenwelt hat es als ein fehlendes oder übertriebenes Werk abgelehnt, von einem schwachen ›libertären‹ Standpunkt aus und von einem starren ›pastoralen‹ [...] Doch das Werk ist, obwohl es schlecht geschrieben ist, keineswegs fehlend, sondern direkt und klar, ohne Rücksicht auf irgendjemanden; man könnte daraus den gesamten Umfang von Luthers Denken ableiten, selbst wenn von allen seinen Schriften nur diese Seiten übrig blieben.«

[26] WA 18, 636, 28-29, 30-32.

[27] Oberman, Martin Luther (wie Anm. 26), 208. Für Obermann »muss eine solche völlige Entbehrung des Menschen am Vorabend seiner größten wissenschaftlichen Entdeckungen und seiner bleibenden kulturellen Werke Luther als geistigen Bezugspunkt in den Umwälzungen der Neuzeit ausgeschlossen haben« (216). Zu diesen Aspekten siehe auch den von Oberman herausgegebenen Band »Luther and the Dawn of the Modern Era. Papers for the Fourth International Congress for Luther Research, Leiden 1974«. Insbesondere Ebeling

Auszugs aus Ägypten gegenüber und ersetzt es. Sie zeigt ihm den konkreten menschlichen Zustand, in dem »der Mensch, der von einem ›Ägypten‹ versklavt ist, das er selbst sein kann, von Gott ›zur Freiheit berufen ist‹ (Gal 5,12). In diesem Ruf liegt die Wurzel der Freiheit«.[28]

Ein weiteres Modell ist das mystisch-apokalyptische Modell, das in jenen Jahren vor allem mit der prophetisch-chiliastischen Figur des Thomas Müntzer verbunden war, beeinflusst von der Joachimschen Vision der drei Epochen der Geschichte und durchdrungen von millenaristischen Hoffnungen, die von der marxistischen Geschichtsschreibung als die erste »bürgerliche Revolution ohne Bourgoisie« in Deutschland (F. Engels) oder als eine Theologie der Revolution angesehen wurde.[29] Auf jeden Fall wollte sie das Reich Gottes auf Erden errichten, in der Überzeugung, dass Freiheit nichts anderes sei als das, »was das ganze Volk genießen wird, wenn es von der unterdrückenden Macht der Fürsten befreit ist«. Gegen Müntzer spart Luther nicht mit Epitheta und Verurteilungen und brandmarkt ihn als »blutdürstigen und bösen Propheten«[30]. Insbesondere lehnt er die Positionen des Stolberger Theologen (1489-1525) radikal ab, weil dieser das »weltliche Schwert« benutze, Aufruhr betreibe und Räuberbanden bilde und sich somit »Gott entgegenstelle und seinen Namen lästere« und somit »im Namen des Teufels« spreche und handle.[31] Für den Reformator hingegen muss das Volk nach Mose (Ex 21), dann nach I. Petr. 2, vor allem aber nach Röm. 12[32] »der [konstituierten] Macht und Autorität unterworfen sein; denn es gibt keine Macht außer der von Gott, und die Macht, die überall besteht, ist von Gott eingesetzt. Wer sich also der [etablierten] Macht widersetzt, widersetzt sich der Ordnung Gottes«.[33]

Die einzig mögliche Revolution, so Luther, »ist die ›Revolution von oben‹, die von Gott, der – wie Maria im Magnifikat singt – ›die Mächtigen vom Thron gestürzt und die Demütigen erhöht hat‹«[34] (Lk 1,52). Er spricht in Anlehnung an Augustinus und einigen Bibelstellen (Joh 18,36-37; Mt 3,2; Mt 6,33, Mt 4,23) von einem »Reich Gottes« (der Gläubigen) und einem »Reich dieser Welt« (der Feinde Christi), die einander gegenüberstehen. Damit stellt er fest, dass das Reich des Schwertes für die Nichtchristen oder die Ungerechten gilt, die »nicht tun, was

---

argumentiert dort in seinem gehaltvollen und dichten Beitrag, der sich genau auf Luther und den Beginn der Neuzeit konzentriert (11-39), dass »Luther was occupied with a state of affairs that transcends Middle Ages and Modern Era. Precisely this qualified him to criticise in both directions« (37).

[28] Lutero, La libertà (wie Anm. 19), 15.

[29] Vgl. Ernst Bloch, Thomas Münzer als Theologe der Revolution, München 1921.

[30] Martin Lutero, Sulla guerra dei contadini, in: Ders., Scritti politici, hrsg. von Giuseppina Panzieri Saja und mit einer Einleitung von Luigi Firpo, Torino 1949, 495.

[31] Ebd.

[32] Ricca, Introduzione (wie Anm. 20), 79; Fußnote 32 ebd. ändert Luthers Zitat ab und bezieht sich korrekt auf Röm 13,1-2.

[33] Ebd.

[34] Ricca, Introduzione (wie Anm. 20), 41.

recht ist, und dazu brauchen sie das Gesetz, um sie zu lehren, zu zwingen und zu verpflichten, das Rechte zu tun«[35]; während im geistlichen Reich »kein Fürst oder König oder Herr notwendig oder nützlich wäre [...] Denn wer gerecht ist, tut von sich aus alles und mehr, als die Gesetze verlangen«.[36] Das Gesetz hat also eine positive Funktion, ja es wurde von Gott selbst eingesetzt (Röm 13,1.4), indem es Gerechtigkeit übt und böse Werke verhindert. Aus diesen Gründen ist »das Schwert äußerst notwendig«[37], und derjenige, der mit weltlicher Autorität ausgestattet ist, ist daher »ein Diener Gottes«[38].

Schließlich gibt es für Ricca, nachdem er, wenn auch nur sehr kurz, die wichtigsten Freiheitsvorstellungen skizziert, denen Luther bei der Abfassung seines Textes von 1520 nicht nur in seinen Überlegungen, sondern auch in der Praxis energisch entgegentreten musste, noch eine andere, gewiss nicht marginale Sicht der Dinge, an die wir uns erinnern müssen und zu der sich der Reformator in den Jahren seiner Reife durch eifrige Bezüge und Vergleiche immer mehr gezwungen sah. Es geht hier um die Tendenz, die sich zu seinen Lebzeiten durchsetzte und ausbreitete, »ein dauerhaftes System von Beziehungen zwischen Kirche und Staat (auf territorialer Ebene) zu schaffen, in dem die Kirche Gefahr lief, neben ihrer administrativen Autonomie auch ihre geistliche Unabhängigkeit zu verlieren«.[39]

Gegen diese Entfaltung und Neupräsentation bestimmter Punkte der »gregorianischen« Idee der libertas ecclesiae unter anderen Vorzeichen – d.h. nun auf die evangelischen Kirchen angewandt – kämpfte Luther, überzeugt von der Notwendigkeit, »sowohl die Unterordnung des Staates unter die Kirche als auch die Unterordnung der Kirche unter den Staat« zu bekämpfen, und versprach, »mit Gottes Hilfe« weiterhin Widerstand zu leisten.[40] Dieser Widerstand blieb jedoch erfolglos, so dass »das Leben der lutherischen Kirchen in Deutschland und in den skandinavischen und baltischen Ländern in unterschiedlichem Maße und mit unterschiedlichem Ergebnis der Einmischung der politischen Autorität unterworfen war«.[41]

Dies ist die Voraussetzung und der kulturelle Hintergrund, der nicht ohne Folgen bleibt und der sich schon zu Beginn von Luthers Wirken und Schaffen abzeichnet. Es ist der Rahmen des theologischen, philosophischen und politischen Denkens, mit dem er konfrontiert wurde und gegen den er immer wieder seine starke Ablehnung zum Ausdruck brachte.

Aber was waren die unmittelbaren Umstände, die zu diesem Text geführt haben?

---

[35] A.a.O., 87.

[36] Ebd.

[37] A.a.O., 97.

[38] A.a.O., 107.

[39] Ricca, Introduzione (wie Anm. 20), 18.

[40] A.a.O., 19.

[41] Vgl. ebd.

Für diejenigen, die sich informieren und die Ereignisse verfolgen wollen, die zur Entstehung des parvo opuscolo geführt haben, geht Ricca im zweiten Teil seiner Einführung auf die Gründe ein, die zu seiner Ausarbeitung geführt haben, und stellt diese dar. Der Text wurde insbesondere auf Drängen von Karl von Miltitz als ein Werk konzipiert und verfasst, das utraque lingua (in Latein und Deutsch) gedruckt werden sollte, um den Versuch einer friedlichen Beilegung des Konflikts mit Rom nach der Bulle Exsurge Domine zu unterstützen, wie der Reformator selbst in einem Brief an Spalatino vom 12. Oktober 1520 erinnert.[42] Die Initiative hatte jedoch nicht die gewünschte Wirkung. Luther hatte in der Zwischenzeit, noch bevor die Schrift über die Freiheit der Christen im Druck erschien, bereits die Schrift »Gegen die Schändliche Bulle des Antichristen« verfasst und veröffentlicht und dann am 10. Dezember desselben Jahres die Auseinandersetzung durch die öffentliche Verbrennung der päpstlichen Bannbulle entscheidend wiederbelebt.

Auf jeden Fall wurde das in zwei Teile gegliederte Werk von 1520 innerhalb weniger Tage verfasst. Die lateinische Fassung war breiter und in ihrer kulturellen Struktur deutlicher und richtete sich an ein kultiviertes und theologisch gebildetes Publikum. Die deutsche Fassung war knapper und an das Volk gerichtet. Trotz der Varianten und der unterschiedlichen Intentionen gibt es jedoch eine tiefgreifende und wesentliche Übereinstimmung zwischen den beiden Texten. Das erste Moment des Werkes, das die Grundlagen für den gesamten weiteren Diskurs legt, »wird in der These zusammengefasst [...] Der Christ ist frei, weil er zugleich Herr und Diener ist. Er wäre nicht frei, wenn er nur Herr wäre oder wenn er nur Diener wäre. Aber er ist frei, weil er beides zugleich ist«.[43]

Diese Aussage bezieht sich beispielhaft auf die Gestalt Christi, der Meister und Herr ist und zugleich »nicht gekommen ist, um sich bedienen zu lassen, sondern um zu dienen« (Mk 10,45). »Indem sie in ein und derselben Person – zuerst Christus, dann der Christ – koexistieren und so miteinander in Beziehung treten und sich sozusagen gegenseitig kontaminieren, werden Freiheit und Knechtschaft auf innige Weise verwandelt. Die Grundlage der Verwandlung ist die Begegnung der Seele mit Christus, die der Glaube an das Wort ermöglicht und die Luther mit dem Bild einer Hochzeit veranschaulicht, bei der die Seele (die Braut) Christus (dem Bräutigam) das übergibt, was ihr gehört (Sünden, Gewissensbisse, Ängste usw.), und von Christus sein Hochzeitsgeschenk (Vergebung, Frieden, Gelassenheit usw.) empfängt. Es ist dieser ›glückliche Austausch‹, diese iucunda permutatio, die den Menschen frei und zugleich zum Diener nach dem Bild Christi macht«.[44]

Der Reformator versteht diese Freiheit als innere oder geistige Freiheit. Und sie ist seiner Ansicht nach der Kern des Christentums selbst. Die wichtigsten Bei-

---

[42] Vgl. MARTIN LUTHER, in: WABr. 2, 197,6-9.

[43] RICCA, Introduzione (wie Anm. 20), 25.

[44] A.a.O., 26.

spiele für diese Perspektive finden sich in Luthers Denken und Wirken in vielfältiger Weise wieder. Dabei kehrte er immer wieder zu ihrem geistigen Charakter zurück. Diese Konnotation wurde von einigen als Einschränkung empfunden und gab Anlass zu heftiger Kritik. Der wichtigste Einwand, der dagegen vorgebracht wurde, ist, dass sich Luther damit seine kritische Kraft und seine innovative Stossrichtung genommen hätte, wodurch er nichtig geworden wäre und der Diskurs sogar zu einer Ratifizierung des bestehenden Status quo, zu einer Art politisch-autoritärem Konservatismus geworden wäre.

Nach Ricca hat der Reformator die Freiheit zwar als geistig charakterisiert, aber damit wollte er sie nicht auf die Sphäre des inneren Lebens eingrenzen. »Luther selbst hat sie nicht nur verkündet, er hat sie praktiziert und bis zur Spaltung des christlichen Gewissens, aber auch des abendländischen Christentums selbst ›externalisiert‹ [...] Diese ›Externalisierung‹ betraf nicht alle Bereiche der damaligen Gesellschaft, vor allem hat sie die bestehenden sozialen Strukturen nicht verändert oder gar – man könnte sagen – untergraben und damit die Bauern nicht von der Leibeigenschaft befreit. Aber die religiöse Revolution, die im 16. Jahrhundert im Namen der christlichen Freiheit durchgeführt wurde, konnte in der Geschichte Europas nur ein Samenkorn sein, das in den folgenden Jahrhunderten auf verschiedenen Gebieten viele, ja ›äußere‹ Früchte tragen sollte«.[45]

Die wichtigste Frucht jedenfalls, die Luther selbst im Schluss des dreißigsten Punktes seiner Schrift einfach darlegt, ist, dass »der Christ nicht in sich selbst lebt, sondern in Christus und in seinem Nächsten, sonst ist er kein Christ: in Christus durch den Glauben, in seinem Nächsten durch die Liebe; durch den Glauben wird er über sich selbst zu Gott emporgehoben, und umgekehrt steigt er durch die Liebe unter sich in seinen Nächsten hinab«.[46]

Hier findet sich für den Reformator die Grundlage der christlichen Ethik, in der das liberum arbitrium nach dem Sündenfall gegenüber Gott res de solo titulo bzw. immo titulus sine re ist; und damit will Luther die ganz entscheidende Rolle des heilbringenden Rechtfertigungshandelns Gottes deutlich machen. Diese Positionen stünden, so einige maßgebliche katholische Gelehrte, wie z.B. Otto Herrmann Pesch, nicht nur nicht im Widerspruch zur katholischen Lehre, die nicht missverstanden, d.h. richtig verstanden wird, sondern würden sogar »die katholische Tradition gegen einen humanistischen Freiheitsbegriff«[47] schützen. Und in dieser Hinsicht wäre das Konzil von Trient selbst in der Substanz des Arguments klar: »...was die Passivität des Sünders vor Gott betrifft, [...] keine Zustimmung, keine Mitarbeit des Menschen, die nicht zuvor durch die Gnade Gottes in Gang gesetzt worden ist. Und im ›Gnadenstreit‹, der wenig später zwischen Thomisten

---

[45] A.a.O., 28.

[46] LUTERO, La libertà (wie Anm. 19), 220: «Christianu(m) hominem non viuere in seipso, sed in Christo (et) proximo suo, aut Christianu(m) no(n) esse, in Christo per fidem, in proximo per charitate(m), per fidem sursum raptiur supra se in deu(m), rursum per charitate(m) labit(ur) infra se in p(ro)ximu(m)».

[47] OTTO HERMANN PESCH, Martin Lutero. Introduzione storica e teologica, Brescia 2007, 221.

und Molinisten begann, konnten erstere im Einklang mit dem Konzil eine Theorie entwickeln, die zwar weiterhin das Wort ›Freiheit‹ verwendete, sich aber mit scholastischen Mitteln ganz auf die Linie Luthers stellte«.[48]

3. Walter Kasper und der Dialog mit der Reformation

In diesem Sinne schrieb im Jahr 2004 Kardinal Walter Kasper, der damalige Präsident des Päpstlichen Rates zur Förderung der Einheit der Christen, unter Bezugnahme auf die gemeinsame Erklärung des Lutherischen Weltbundes und der katholischen Kirche zur Rechtfertigungslehre (31. Oktober 1999), mit einer gewissen Vorsicht gegenüber den Positionen von Pesch, dass man in der ökumenischen Theologie des 20. Jahrhunderts im Blick auf die Rechtfertigungslehre von einem »differenzierten Konsens« sprechen kann, der »Widersprüche definitiv ausschließt, jedoch einander ergänzende Gegensätze enthält«.[49] Im selben Jahr hat Kasper im Anschluss an bestimmte Äußerungen von Johannes Paul II. zwar klar anerkannt, dass es noch weitere und gewiss nicht unbedeutende Probleme gibt, die gelöst werden müssen (insbesondere im Bereich der Ekklesiologie). Dennoch sei die Erklärung selbst »ein Meilenstein«[50] oder »ein kirchliches Ereignis«, mit dem ein »grundlegender Konsens«[51] erreicht und die Gemeinschaft mit den aus der Reformation hervorgegangenen Kirchen erweitert wurde.[52] In den darauffolgenden Jahren, insbesondere im Juni 2000 mit der Note der Glaubenskongregation zum Begriff »Schwesterkirchen« (EV 19, 573f.) und einige Wochen später mit der Erklärung Dominus Jesus (EV 24, 223f.), die beide von evangelischer Seite sehr negativ aufgenommen und sogar »als verunglimpfend und demütigend« verstanden wurden, gab es laut Kasper recht harsche Reaktionen, die den ökumenischen Dialog erneut erschwerten, auch wenn man nicht »von einem ökumenischen Winter«[53] sprechen könne. Abgesehen von der Konvergenz in bestimmten Punkten und Aspekten, so wichtig sie auch sein mögen, bestehen also weiterhin tiefe und substanzielle Unterschiede auf dem ekklesiologischen Terrain.

---

[48] A.a.O., 221f. Decretum de justificatione di Trento (Sess. VI), Can. 1 (Denzinger, 811) sagt: «Si quis dixerit, hominem suis operibus, quae vel per humanae naturae vires, vel per legis doctrinam fiant, absque divina per Christum Iesum gratia posse iustificari coram Deo: anathema sit».

[49] WALTER KASPER, Wege der Einheit. Perspektiven für die Ökumene, Freiburg i. Br. 2004, 172.

[50] A.a.O., 173.

[51] A.a.O., 168f.

[52] Vgl. a.a.O., 164.

[53] WALTER KASPER, Chiesa cattolica. Essenza- Realtà – Missione, Brescia 2012, 53. Vgl. auch DERS., Harvesting the Fruits. Basic aspects of Christian Faith in Ecumenical Dialogue, London 2009, in dem Kasper eine Bilanz von fast 40 Jahren ökumenischen Dialogs mit Anglikanern, Lutheranern, Calvinisten und Methodisten gezogen hat und versucht, die erzielten

Welche Bedeutung und Rolle spielt oder kann Martin Luther in diesem Rahmen des Denkens und der Entwicklungen spielen, zumal er persönlich keineswegs ein ökumenischer Geist war, sondern stark zur Polemik neigte?

Für Kasper hat Papst Franziskus in Fortführung eines bereits vom Zweiten Vatikanischen Konzil vorgezeichneten Weges in der Ekklesiologie einen neuen Akzent auf die Rolle des Volkes Gottes und auf die synodale Konzeption der Kirche gesetzt, was so weit geht, dass er »die ökumenische Einheit nicht mehr mit dem Bild konzentrischer Kreise um das römische Zentrum darstellt, sondern mit dem Bild des Polyeders, d.h. einer Wirklichkeit mit vielen Gesichtern [...] ein Ganzes, das das Licht, das auf es fällt, auf wunderbare Weise vielfältig reflektiert.«[54] In der apostolischen Exhortation Evangelii gaudium (2013) lud er dann alle (d.h. auch den Episkopat) zur Umkehr ein und betonte damit »die ursprüngliche Grundforderung Luthers, nämlich das Evangelium der Gnade und Barmherzigkeit und den Aufruf zur Umkehr und Erneuerung«.[55] Es sollte auch bedacht werden, dass der Bezug auf den Reformator und insbesondere auf seine Lehre über das Abendmahl und den eucharistischen Realismus es uns ermöglicht, eine theologische und kirchliche Dimension ins rechte Licht zu rücken, die heute von den evangelischen Kirchen vergessen wurde, die es uns jedoch erlaubt, auch im Lichte der jüngsten Ergebnisse der katholischen Eucharistietheologie über die Lehre von der Anamnese in ökumenischer Perspektive die tridentinische und spätere Kontroverse über den Charakter der Messe zu überwinden.[56] Ein weiterer Schritt nach vorn könnte nach Kasper darin bestehen, die Beziehung zwischen Luther und der Mystik, die in den Schriften des Reformators nicht nur in seiner Jugend, sondern auch später auftaucht, richtig zu bewerten. In jedem Fall »liegt der wichtigste Beitrag Martin Luthers zur Förderung der Ökumene nicht in den ekklesiologischen Ansätzen, die bei ihm offen bleiben, sondern in seiner ursprünglichen Ausrichtung auf das Evangelium von Gottes Gnade und Barmherzigkeit und seinem Aufruf zur Umkehr [...] Nur Gottes Barmherzigkeit kann die tiefen Wunden heilen, die die Spaltung dem Leib Christi, der die Kirche ist, zugefügt hat. Sie kann unsere Herzen verwandeln und erneuern, so dass wir bereit sind, uns zu bekehren und untereinander Barmherzigkeit walten zu lassen [...] auf dem Weg zur Einheit in versöhnter Verschiedenheit.«[57]

Die erste Aufgabe in diesem Zusammenhang besteht also darin, eine neue Seelsorge und eine neue Evangelisierung aufzubauen, um auf dem Weg zur Einheit die volle und ungeteilte communio zu errichten, die auf fontes und radices zurückgeht. Dieser Gedanke der Einheit als communio/koinonia hat bereits im

---

Ergebnisse jenseits der Kontroversen und Schwierigkeiten hervorzuheben, ohne dabei die Bedeutung der offenen Fragen zu verschweigen, die die Kirchen noch immer trennen.

[54] DERS., Martin Lutero. Una prospettiva ecumenica, Brescia 2016, 65.

[55] A.a.O., 66.

[56] Zu diesen Aspekten vgl. SALVATORE. MARSILI u.a. (Hrsg.), Eucaristia: teologia e storia della celebrazione, Torino 1994.

[57] KASPER, Martin Lutero (wie Anm. 55), 71.

Konzilsdekret zum Ökumenismus (UR 14 ff.) eine besondere Rolle und Bedeutung. In UR 22 ist von communio eucharistica die Rede, was schließlich in ekklesiologischer Hinsicht in nicht wenigen Aspekten den Sinn einer Abkehr vom ekklesiologischen Exklusivismus und von der flachen, dürren und einseitigen Uniformität bedeutet, »die im zweiten Jahrtausend in Bezug auf die Einheit entwickelt wurde, eine Art von ekklesiologischer Reflexion, die einer der wesentlichen Gründe für die Trennung der Ostkirchen von der westlichen lateinischen Kirche war und immer noch ist« [58]. Es ist kein Zufall, dass die Communio-Ekklesiologie heute, so Kasper, »weitgehend als gemeinsames Erbe in der katholischen und orthodoxen Theologie und in gewissem Maße auch in der evangelischen Theologie« anerkannt ist. [59] Es ist jedoch nicht möglich, dem Begriff communio eine klar abgrenzbare Unterscheidbarkeit zurückzugeben, so dass er sich in eine große Vielfalt von Weisen und Konnotationen verzweigt und manchmal sogar dazu dient, weit auseinander liegende ekklesiologische Konzeptionen anzuzeigen. In jedem Fall, so Kasper, sollte man die communio anstreben, »unabhängig davon, wie der theologische Dialog verläuft [...]in Anlehnung an die Worte von Johannes Paul II., wonach die Begegnung zu einer gegenseitigen Bereicherung, zu einem ›Austausch von Gaben‹ führen soll«. [60]

Um die Grundlagen des ökumenischen Dialogs weiter zu stärken und sogar neue Möglichkeiten für Fortschritte auf dem Weg zur Einheit zu eröffnen, muss seiner Meinung nach mehr als bisher berücksichtigt werden, dass »Einheit und Versöhnung nicht nur im Kopf stattfinden, sondern vor allem im Herzen, in der persönlichen Frömmigkeit, im täglichen Leben und in der Begegnung mit den

---

[58] WALTER KASPER, Theologie und Kirche, Bd. 1, Mainz 1987, 281. Zur gesamten Ekklesiologie Kaspers in ihren verschiedenen grundlegenden theologischen Aspekten sei an dieser Stelle auf das genaue und dichte Werk von GIANFRANCO COFFELE, Walter Kasper e l'ecclesiologia eucaristica o di communio, in: ANTONIO RUSSO/DERS., Divinarum rerum notitia. La teologia tra filosofia e storia. Studi in onore del cardinale Walter Kasper, Roma 2001, 763-782.

[59] KASPER, Chiesa cattolica (wie Anm 54), 42.

[60] DERS./DANIEL DECKERS, Wo das Herz des Glaubens schlägt. Die Erfahrung eines Lebens, Freiburg i. Br. 2008, 264. Unter anderem in der gemeinsamen Erklärung, die am 31. Oktober 2016 in Lund von Papst Franziskus und Bischof Munib Yunan, Präsident des LWB (Lutherischer Weltbund), unterzeichnet wurde (http://it.radiovaticana.va/news/2016/10/31/firmata_a_lund_la_dichiarazione_congiunta _testo_integrale/1269137). Auf der gleichen Linie, die auch Walter Kasper vertritt, ist zu lesen: »Fünfzig Jahre eines ständigen und fruchtbaren ökumenischen Dialogs zwischen Katholiken und Lutheranern haben uns geholfen, viele Unterschiede zu überwinden, und haben das Verständnis und das Vertrauen zwischen uns vertieft. Gleichzeitig sind wir einander näher gekommen durch den gemeinsamen Dienst am Nächsten, oft in Situationen von Leid und Verfolgung. Durch den Dialog und das gemeinsame Zeugnis sind wir uns nicht mehr fremd. Im Gegenteil, wir haben gelernt, dass das, was uns eint, größer ist als das, was uns trennt«. Zu den jüngsten Entwicklungen im ökumenischen Dialog vgl. auch P. NEUNER, Luthers Reformation. Eine katholische Würdigung, Freiburg im Br. 2017.

Menschen«.[61] Die Aneignung und Verwendung gängiger liturgischer und musikalischer Texte, wie z. B. Luthers geistliche Lieder – mit ihren Wurzeln im Spätmittelalter –, die für die Ausbreitung des Luthertums von großer Bedeutung waren und in jüngster Zeit in die katholische Kirche übernommen wurden, sowie die Lieder von Paul Gerhardt und die Musik von Bach, sollten ebenfalls unter diesem Gesichtspunkt bewertet werden. Wenn katholische und lutherische Gemeinden in ihren liturgischen Versammlungen dieselben Hymnen singen, wird dies zu einem starken locus theologicus, der den gemeinsamen Glauben zeigt.[62] Luther selbst hat also nie aufgehört, die großen mehrstimmigen Choräle der katholischen Tradition, die ihm vorausgegangen war, zu loben und zu lieben und sie als ein Element des Zusammenhalts und der Einheit zu betrachten; und deshalb hat man in dieser Hinsicht fast von einer »musikalischen Ökumene« gesprochen.[63]

---

[61] KASPER, Martin Lutero (wie Anm. 55), 68.

[62] Luther vertraute bekanntlich dem Gesang die Verkündigung »seines« Evangeliums und den Ausdruck seiner eigenen Religiosität an, und er verband den Erfolg und die Verbreitung seiner Einsichten mit dem Gesang. Die Reformation wäre nicht das, was sie war, wenn sie nicht von Liedern begleitet und eingeleitet worden wäre und wenn sie nicht die starken Emotionen und den sozialen Einfluss des Liedes für ihre Zwecke genutzt hätte. In dieser Hinsicht kann Luther zu Recht als der Vater der evangelischen Hymnologie angesehen werden. Er war es, der 1524 zwei Sammlungen von Kirchenliedern herausgab: das Achtliederbuch und das Erfurter Enchiridion. Unter dem Titel Geistliche Lieder listet der 35. Band der Weimarana (411-477) nun siebenunddreißig poetische Kompositionen auf, die dem Gespür und dem Eifer des Reformators zu verdanken sind. Einige von ihnen sind einfache Übersetzungen von Psalmen (und Psalm war der erste Name des evangelischen Hymnus), andere sind volkssprachliche Anpassungen von alten Hymnen der lateinischen Liturgie, und wieder andere sind völlig neu« (BRUNERO GHERARDINI, Lutero -Maria: pro o contro, Pisa 1985, 215).

[63] ROLAND BAINTON, Luther, Torino 1960, 303: »Kein geringes Verdienst der Musik ist die Tatsache, dass sie nach Luther nicht streitbar ist. Er hat nie über das Singen gestritten. Die großen polyphonen Chöre der Niederlande waren katholisch, aber er hörte nicht auf, sie zu lieben und von ihnen zu lernen [...] Erasmus suchte die Einheit Europas in der Politik zu erhalten, Luther bewahrte sie in der Musik«. Nach PIERSANDRO VANZAN S.J., Vorwort, in: MARTIN LUTERO, Canti spirituali, Brescia 1982, 8f: »Ohne die extreme Schlussfolgerung ziehen zu wollen, dass die (spekulative) Theologie trennt und die Liturgie (Gebet und Dichtung) eint, scheint es möglich zu sein, auch von Luther zu sagen – aber mit Blick auf die analoge Erfahrung Bonhoeffers –, dass nur die disciplina arcani, von der die Liturgie mit ihrer sakralen Musik und ihrem Gesang die anschaulichste Manifestation bleibt, die Spannungen auflösen kann, die nicht nur den Einzelnen, sondern den ganzen mystischen Leib Christi zerreißen«.

4. Luther und die Theosis

Auf dieser Linie, die von einer klaren ökumenischen Absicht getragen wird, gibt es auch eine Gegenüberstellung von Luther und der Theosis, die die jüngste finnische Forschung über den Reformator kennzeichnet.[64] In diese Richtung geht der Band mit Beiträgen von Buzzi, Kampen und Ricca, der unter anderem die Publikationen der Accademia di Studi Luterani in Italia über Luther und die Mystik einleitet, die zum Teil das Ergebnis einer Konferenz sind, die am 28. und 29. September 2012 in Mailand in der Veneranda Biblioteca Ambrosiana stattfand.

Der gut strukturierte und gegliederte Text zielt in seinen grundlegenden Absichten darauf ab, die neueste Sekundärliteratur über Luther zu berücksichtigen und eine genaue Hermeneutik seiner Texte vorzunehmen, um zur Stärkung der Grundlagen des ökumenischen Dialogs beizutragen, mit dem Ziel, »das, was uns mehr eint, als das, was uns trennt«[65], zu betonen, indem sie die Leitlinien des kürzlich von der lutherisch-römisch-katholischen Kommission angenommenen Dokuments »Vom Konflikt zur Gemeinschaft«[66] annehmen. In der Einleitung räumt Dieter Kampen nicht zufällig ein, dass sich die Situation im Vergleich zu den Positionen von Karl Barth und Giovanni Miegge[67] in Italien, die sich klar gegen eine Neuinterpretation des Reformators aus einer mystischen Perspektive aussprachen, heute verändert hat.[68] Ziel ist es, wie Franco Buzzi im Vorwort deutlich macht, einige »wichtige Aspekte von Luthers theologischem Denken, die authentisch christlich sind und auch von katholischer Seite gewürdigt werden müssen, ebenso wie umgekehrt Aspekte des Denkens, die Luther selbst in der breiten katholischen Tradition des späten Mittelalters verwurzeln, auf lutherischer Seite aufgetaucht sind und gewürdigt wurden«,[69] weiter anzuerkennen.

Paolo Ricca[70] untersucht Luthers Interesse an der Theologia Deutsch mit der gewohnten Kompetenz und kommt nach einer dichten Analyse zu dem Schluss, dass der Reformator »in der deutschen Mystik nicht den Spiegel aller seiner Ge-

---

[64] Vgl. JUHANI FORSBERG, Die finnische Lutherforschung seit 1979, in: Luther-Jahrbuch 72 (2005), 147-182.

[65] BUZZI (wie Anm. 4), 10.

[66] «Il Regno. Documenti", n. 11, 1giugno 2013, 353-384.

[67] GIOVANNI MIEGGE, Lutero giovane, Feltrinelli, Milano 1977, 390; neue Ausgabe mit dem Titel Lutero. L'uomo e il pensiero fino alla Dieta di Worms (1483-1521), Torino 2008.

[68] Vgl. KAMPEN (wie Anm. 4), 15.

[69] BUZZI (wie Anm.4), 10

[70] Von PAOLO RICCA siehe auch die Herausgabe mehrerer Bände in italienischen Ausgaben von Luther, darunter: Lutero, La libertà (wie Anm. 16); MARTIN LUTERO, Alla nobiltà cristiana della nazione tedesca, Torino 2008. Unter den neueren Studien siehe Giovanni Calvino. L'altra riforma, Morcelliana, Brescia 2009; Lutero, mendicante di Dio, Morcelliana, Brescia 2010; La fede cristiana evangelica. Un commento al Catechismo di Heidelberg, Torino 2011.

danken, aber einiger fand«. So »schätzte und akzeptierte er einige ihrer grundlegenden Aussagen«, andere »überdachte er. um die Verleugnung des Selbst von der Ebene der Gotteserfahrung auf die Ebene der Ethik zu verlagern: den Verzicht auf sich selbst, um Gott und dem Nächsten besser zu dienen«.[71] Franco Buzzi analysiert die Figur Abrahams, die für die Glaubensfrage von zentraler Bedeutung ist, und identifiziert bestimmte »typisch mystische Aspekte in Luthers Ausarbeitung des Themas des Glaubens«,[72] und er vertritt die These, dass »Luthers Mystik genau mit seiner typischen Art und Weise übereinstimmt, den Glauben und die Rechtfertigung durch den Glauben allein zu konzipieren«.[73] Dieter Kampen greift in seinem Aufsatz »Der mystische Charakter des reinen Glaubens« die These von Hamm und Lippen auf, dass die reformatorische Theologie einen mystischen Charakter hat, der »als Konzeption einer neuen Form der Mystik« beschrieben werden kann.[74]

Michele Cassese macht es sich zur Aufgabe, in seinem breit angelegten Beitrag mit dem Schwerpunkt »La mistica nuziale in Martin Luther« – nach einem knappen und präzisen Überblick über die Entwicklung der Historiographie zur vexata quaestio der Mystik des Reformators – Luthers Verhältnis zur Mystik und deren Bedeutung in der lutherischen Theologie zu überprüfen. Einer ihrer spezifischen Aspekte ist laut Cassese die eheliche Dimension oder die eheliche Mystik. Dazu ist es notwendig, die grundlegenden Züge zu analysieren und zu erfassen, die sie von ihren historischen Vorläufern (biblische Texte, Kirchenväter – vor allem Augustinus, Bernhard von Clairvaux, Tauler, Staupitz) unterscheiden. Er kommt zu dem Schluss, dass »seine gesamte Soteriologie auf jene Einheit zwischen Christus und dem Gläubigen abzielt, die im Bild der Ehe ihren glücklichsten und plastischsten Ausdruck findet. Dieses Ziel war den mittelalterlichen Mystikern gemeinsam, aber es wurde auf einem anderen Weg erreicht: nicht durch menschliche Anstrengung, auch nicht durch Liebe, sondern durch den Glauben, durch ein Handeln von oben, von Gott gegenüber dem gefallenen und sündigen Menschen. Wir können also feststellen, dass wir es mit einer ›neuen Mystik‹ zu tun haben, die völlig neu und innovativ ist und Christus und sein Erlösungshandeln in den Mittelpunkt stellt«.[75]

Diese Hochzeitsmystik kann nach dem lutherischen Lexikon durch zwei Schlüsselelemente definiert werden: 1) die gesamte Hochzeitshandlung und folglich das Erlösungswerk, die Rechtfertigung, geht auf das aktive Eingreifen Christi zurück; 2) sie ist so beschaffen, dass sie »eine enge Verbindung mit dem

---

[71] Paolo Ricca, L'interesse di Lutero per la Theologia Deutsch, in: Buzzi/Kampen/Ricca (wie Anm. 4), 138.

[72] Franco Buzzi, La fede di Abramo nelle lezioni sulla Genesi di Lutero, in: Buzzi/Kampen/Ricca (wie Anm. 4), 158.

[73] A.a.O., 161.

[74] Dieter Kampen, Il carattere mistico della fede pura, in: Buzzi/Kampen/Ricca (wie Anm. 4), 163.

[75] Cassese (wie Anm. 7), 228.

Bräutigam Christus und mit seiner ›göttlichen‹ Gegenwart beinhaltet, in einem Prozess, der ein Leben lang andauert und in einem eschatologischen Moment endet«.[76] Diese Besonderheit der lutherischen Theologie legt den Grundstein für eine Neuinterpretation des Reformators, die sich von dem Bild seines Denkens, das seit dem 19. Jahrhundert vorherrschte, abhebt und aus diesem Grund, so Cassese, »neue Horizonte für die historiographische Untersuchung und den ökumenischen Dialog eröffnet«.[77]

Sven Grosse schließlich vergleicht Bonaventura und Luther mit dem Ziel, in ihren jeweiligen Mystikkonzepten »das Gemeinsame und das Unterschiedliche« herauszuarbeiten und kommt zu dem Schluss, dass »der Begriff der Mystik bei beiden als derselbe verstanden werden kann, auch wenn er in bestimmten Punkten und für bestimmte Aspekte« »unterschiedlich konkretisiert wird«.[78]

Diese Arbeit umfasst insgesamt mehrere Aspekte, die hervorstechen. Zunächst einmal kann man sagen, dass es sich um eine erfolgreiche und organisch strukturierte kulturelle Operation in ihren verschiedenen Bereichen handelt. Die wichtigsten spätmittelalterlichen Quellen (St. Bonaventura, Bernhard von Clairvaux, Tauler usw.), aus denen Luther bei der Ausarbeitung seiner Theologie schöpfte, werden unter Berücksichtigung der neuesten Literatur präzise und genau analysiert und erläutert. Abgesehen von seinem wissenschaftlichen Wert ist der Band, wie die Herausgeber selbst deutlich zum Ausdruck bringen, ein wertvoller Beitrag (der im Übrigen weitgehend im Geist der interkonfessionellen Zusammenarbeit verfasst wurde) zu einem neuen und tieferen gegenseitigen Verständnis, das die Möglichkeit einer Ausweitung des ökumenischen Dialogs weiter stärken kann.

Einen weiteren Beitrag auf dem Weg zum gegenseitigen Verständnis bietet der kürzlich erschienene Band zur Ausgabe der Ausgewählten Werke Martin Luthers, herausgegeben von Paolo Ricca.[79] In ihm werden dem italienischen Leser eine Anthologie der christologischen Texte des Reformators mit Beiträgen von Ricca selbst, Franco Buzzi und Dieter Kampen geboten. Dieser Text ist auch von der Überzeugung getragen, dass wahrscheinlich »das, was Kardinal Willebrands 1980 anlässlich des 450. Jahrestages der öffentlichen Verlesung des ersten Glaubensbekenntnisses des neugeborenen Protestantismus vor dem Augsburger Reichstag in Anwesenheit von Kaiser Karl V. gesagt hat und deshalb als Confessio Augustana benannt wird: Der Kardinal sprach dann von Luther als »unserem gemeinsamen Lehrer«.[80]

---

[76] A.a.O., 229.

[77] A.a.O., 230.

[78] Sven Grosse, La mistica in Bonaventura e in Lutero, in: Buzzi/Kampen/Ricca (wie Anm. 4), 249.

[79] Edizioni Claudiana, Torino 2021.

[80] Lutero e l'ontologia. La presenza di Dio nel mondo, hrsg. von Franco Buzzi/Dieter Kampen/Paolo Ricca, Torino 2021, 7.

In der laufenden ökumenischen Debatte zeichnet sich in der katholischen Literatur jedoch ein sehr widersprüchliches Bild ab, das sich in zwei sich gegenseitig ausschließenden und daher »schwer zu vereinbarenden« Standpunkten zusammenfassen lässt.[81] Nach Lubomir Zák,[82] einem bekannten und geschätzten Theologen und Theologiehistoriker, Professor an der Päpstlichen Lateranuniversität, ist sie einerseits dadurch gekennzeichnet, dass »die höchsten Autoritäten der katholischen Kirche, vertreten durch den Päpstlichen Rat zur Förderung der Einheit der Christen, zusammen mit dem Lutherischen Weltbund eine gemeinsame Studienkommission ins Leben gerufen haben,« mit dem Auftrag, »die Geschichte der lutherischen Reformation in übereinstimmender Weise zu erzählen« und zu versuchen, »sowohl die traditionelle antiprotestantische als auch die antikatholische Hermeneutik zu überwinden, um einen gemeinsamen Weg der Erinnerung an die vergangenen Ereignisse zu finden«.[83] Diese Linie hat ihre symbolischste Verankerung in dem gemeinsamen Dokument »Vom Konflikt zur Gemeinschaft« gefunden, das 2013 gedruckt wurde. Es handelt sich um einen Text, der sich auf die Hinweise im Brief von Johannes Paul II. an Kardinal Johannes Willebrands bezieht und verschiedene Dokumente des katholisch-lutherischen Dialogs berücksichtigt. In gleicher Weise hat dieser Diskurs im Lehramt von Papst Franziskus weitere Impulse und Entwicklungen erfahren, der sich »die positiven Urteile über Luther und die Reformation, die im Kontext der katholischen Lutherforschung und des katholisch-lutherischen Dialogs formuliert wurden«, zu eigen gemacht hat[84].

Andererseits, und in ausdrücklichem und offensichtlich kritischem Gegensatz zu den Worten der Würdigung und Neubewertung der Gestalt und des Werkes des Reformators seitens der Verantwortlichen der katholischen Kirche halten sich in einem Teil der katholischen Welt (Theologen, aber auch Laien) weiterhin »die Urteile der Kontroversthesen und der Gegenreformation, die die höchsten kirchlichen Autoritäten inzwischen korrigiert, ja aufgegeben haben«.[85] Ihre Vertreter nehmen auch die Positionen und das Lehramt von Papst Franziskus ins Visier und vergessen dabei, dass die neue Offenheit in Bezug auf Luther und die Reformation nichts anderes als eine Weiterentwicklung und weitere Umsetzung der zuvor von Kardinal Willebrands vertretenen Positionen ist. Von Bedeutung war dabei auch die Ernennung Kardinal Josef Ratzingers zum Präfekten der Kongregation für die

---

[81] Vgl. LUBOMIR ZÁK, Le contraddizioni dell'attuale ricezione cattolica di Martin Lutero e della sua riforma, in: Annuario dell'ISSR di Rimini (2021), 173.

[82] Von LUBOMIR ZÁK, siehe auch Percorsi e risultati, difficoltà e speranze del dialogo cattolico-luterano, in: Annales Theologici 31 (2017), 293-349 (rez. Angelo Maffeis, Il V Centenario della Riforma luterana: valore e significato per il cammino ecumenico della Chiesa, in: Studi ecumenici 1-2 (2018), 287-304). Über den katholisch-lutherischen ökumenischen Dialog, siehe RICCARDO BURIGANA, Cosa leggere? Note per una bibliografia sulla Riforma del XVI secolo e sulle sue eredità, in: Revista de Teologia e Ciencias da Religiao 6 (2016), 265-302.

[83] ZÁK (wie Anm. 82), 173.

[84] A.a.O., 179.

[85] A.a.O., 180.

Glaubenslehre: »War es nicht in vielerlei Hinsicht ein Glück für die katholische Kirche in Deutschland und anderswo, dass der Protestantismus mit seinem Liberalismus und seiner Frömmigkeit, mit seinen inneren Verletzungen und seinem hohen geistigen Anspruch neben der Kirche existierte? Zugegeben, in den Tagen der Heiligen der letzten Tage bestand die Kluft fast nur aus Opposition; doch dann wuchsen auf beiden Seiten immer mehr positive Elemente für den Glauben heran; ein Positivum, das uns etwas von dem geheimnisvollen »es ist notwendig« [1Kor 11:19: »Es ist notwendig, dass es unter euch zu Spaltungen kommt«] des heiligen Paulus verstehen lässt.«[86]

Und dann ergriff Johannes Paul II. das Wort und wandte sich an Kardinal Willebrands in einem Brief vom 31.10.1983 über Luthers »tiefe Religiosität« und schrieb, dass »der Bruch der kirchlichen Einheit weder auf einen Mangel an Verständnis seitens der Autoritäten der katholischen Kirche noch nur auf Luthers mangelndes Verständnis des wahren Katholizismus reduziert werden kann«.

Die Komplexität und Widersprüchlichkeit dieser Situation muss laut Lubomir Zák aufgelöst werden, weil sie »das Zeugnis, das die römisch-katholische Kirche zusammen mit der gesamten Christenheit für die trinitarische und gemeinschaftliche Wahrheit des Evangeliums Jesu Christi ablegen muss, nicht erleichtert. Der Weg, den es mit Überzeugung und Beharrlichkeit zu gehen gilt – sicherlich auch im Rahmen der Verehrung der Heiligen und Seligen, aber auch im Rahmen ihrer »Schöpfung« –, besteht unter anderem darin, zu lernen, seinen Glauben sub aspectu oecumenico[87] zu bekennen und Christen zu sein, die von demselben Geist geprägt sind, in dem Jesus die Worte seines Gebetes »ut unum omnes sint« ausgesprochen und am Kreuz verwirklicht hat.«[88]

Das bedeutet, sich »in den Dienst der Menschheit« zu stellen, eine neue Gesellschaftsordnung aufzubauen, sich auf die Seite der »Entrechteten und der Armen zu stellen und ihre Solidarität mit den Leidenden »mit geschundenen Händen« zu erproben; nur so können sie in Zukunft ihre religiöse Botschaft verkünden und als glaubwürdige »Botschafter Christi« wirken«. Aus diesem Erfordernis ergibt sich, dass die Kirche als erste Konsequenz eine sancta in vinculis (eine heilige Kirche in Ketten) sein muss. Der Ausdruck impliziert eine Idee des Zeugnisses, die »eine ökumenische Einheit im gemeinsamen Einsatz für die Menschheit« fordert. Denn »in den gemeinsamen Märtyrern ist das ungeteilte Christentum gegenwärtig und die Spaltung der Kirche ist von Anfang an überwunden«. Insbesondere gibt es im gemeinsamen Christuszeugnis einen religiösen Bund, dessen Wurzeln in der einen Taufe und im Glauben an das eine Evangelium

---

[86] A.a.O., 182.

[87] Vgl. UR 10.

[88] A.a.O., 185, zitiert nach JOHANNES PAUL II., Brief an Kardinal John Willebrands, Präsident des Sekretariats für die Vereinigung der Christen, online unter https://tinyurl.com/qv897bz.

liegen und der tiefer ist als alle Unterschiede in den lehrmäßigen Auslegungen dieses Glaubens«[89].

Diese Erfahrungen sind also eine Voraussetzung und ein Hintergrund, der in den vorangegangenen Jahrhunderten einmalig war und die Entstehung eines »gemeinsamen Martyrologiums« (Johannes Paul II.) ermöglichte, so dass im »deutschen Martyrologium des 20. Jahrhunderts das Glaubenszeugnis der protestantischen Märtyrer ausdrücklich erwähnt wird und insbesondere Dietrich Bonhoeffer, die ›Weiße Rose‹-Mitglieder Hans und Sophie Scholl und der Pfarrer Karl Friedrich Stellbrink genannt werden«[90]. Um diese Beispiele richtig zu verstehen, müssen sie im Lichte der frühchristlichen Auffassung vom Martyrium gesehen werden.

Die konkrete Umsetzung dieses Diskurses fügt sich also in den Kontext der vielen Herausforderungen ein, auf die der »Blick von Papst Franziskus in Evangelii gaudium erklärtermaßen gerichtet ist, vor allem auf die sozialen Herausforderungen und insbesondere auf das Problem der Armen und der Armut [...] Für Papst Franziskus ist dies heute eines der vielen Probleme, wenn nicht das Schlüsselproblem, das angegangen werden muss«[91].

---

[89] EBERHARD SCHOCKENHOFF, Fermezza e resistenza. La testimonianza di vita dei martiri, Brescia 2017, 189.
[90] A.a.O., 208.
[91] WALTER KASPER, Papa Francesco. La rivoluzione della tenerezza e dell'amore. Radici teologiche e prospettive pastorali, Brescia 2015, 105.

Ruth Albrecht

Zwischen Konfessionalismus und protestantischer Ökumene

Die Hamburger Gemeinde St. Anschar um 1900

In den letzten Jahren haben die Reste der Hamburger Gängeviertel weit über die Hansestadt hinaus einige Aufmerksamkeit gefunden. Die in der nördlichen Neustadt übriggebliebenen Gebäude erinnern nur noch schemenhaft an die überbevölkerten Quartiere der städtischen Unterschicht.[1] In unmittelbarer Nähe zu diesen Straßenzügen entstand ein Zentrum christlicher Arbeit unter dem Namen Ansgars, des mittelalterlichen Missionsbischofs für den Norden.[2] Wer heute in der Hamburger Innenstadt nach Spuren der St. Anschar-Gemeinde sucht, muss gewisse Vorkenntnisse mitbringen, um zu dem eher versteckten Anscharplatz zu gelangen. Vom Valentinskamp und von der Neuen ABC-Straße aus führen unscheinbare Durchgänge zu der mit Bäumen bestandenen zauberhaften kleinen Oase unweit des geschäftigen Gänsemarkts. Eine Häuserzeile mit roten Klinkerbauten und im Bauwerk gut sichtbaren Kreuzzeichen bilden die einzigen Hinweise auf die bewegte Geschichte dieses Platzes. Von 1860 bis 1969 befand sich hier eine der Keimzellen innovativer kirchlicher Arbeit inmitten einer Großstadt voller sozialer Probleme und einer rasant wachsenden Bevölkerung.[3] Das Erbe St. Anschars wird weitergetragen von der Stiftung Anscharhöhe im Hamburger Stadtteil Eppendorf.[4] In diesem Beitrag soll das Profil der Anschar-

---

[1] Vgl. DANIEL TILGNER, Art. Gängeviertel, in: FRANKLIN KOPITZSCH/DANIEL TILGNER (Hrsg.), Hamburg Lexikon, Hamburg 2010, 240f.

[2] Vgl. THOMAS KLAPHECK, Der heilige Ansgar und die karolingische Nordmission, Hannover 2008; DAVID FRAESDORFF, Ansgar. Apostel des Nordens, Kevelaer 2009.

[3] Vgl. RITA BAKE, Verschiedene Welten II. 109 historische und aktuelle Stationen in Hamburgs Neustadt, Hamburg 2010, 178–180; GABRIELE FREIWALD-KORTH/ECKHARD FREIWALD, Hamburgs Neustadt im Wandel, Hamburg 2010, 16-20.

[4] Vgl. www.anscharhoehe.de (1.12.2022); HARALD JENNER, 100 Jahre Anscharhöhe 1886-1986. Die Anscharhöhe in Hamburg-Eppendorf im Wandel der Zeit, Neumünster 1986.

Gemeinde in seinem historischen und theologischen Kontext nachgezeichnet werden. Der Schwerpunkt wird dabei auf den Aktivitäten der Gemeinde in der wilhelminischen Kaiserzeit liegen.[5]

1. Überblick über die Geschichte St. Anschars

Das Jahr 1860 gilt als Beginn der vielfältigen von St. Anschar initiierten Projekte in der Hamburger Innenstadt. Allerdings gab es hier bereits eine christliche Vorgeschichte, denn an diesem Ort hatten im Haus des holländischen Gesandten reformierte Gottesdienste stattgefunden.[6] Nachdem die reformierte Gemeinde 1857 in ein anderes Gebäude in der Altstadt umgezogen war, erwarb ein eigens gebildetes Komitee das Grundstück. Das Vorbild dieser Initiativen lag in der einige Jahre vorher in der Vorstadt St. Georg errichteten Sonntagschulkapelle.[7] Diese als Kapellengemeinden bezeichneten neuen Modelle kirchlicher Arbeit verblieben innerhalb der Grenzen der seit der Frühen Neuzeit bestehenden kirchlichen Zuordnungen zu den fünf Kirchspielen bzw. Kirchengemeinden Hamburgs.[8] Auf dem freien Gelände am Valentinskamp wurde als erstes eine Kapelle errichtet mit Räumlichkeiten für Sonntagschulunterricht, wöchentlichen Schulunterricht sowie Versammlungen der Stadtmission und mit ihr verbundener Gruppen. Die St. Anscharkapelle blieb, durch vielfältige Umbauten im Lauf der Jahre vergrößert und verändert,[9] bis zum letzten Gottesdienst im Jahr 1969 der Nukleus des engagierten christlichen Zentrums in der Hamburger Neustadt.

---

[5] Quellen für diese Rekonstruktion bilden vor allem deren Publikationen: Neben der Zeitschrift *Der Anscharbote* sind dies insbesondere Festschriften zu unterschiedlichen Jubiläen sowie Veröffentlichungen der Pastoren St. Anschars. Auf eine Einbeziehung weiterer Quellen, die die Entwicklung der Gemeinde von außen — teilweise sehr kritisch — betrachten, muss hier verzichtet werden. Zu den Hamburger Tageszeitungen heißt es im Anscharboten Nr. 1, 1.1.1905, 10. Jg., 4, dass deren Töne »leider nicht immer wohltuend klingen«.

[6] Vgl. hierzu WOLFGANG GRÜNBERG u.a. (Hrsg.), Lexikon der Hamburger Religionsgemeinschaften. Religionsvielfalt in der Stadt von A bis Z, Hamburg [2]1995, 98.

[7] ELISE AVERDIECK, Wie unser Kirchlein entstanden ist. Für die Kinder der Sonntagsschule erzählt, Hamburg 1925.

[8] Vgl. hierzu FRIEDRICH HADENFELDT, Die rechtliche Stellung der sogenannten Kapellengemeinden zu Hamburg, Hamburg 1924. Die in St. Georg errichtete Sonntagsschulkapelle, die unter dem maßgeblichen Einfluss von Elise Averdieck (1808-1907) entstand, wurde 1853 geweiht. Hinzu kamen eine Kapelle in Barmbek sowie eine im Stadtteil Rothenburgsort.

[9] Noch 1960 erfolgte mit Blick auf das hundertjährige Jubiläum der Anscharkirche eine umfassende Renovierung; s. ERWIN SCHMIDT/RUDOLF VERBURG (Hrsg.), In diesem Zeichen. Hundert Jahre St. Anscharkirche. Festschrift 1860-1960, Hamburg 1960, 60.

Das Gelände am Valentinskamp lag im Bezirk der St. Michaeliskirche, die nach den Gründungs-Vereinbarungen in Bezug auf St. Anschar für die Amtshandlungen zuständig blieb. Das Michaelis-Kirchspiel, das erst im Laufe des 17. Jahrhunderts durch die Vergrößerung des Stadtgebietes infolge der Errichtung der Wallanlagen entstanden war, wuchs im Laufe des 19. Jahrhunderts zu dem am dichtesten besiedelten Gebiet Hamburgs heran. Um die Wende vom 19. zum 20. Jahrhundert erreichte die Einwohnerzahl der Hansestadt die Millionengrenze.[10] Der Zuschnitt der Kirchspiele jedoch blieb trotz vieler Diskussionen erhalten, worunter der Bezirk von St. Michaelis wegen des wachsenden Hafenbetriebs und der in dessen Nähe wohnenden Arbeiterfamilien am meisten zu leiden hatte.[11] Zunächst fanden in der neuen Kapelle am Anscharplatz nur Predigtgottesdienste statt, die von wechselnden Pastoren ausgeführt wurden. 1865 konnte mit Zustimmung von St. Michaelis der erste Pastor eigens für St. Anschar bestellt werden.[12] Wilhelm Baur (1826-1897) blieb bis 1872, 1873 wurde Carl Ninck (1834-1887) sein Nachfolger. Dieser erweiterte die Arbeitsgebiete in großem Maß, indem er u.a. den Anstoß zur Gründung der Diakonissengemeinschaft[13] gab und in vielfältiger Weise schriftstellerisch tätig wurde.[14] Die im 1881 errichteten Diakonissenhaus Bethlehem im Jahr 1882 eröffnete Krankenstation bildet den Kern für das spätere Krankenhaus der Gemeinde.[15] Ninck adaptierte die sich verbreitenden Methoden der angloamerikanischen Erweckungsbewegungen, indem er Evangelisationsveranstaltungen insbesondere für die entkirchlichte Bevölkerung in den Wohngebieten um St. Anschar herum anbot.[16] 1885 wurde mit einer Schenkung der aus einer der wohlhabendsten Familien Hamburgs stammenden Emilie

---

[10] MICHAEL HUNDT, Art. Bevölkerungsentwicklung, in: Hamburg Lexikon (wie Anm. 1), 87f.

[11] Sankt Michaelis zu Hamburg 1762-1962, hrsg. vom Kirchenvorstand der Hauptkirche St. Michaelis, Hamburg 1962; JOACHIM W. FRANK u.a., Der Michel brennt! Die Geschichte des Hamburger Wahrzeichens, Bremen 2006.

[12] In der Veröffentlichung von 1910 fällt die Betonung der Selbständigkeit St. Anschars gegenüber der St. Michaelis-Gemeinde auf; s. Der St. Anschargemeinde Gang und Stand. Festschrift zur 50jährigen Jubelfeier der St. Ascharkapelle am 27./28. März 1910, hrsg. vom Kirchenvorstande, Hamburg 1910, 15.
Die folgenden Angaben zur Entwicklung St. Anschars beziehen sich auf SCHMIDT/VERBURG, Zeichen (wie Anm. 9), 50-60.

[13] Zu deren 50jährigem Jubiläum erschien eine kleine Festschrift als Sonderdruck des Anscharboten: Vom 50jährigen Jubiläum des Diakonissen=Mutterhauses Bethlehem in Hamburg 1881-1932, Sonderdruck von: Der Anscharbote Nr. 2, 24.1.1932, 37. Jg., 5-36.

[14] Eine neuere Würdigung seiner Person und seines Wirkens fehlt; s. JOHANNES NINCK, Frei von Jedermann und aller Knecht. Lebenswerk und Persönlichkeit des Menschenfreundes Carl Ninck, Leipzig u.a. 1932.

[15] Der Anscharbote Nr. 2 (wie Anm.13), 22-29.

[16] Wichtige Impulse gingen dabei von dem Deutsch-Amerikaner FRIEDRICH VON SCHLÜMBACH aus; s. hierzu Thomas Hahn-Bruckart, Friedrich von Schlümbach. Erweckungsprediger zwischen Deutschland und Amerika. Göttingen 2011, 317-320 (AGP 56).

Jenisch (1828-1899)[17] der Grundstein für die diakonischen Einrichtungen der Anscharhöhe gelegt. Sowohl die Tätigkeitsfelder im Umfeld St. Anschars als auch auf der Anscharhöhe erweiterten sich kontinuierlich. Parallel dazu wurden die Befugnisse der Anschar-Pastoren sukzessive erweitert. Als Nachfolger von Ninck trat Ferdinand Koopmann (1856-1905) 1888 seinen Dienst als Pastor an St. Anschar an; zusätzlich erhielt die Anscharhöhe einen eigenen Geistlichen. 1894 begann Max Glage (1866-1936) seine Tätigkeit, die von der zunehmend konservativen lutherischen Orientierung dieses Theologen geprägt wurde. 1920 traten unter seinem Einfluss St. Anschar und die Anscharhöhe aus der evangelisch-lutherischen Kirche aus und bildeten eine lutherische freie Gemeinde. 1957 erfolgte die Rückkehr zur evangelisch-lutherischen Landeskirche Hamburgs.[18]

2. Aktivitäten St. Anschars

In einer Übersicht über die kirchlichen Institutionen Hamburgs des Jahres 1903 wird die Anschar-Gemeinde folgendermaßen beschrieben:»»1860 von Freunden der Inneren Mission begründet als ›Sonntagsschulkapelle‹ zur Förderung des Reiches Gottes durch Gottesdienste, Sonntagsschule, Wochen=Volksschule, Versammlungen für Innere und Äußere Mission und andere christliche Bestrebungen auf Grund der reinen evangelisch=lutherischen Lehre.«[19] Die Mitgliedschaft in dieser Personalgemeinde könne erworben werden»durch Eintragung in die Kirchensteuerliste«. Am Anscharplatz befinden sich nach diesen Angaben neben der Kapelle, dem Kirchenbüro und den beiden Pastoraten ferner das Diakonissenheim Bethlehem, eine Krippe, eine Kleinkinderschule, ein Mädchenhort sowie eine Flick- und eine Strickschule. Die Leitung dieser Gruppen liegt in den Händen von Diakonissen; nur die Verantwortung für die Strickschule trägt Baronin Luise von Nettelbladt (1846-1933), geb. von Bonin. Darüber hinaus treffen sich regelmäßig eine ganze Reihe von Vereinen in den Räumlichkeiten der Gemeinde, meist geleitet von einem der Pastoren oder einer der Schwestern. Genannt werden: Jünglingsverein, Jungfrauenverein, Männerverein, Blaukreuz-Verein, Missions-Näh-verein und Großmütterverein. Daneben finden als weitere regelmäßige Veranstaltungen Erwähnung: gesellige Zusammenkunft weiblicher Dienstboten, Treffen des Zweigbundes des Weißen Kreuzes, Treffen zur Evangelisations- und Gemeinschaftspflege, Diskussionsabende sowie Gebetsstunden und Bibelabende. Als

---

[17] Vgl. Rita Bake, Art. Jenisch, Emilie, in: Franklin Kopitzsch/Dirk Brietzke (Hrsg.), Hamburgische Biografie Bd. 2, Hamburg 2003, 201f. Ferner findet sich ein Eintrag über sie in der Datenbank zu Hamburger Frauen: www.hamburg.de/frauenbiografien (1.12.2022).

[18] Da ein Teil des Geländes der Anscharhöhe auf dem Gebiet Schleswig-Holsteins lag, erfolgten sowohl 1920 als auch in den 1950er Jahren Gespräche und Verhandlungen mit der Schleswig-Holsteinischen Landeskirche.

[19] Führer durch das kirchliche Hamburg, Hamburg 1903, 29.

weitere Arbeitsschwerpunkte kommen ferner vor: der Anscharbote, die Anschar-Frauenarbeit zur »Rettung gefährdeter, besonders trunksüchtiger Frauen« und die St. Anschar Mittelschule für Mädchen.[20] Auch wenn fast alle Kirchengemeinden, zumal diejenigen in den Metropolen, sich um die Jahrhundertwende den Herausforderungen ihrer Zeit stellten und neben den hergebrachten Gottesdiensten und Amtshandlungen gesellige Formate für unterschiedliche Gruppen vorhielten, so zeichnet sich St. Anschar durch die Vielfalt seiner regelmäßigen Angebote aus.

Seit 1895 lassen sich die zahlreichen Initiativen und Projekte, die von St. Anschar ausgingen bzw. in deren Gebäuden stattfanden, in der Zeitschrift *Der Anscharbote* verfolgen.[21] Den Anstoß für diese Publikation gab Max Glage, nachdem Carl Ninck bereits mehrere regelmäßig erscheinende Druckerzeugnisse auf den Weg gebracht hatte. *Der Anscharbote* sollte sich als ausgesprochen langlebig erweisen, denn nach der 1941 erfolgten Unterbrechung durch den Nationalsozialismus und die Kriegszeit wurde 1952 die regelmäßige Produktion mit der Zählung als 50. Jahrgang fortgesetzt.[22] Bis in die Gegenwart erscheint, herausgegeben von der Anscharhöhe, eine Fortsetzung der zunächst wöchentlichen und später monatlichen Mitteilungen, jetzt als *AnscharBote* auch digital zugänglich.[23] Exemplarisch wird mit wenigen Ausschnitten der Jahrgang 1905 herangezogen, um einen Einblick in das umfangreiche Tätigkeitsprofil der Gemeinde zu gewinnen. Im Januar 1905 erfolgte ein Rückblick auf die Weihnachtsfeierlichkeiten, die sich fast eine Woche lang hinzogen. Ausführlich geschildert wird z.B. die Feier der Strickschule mit 150 Mädchen. Neben einem der Theologen, der eine Andacht beisteuerte, sind es Bruder Zeising und Baronin von Nettelbladt, die das Programm gestalten. Letztere gab in »einer zu Herzen gehenden Ansprache den Kindern noch ein ernstes Wort mit auf den Weg«.[24] Unter Beteiligung von Pastor Glage, dem zuständigen Diakon und einigen Müttern sowie »den lieben Damen, die unserer Krippenschwester freiwillig helfen«, feierten die Kleinkinder der Krippe. »Unmittelbar darauf feierte an demselben Abend unser Anschar=Armenverein im Saale Bethlehems [...], im Beisein fast sämtlicher Damen des Komitees«.[25] Bei diesen Armen handelte es sich um 30 Witwen, die

---

[20] A.a.O., 29f.

[21] Die erste Nummer erschien am 6.10.1895, im Rhythmus von 14 Tagen folgten die weiteren Nummern. In der Festschrift von 1910 heißt es: »Seitdem wir unser vortreffliches ›Hamburger Kirchenblatt‹ haben, kann unser Bote auf allgemeine und theologische Orientierungen mit Freuden verzichten.« (Gang und Stand [wie Anm. 12], 123) Zu dieser Kirchenzeitung mit konservativer Ausrichtung s. RUTH ALBRECHT, Vorzüglich Damen. Das »Hamburgische Kirchenblatt« als Quelle für Frauen- und Genderforschung, in: Jahrbuch der Gesellschaft für niedersächsische Kirchengeschichte 117 (2019), 263–288.

[22] Vgl. SCHMIDT/VERBURG, Zeichen (wie Anm. 9), 58f.

[23] Dieses Informationsblatt trägt den Untertitel: Gemeindebrief der Kirche im Park, digital einsehbar unter www.stanscharhamburg.de (1.12.2022).

[24] Der Anscharbote Nr. 1, 1.1.1905, 10. Jg., 2.

[25] Ebd.

regelmäßig besucht und betreut wurden. Auf dem Gelände am Anscharplatz fanden in den folgenden Tagen noch Feiern für die ca. 500 Schüler der dortigen Schule sowie solche in je angemessener Form für die Patienten des Krankenhauses sowie die Diakonissen statt. Weitere Aktivitäten bezogen sich auf die von Anschar initiierten Arbeitszweige wie das Borsteler Kinderheim, das Kinderheim Gottesgabe, den Armenverein für alte Männer auf der Ancharhöhe und das von Diakonissen geleitete Magdalenum in Hamburg-Hamm mit 60 Bewohnerinnen.[26] Eine weitere auswärtige Weihnachtsfeier fand im Bezirk von St. Pauli statt, wo eine der Diakonissen stationiert war, um bedürftige Familien zu betreuen.

Zu Anfang des neuen Jahres wurde ausführlich auf das Programm der Evangelischen Allianz für die Gebetswoche hingewiesen, die für die erste Januarwoche geplant war. Ausdrücklich wird für die Teilnahme an den Gebetsstunden in der Anschar-Kapelle geworben: »Wer sich an dieser Gebetsstunde schon einmal beteiligt hat, wird erfahren haben: Es liegt ein Segen drin, und zwar ein umso reicherer, je häufiger man kam.«[27] In der Jahresbilanz zur Schwesterngemeinschaft wird mitgeteilt, dass es gegenwärtig 103 Diakonissen seien. Trotz der steigenden Anzahl der zu Bethlehem gehörenden Frauen wird dringlich um weitere Bewerberinnen geworben.[28] Zudem wurde im Januar 1905 die Einweihung der neuen Anschar-Mittelschule für Mädchen am Anscharplatz feierlich begangen.[29] Max Glage resümierte aus diesem Anlass, dass bereits 1860 eine kleine »Wochenschule« mit 37 Jungen eröffnet wurde. Noch bevor das erste Jahrzehnt St. Anschars erreicht war, gab es eine vierklassige Schule für Jungen und eine für Mädchen. Mit der Einführung der allgemeinen Schulpflicht im Jahr 1870 wandelte sich die Situation grundlegend: »Das Aufblühen der staatlichen Volksschule in unserer Stadt ließ den Strom unserer kirchlichen Volksschule mehr und mehr versiegen, bis wir vor der Auflösung derselben standen.«[30] Die Eröffnung einer Schule, die Mädchen eine höhere Bildung ermöglichte, reagierte auf eine Lücke im Spektrum der öffentlichen Schulen.

Anhand von zwei Beispielen soll abschließend die Vielfältigkeit der von St. Anschar ausgehenden Arbeitsprojekte gezeigt werden. Zum einen geht es um die Bemühungen um Alkoholiker und Alkoholikerinnen, zum anderen um Evangelisationen. 1910 wird in der Festschrift St. Anschars geschildert, wie ein Abend des Blaukreuzvereins[31] ablief: Im Anscharsaal treffen sich 40 bis 50 Männer und etwa doppelt so viele Frauen. Die Sitzordnung ist so gestaltet, dass im vorderen Teil des Raumes die Männer sitzen, im hinteren die Frauen. Der Stadtmissionar Heinrich Zeising hält zunächst eine Andacht, wonach »unsere unermüdliche Frau Baronin

---

[26] Zu diesem Arbeitszweig s. SCHMIDT/VERBURG, Zeichen (wie Anm. 9), 54f.

[27] Der Anscharbote Nr. 1, 1.1.1905, 10. Jg., 4.

[28] A.a.O., 7.

[29] Der Anscharbote Nr. 3, 15.1.1905, 10. Jg., 13–17.

[30] A.a.O., 16.

[31] Vgl. hierzu HEINZ KLEMENT, Das Blaue Kreuz in Deutschland. Mosaiksteine aus über 100 Jahren evangelischer Suchtkrankenhilfe, Wuppertal 1990.

v. Nettelbladt mit jedem der Anwesenden noch ein persönliches Wort zu reden hat, sie kennt ja alle durch unzählige Besuche, bei denen sie ihre ganze Zeit und Kraft im Dienst des blauen Kreuzes opfert.«[32] Hierbei ging es um eine intensive Begleitung gefährdeter Menschen, die vermutlich zusätzlich mit großen finanziellen Problemen zu kämpfen hatten. Die Evangelisation hingegen richtete sich primär an Personen, die nicht direkt mit St. Anschar verbunden waren. Im Laufe weniger Jahre hatte sich die Situation insofern verändert, als Evangelisationen Einzug gehalten hatten in das reguläre Programm kirchlicher Angebote – wenngleich es von Seiten lutherischer Theologen nach wie vor Vorbehalte gab.[33] Die Veränderung zeigt sich an einem Modellversuch, den Glage in den Jahren 1902 und 1903 unternahm. 1904 erschien eine Dokumentation dieses Veranstaltungsformats unter dem Titel: *Den Gebildeten das Evangelium! Drei Evangelisationsvorträge.*[34] Im Vorwort erläutert der Autor den Hintergrund dieses Vorhabens, das mit Freiherr John Frederick Henry von Schröder (1857-1903) verbunden war: »Im Jahre 1902 lud er einen großen Kreis seiner Standes- und Berufsgenossen mit ihren Damen zu drei Abenden im Laufe des Winters in sein gastliches Haus; und diese Abende verliefen äußerlich ganz in den gewohnten gesellschaftlichen Formen, nur daß den eigentlichen Inhalt dieser Formen diesmal religiöse Vorträge bildeten«. Die Vorträge wurden zunächst von unterschiedlichen Geistlichen gehalten. »Der Versuch ist als ein durchaus gelungener zu bezeichnen. Man nahm ihn von allen Seiten mit freudiger Zustimmung auf, und er konnte im Jahre 1903 in derselben Weise wiederholt werden.« Wegen des Todes des Gastgebers gab es keine Fortsetzung. »Doch ein ihm nahe stehendes Haus hat die so gut begonnene Sache auch in diesem Winter fortgesetzt und zwar unter ebenso zahlreicher und freudiger Beteiligung der Hamburgischen Gesellschaft.«[35] Freiherr v. Schröder gehört zur weit verzweigten Schröder-Familie, die mit ihren Handels- und Bankgeschäften einen immensen Reichtum erwarb, diesen jedoch auch an vielen Stellen zum Wohle der Allgemeinheit einsetzte.[36] Vermutlich fanden diese Vortrags- und Gesprächsabende am Wohnsitz der Familie in der Klopstockstraße

---

[32] Gang und Stand (wie Anm. 12), 120f.

[33] Bei einer Skepsis gegenüber Evangelisationen blieb etwa der an St. Michaelis tätige Hauptpastor Georg Behrmann (1846-1916), obwohl er sich insgesamt den Kapellengemeinden und insbesondere St. Anschar gegenüber sehr wohlwollend verhielt, s. Senior D. Georg Behrmann. Seine Persönlichkeit und sein Wirken. Eindrücke und Erinnerungen gesammelt von seinen Freunden. Hamburg 1916, 174-180, 211.

[34] Das Werk erschien 1904 in Schwerin.

[35] MAX GLAGE, Drei Evangelisationsvorträge, Schwerin 1904, 6f. Das Thema Evangelisation beschäftigte den Theologen weiterhin. So beklagte er zu einem späteren Zeitpunkt, dass durch solche Veranstaltungen keine Mitglieder für die Kirche gewonnen würden, s. MAX GLAGE, Zu viel! Eine ernsthafte Parole für den Kampf um die Landeskirche, Schwerin 1911, 77-79.

[36] Vgl. RICHARD ROBERTS, Schroders. Merchants & bankers, Basingstoke, Hampshire, 1992. Das in Hamburg sichtbarste Zeichen dieses Mäzenatentums bildet das Schröderstift, das

statt.[37] Wer die Fortsetzung ermöglichte, geht aus Glages Angaben nicht hervor. Inhaltlich behandelte Glage klassische theologische Fragestellungen, wenn er über folgende Themen referierte: Der Christ und Gott; Unsere Freiheit; Der Christ und die Ewigkeit. Dass der Theologe seine Zuhörerschaft gezielt adressierte, zeigt sich beispielsweise an dem Kanon bildungsbürgerlicher Themen, auf die er anspielt. Allerdings bleibt er sich insofern treu, als alle erwähnten Personen und literarischen oder philosophischen Entwürfe unter negativem Vorzeichen angesprochen werden, seien es Nietzsche, Voltaire, Fichte, Schopenhauer, Schiller, Goethe und sein Werk Faust oder Ernst Haeckel. Den zu Beginn des 20. Jahrhunderts populären Roman *Jörn Uhl* von Gustav Frenssen charakterisiert er als Zeichen des überall gegenwärtigen Verfalls:»Ich bin überzeugt davon, daß selbst ein Buch wie Jörn Uhl nicht zu einer so beispiellos plötzlichen Berühmtheit gelangt wäre, wenn sich bei demselben bei allem Schönen und Guten, das es bietet, nicht auch Speise für die Anbeter der venus vulgivaga, der Sinnlichkeit, der modernen Kunst fände. Unsere ganze heutige Literatur steht mit wenigen Ausnahmen unter dem tyrannischen Zepter des Fleisches.«[38] Es waren nicht die deutsch-nationalistischen Töne Frenssens, die Glage anprangerte, sondern eine angebliche Laszivität der Moderne, die er überall meinte feststellen zu können.

Der Familie Schröder blieb Glage verbunden, denn im Jahr 1934 hielt er die Trauerrede für Harriet Freifrau von Merck, die nach dem Tod ihres Ehegatten den Freiherrn Carl von Merck (1843–1920) geheiratet hatte.[39] Anhand dieses Vorgehens lässt sich beispielhaft ein Blick in das Netzwerk der Anschar-Gemeinde gewinnen. Gerade wegen ihres Standorts und der Ausrichtung der meisten Angebote auf die städtischen Unterschichten war sie auf eine ideelle und finanzielle Unter-

---

allerdings nicht in seiner ursprünglichen baulichen Konzeption erhalten ist, s. GERHARD MEYER, Art. Schröderstift. In: Hamburg Lexikon (wie Anm. 1), 613.

[37] Glage beschreibt ferner das sich im Familienbesitz befindende Gut Hohenstein, das nördlich von Eckernförde lag, als Ort für Treffen engagierter Christen aus Hamburg, die dort zur Erholung eingeladen wurden, s. MAX GLAGE, Rede zur Trauerfeier am Sarge der Freifrau Harriet von Merck verw. Freifrau von Schröder geb. Milberg, Hamburg 1934, 1f.

[38] GLAGE, Evangelisationsvorträge (wie Anm. 35), 48. In dem 1901 erschienenen Werk Frenssens (1863-1945) stand ein Marschbauer im Mittelpunkt, der unermüdlich gegen unterschiedliche Gefährdungen seiner Existenz kämpft. Vgl. hierzu auch ANDREAS CRYSTALL, Gustav Frenssen. Sein Weg vom Kulturprotestantismus zum Nationalsozialismus, Gütersloh 2002.

[39] Er bezeichnet die Verstorbene als Freundin der Diakonissen Bethlehems, sie habe »der Inneren Mission in Hamburg [...] überall mit ganz persönlicher Hingabe gedient« (GLAGE, Rede [wie Anm. 37], 7). Für ein weiteres Mitglied dieses verzweigten Familienverbandes, Bertha Viktoria Freifrau von Schröder, geb. Müller, (1831–1905), fand die Trauerfeier in St. Anschar statt, s. Der Anscharbote Nr. 51, 17.12.1905, 10. Jg., 234. Clara Louise Schröder, Freiin von Schröder (zeitgenössisch als Frau Rudolph Schröder bezeichnet) und eine weitere Freifrau von Schröder werden in einer Übersicht als Mitglieder des Komitees für die Anscharfrauenarbeit genannt, Der Anscharbote Nr. 24, 11.6.1905, 10. Jg., 106.

stützung der Hamburger Elite angewiesen. Die Gemeinde benannte diese Problematik auch deutlich in ihren Veröffentlichungen, wenn es etwa 1910 heißt, dass »die Hilfe christlicher Wohltäter« unerlässlich sei für die Gemeinde.[40]

3. Genderaspekte zur Anschar-Gemeinde

Die Leitungspositionen in der Anschar-Gemeinde wurden ausschließlich von Männern wahrgenommen. Viele der Angebote jedoch, die das spezielle Profil dieser Gemeinde ausmachen, richteten sich an Frauen. Zudem waren es an vielen Stellen Frauen, die die für weibliche Teilnehmerinnen gedachten Gruppentreffen gestalteten. Die Leiterin der Bethlehem-Diakonissen – meist als Hausmutter, gelegentlich auch als Oberin tituliert – sowie ab 1900 Juliane Lühring († 1936), die Leiterin der Mädchenschule, nahmen in gewisser Hinsicht eine Sonderrolle ein. Gleichwohl blieben ihre Befugnisse begrenzt. In der Festschrift von 1910, die insgesamt die Handschrift Glages trägt, wird dieses Faktum eigens als begrüßenswert hervorgehoben. Ein Foto zeigt die Verantwortlichen der Gemeinde: Im Kreis der abgebildeten 26 ehrwürdig wirkenden älteren Herren befindet sich J. Lühring als einzige Frau. Der Kommentar lautet, dass diese sehr geschätzt werde, aber keinen Sitz oder Stimme im Vorstand habe. Allen äußerst engagiert mitwirkenden Frauen »sind wir sehr viel Dank schuldig; aber wie sie hier hinter den Kulissen bleiben, so arbeiten sie auch in stiller selbstloser Verborgenheit unter der immer noch geltenden Parole: ›Das Weib schweige in der Gemeinde!‹«[41] Auch wenn sie ihre Stimmen nicht in der Weise erhoben wie die Pastoren St. Anschars, so hätte diese Gemeinde ohne das Engagement der vielen Frauen ihren unverwechselbaren Platz nicht einnehmen können. Die Stiftung Ancharhöhe verdankt ihre Entstehung dem Mäzenatentum von Emilie Jenisch, die bis zu ihrem Lebensende die wichtigste Förderin von St. Anschar blieb. Obzwar sie formell kein Mitglied der Diakonissengemeinschaft wurde, wurde sie als »Gründerin Bethlehems« geehrt.[42] In der Festschrift zum 50jährigen Bestehen Bethlehems, das 1931 begangen wurde, heißt es, dass sie »unter P. Nincks Einfluß zu einer Diakonisse ohne Haube unter uns wurde«. Ihr Haus am Jungfernstieg sei ein »zweites Diakonissenheim und Gemeindehaus« gewesen.[43] Mit Emilie Jenisch eng verbunden war Freifrau

---

[40] Gang und Stand (wie Anm. 12), 127. Insbesondere wird dabei auf die Schule hingewiesen, diese sei eine »Wohltätigkeitsanstalt«.

[41] A.a.O., 114; Foto: 111.

[42] Der Ancharbote Nr. 2, 24.1.1932, 37. Jg., 23, Unterschrift unter ihrem Foto.

[43] A.a.O., 18. Ihr Haus am Neuen Jungfernstieg 18 liegt nur wenige Gehminuten vom Ancharplatz entfernt. Eine Tafel erinnert an ihre Eltern als Besitzer dieser Stadtvilla, aber ihr Name wird nicht genannt.

Luise von Nettelbladt, die in dieser Festschrift als deren »treue Gehilfin« vorge-
stellt wird.[44] 1894 hatte sie den durch Veröffentlichungen über seine Afrikareisen
bekannt gewordenen Juristen Friedrich von Nettelbladt (1859–1894) geheiratet.
In der Festschrift von 1910 wird er nur kurz erwähnt, das Wirken seiner Ehefrau
hingegen ausführlicher gewürdigt.[45] Diese Adlige ist in der Hamburgischen
Geschichte und Kirchengeschichte bisher so gut wie gar nicht beachtet worden.

Die Veränderung St. Anschars hin zu einem Ort, an dem Vorbehalte gegen die
im Zuge der Zeit liegenden Veränderungen hin zu mehr Frauenrechten in Kirche
und Gesellschaft deutlich artikuliert wurden, vollzog sich schleichend. Die
Diakonissen blieben ein tragender Baustein der Gemeinde-Aktivitäten, und auch
einzelne Frauen nahmen ihre verantwortlichen Positionen weiterhin wahr. Der
Ton jedoch, der von der Leitung der Gemeinde ausging, verschärfte sich hinsichtlich der Beteiligung von Frauen. In den Vorträgen und Veröffentlichungen
Max Glages finden sich frauenfeindliche Stereotype. So charakterisiert der Autor
in einem Heftchen über theologische Ansichten zur Dreieinigkeit geistesge-
schichtliche Entwicklungen seiner Zeit folgendermaßen: »Auch in der neuesten
Philosophie und Theologie erwacht nach all dem weibischen, sentimentalen und
pharisäischen Herumwühlen in der eigenen Psyche endlich wieder die männliche
Sehnsucht nach der Wirklichkeit Gottes.«[46] Ein Jahr nach dem Beginn des Ersten
Weltkrieges meldete sich Glage mit einem Pamphlet zu Wort, das den Frauen
ihren angeblich angestammten Platz zuwies: *Das Weib schweige in der Gemeinde?
Eine zeitgemäße Warnung vor der Frauenrechtsbewegung in unserem deutschen
Christenvolk.*[47] In der paulinischen Anweisung aus 1 Korinther 14,34f sieht der
Theologe die einzig mögliche christliche Aussage zur Frauenfrage. Ein allgemei-
nes Stimmrecht für Frauen wäre nach seiner Auffassung eine »verhängnisvolle
Heimsuchung unserer evangelischen Christenheit«.[48] Statt sich dafür einzusetzen,
fordert er die Frauen auf: »geht ein in die heiligste Stille, die es auf Erden gibt, und
die vor allem des Weibes bestes Teil ist – in die Stille des Gebets!«[49] Von allen
Frauen fordert er Mütterlichkeit, die sowohl in Ehe und Familie als auch in einem
Leben für die Kirche, am besten als Diakonisse, zu verwirklichen sei.[50] Auch wenn
Ute Planert den Anschar-Pastor Max Glage zurecht als einen der antifeministi-
schen Theologen seiner Zeit charakterisiert, so muss m.E. in ausreichendem Maß

---

[44] Ebd.

[45] Vgl. Gang und Stand (wie Anm. 12), 60.

[46] MAX GLAGE, Die heilige Dreieinigkeit. Ein Vortrag, Hamburg o. J., 4.

[47] DERS., Das Weib schweige in der Gemeinde? Eine zeitgemäße Warnung vor der Frauenrechtsbewegung in unserem deutschen Christenvolk, Hamburg 1915. Dieses Werk ist »den
deutschen Männern in eiserner Zeit« gewidmet.

[48] A.a.O., 8.

[49] A.a.O., 10.

[50] A.a.O., 52-56, 79-82. Für seine Forderungen nimmt er die Hamburgerinnen Amalie
Sieveking und Elise Averdieck in Anspruch, die allerdings nur um den Preis massiver
Fehldeutungen für seine Ideale als Vorbild gelten können.

beachtet werden, dass diese Äußerungen ein Element seines antiliberalen Kirchen- und Gesellschaftsentwurfs bilden.[51] Gemeinsam mit anderen Personen und Gruppierungen der Hamburger christlichen Szenerie arbeitete er erfolgreich daran, das Profil St. Anschars in entscheidendem Maße zu verengen hin zu einem Ort lutherischer Intoleranz.[52]

4. St. Anschars Weg hin zu lutherischem Konfessionalismus

Gegründet wurde die Anschar-Gemeinde von Personen, die die Grenzen traditioneller lutherischer Kirchlichkeit deutlich wahrnahmen und nach zeitgemäßen Modellen einer christlichen Verkündigung suchten. Diejenigen, die sich an der Bildung des neuen Gemeindemodells beteiligten, gehörten der evangelisch-lutherischen Kirche an und stellten diese Mitgliedschaft durch ihren Einsatz für diese neue Form kirchlicher Arbeit nicht grundsätzlich infrage. Allerdings verwendeten sie Frömmigkeitsformen, die aus dem Milieu der angloamerikanischen Erweckungsbewegungen stammten. Der Sonntagschulunterricht, der in den 1830er Jahren noch auf erheblichen Widerstand in der Hansestadt gestoßen war,[53] hatte sich 30 Jahre später in der Hansestadt fest etabliert als Möglichkeit, um insbesondere Kinder aus den unteren sozialen Schichten zu erreichen. Spezifische Angebote für Männer und Frauen unterschiedlichen Alters und unterschiedlicher Lebensformen hatten ebenfalls Einzug in breitere kirchliche Kreise gehalten. Die größte Offenheit für solche Veranstaltungsformate bestand jedoch nach wie vor in den Gruppierungen, die aus den neuen Frömmigkeitsbewegungen hervorgegangen waren. Am Anscharplatz trafen zu Beginn engagierte lutherische Kirchenvertreter und Laien mit Personen zusammen, die ihr Engagement schwerpunktmäßig im Rahmen der Inneren Mission entfalteten. Die auf Anregung Johann Hinrich Wicherns (1808–1881) 1848 begründete Hamburger Stadtmission, die auf englische Vorbilder zurückging,[54] stellte eine der Säulen beim Zustandekommen der neuen Gemeinde dar. Der enge Zusammenhang wird u.a. daran deutlich, dass Wi-

---

[51] UTE PLANERT, Antifeminismus im Kaiserreich. Diskurs, soziale Formation und politische Mentalität, Göttingen 1998, 280-285, 291.

[52] Diese Sichtweise Glages schlägt sich auch z.B. in der Festschrift von 1910 nieder, wenn Ninck mit einem negativen Urteil versehen wird: »Es fehlte Ninck etwas an der in unserer verworrenen Zeit unentbehrlichen konfessionellen Bestimmtheit.« (Gang und Stand [wie Anm. 12], 29)

[53] REGINA BOHL, Die Sonntagsschule in der Hamburger Vorstadt St. Georg (1825–1853), in: Zeitschrift für Hamburgische Geschichte 67 (1981), 133-175.

[54] FRIEDEMANN GREEN, Kirche in der werdenden Großstadt. Landeskirche und Stadtmission in Hamburg zwischen 1848 und 1914, Herzberg 1994.

chern 1858 bei der Grundsteinlegung für die Kirche am Anscharplatz die Ansprache hielt. Die Einweihungspredigt im Jahr 1860 übernahm Heinrich Matthias Sengelmann (1821–1899), zu diesem Zeitpunkt Pastor an St. Michaelis und zugleich eine der Symbolfiguren der Inneren Mission Hamburgs.[55] Wilhelm Baur, der erste an St. Anschar tätige Geistliche, war zugleich Leiter der Stadtmission. Das Jahr 1875 markiert eine gewisse Zäsur der weiterhin engen Zusammenarbeit, als Jasper von Oertzen (1833–1893) diese Leitung übernahm.[56] Anders als Baur war er kein Theologe und hatte auch keine feste Aufgabe in den Arbeitsfeldern St. Anschars. Seine Wohnung lag allerdings am Valentinskamp 16 in unmittelbarer Nähe zum Diakonissenhaus Bethlehem. Bis 1884 trug er wesentlich dazu bei, Verbindungen zwischen Stadtmission, lutherischer Kirchengemeinde, Gemeinschaftsbewegung, dem Christlichen Verein Junger Männer (CVJM) und der Evangelischen Allianz herzustellen.[57] Oertzen stand für eine Phase der ökumenischen Offenheit all dieser genannten Gruppierungen sowie St. Anschars.[58] In späteren Jahren bildete der Stadtmissionar Heinrich Zeising eine Klammer zwischen St. Anschar und der Hamburger Stadtmission.[59]

Während insgesamt durch den Ersten Weltkrieg und den damit einhergehenden stärkeren nationalen Orientierungen der allermeisten christlichen Kirchen und Kreise die konfessionellen Abgrenzungen stärker betont wurden, zeigten sich konfessionalistische Tendenzen in St. Anschar bereits früher. Es wäre zu kurz gegriffen, diese nur mit einer Person zu verbinden; aber als offensichtlich kann gelten, dass der Amtsantritt des dritten Pastors der Anscharkapelle eine Zäsur markiert, die diese Entwicklung vorantrieb. Fortan wurde St. Anschar zu einem Sammelbecken konservativer Lutheraner, die sich zunehmend von allen früheren Weggefährten entfernten. Bevor Max Glage 1894 seinen Dienst am Anscharplatz begann, hatte er seit 1892 als Pastor im holsteinischen Reinbek gewirkt.[60] Seine Positionierung als Kritiker aller liberalen Tendenzen in Kirche und Theologie machte er in der Hansestadt von Anfang an öffentlichkeitswirksam deutlich. Während seiner gesamten Tätigkeit sowohl an St. Anschar als auch auf

---

[55] Stand und Gang (wie Anm.12), 21f; HANS-WALTER SCHMUHL, Heinrich Matthias Sengelmann (1821–1899) und die Anfänge der Evangelischen Stiftung Alsterdorf, Hamburg 2021.

[56] JÜRGEN WEHRS, Jasper von Oertzen. Ein Baron der Inneren Mission, Hamburg 1993, 22. Die innere Nähe zeigt sich auch daran, dass die Trauerfeier für ihn in der Anscharkapelle stattfand. (a.a.O., 99)

[57] Vgl. hierzu neben der Studie von Wehrs ferner ARNO PAGEL, Jasper von Oertzen. Ein Lebensbild, Berlin 1961; JÖRG OHLEMACHER, Das Reich Gottes in Deutschland bauen. Ein Beitrag zur Vorgeschichte und Theologie der deutschen Gemeinschaftsbewegung. Göttingen 1986, 48-55 (AGP 23).

[58] Die nachfolgenden Leiter der Stadtmission waren wieder Pastoren, jedoch alle nicht mehr direkt in die Strukturen von St. Anschar eingebunden.

[59] Seit 1899 arbeitete er dort verantwortlich mit, s. SCHMIDT/VERBURG, Zeichen (wie Anm. 9), 55; ALBRECHT, Damen (wie Anm. 21), 85.

[60] FRIEDRICH HAMMER/HERWARTH V. SCHADE (Hrsg.), Die Hamburger Pastorinnen und Pastoren seit der Reformation. Ein Verzeichnis, Hamburg 1995, Teil I, 54.

der Anscharhöhe polarisierte und polemisierte er in seinen Veröffentlichungen gegen die meisten Zeiterscheinungen.[61] In Kirche und Gesellschaft sah er vornehmlich Verfallserscheinungen, die er mit teilweise groben Überzeichnungen anprangerte. Zunächst identifizierte er »Sozialdemokratie und Anarchie«[62] als gefährliche Zeiterscheinungen. Zunehmend wandte er sich jedoch den seiner Meinung nach desaströsen kirchlichen Zuständen zu. So konstatierte er 1906, »im religiösen und kirchlichen Leben« gehe es nicht mehr um die kirchliche Lehre und die Wahrheit des Evangeliums, sondern es gelte: »Stimmung – Stimmung – Gefühl ist alles!«[63] Die Bindung an das konfessionelle Bekenntnis werde völlig vernachlässigt. Als besondere Gefahr für den Erhalt der lutherischen Landeskirche betrachtete Glage die Gemeinschaftsbewegung und die Evangelische Allianz.[64] Seine schärfste Ablehnung aber galt allen liberalen theologischen Tendenzen, insbesondere den Vertretern des Protestantenvereins. 1911 warnte er davor, dass »das Leben der Landeskirchen krankt und stirbt«.[65] Bereits 1894 ließ er einen programmatischen Beitrag unter dem Titel *Notschrei* drucken, in dem er allerdings noch keine konkreten Vorschläge zur Verbesserung der desolaten Lage machte.[66] Er deklarierte seine Veröffentlichung als Reaktion auf die ungebremste Liberalisierung der lutherischen Kirche Hamburgs und bezog sich dabei auf einen Vortrag seines Amtskollegen Dr. Albert Rebattu (1847–1933). Der Gemeindepastor von St. Gertrud[67] hatte sich als eines der profilierten Mitglieder des Hamburger Protestantenvereins[68] einen Namen gemacht. Erst nach Glages öffentlichen Anwürfen ließ er seinen Vortrag vom August 1894 drucken, verbunden mit einer Entgegnung auf den *Notschrei*.[69] Als Anlass seiner Rede vor einem Auditorium mit ca. 3000 Zuhörern, die vor allem aus Sozialdemokraten bestanden, beschreibt er eine verbreitete Unzufriedenheit mit dem Religionsunterricht, in dem »vielfach anstößige und

---

[61] Er konnte auch lyrische Töne anschlagen, wie seine Gedichtsammlungen zeigen, die anspruchslose Gelegenheitsdichtungen enthalten, s. MAX GLAGE, Ein Strauß vom Wege, Hamburg 1910; Ders., Ein Herbststrauß. Aus dem Lebens- und Amtsgarten eines alten Pastors, Hamburg o. J.

[62] MAX GLAGE: Notschrei an die Christen auf und unter den Kanzeln Hamburgs, Hamburg 1894.

[63] DERS., Die Kirche Jesu Christi in ihrer Beziehung zur Konfession, in: MAX GLAGE/ENNO BUDDE: Die Kirche Jesu Christi in ihrer Beziehung zur Konfession und zur Landeskirche. Schwerin 1906, 4.

[64] A.a.O., 11, 16-19.

[65] GLAGE, Zu viel (wie Anm. 35), 8.

[66] Vgl. DERS., Notschrei (wie Anm. 62)

[67] HAMMER/V.SCHADE, Verzeichnis (wie Anm. 60), I, 147; II, 63f.

[68] CLAUDIA LEPP, Protestantisch-liberaler Aufbruch in die Moderne. Der deutsche Protestantenverein in der Zeit der Reichsgründung und des Kultur-Kampfes, Gütersloh 1996.

[69] ALBERT REBATTU, Die Religion wird erhalten bleiben. Vortrag, Hamburg 1894. Weitere Entgegnungen auf Glages Positionierungen stammen von Pastor ARNOLD KÖSTER (1856–1924), Offener Brief an Herrn Pastor Glage zu St. Anschar, [2]Hamburg 1903.

daher unannehmbare Vorstellungen von Gott und seinem Walten« verbreitet würden.[70] Er dagegen bemühe sich darum, Konturen eines Christentums zu zeigen, das mit modernen wissenschaftlichen Erkenntnissen zu vereinbaren sei. Die Vertreter des Protestantenvereins »fühlen die Pflicht, die Religion Jesu Christi von dem mittelalterlichen Wust zu reinigen und den Strom des Gotteslebens wieder in die ausgetrockneten Kanäle des Volkslebens hineinzuleiten.«[71] Ein Jahr nach diesem ersten öffentlichen Schlagabtausch, bei dem sich der Anschar-Pastor als markanter Verteidiger einer bekenntnisgebundenen lutherischen Theologie profiliert hatte, bemühte sich Glage um eine strukturiertere Stimme der Konservativen in der Hamburger Kirche. An der Gründung des »Kirchlichen Vereins zu Hamburg« im November 1895 beteiligten sich unter seinem maßgeblichen Einfluss alle vier Kapellengemeinden der Hansestadt.[72] Mithilfe einer umfangreichen Vortragstätigkeit wurde versucht, Theologen und Laien zu sammeln, um den Erhalt der traditionellen lutherischen Theologie und Kirchenstrukturen in der Hamburger Landeskirche zu sichern. Das eigentliche Thema Glages bis in die 1920er Jahre wurde der Kampf um das seiner Ansicht nach bedrohte lutherische Profil der Kirche. Er forderte die Ablösung der Parochialstruktur durch reine Personalgemeinden. Während er zunächst noch Freikirchen als Lösung der von ihm attestierten Krise ablehnte,[73] rief er nach 1920 zur »Umwandlung des Landeskirchentums in Freikirchentum« auf.[74] Sein Appell an die anderen drei Kapellengemeinden, dem Beispiel St. Anschars zu folgen und ebenfalls die Landeskirche zu verlassen, zeitigte keine Folgen.[75]

Der Weg, den die Anschar-Gemeinde 1920 einschlug und bis 1957 verfolgte, blieb in Hamburg ohne einschneidende Auswirkungen für das Gefüge der Landeskirche. St. Anschar kann, gerade auch wegen seiner unter Beweis gestellten Kreativität, weiterhin als Modellprojekt innovativer städtischer kirchlicher Arbeit bezeichnet werden. Wie keine der anderen Kapellengemeinden gelang es diesem Unternehmen inmitten der wachsenden Großstadt neue Akzente einer zeitgemäßen christlichen Verkündigung zu setzen. Auch die aus heutiger Sicht kritisch zu hinterfragende konservative bzw. reaktionäre Phase der Gemeinde ändert nichts an der grundsätzlichen Bedeutung dieser Art von Gemeindebildung für eine Neuorientierung der Landeskirche. Aus dieser Perspektive ist es zu bedauern, dass es am Anscharplatz so gut wie keine Hinweise auf diese Vergangenheit gibt.

---

[70] REBATTU, Religion (wie Anm. 69), 5. Zum Kontext der Debatten um den Religionsunterricht s. RAINER HERING: Vom Seminar zur Universität. Die Religionslehrerausbildung in Hamburg zwischen Kaiserreich und Bundesrepublik. Hamburg 1997.

[71] REBATTU, Religion (wie Anm. 69), 16.

[72] GLAGE, Die Kirche (wie Anm. 63), 29; Gang und Stand (wie Anm. 12), 157.

[73] DERS., Zu viel (wie Anm. 35), 68.

[74] DERS., Das Rätsel des Landes-Kirchentums und seine Lösung, Schwerin 1922, 53. In einem Kapitel erteilt er Ratschläge für den »Aufbau einer freien evangelisch=lutherischen Bekenntniskirche«.

[75] A.a.O., 78.

Hans-Christoph Goßmann

Familie sucht man sich nicht aus

Verbindendes und Trennendes im Trialog der abrahamitischen Religionen

1. Das Verhältnis der drei Religionen Judentum, Christentum und Islam und seine Entsprechung in Familienverhältnissen

Das Verhältnis der drei so genannten abrahamitischen Religionen Judentum, Christentum und Islam zueinander mit der Metapher ›Familie‹ zu umschreiben und somit zu Familienverhältnissen in Bezug zu setzen, macht deutlich, dass es nicht um eine Verhältnisbestimmung zwischen den abstrakten Größen ›Judentum‹, ›Christentum‹ und ›Islam‹ geht, sondern um die Beziehungen zwischen Menschen, die in diesen drei Religionen auf ihre je eigene, unverwechselbare Art und Weise beheimatet sind. Familienverhältnisse hängen davon ab, wie Menschen, die zu einer Familie gehören, ihre Beziehungen untereinander gestalten. Entsprechend gilt: Die Beziehungen zwischen den drei so genannten abrahamitischen Religionen hängen davon ab, wie die Menschen, die in diesen Religionen ihre Heimat haben, sie gestalten. In Familien ist es zuweilen unabdingbar, zueinander auf Distanz zu gehen und getrennte Wege zu gehen, wenn deutlich wird, dass nicht alle Wege gemeinsam gegangen werden können.

1.1 Familienverhältnisse in der Bibel, exemplarisch dargestellt anhand von Genesis 13

Um dies anhand eines biblischen Beispiels zu veranschaulichen: In Genesis 13 wird die Trennung von Abram und Lot dargestellt. Die beiden waren gemeinsam auf dem Weg von Ägypten in den Negev. Sie waren nicht allein, sondern reisten mit ihren Angehörigen, ihren Bediensteten und ihren Viehherden. Es kam zu einem Konflikt zwischen den beiden, und der Grund für diesen Konflikt wird auch genau benannt: »Und das Land trug es nicht, dass sie gemeinsam wohnten, denn ihr Besitz war viel, und sie konnten nicht gemeinsam wohnen.« (Vers 6). Es gehört zu den Grundgesetzen nomadischen Lebens, dass die Herden nicht zu groß sein dürfen, weil sonst der karge Boden nicht genug Nahrung hergibt, so dass eine Trennung der beiden unausweichlich war. Diese Trennung verlief äußerst harmonisch, denn Abram war sofort bereit, dem Jüngeren die Auswahl des Geländes zuzugestehen. Er sagte zu ihm: »Es soll doch nicht Zank zwischen mir und dir und zwischen meinen Hirten und deinen Hirten sein, denn wir Männer sind Brüder. Ist nicht das ganze Land vor dir? Trenne dich doch von mir! Wenn zur Linken, werde ich mich zur Rechten wenden, und wenn zur Rechten, werde ich mich zur Linken wenden« (Verse 8f.). Und so geschah es dann auch. Abram und Lot trennten sich, weil sie nicht mehr zusammen bleiben konnten und gingen von da an getrennte Wege. Beeindruckend ist die gegenseitige Achtung, in der die Trennung vollzogen wurde, nachdem sie erkannt hatten, dass der gemeinsame Weg nicht mehr möglich war. Ein solcher Umgang miteinander wäre auch da wünschenswert, wo es zwischen Geschwistern keinen gemeinsamen Weg gibt. Denn eine solche Trennung bedeutet keineswegs, dass die gegenseitige Solidarität aufgekündigt wird. Im unmittelbar darauf folgenden Kapitel des Ersten Buches Mose wird berichtet, dass Lot nach der Trennung von Abram in seiner neuen Heimat Sodom in eine kriegerische Auseinandersetzung hineingezogen und als Kriegsgefangener weggeschleppt wird. Als dies Abram zu Ohren kommt, bricht er sofort auf, um Lot zu befreien (Gen. 14). Auf die Beziehung zwischen Familienmitgliedern bezogen kann dies bedeuten, dass diese zueinander stehen und sich aufeinander verlassen können – auch dann, wenn sie so unterschiedlich sind, dass sie nicht alle ihre Lebenswege gemeinsam beschreiten können.

Auch wenn es »gut und angenehm« wäre, »wenn Geschwister auch zusammen wohnen« (vgl. Ps. 133, 1), so gilt es doch realistisch zu sehen, dass nicht alle Wege gemeinsam gegangen werden können. Dies gilt für Angehörige einer Familie ebenso wie für Angehörige verschiedener Religionsgemeinschaften.

2. Ein fiktives Gespräch bei einem fiktiven Familientreffen

Nehmen wir die Familien-Metapher auf und setzen wir sie in eine Szene um: Stellen wir uns eine große weitverzweigte Familie vor, zu der auch jüdische, christliche und muslimische Familienmitglieder gehören, die an unterschiedlichen Orten leben und nicht allzu oft zusammenkommen. Aber jetzt bietet eine Familienfeier den Anlass zu einem Treffen, an dem sechs Personen teilnehmen, drei Ehepaare: Christine und Peter (beide christlich) haben Wahida und Mustafa (beide muslimisch) und Channa und Joschua (beide jüdisch) zu sich eingeladen. Alle sind an religiösen Fragen interessiert und freuen sich über die Gelegenheit eines Gesprächs mit ihren andersgläubigen Verwandten. Sie sitzen im Esszimmer am Tisch, abgesehen von Peter, der in der Küche noch mit den letzten Essensvorbereitungen beschäftigt ist. Es entwickelt sich ein Gespräch:

> Wahida: »Du, Christine, nimm mir diese Frage bitte nicht übel. Ich finde es ja super, dass Peter für uns heute kocht, aber können wir sicher sein, dass auch alles halal ist?«

Christine: »Da brauchst Du Dir keine Sorgen zu machen. Peter hat sich an die Kaschrut gehalten. Da die jüdischen Speisegebote ja über die islamischen noch hinausgehen, könnt ihr alles unbesorgt essen.«

Mustafa: »Na, wenn das so ist, dann hoffe ich mal, dass Peter uns keinen koscheren Wein kredenzen wird.«

Alle lachen.

Channa: »Aber wie ist es denn bei euch Christinnen und Christen? Hat das Essen bei euch keine religiöse Dimension?«

Christine: »Doch, das hat es. Da geht es jedoch nicht in erster Linie um das, was wir essen, sondern um die Gemeinschaft beim Essen, um das, was wir christlicherseits als Mahlgemeinschaft bezeichnen. Unser christlicher Glaube zielt auf Gemeinschaft ab. Eine wichtige Ausdrucksform dieser christlichen Gemeinschaft ist das gemeinsame Essen. Brot – die Grundlage jeder Mahlzeit – wird gemeinsam gebrochen; Speisen werden geteilt. Wo das nicht mehr gegeben ist, ist die Gemeinschaft von Christinnen und Christen im Kern gefährdet. Das zeigt ein Konflikt, den es in der Gemeinde in Korinth gegeben hatte und auf den der Apostel Paulus in seinem ersten Brief an diese Gemeinde reagiert hat. Die Einheit der Gemeinde war massiv bedroht. Entsprechend scharf waren die Worte, mit denen Paulus diese Missstände zur Sprache bringt.« (vgl. 1 Kor. 11, 17-34)

Channa: »Worum ging es bei diesem Konflikt?«

Christine: »In der korinthischen Gemeinde wurde das Abendmahl im Rahmen des regelmäßigen Gottesdienstes gefeiert, zu dem die Gemeinde an jedem Sonntagabend zusammenkam. Darin war ein Sättigungsmahl integriert, zu dem sämtliche Gemeindeglieder etwas beitrugen. In Korinth gab es einige reichere Gemeindeglieder, die mehr mitbrachten, damit sich auch die Armen am Essen beteiligen konnten. Es kam jedoch zu dem Konflikt, weil die reicheren Gemeindeglieder anfingen, ihre mitgebrachten Speisen bereits vor dem Abendmahl zu essen – vielleicht, um die Wartezeit bis zum Beginn des Gottesdienstes zu füllen. Das hatte zur Folge, dass diejenigen, die erst kurz vor Beginn des Gottesdienstes kommen konnten, weil sie als Sklaven oder sozial Benachteiligte noch arbeiten mussten, weniger bekamen. Diese Missstände waren es, die der Apostel Paulus in seinem Brief so scharf kritisiert hat.«

Mustafa: »Das verstehe ich. Aber bei dem Konflikt in Korinth, den Du eben beschrieben hast, ging es ja nicht darum, dass Speisegebote missachtet wurden. Gibt es im Christentum denn keine Speisegebote? Das kann ich mir eigentlich nicht vorstellen, denn zu eurer christlichen Bibel gehört ja auch die Tora, in der die Speisegebote stehen, die für das Judentum verbindlich sind. Wenn die Tora auch Bestandteil Eurer Heiligen Schrift ist, warum haltet Ihr euch dann nicht an die Speisegebote, die dort stehen? Um es auf den Punkt zu bringen: Warum esst ihr Christen Schweinefleisch? Ist das Ausdruck eines Traditionsabbruchs?«

Christine: »Nein, Mustafa. Dass Christinnen und Christen Schweinefleisch essen, hat mit einem Traditionsabbruch nichts zu tun. Das hat theologische Gründe. Wenn ich jetzt den Versuch unternehme, diese Gründe darzulegen, gehe ich von einem Text aus dem Neuen Testament aus, dem Galaterbrief des Apostels Paulus. Paulus hat ja auch den Ersten Korintherbrief geschrieben hat, über den wir eben gesprochen haben.

Wie sein erster Brief an die Gemeinde in Korinth ist auch sein Galaterbrief in einer Konfliktsituation entstanden. Paulus hat ihn geschrieben, weil in die Gemeinden Galatiens Judenchristen gekommen waren, die die Forderung aufstellten, dass man sich beschneiden lassen müsse, um Mitglied einer christlichen Gemeinde sein zu können. Die Beschneidung steht hier stellvertretend für sämtliche Gebote der Tora. Es ging also um die Frage, ob Menschen, die nicht dem Volk Israel angehören, zum Judentum konvertieren müssen, um an Jesus als Messias, als Christus, glauben zu können und damit auch an den Gott Israels. Diese Frage war in der Frühzeit des Christentums von großer Bedeutung, denn die ersten Christinnen und Christen waren Mitglieder des jüdischen Volkes; sie waren eine Gruppe innerhalb des damaligen Judentums, das ja bis zur Zerstörung des Zweiten Tempels im Jahr 70 von einer großen Pluralität geprägt war. Als jedoch auch Menschen, die nicht dem jüdischen Volk angehörten, an Jesus Christus glaubten und somit auch an den Gott Israels, sprengte dies gleichsam den Rahmen des Judentums. Es stellte sich die Frage, ob dies legitim sei oder ob die an Jesus Christus glaubenden Nichtjuden zum Judentum konvertieren müssen – was in Bezug auf die Männer u.a. beinhaltete, dass sie sich beschneiden lassen müssen. Diese Frage wurde äußerst kontrovers diskutiert und schließlich im so genannten Apostelkonzil im Jahr 48 geklärt. (vgl. Apg. 15, 1-35) Es wurde entschieden, dass Menschen, die nicht dem jüdischen Volk angehören, Mitglieder christlicher Gemeinden werden können, ohne die Gebote der Tora halten zu müssen. Darauf hat sich Paulus in seinem Galaterbrief bezogen. Die Entscheidung des Apostelkonzils ist für uns Christinnen und Christen von großer Bedeutung; in ihr können wir durchaus die Geburtsstunde des Christentums als eigenständiger Religion sehen.

Es tut mir leid, dass ich jetzt länger gesprochen habe, als ich eigentlich vorgehabt hatte. Ich wollte euch keinen Vortrag halten. Aber ohne diesen Hintergrund zu kennen, können wir den Galaterbrief des Paulus nicht verstehen.«

Joschua: »Wenn ich Dich richtig verstehe, siehst Du Dich also als Mitglied einer Religionsgemeinschaft, die aus dem Judentum hervorgegangen ist.«

Christine: »Ja. Der Glaube an Jesus als Christus verbreitete sich in vielen Ländern; es entstand eine Kirche, die auf dem Judentum basiert, die aus ihm hervorgegangen ist – was nicht zuletzt daran ersichtlich ist, dass die Hebräische Bibel des jüdischen Volkes Bestandteil der christlichen Bibel ist –, die aber zugleich zu einer eigenständigen Religion neben dem Judentum wurde, zum Christentum. Wenn wir das religionsgeschichtlich betrachten, ist das Judentum somit gleichsam die Mutterreligion des Christentums.«

Wahida: »Das leuchtet mir ein, aber ich würde doch gerne nochmal auf die Frage zurückkommen, warum ihr Christen keine Hemmungen habt, Schweinefleisch zu essen. Bei dem, was Du gesagt hast, ging es ja um die Beschneidung, nicht um Speisegebote. Denn die Hebräische Bibel ist Teil eurer christlichen Bibel – wie Du ja eben selbst gesagt hast. Und in der steht das Verbot, Schweinefleisch zu essen.«

Christine: »Für Christinnen und Christen gelten aufgrund des auf dem Apostelkonzil gefassten Beschlusses die Gebote der Tora und somit auch die Kaschrut, die Speisegebote, nicht. Deshalb essen Christen Schweinefleisch. Um es etwas zurückhaltender zu formulieren: Deshalb lehnen Christinnen und Christen den Verzehr von

Schweinefleisch nicht aufgrund ihres christlichen Glaubens ab. Der Vollständigkeit halber muss ich an dieser Stelle noch sagen, dass es auch Christinnen und Christen gibt, die dem jüdischen Volk angehören und die sich selbst als ›messianische Juden‹ bezeichnen. Die halten sich als Jüdinnen und Juden selbstredend an die Gebote der Tora und somit auch an die Kaschrut.«

Mustafa: »Ich möchte nochmal auf Paulus zurückkommen. Dass er für euch Christen von hoher Bedeutung ist, verstehe ich ja. Aber hat er mit der Auffassung, die er im Galaterbrief so vehement vertreten hat, nicht die Botschaft Jesu verfälscht? Der Prophet Isa, euer Jesus, hat sich doch sicher an die Speisegebote gehalten. Der hätte niemals Schweinefleisch gegessen!«

Christine: »Nein, das hätte er als Jude sicher nicht getan. Und dass Paulus sich in diesem Konflikt letztlich durchgesetzt hat, hatte keineswegs zu Folge, dass er keiner Kritik ausgesetzt war – und zwar nicht nur von islamischer Seite. Die Konflikte, in die er zu Lebzeiten involviert war, haben im Neuen Testament in seinen Briefen und in der Apostelgeschichte ihren Niederschlag gefunden. Auch posthum wurde er scharf kritisiert. So wurde ihm von Jüdinnen und Juden aufgrund seiner Auffassung, dass nichtjüdische Menschen, die an Jesus Christus und damit auch an den Gott Israels glauben, die Gebote der Tora nicht halten müssen, sogar die jüdische Identität abgesprochen.«

Channa: »Mich bewegt gerade eine ganz praktische Frage. Ich habe sie bisher nicht gestellt, weil ich euch als Gastgebern nicht zu nahe treten wollte, aber ich merke, dass ich sie stellen muss, bevor Peter gleich das Essen auf den Tisch bringen wird: Du hast ja gesagt, dass das Essen gemäß den Kaschrut gekocht ist. Dafür bin ich euch auch wirklich dankbar. Aber wie sieht es mit dem Geschirr aus? Du hast eben erklärt, warum ihr Christen Schweinefleisch essen dürft. Auch wenn das Essen heute koscher ist, werden Joschua und ich es nicht essen können, wenn von den Tellern vorher Fleisch gegessen worden ist, das nicht koscher ist. Zuhause haben wir zwei getrennte Geschirrschränke: in einem ist das Geschirr für Fleischgerichte, im anderen das für Gerichte mit Milch oder Milchprodukten. Benutzt ihr die Teller, von denen wir heute essen, auch für Fleischgerichte?«

Christine: »Da brauchst Du Dir keine Sorgen zu machen. Peter und ich ernähren uns ausschließlich vegetarisch.«

Die Tür wird geöffnet und Peter kommt in den Raum. Er trägt zwei Schüsseln, stellt sie auf den Tisch und geht wieder in die Küche, um noch eine weitere Schüssel zu holen.

Peter: »Es tut mir leid, dass ihr so lange habt warten müssen, aber ich wollte, dass alles zur selben Zeit fertig ist.«

Wahida: »Kein Problem. Wir haben gar nicht gemerkt, wie die Zeit vergeht, weil wir so in unser Gespräch vertieft waren.«

Peter: »Das beruhigt mich. Wer von uns spricht das Tischgebet?«

Wahida: »Was für eine Frage – natürlich der Gastgeber!«

Christine: »Dann will ich das gerne tun. Lasst uns beten:

›Danket dem Herrn, denn er ist freundlich, und seine Güte währet ewiglich.‹«

Alle: »Amen.«

Joschua: »Das war ja der erste Vers des 118. Psalms. Der ist als Gebet wirklich gut geeignet, denn letztlich verdanken wir ja alles, was wir zum Leben brauchen, der Freundlichkeit und Güte Gottes.«

Mustafa: »Das sehe ich auch so, und ich finde es schön, dass Du einen Vers aus einem Psalm als Gebet ausgesucht hast. Schließlich betrachten wir die Sammlung der Psalmen, die wir in unserer Tradition als Zabur bezeichnen, als Offenbarung Gottes. Gestatte mir eine Frage: Hast Du diesen Psalmvers als Gebet ausgesucht, weil Ihr heute jüdische und muslimische Gäste habt?«

Christine: »Nein; das ist unser tägliches Tischgebet.«

Peter: »Zeigt sich daran nicht wieder einmal, dass wir − Juden, Christen und Muslime − an denselben Gott glauben?«

Mustafa: »Ja sicher. Das möchte ich auch gar nicht in Frage stellen. Schließlich heißt es im Qur'an im Hinblick auf die ›Leute des Buches‹, zu denen ihr Christinnen und Christen ja gehört: ›Unser Gott und euer Gott ist einer‹ (Sure 29, 46). Aber dennoch tue ich mir mit der christlichen Lehre von der Dreieinigkeit Gottes, der Trinität, schwer. Ist dieses Konzept nicht ein Widerspruch in sich?«

Peter: »Denkst Du etwa, dass wir an drei Götter glauben?«

Mustafa: »Nein, dass Trinität kein Tritheismus ist, habe ich verstanden. Aber genau da liegt mein Problem: Ich habe verstanden, was Trinität nicht ist, aber ich habe nicht verstanden, was sie ist.«

Peter: »Wir können doch nur das über Gott sagen, was er uns von sich offenbart. Und nach christlichem Glauben offenbart er sich als Vater, Sohn und Heiliger Geist.«

Mustafa: »Vater, Sohn und Heiliger Geist werden als Personen Gottes bezeichnet. Wenn aber von drei Personen die Rede ist, dann geht es doch um drei Individuen. Wie ist das mit dem Monotheismus vereinbar?«

Peter: »Bei dem Substantiv ›Person‹ denken wir an ein Individuum. Aber darum geht es hier nicht. Das deutsche Wort ›Person‹ ist die eingedeutschte Form des lateinischen Substantivs ›persona‹ und das hat die Bedeutung ›Theatermaske‹. Der eine Gott offenbart sich uns auf drei verschiedene Weisen, als Vater, als Sohn und als Heiliger Geist, mit anderen Worten: Es ist der eine und einzige Gott, der sich uns offenbart, indem er − bildlich gesprochen − einmal die Theatermaske des Vaters trägt, einmal die des Sohnes und einmal die des Heiligen Geistes. Wichtig ist aber, dass sich hinter diesen drei unterschiedlichen Theatermasken immer derselbe Gott befindet. Deshalb geht es bei der Trinität um eine Form des Monotheismus, nicht des Tritheismus.«

Mustafa: »Daran kann ich vielleicht anknüpfen, denn das lässt mich an die 99 schönsten Namen Gottes denken, die ja keine Namen im Sinne von Eigennamen sind, sondern Eigenschaften, die Gott hat und durch die er sich uns offenbart.«

Joschua: »Was Du, Peter, ausgeführt hast, kann ich nachvollziehen. Aber greift das nicht ein wenig zu kurz? Ist das nicht ein reiner Modalismus? Geht es bei der Trinität nicht auch − wenn ich dies einmal so formulieren darf − um eine innergöttliche Binnendifferenzierung?«

Mustafa: »Wenn das der Fall wäre, dann wäre dies eine Differenz zwischen islamischem und christlichem Glauben, die nicht auflösbar ist. Denn die Tauhid, das

Bekenntnis zur Einheit Gottes, meint nicht nur das Bekenntnis zum Monotheismus, sondern auch das zu der inneren Einheit Gottes. Und das lässt sich mit dem Gedanken einer innergöttlichen Binnendifferenzierung nicht in Einklang bringen.«

Channa: »Das sehe ich als Jüdin auch so. Der Gedanke einer derartigen innergöttlichen Binnendifferenzierung – welch merkwürdiger Ausdruck! – lässt sich mit dem jüdischen Glauben meiner Meinung nach ebenso wenig vereinbaren wie mit dem islamischen.

Aber ist das eigentlich so schlimm? Wir führen ja keinen interreligiösen Dialog, um auf einen kleinsten gemeinsamen Nenner zu kommen. Interreligiöse Dialoge sind doch etwas grundlegend anderes als etwa Tarifverhandlungen, bei denen die Beteiligten Kompromisse eingehen müssen, um sich schließlich einigen zu können. Wir müssen uns nicht einigen – nach dem Motto: Wir Juden geben den Glauben an den Bundesschluss Gottes mit seinem Volk auf, ihr Christen den Glauben an die Trinität und ihr Muslime den Glauben, dass Muhammad das ›Siegel der Propheten‹ (Sure 33, 40) ist, und dann haben wir unsere Einheitsreligion. Nein, mit einer solchen konstruierten Einheitsreligion wäre m.E. niemandem gedient. Die Differenzen zwischen unseren Glaubensweisen sind doch nichts, was wir gleichsam ›wegdialogisieren‹ müssen, sondern – ganz im Gegenteil – der Anlass zu unserem Dialog. Vielleicht sollten wir deshalb gerade die Differenzen zwischen unseren Religionen wertschätzen, auch wenn mir natürlich klar ist, dass das nicht immer ganz leicht ist.«

Wahida: »Dem kann ich nur uneingeschränkt zustimmen.«

Joschua: »Ja. Das geht mir nicht anders. Das heißt aber nicht, dass ich mich nicht über die Gemeinsamkeiten freue, die unsere Religionen miteinander verbinden. Ich denke da an biblische Gestalten, die auch im Qur'an vorkommen, z.B. Noah.«

Mustafa: »Ja, das stimmt. Noah bzw. Nuh, wie er im Qur'an heißt, kommt sowohl in der Bibel als auch im Qur'an vor. Aber er wird in der Bibel anders dargestellt als im Qur'an. Geht es in der Bibel in erster Linie um die Sintflut, so steht im Qur'an Noah im Vordergrund. Die Sintflut ist letztlich nur deshalb von Bedeutung, weil sie die Strafe ist, die Noah angekündigt hat. Sie zeigt, dass Noah ungeachtet des Zweifels und Spotts seiner Zeitgenossen wirklich der Gesandte Gottes ist.«

Joschua: »Da hast Du natürlich recht.«

Mustafa: »Und außerdem gibt es noch weitere Unterschiede zwischen den verschiedenen Darstellungen Noahs. So heißt es im Qur'an, dass die Vernichtung durch Hitze durchgeführt wurde. (vgl. Sure 11, 40) Davon ist in der Bibel nicht die Rede.«

Joschua: »In der Bibel nicht, aber in den rabbinischen Texten begegnet die Vorstellung, dass die Wasser der Sintflut heiß waren (vgl. Lev. r. 7,6). Das entspricht ja durchaus dem, was im Qur'an steht.«

Mustafa: »Da habe ich noch etwas dazugelernt. Das wusste ich nicht.«

Joschua: »Du sprachst eben noch von weiteren Unterschieden in der Darstellung Noahs. Woran denkst Du dabei?«

Mustafa: »Im Qur'an tritt Noah als Prophet und als Bußprediger auf. Das ist in der Bibel anders.«

Joschua: »Ja, das ist richtig. In der Bibel wird Noah in der Tat nicht als Prophet dargestellt, aber im tannaitischen סדר עולם. Und wir kennen in unserer Tradition auch die Rolle Noahs als Bußprediger. So schreibt Josephus in seinen Antiquitates Iudaicae, dass Noah sich vergeblich bemüht, seine Mitmenschen zu einem besseren Lebenswandel zu bewegen, um auf diese Weise das Strafgericht Gottes, die Sintflut, abzuwenden.« (vgl. I, § 74)

Peter: »In der christlichen Tradition begegnet Noah ebenfalls als Prophet, so in ›De civitate Dei‹ von Augustin. Und auch die Rolle Noahs als Bußprediger ist uns vertraut, und zwar aus dem Neuen Testament: Im Zweiten Petrusbrief wird Noah als δικαιοσύνης κῆρυξ bezeichnet, als ›Prediger der Gerechtigkeit‹ (2. Petr. 2, 5). Noah begegnet zudem nicht nur im Neuen Testament als Bußprediger, sondern auch im Ersten Clemensbrief (vgl. 1. Clem. 7, 6).«

Mustafa: »Das finde ich interessant. Denn es zeigt, dass es auch da Gemeinsamkeiten unserer drei Religionen gibt, wo sie zumindest nicht auf den ersten Blick zu erwarten waren.«

Christine: »Aber es gibt auch biblische Gestalten, die im Neuen Testament und im Qur'an vorkommen, nicht jedoch in der Hebräischen Bibel – Maria zum Beispiel. Ich finde die Geschichte am Beginn des Lukasevangeliums sehr schön, in der es um Maria geht, eine unbekannte, einfache Frau aus dem Volk, die damit konfrontiert wird, dass ausgerechnet sie die Mutter des Christus sein soll, des Sohnes des Höchsten, des Königs über das Haus Jakob in Ewigkeit. (vgl. Lk. 1, 26-38) Und das geschieht ihr, einer einfachen Frau, einem Menschen wie Du und ich! Ich lese das Lukasevangelium ohnehin sehr gerne. Der Evangelist Lukas wird meiner Meinung nach zu Recht oft als der ›Evangelist der kleinen Leute‹ bezeichnet. Denn er hat in seiner Darstellung die Menschen nicht vergessen, die in der damaligen Gesellschaft nicht zu den Reichen, Gebildeten und Mächtigen gehörten.«

Wahida: »Auch im Qur'an ist Maria von großer Bedeutung. Dort lesen wir, dass ihr von den Engeln gesagt wird, dass sie von Gott erwählt ist. (vgl. Sure 3, 42) Eine Sure ist sogar mit ihrem Namen überschrieben, dem Namen ›Maryam‹, wie er im Arabischen lautet: Sure 19. Im zweiten Teil dieser Sure geht es um die Ankündigung der Geburt Jesu und dessen Geburt selbst. Diese Darstellung weist Ähnlichkeiten zu den neutestamentlichen Darstellungen auf. So ist Maria, die Jesus zur Welt bringt, auch im Qur'an Jungfrau.«

Christine: »Maria spielt also im Christentum und im Islam eine wichtige Rolle, aber nicht im Judentum. Sie steht somit für eine Gemeinsamkeit von Christentum und Islam, die nicht vom Judentum geteilt wird.«

Channa: »Ich glaube, da vergisst Du etwas.«

Christine: »Was denn?«

Channa: »Maria war Jüdin, sie war eine Frau aus dem jüdischen Volk.«

Christine: »Da hast Du natürlich recht, aber sonderlich gut kommt Maria in eurer Tradition nicht gerade weg, wenn ich da an die Legende im Babylonischen Talmud denke, nach der Jesus aus der Verbindung von Maria mit dem römischen Hauptmann Panthera hervorging. (vgl. bShab 104b und bSan 67a) Wertschätzung gegenüber Maria sieht anders aus.«

Channa: »Zweifellos. Aber das hat ja auch seinen Grund. Seit der konstantinischen Wende im Jahr 314 unserer Zeitrechnung haben Jüdinnen und Juden massiv unter dem Christentum gelitten. Das hat zu einer antichristlichen Polemik geführt, die sich auch gegen die Figur der Maria richtete. Maria wurde da nicht mehr als jüdische Frau gesehen, sondern als Repräsentantin des Christentums. Es blieb übrigens nicht bei der von Dir genannten Legende im Babylonischen Talmud. Im vierten und fünften Jahrhundert unserer Zeitrechnung nahm die Zahl derartiger Geschichten zu. Um sie richtig zu verstehen, ist es aber wichtig zu sehen, wogegen sie sich richteten: Sie zielten darauf ab, den Gedanken der Inkarnation ad absurdum zu führen. Sie richteten sich somit letztlich nicht gegen Maria, sondern gegen die grundlegenden Aussagen des christlichen Glaubens. Exemplarisch nenne ich hier nur die Toledot Jeschu. Natürlich kann man da durchaus von einem Missbrauch der Mariagestalt sprechen – aber ohne den kirchlichen Antijudaismus wäre es dazu sicher nicht gekommen!«

Christine: »Entschuldige, da hast Du natürlich völlig recht. Wenn wir hier so im Gespräch sind, vergesse ich manchmal, wie wenig selbstverständlich es ist, dass wir ein solches Gespräch überhaupt führen können. Als Christin stehe ich in der Tradition eines jahrhundertelangen Antijudaismus der Kirche. Da bin ich in einer Verantwortung, der ich mich auch gar nicht entziehen möchte.«

Channa: »Das weiß ich doch. Es geht mir ja auch nicht darum, Dich und Peter für die Judenfeindschaft der Kirche persönlich verantwortlich zu machen. Aber wir können auch nicht so tun, als ob es diese Geschichte nicht gegeben hätte – zumal es ja keineswegs um eine Sache geht, die vergangen ist. Unter der zunehmenden Judenfeindschaft in unserer Gesellschaft leiden viele Jüdinnen und Juden, auch in unserer Gemeinde. Aber ich sehe auch neue Ansätze; ich habe den Eindruck, dass es vielen – gerade jüngeren – Christinnen und Christen wirklich wichtig ist, die Judenfeindschaft aufzuarbeiten und zu überwinden.«

Joschua: »Das sehe ich auch so. Sonst hätte ich mich auf ein Gespräch mit Christen gar nicht erst eingelassen.

Ich würde jetzt gerne noch ein weiteres Thema zu Sprache bringen: das der Mission. Bei allen Gemeinsamkeiten unserer drei Religionen sehe ich da doch einen grundlegenden Unterschied: Während es zum Christentum und zum Islam dazugehört, den eigenen Glauben zu verbreiten, ist das beim Judentum völlig anders. Das Judentum verstehen wir nicht nur als Religions-, sondern auch als Volksgemeinschaft. Nach unserem Verständnis gilt: Jude ist, wer eine jüdische Mutter hat. Auch wenn es die Möglichkeit gibt, zum Judentum zu konvertieren: Wir Juden missionieren nicht.«

Mustafa: »Im Islam sprechen wir nicht von Mission – das ist ein zutiefst christlich geprägter Begriff –, sondern von Dawa. Dieses arabische Nomen hat die Bedeutungen ›Einladung‹ und ›Aufruf‹. Wir laden andere ein, den Islam kennenzulernen. Wir rufen sie dazu auf. Aber wir bekehren sie nicht zum Islam. Das könnten wir auch gar nicht, denn nach islamischem Glauben kann nur Gott den Glauben in einem Menschen wecken.«

Peter: »Das ist bei uns im Christentum nicht anders. Nach christlichem Glauben ist es der Heilige Geist, also Gott selbst, der den Glauben in einem Menschen weckt. Deshalb sollte das deutsche Verb ›missionieren‹ m.E. aus dem kirchlichen Wortschatz gestrichen werden, denn es impliziert, dass der Missionierende, der Missionar, das Subjekt der Mission und der zu Bekehrende das Objekt der Mission ist. Das steht im Widerspruch dazu, dass Gott allein Subjekt der Mission ist und nicht der Mensch, während Objekt der Mission der Missionar und somit der Mensch ist. Denn er ist es ja, der von Gott gesandt wird. Dieses Missionsverständnis wurde auf der Weltmissionskonferenz 1952 in Willingen zur Sprache gebracht, indem die Erkenntnis formuliert wurde, dass die Mission nicht von dem Missionar oder der Kirche ausgehe, sondern von Gott. Die Mission der Kirche hat Anteil an der Mission Gottes, der missio Dei, und sie ist dieser Mission Gottes unterzuordnen, denn Subjekt und Urheber der Mission ist Gott allein.

Letztlich geht es bei der Frage der Mission um die Dimension der Universalität unseres jeweiligen Glaubens. Wir glauben an Gott als den Schöpfer der ganzen Welt und somit sehen wir auch alle Menschen als seine Geschöpfe an. Damit sind alle anderen Menschen mit im Blick. Das ist im Judentum doch nicht anders als im Christentum und im Islam.«

Joschua: »Woran denkst Du dabei?«

Peter: »An die Aussage im Buch des Propheten Jesaja, dass dem Gottesknecht der Auftrag erteilt wird, ›Licht der Völker‹ zu sein (vgl. Jes. 49, 6). Mit dem Gottesknecht ist an dieser Stelle Israel gemeint (vgl. Jes. 49, 3). Hier wird nicht der Auftrag erteilt, die Angehörigen der Völker dazu zu bewegen, Mitglieder des Volkes Israel zu werden, sondern für sie Licht zu sein – für sie, die andere Völker sind und auch bleiben. Hier sehe ich in der Hebräischen Bibel eine Universalität, die weit über die Grenzen des Volkes Israel hinausgeht. Und diese Universalität kommt in der Hebräischen Bibel ja nicht nur an dieser Stelle zum Ausdruck.«

Joschua: »Wo siehst Du das noch?«

Peter: »Eine entsprechende Universalität sehe ich auch im ersten Kapitel der Bibel, an dessen Anfang nicht die Entstehung des Volkes Israel dargestellt ist. Erst nach der Darstellung der Urgeschichte in den ersten elf Kapiteln des Buches Bereschit/ Genesis werden die Ursprünge des Volkes Israel thematisiert, indem im zwölften Kapitel die Berufung Abrams, des Stammvaters des Volkes, dargestellt wird. In den ersten Versen des zwölften Kapitels wird der Übergang von der Ur- zur Erzeltern- und damit zur Volksgeschichte vollzogen, und zwar auf eine – wie ich finde – bemerkenswerte Art und Weise: Die Universalität der Darstellung der Schöpfung und ersten Menschheitsgeschichte, die die ersten elf Kapitel prägt, weicht der Partikularität der Darstellung eines einzigen Volkes, ja mehr noch: der Partikularität der Darstellung einer einzigen Person, Abrams. Aber dadurch, dass sich alle Geschlechter der Erde mit Abram segnen werden, ist die Universalität wieder gegeben – nun allerdings qualifiziert durch den Bezug zu Abram.«

Channa: »Ich finde es spannend, wie Du als Christ die Hebräische Bibel, die Heilige Schrift des Judentums, verstehst.«

Peter: »Dabei geht es ja auch um die christliche Bibel, die Heilige Schrift des Christentums, denn deren Altes Testament ist ja weitestgehend mit der Hebräischen Bibel identisch.«

Wahida: »Jetzt ist Zeit für unser Gebet. Könnten wir das hier verrichten?«

Christine: »Selbstverständlich. Soll ich euch einen Kompass geben, damit ihr die Gebetsrichtung bestimmen könnt?«

Wahida: »Vielen Dank, aber das ist nicht nötig. Wir haben einen Kompass und auch Gebetsteppiche dabei.«

Nach dem Gebet ging es noch lange weiter, dieses Gespräch über die unterschiedlichen Glaubensweisen. Irgendwann verabschiedeten sich Channa, Joschua, Wahida und Mustafa von Christine und Peter und dankten den beiden für die Einladung. Das Gespräch war damit natürlich nicht zu Ende. Wie sollte es auch möglich sein, die Gemeinsamkeiten von und Unterschiede zwischen den drei abrahamitischen Religionen Judentum, Christentum und Islam an nur einem Abend erschöpfend zu behandeln? Und so freuen sich die sechs auf die Fortsetzung ihres Gespräches, die bei Wahida und Mustafa stattfinden wird. Die zwei haben die beiden anderen Paare schon eingeladen.

3. Zwei Nachbemerkungen

An das Ende dieses Textes möchte ich zwei Gedanken stellen:

3.1 Dieses fiktive Gespräch und reale interreligiöse Gespräche

Dieses Gespräch ist – wie eingangs bereits dargelegt – fiktiv. Es hat in dieser Form nie stattgefunden. Aber viele andere Gespräche zwischen christlichen und jüdischen, christlichen und muslimischen sowie zwischen christlichen, jüdischen und muslimischen Teilnehmenden fanden und finden statt. Ich habe an vielen dieser Gespräche teilnehmen und dabei immer wieder die Erfahrung machen können, dass sie Möglichkeiten bieten, den Glauben der jeweils anderen besser zu verstehen und zuweilen auch den eigenen Glauben.

Entsprechende Gespräche gibt es auch zwischen Menschen jüdischen und muslimischen Glaubens. Aber da ich als Christ nicht an ihnen teilnehme, kann ich nichts über sie sagen, zumindest nicht aus eigener Erfahrung. Ich höre jedoch über diese Gespräche, dass auch sie Wege zum Verständnis der andersgläubigen Gesprächspartnerinnen und -partner ebnen.

Um abschließend noch einmal den ersten Teil der von den Herausgebern dieses Buches vorgeschlagenen Formulierung des Titels ›Familie sucht man sich nicht aus‹ zur Sprache zu bringen. Es ist richtig; wir können uns unsere Familie nicht aussuchen. Aber wenn wir uns auf das Gespräch mit Mitgliedern unserer Familie einlassen und hören, was sie uns zu sagen haben, können wir Neues dazulernen. Das gilt in besonderem Maße, wenn wir nicht nur das Gespräch mit unseren Glaubensgeschwistern aus der eigenen Religion suchen, sondern auch das Gespräch mit unseren ferneren Verwandten in den jeweils anderen beiden abrahamitischen Religionen.

3.2 Die Relevanz der eigenen religiösen Beheimatung

Dieses fiktive Gespräch habe ich als Christ geschrieben. Hätte es eine Muslima bzw. ein Muslim oder eine Jüdin bzw. ein Jude geschrieben, wären manche Akzente sicher anders gesetzt worden. Was wir über unsere eigene Religion und auch über andere Religion(en) äußern, ist immer durch unsere Selbstwahrnehmung unserer eigenen Religion sowie durch unsere Fremdwahrnehmung der anderen Religion(en) beeinflusst, auch wenn uns dies oft nicht bewusst ist.

Johannes Lähnemann

Realität und Hoffnung im Blick auf eine Friedensethik der Weltreligionen

»Wo wir hinsehen, eine Flut von Gewalt und Gegengewalt, verursacht von Menschen, die die Orientierung in den elementarsten Fragen menschlichen Zusammenlebens anscheinend verloren haben. Leben wir also in einer Welt ohne Ethik? In einer Zeit, die das natürliche Empfinden verloren hat für das Vernünftige, für die Rechte des anderen, für das, wie es früher hieß, was der Anstand erfordert? Und dabei leben wir ja in einem Land, das sich auf seine christlich geprägte Kultur, auf bürgerliche Freiheit und rechtsstaatliche Ordnung etwas zugute hält. Was haben die christlichen Kirchen, und in unserer modernen multikulturellen Gesellschaft ..., die Religionen insgesamt zu diesem Grundwerteverfall zu sagen?... Bei dieser Suche nach ethischer Orientierung, nach einer glaubwürdigen, überzeugenden Ethik wird es in unserer immer stärker international vernetzten Welt um globale Lebensregeln gehen müssen, die die Welt und die Menschheit insgesamt, aber auch die Natur im Blick haben. Bei dieser ... Suche ... kommen den Kirchen, und im Weltmaßstab den Religionen, als sinnstiftende und kulturvermittelnde Institutionen eine herausragende Bedeutung zu. Und das schon deshalb, weil bei vielen politischen Konflikten religiöse Hintergründe direkt oder indirekt, bewußt oder unbewußt, eine Rolle spielen.«

So schrieb Johannes Rehm in der Einführung zu dem von ihm herausgegebenen Band »Verantwortlich leben in der Weltgemeinschaft«[1]. Der Band enthält die Beiträge, die auf dem prominent besetzten Podium des Münchner

---

[1] Johannes Rehm (Hrsg.), Verantwortlich leben in der Weltgemeinschaft. Zur Auseinandersetzung um das »Projekt Weltethos«, Gütersloh 1994, 7f. – Der Weltethosthematik hat sich Johannes Rehm in den Folgejahren bei der Arbeit an seiner Habilitationsschrift mit einer umfassenden Spurensuche in den Erziehungssystemen und pädagogischen Projekten von England, Israel/Palästina, Südafrika und schließlich Deutschland gewidmet. Sie ist unter dem Titel »Erziehung zum Weltethos. Projekte interreligiösen Lernens in multikulturellen Kontexten« 2002 in Göttingen (ARP 20) erschienen. Auch als Leiter des Kirchlichen Dienstes in der Arbeitswelt hat Johannes Rehm in sozialethischen Fragen immer wieder Bezug auf das Projekt Weltethos genommen. In den Überlegungen von Johannes Rehm und im Projekt Weltethos ist beides enthalten: eine nüchterne, herausfordernde Wahrnehmung der Realität und ebenso die Frage nach einer tragenden Friedensethik der Religionen.

Deutschen Evangelischen Kirchentages zum Projekt Weltethos am 12. Juni 1993 vorgetragen wurden: von Hans Küng, Wolfgang Huber, Carl Friedrich von Weizsäcker, dem Hindu-Philosophen Ram A. Mall, Hermann Probst und vom Verfasser zur pädagogischen Dimension des Projektes Weltethos. Es war damals die heiße Phase der Diskussion darüber, ob es eine global wahrgenommene Erklärung zum Weltethos geben könne. Im Hintergrund standen die Aufbruchserfahrungen der »Wende« einerseits, das Wiedererwachen national-religiöser Ideologien andererseits, die sich schon bald danach im Bürgerkrieg im ehemaligen Jugoslawien entluden. Bei dem zweiten»Weltparlament der Religionen«, das vom 28. August bis 4. September 1993 mit 6.500 Menschen aus allen Religionen in Chicago tagte, wurde dann die von Küng mit einem internationalen interreligiösen Beraterkreis entwickelte »Erklärung zum Weltethos« angenommen und von 160 führenden Persönlichkeiten aus allen Religionen persönlich unterzeichnet.[2] Es war der Anfang eines dynamischen Prozesses, in dessen Verlauf die Impulse der Erklärung in die verschiedensten Bereiche von Wissenschaft, Politik, Ökonomie, Ökologie und Pädagogik hinein entfaltet wurden.

In dem besonderen hermeneutischen Weg der Weltethoserklärung, die ethischen Gebote des Dekalogs (nicht morden, nicht ehebrechen, nicht stehlen, nicht falsch Zeugnis reden) in positive Weisungen zu transformieren (Lebensachtung, Solidarität und gerechte Wirtschaftsordnung, Kultur der Wahrhaftigkeit sowie der Partnerschaft und Gleichberechtigung), kann die Grundlegung für einen positiven Friedensbegriff gefunden werden.

Die Krisenerfahrungen des Jahres 2022 – mit dem drohenden Klimakollaps, der schwer eingrenzbaren Corona-Pandemie und nicht zuletzt dem menschenverachtenden, von Wladimir Putin angezettelten Angriffskrieg auf die Ukraine – machen die Herausforderungen noch einmal besonders krass sichtbar. Dass der Krieg, unter dessen Eindruck und Folgen Bundeskanzler Olaf Scholz eine »Zeitenwende« diagnostiziert, vom Moskauer Patriarchat der Orthodoxen Kirche gerechtfertigt, ja religiös abgesegnet wurde, macht deutlich, dass ein religiös überhöhter ideologischer Nationalismus keineswegs der Vergangenheit angehört.

Die Spannungsfelder, die sich in der Gegenüberstellung von friedensethischen, gerade auch religiös fundierten Grundsatzerkenntnissen, und deren immer wiederkehrenden Infragestellungen darbieten, ziehen sich wie ein roter Faden durch die Geschichte in der zweiten Hälfte des 20. Jahrhunderts. Sie verlängern sich in die ersten Jahrzehnte des neuen Jahrtausends hinein.

Darauf soll in einem ersten Gliederungspunkt näher eingegangen werden. In einem weiteren Schritt wird vor diesem Hintergrund die World Conference on Religions and Peace (WCRP), in den 1990er Jahren umbenannt in Religions for Peace (RfP), als friedensethisch relevante, religiös konnotierte internationale Bewegung als weltweit größte und repräsentativste Koalition der Religionen in Friedensfragen in ihren Anliegen und Entwicklungen dargestellt.

---

[2] HANS KÜNG/KARL-JOSEF KUSCHEL (Hrsg.), Erklärung zum Weltethos. Die Deklaration des Parlaments der Weltreligionen, München 1993.

1. Realität und Hoffnung religiös bestimmter Friedensentwicklung – eine Parallelgeschichte

Das Europa, wie es sich in der zweiten Hälfte des 20. Jahrhunderts entwickelt hat, ist gleichsam aus der Stunde 0, aus dem Ende der Katastrophe des 2.Weltkriegs entstanden. Dass aus Erzfeinden Nachbarn, ja vielfach gute Freunde werden konnten, erscheint wie ein Wunder. Es ist entscheidend den humanistischen Kräften mit zu verdanken, zu denen wesentlich die Religionsgemeinschaften und religiös geprägten Persönlichkeiten im kulturellen wie im politischen Feld gehören.

Ich will einige für Europa wirksame Impulse nennen, die religiöse Wurzeln haben und ohne die das neue Miteinander sich nicht hätte entwickeln können.

Als erstes nenne ich die Stuttgarter Schulderklärung der Evangelischen Kirche in Deutschland vom Oktober 1945. Es war eine Situation, in der man in Deutschland noch ganz auf das selbst erfahrene Leid fixiert war. Man hatte liebe Menschen verloren, lebte in zerstörten Städten, überfüllt mit Millionen Flüchtlingen. Die Nation lag am Boden. Da wagten es leitende evangelische Theologen, die wie Martin Niemöller z. T. selbst im KZ gewesen waren, von der deutschen Schuld zu sprechen. Die entscheidenden Sätze in der Erklärung lauten: »Durch uns ist unendliches Leid über viele Völker und Länder gebracht worden. Was wir unseren Gemeinden oft bezeugt haben, das sprechen wir jetzt im Namen der ganzen Kirche aus: Wohl haben wir lange Jahre hindurch im Namen Jesu Christi gegen den Geist gekämpft, der im nationalsozialistischen Gewaltregiment seinen furchtbaren Ausdruck gefunden hat; aber wir klagen uns an, daß wir nicht mutiger bekannt, nicht treuer gebetet, nicht fröhlicher geglaubt und nicht brennender geliebt haben.«[3] Eine solche Erklärung hat es in der Geschichte zuvor nicht gegeben. Es hat lange gedauert, bis diese Erklärung in Deutschland in der Breite anerkannt wurde. In weiten Teilen der evangelischen Kirchen wurde sie lange als einseitig angesehen, weil sie die Schuld bei den Siegermächten nicht benannte. International aber bedeutete sie, dass Deutschland aus seiner Isolation trat und dass ihm die Kirchen und dann auch die Völker vor allem der Westmächte die Hand reichen konnten.

Ein positives Beispiel aus dem nächsten Jahrzehnt ist, wie sich Konrad Adenauer und Charles de Gaulles in der Kathedrale von Reims die Hand reichten, und dies zu einem Signal wurde für den neuen gemeinsamen Weg zwischen Deutschland und Frankreich in Europa und damit zwischen Ländern, die sich oft und lange genug als Erzfeinde gesehen hatten.

Als drittes Beispiel soll die Versöhnung mit den östlichen Nachbarn genannt werden, eingeleitet durch die Ost-Denkschrift der Evangelischen Kirche in

---

[3] GERHARD BESIER/GERHARD SAUTER, Wie Christen ihre Schuld bekennen, Göttingen 1985, 62.

Deutschland von 1965[4]. Hier wurde vorgedacht, was damals Politiker in Deutschland noch kaum auszusprechen wagten: Versöhnung mit den östlichen Ländern, obwohl sie ein Viertel des alten deutschen Reichsgebietes besetzt hielten, verbunden mit einem Bekenntnis der Schuld Deutschlands. Im Jahr darauf richteten die polnischen Bischöfe während des 2. Vatikanischen Konzils einen Brief an die deutschen Bischöfe, in dem sie selbst Vergebung gewährten und um Vergebung für die Vertreibung baten.[5]

Vierzehn Jahre später folgte die realisierte Vision der Wende in der DDR. Sie wurde ganz wesentlich mit vorbereitet durch die kirchlichen Gruppen, die sich im Konziliaren Prozess für Gerechtigkeit, Frieden und Bewahrung der Schöpfung engagierten und dieses Engagement in demokratischer Basisarbeit in den Wandlungsprozess eingebracht haben.

Wir wissen aus der Folgegeschichte leider auch, dass das Weiterwirken dieser Befreiungs- und Versöhnungsschritte weder selbstverständlich noch auf Dauer gesichert ist. Dass national und ethnisch exklusives Denken, mobilisiert mit konfessionell-religiösen Empfindungen, neue Abgrenzungen und Konflikte heraufbeschwören kann, hat der Krieg im ehemaligen Jugoslawien schmerzhaft gezeigt. Aber auch hier haben sich die Konferenz Europäischer Kirchen und die internationale Bewegung Religions for Peace aktiv in der Konfliktminderung und der Versöhnungsarbeit eingebracht.

Ein weiteres Schlaglicht auf die Ambivalenz der Entwicklungen bot das Jahr 2001. Die UNO hatte es zum Jahr des »Dialogue among civilisations«, des »Dialogs der Kulturen« erklärt – auf Anstoß des damaligen iranischen Präsidenten Khatami, der selbst in Teheran ein Zentrum für diesen Dialog gegründet hatte. Aber es war dann auch das Jahr des »September 11th«, wie das dramatische Ereignis bald in Kurzform bezeichnet wurde, als sich von Terroristen gelenkte Flugzeuge in das Pentagon in Washington und in die Twin Towers des World Trade Centers in New York stürzten, diese zum Einsturz brachten und Tausende in den Tod rissen.

Für den Dialogue among Civilisations hatte zuvor im Februar des Jahres die UNO mit einer Konferenz über »Friedenserziehung auf der Grundlage der Religionen« ein Signal gesetzt. Sie wurde von der Organisation des Hague Appeal for Peace vorbereitet. Es kamen 150 Friedenserzieher aus allen Teilen der Welt und allen maßgeblichen religiösen Traditionen zusammen, erstmalig auf dieser globalen Ebene. Ich selbst konnte dabei die erste Bilanz der Peace Education Standing Commission (PESC) von Religions for Peace einbringen, die unter der Überschrift »Peace Education from Faith Traditions«[6] Grundeinsichten und Beispiele für

---

[4] Die Lage der Vertriebenen und das Verhältnis des deutschen Volkes zu seinen östlichen Nachbarn. Eine evangelische Denkschrift. In: Frieden, Versöhnung und Menschenrechte. Gütersloh 1978 (= Die Denkschriften der EKD 111), 77-126.

[5] Wiedergegeben in: Kirchen- und Theologiegeschichte in Quellen, Bd. IV/2: Neuzeit, 2. Teil, ausgew., übers. u. komm. v. HANS-WALTER KRUMWIEDE u.a.. Neukirchen 1980, 200f.

[6] Johannes Lähnemann (Hrsg.), Peace Education from Faith Traditions. Contributions to the »Dialogue Among Civilisations« (UN-Year 2001), Nürnberg 2001.

interreligiöse Erziehung, Erziehung zu gewaltfreier Kommunikation und Konflikt-
bearbeitung sowie zu Religionen und Umwelterziehung vorstellte. Ein Signal für
die Ambivalenz der Entwicklung war, dass nach dem 11.9.2001 keine Gelder mehr
für die Kommissionsarbeit aus den USA transferiert werden konnten, weil Religion nun generell unter Verdacht gestellt wurde.

So gab es einerseits eine sich deutlich erweiternde Vielfalt an Begegnungs- und
Verständigungsbemühungen im interreligiösen und interkulturellen Bereich, mit
vielen Verbindungen in die politische Ebene hinein. Aber es breitete sich andererseits eine Angst und Sensibilität gegenüber möglichen Terrorattacken aus, die die
These des amerikanischen Politologen Samuel Huntington vom »Clash of Civilisations« als vorrangigem Krisenszenario des 21. Jahrhunderts zu bestätigen schie-
nen.

Als Beispiel dafür, wie interreligiös auf die Anschläge reagiert wurde, soll hier
eine nach intensiven Debatten am Runden Tisch der Religionen in Deutschland
verabschiedete Erklärung wiedergegeben werden, die zum ersten Jahrestag der
Anschläge veröffentlicht wurde. Darin heißt es:

»Nachhaltig zusammenarbeiten! Lernprozesse der Religionen nach dem 11.
September 2001.

Am 11. September 2002 jähren sich die Anschläge in New York und Washington – ein Angriff, bei dem auch religiöse Motive eine Rolle gespielt haben. Als
Mitglieder am Runden Tisch der Religionen in Deutschland fragen wir, welche
Folgen nicht nur kurz-, sondern längerfristig zu bedenken sind und was insbesondere die Religionsgemeinschaften lernen müssen:

1. Die Religionen sind zu einer Weggemeinschaft berufen. Dabei brauchen wir
   den Mut, uns gegenseitig vor ideologischem Missbrauch zu warnen.
2. Die Ursachen der Gewalt liegen tief. Zu ihnen gehören soziale und wirtschaftliche Verarmung, religiös-kulturelle Nichtachtung und verletztes
   Selbstbewusstsein ebenso wie religiöser Fanatismus und politischer Missbrauch religiöser, kultureller und nationaler Gefühle. Im Hintergrund stehen
   oft Wunden, die man sich in der Geschichte der Religionen zugefügt hat.
3. Der Terror des 11. September 2001 in den USA ist vom Ausmaß und seiner
   menschenverachtenden Brutalität her unfassbar. Für Religionsgemeinschaften bedeutet er eine Herausforderung ganz eigener Art.
4. Auch wenn terroristische Taten nur religiös verbrämt, aber nicht motiviert
   sind, gibt es in Religionsgemeinschaften Sichtweisen, die sie stützen und für
   die die Religionsgemeinschaften Mitverantwortung tragen.
5. Wir betonen deshalb: Die Religionsgemeinschaften sind ihrem Glauben und
   damit auch dem Gemeinwohl verpflichtet. Sie müssen – zusammen mit
   Vertretern der Politik, der Wirtschaft und der Erziehung – daran mitarbeiten,
   die Mechanismen aufzudecken, die zum Terror führen. Sie sind insbesondere
   gefordert, ein Netzwerk für die Entwicklung von Frieden und Gerechtigkeit
   mit aufzubauen.

6. Gefordert ist eine religiöse Ethik, die über die eigene Glaubensfamilie hinausweist und die Bereitschaft zur Mitarbeit an der Weltgemeinschaft weckt. Nicht nur in Wirtschaft und Politik, sondern auch in den Religionen und Kulturen muss global gedacht und gehandelt werden.

7. Gleichzeitig ist eine wirksame institutionelle Form für das interreligiöse Krisenmanagement gefordert: Über die Aburteilung jeglichen Terrors im Namen der Religionen hinaus müssen Strukturen entwickelt werden, um bei gegenseitigen Beschuldigungen und Verletzungen im Gespräch zu bleiben, an der Deeskalation von Gewaltaktionen mitzuwirken und Versöhnungsprozesse in Gang zu setzen.

8. Der 11. September 2001 verlangt nachhaltiges Denken und Handeln:

- in einer kontinuierlichen Begegnung und Verständigung zwischen Menschen verschiedener Religionen und Kulturen,
- einer Erziehung, die Vorurteile überwindet und in der Verletzungen der Vergangenheit aufgearbeitet werden,
- in einer Bildung, die das je eigene religiöse und kulturelle Erbe lebendig macht und fruchtbar werden lässt für eine vielfältige, nicht gleichgeschaltete Gemeinschaft,
- im Einsatz für Benachteiligte und an den Rand gedrängte Bevölkerungsgruppen,
- in einer Integrationsbemühung, in die sich alle mit ihren Fähigkeiten und Besonderheiten gleichberechtigt einbringen können.

Wir hoffen, dass vom ›Tag der Religionen‹, der von uns angeregt wurde und am 14. November 2002 erstmals in Hamburg stattfinden wird, nachhaltige Verständigungsimpulse ausgehen.
Bonn, September 2002
Runder Tisch der Religionen in Deutschland«[7]

Der Kampf gegen religiös begründeten Terror, aber auch gegen Einschränkungen der Religions- und Gewissensfreiheit einerseits, friedensethisches Wirken in und mit den Religionsgemeinschaften andererseits durchziehen den weiteren Verlauf der ersten beiden Jahrzehnte des 21. Jahrhunderts wie ein roter Faden.

Das soll an einigen markanten Punkten gezeigt werden.

Im Oktober 2007 erschien ein offener Brief (»Common Word«) von zunächst 138 (schließlich über 300) muslimischen Führungspersönlichkeiten an führende Persönlichkeiten aller maßgeblichen christlichen Konfessionen, in dem zu einem fundamentalen Dialog zwischen Muslimen und Christen aufgerufen wurde.[8] In ihm werden drei grundlegende Thesen entfaltet: 1) Christen und Muslime bilden zusammen mehr als die Hälfte der Weltbevölkerung. Der Friede kann weltweit

---

[7] Abzurufen unter www.runder-tisch-der-religionen.de/?id=stellungnahmen.
[8] »The Official Website of a Common Word«, Archiviert vom Original am 17.Juni 2012, dem Archiv entnommen am 4.Oktober 2009.

nicht gewonnen werden ohne Verständigung und Zusammenarbeit zwischen diesen beiden Religionen. 2) Muslime und Christen haben zusammen mit dem Judentum ein großes gemeinsames Erbe im Doppelgebot der Liebe zu Gott und zum Nächsten. 3) Dazu gehört unabdingbar gegenseitige Wertschätzung, der Einsatz für eine humane Welt und Religionsfreiheit. Dieser Brief hat fast wie in einer Lawine einen breiten interreligiösen Dialog inspiriert, in den auch das Judentum einbezogen wurde.

Widerstreitende Realitäten waren in diesen Jahren und sind es bis in die Gegenwart die bedrückenden Situationen und Benachteiligungen von religiösen Minderheiten (wie auch säkularer zivilgesellschaftlich wirkenden Gruppen) in vielen Ländern: so etwa Buddhisten in Tibet, Muslime in Myanmar, Baha'i im Iran, Christen in Saudi Arabien. Als verhängnisvoll erweisen sich vor allem die Verknüpfung von ethnischen und religiösen Superioritätsvorstellungen, die von extremen Gruppen zur Unterdrückung oder Benachteiligung von Minderheiten nicht selten unter Beteiligung oder Duldung durch staatliche Instanzen ausgenutzt werden: Indien ist hinduistisch, Saudi Arabien muslimisch, Polen katholisch, Russland orthodox, Myanmar buddhistisch ... Aber auch Länder mit atheistischer Ideologie wie die Volksrepublik China schränken religiöse Freiheit extrem ein. Und Antisemitismus bestimmt in vielen Ländern weiterhin die Aversionen gegenüber dem Judentum.

Im Gegenüber dazu sind religiöse Organisationen im Wachsen begriffen, die sich mit großem Einsatz, oft über NGOs (Non Governmental Organizations) organisiert, für Menschenrechte und Religionsfreiheit einsetzen, wie etwa die International Organisation for Religious Freedom (IARF), die internationale Baha'i-Gemeinschaft, die katholischen Laienorganisationen Sant Egidio und Fokolare, aber auch der Ökumenische Rat der Kirchen. Niedergeschlagen hat sich das unter anderem in den Nürnberger Foren einer Erziehung zur Kulturbegegnung 2010 (Medien-Macht und Religion) und 2013 (Menschenrechte und inter-religiöse Bildung).[9]

Bemerkenswert ist die Erklärung, die der Runde Tisch der Religionen in Deutschland 2013 zur Frage einer Religionsfreiheit in umfassendem Sinn in Coburg verabschiedet hat:

»Menschenrecht Religionsfreiheit
Angesichts der aktuellen Bedrängnisse und Verfolgungen, denen Religionsgemeinschaften in vielen Ländern der Erde ausgesetzt sind, besonders wenn sie eine Minderheit bilden, hebt der Runde Tisch der Religionen in Deutschland den umfassenden Sinn des Menschenrechts Religionsfreiheit hervor.
Grundlegend ist Art. 18 der Allgemeinen Erklärung der Menschenrechte, in dem es heißt:

---

[9] S. die Zusammenfassungen in Johannes Lähnemann, Interreligiöse Verständigung und Bildung 1980-2020. Eine Bilanz im Spiegel der Nürnberger Foren zur Kulturbegegnung, Berlin 2021 (= Pädagogische Beiträge zur Kulturbegegnung 34).

›Jeder Mensch hat Anspruch auf Gedanken-, Gewissens- und Religionsfreiheit.‹

Das Grundgesetz der Bundesrepublik Deutschland betont das noch ausführlicher. In Artikel 3, Abs. 3 heißt es: ›Niemand darf wegen ... seines Glaubens, seiner religiösen oder politischen Anschauungen benachteiligt oder bevorzugt werden.‹

Und in Artikel 4:

(1) Die Freiheit des Glaubens, des Gewissens und die Freiheit des religiösen und weltanschaulichen Bekenntnisses sind unverletzlich.
(2) Die ungestörte Religionsübung wird gewährleistet.‹

Will man sichtbar machen, was diese Bestimmungen bedeuten, so kann man folgende Einzelpunkte nennen:

Jeder Mensch darf eine Religion haben.
Er darf sich öffentlich dazu bekennen.
Er darf sie ausüben.
Er darf wegen seiner Religion oder einer nichtreligiösen Überzeugung nicht benachteiligt oder bevorzugt werden.
Er darf seine Religion wechseln.
Er darf seine Religion verlassen.
Er darf auch keine Religion haben.
   Er darf für seinen Standpunkt eintreten.

Einschränkungen der Religionsfreiheit können verschiedene Gründe haben:

*   Der Absolutheitsanspruch einer Religionsgemeinschaft, besonders, wenn dieser mit der Kulturtradition eines Landes verknüpft wird und deshalb andere religiöse und weltanschauliche Orientierungen marginalisiert, ausgrenzt oder sogar bekämpft werden.
*   Die soziale Struktur, wenn z. B. die Anhänger einer Religionsgemeinschaft als wirtschaftlich erfolgreicher gelten, andere sich als benachteiligt erfahren.
*   Das Vorherrschen von Säkularismus bzw. einer säkularen Ideologie in bestimmten Staaten, die die Religionsgemeinschaften als negativ für die Gesellschaftsentwicklung einstufen und sie deshalb in ihrem öffentlichen Wirken einschränken oder sogar bekämpfen.

Wir erklären demgegenüber:

Religionsfreiheit in vollem Sinn ist die Freiheit ›für‹, ›in‹ und ›von‹ Religionen.
*   Religionsfreiheit ›Für‹ beinhaltet das Recht, eine Religion zu haben, sie auszuüben, sie öffentlich zu vertreten und für sie einzutreten.
*   Religionsfreiheit ›In‹ bedeutet die Notwendigkeit, konfessionelle Vielfalt innerhalb der Religionen zuzulassen; das Recht, eine Religion/ein Bekenntnis zu wechseln.

- Religionsfreiheit ›Von‹ bezieht sich auf das Recht, keine Religion zu haben, eine Religion zu verlassen, und das Recht, religiöse wie nichtreligiöse Standpunkte zu kritisieren.

Die Grenzen der Religionsfreiheit liegen da, wo sich eine Religions- oder eine Weltanschauungsgemeinschaft gegen Freiheiten richtet, die das Grundgesetz garantiert.
(Erklärung des Runden Tischs der Religionen in Deutschland vom 24.10.2013)«[10]
Entscheidend ist, dass diese Erklärung von allen Mitgliedern des Runden Tisches der Religionen mitgetragen wurde, ausdrücklich auch von den Vertretern der verschiedenen muslimischen Dachverbände in Deutschland.

Von einer kontinuierlich positiven Entwicklung im Bereich Begegnung, Dialog und Kooperationen der Religionen und Kulturen, besonders auch hinsichtlich der politischen Rahmenbedingungen, kann in den Jahren seit 2012/13 allerdings nicht die Rede sein.
Es gibt gravierende Einbrüche, die so nicht vorhergesehen wurden: der Bürgerkrieg in Syrien, der zunehmend auch zu einem Stellvertreterkrieg ausländischer Mächte wurde, das Ende bzw. Scheitern des »arabischen Frühlings« in Ägypten und Libyen, die Instabilität im Irak, in deren Schatten der sogenannte Islamische Staat mit der Aufrichtung einer Terrorherrschaft, der Unterdrückung und Verfolgung religiöser Minderheiten und dem Export von Terror auch in europäische Länder wachsen konnte. Die Konflikte im Heiligen Land haben sich eher noch verschärft als verringert, und Afrika hat mit dem Süd-Sudan, Nigeria und weiteren Ländern gravierend instabile Regionen. Im Jemen tobt ein Stellvertreter-Krieg zwischen Saudi-Arabien und dem Iran. Und immer wieder spielen dabei religiös-ideologische Elemente eine unheilvolle Rolle.
Mit einer Mischung aus Despotie und Populismus versuchen führende Politiker gleich in einer Reihe von Ländern ihre Machtbasis zu sichern, und auch in demokratisch einigermaßen »funktionierenden« Ländern haben nationalistisch-populistische Bewegungen mit ihrer Stimmungsmache, mit Schüren von Ängsten Erfolge, die nationale Egoismen und Abgrenzungen gegen alles »Fremde« befördern. Besonders die Jahre 2015 und 2016 haben zu neuen Destabilisierungen beigetragen: mit der Flüchtlingswelle, die Deutschland in vollem Maße traf und der PEGIDA-Bewegung (»Patriotische Europäer gegen die Islamisierung des Abendlandes«) wie auch der AfD (»Alternative für Deutschland«) Auftrieb gegeben hat; mit dem misslungenen Putsch in der Türkei, der eine maßlose »Säuberung« von wirklichen und vermeintlichen Putsch-Sympathisanten zur Folge hatte; mit dem »Brexit«, dem britischen Votum für den Austritt aus der Europäischen Union, der die ganze europäische Gemeinschaft verunsichert hat; mit der Wahl von Donald Trump zum Präsidenten der USA, die große Ungewissheiten mit Blick auf die Zukunft der Großmacht zur Folge hatte.

---

[10] http://runder-tisch-der-religionen.de/?id=stellungnahmen; Hervorhebung vom Vf.

Gibt es Hoffnungszeichen? Erstaunlich ist, wie gleichsam im Gegenwind Kräfte der Zivilgesellschaft, gerade auch durch und mit den Religionsgemeinschaften, gewachsen sind: die Gegendemonstrationen gegen PEGIDA in Dresden oder die Koalition gegen das Auftreten des Salafistenpredigers Pierre Vogel in Nürnberg sind nur zwei Beispiele dafür, dass in der Mehrheit der deutschen Bevölkerung Extremismus und Populismus nicht Fuß fassen konnten. Deutschlandweit meldet sich der Interkulturelle Rat und der Runde Tisch der Religionen immer wieder zu Wort, auf europäischer Ebene der European Council of Religious Leaders, auf globaler Ebene Religions for Peace und das Parlament der Weltreligionen. Besondere Hoffnungszeichen, verbunden mit kritischen Signalen und symbolischen Handlungen, hat Papst Franziskus gesetzt: in seiner Enzyklika »Laudato si«, die die vielleicht größte globale Herausforderung, die Bewahrung unserer Lebensgrundlagen, ins Visier genommen hat; mit seiner Reise in das Heilige Land und seinem Gebet an der Mauer, die Palästina einkesselt; mit der Fortsetzung der Friedensgebete in Assisi; mit dem Jahr der Barmherzigkeit, in dem er auch Unbarmherzigkeiten in der römisch-katholischen Gesetzgebung kritisiert hat.

Man kann fragen, was all diese Initiativen und Aktivitäten bewirken. Politisch haben sie meist keine schnellen Erfolge. Medial sind sie weniger präsent als die Katastrophen- und Problemnachrichten. Aber sie halten ein kritisch-konstruktives Bewusstsein wach und geben den vielen Einzelnen, die Unterstützung erfahren, eine Perspektive gegen die Resignation.

Wie notwendig sie sind, zeigt sich daran, wie sich die Parallelgeschichte von friedenshemmendem und friedensförderndem Wirken der Religion bis in das dritte Jahrzehnt des neuen Jahrhunderts fortgesetzt hat.

Ein Fanal dafür ist der von Wladimir Putin angezettelte Angriffskrieg auf die Ukraine, den das Moskauer Orthodoxe Patriarchat unter Patriarch Kyrill I. religiös begründet und für notwendig erklärt und dafür den Segen gegeben hat. Dem steht eine schon im März 2022 verfasste Erklärung von orthodoxen Theologinnen und Theologen weltweit gegenüber, die zeigt, wie strikt ein solches Denken in der Breite der orthodoxen Kirchen selbst abgelehnt und verurteilt wird. Diese »Erklärung zur Lehre von der ›Russischen Welt‹«[11] stammt bereits vom 13. März, ist aber in den Medien kaum bekannt gemacht worden. Dabei ist sie in kurzer Zeit von mehr als 1.400 überwiegend orthodoxen Theologinnen und Theologen weltweit unterzeichnet worden. Sie hebt hervor, dass die »Russische Welt«-Ideologie als »Form von orthodoxem theophyletischem religiösem Fundamentalismus mit totalitärem Charakter« den Prinzipien der orthodoxen Kirche zutiefst widerspricht. »Wenn wir solche falschen nationalreligiösen Prinzipien für gültig erachten, dann hört die orthodoxe Kirche auf, die Kirche des Evangeliums Jesu Christi, der Apostel, des Nizäno-konstantinopolitanischen Glaubensbekenntnisses, der Ökumenischen Konzilien und der Kirchenväter zu sein.« Die Behauptung, die »Russische Welt« müsse dem korrupten »bösen Westen« mit seinem Liberalismus

---

[11] Zu finden u.a. über https://beiboot-petri.blogspot.com/2022/03/orthodoxe-theologen-verurteilen-die.html.

entgegentreten, wird entschieden zurückgewiesen. Mit sechs programmatischen Schriftzitaten verurteilt die Erklärung die Gleichsetzung des Reiches Gottes mit einem irdischen Reich und theokratischen Regierungsformen. Sie ist aufgebaut wie die Barmer Theologische Erklärung, mit der sich 1934 die Bekennende Kirche in Deutschland gegen den Totalanspruch des nationalsozialistischen Staates gestellt hat.

In der »Parallelgeschichte«, wie sie hier dargestellt wurde, hat die Weltkonferenz der Religionen für den Frieden (World Conference on Religions for Peace) einen Weg gebahnt, der den friedensethischen Grundlagen und Ausprägungen der Religionen Schritt für Schritt neue Dimensionen hinzugefügt hat. Dabei hat die aktuelle religiöse und politische Situation und Debatte immer im Hintergrund gestanden.

2. Religions for Peace (RfP) – die größte friedensethisch orientierte Koalition der Religionen

Im Jahr 2020 bestand die Bewegung Religions for Peace/RfP (früher: World Conference on Religion and Peace/WCRP) bereits seit 50 Jahren.[12]

1970 waren erstmals 300 Vertreterinnen und Vertreter der Religionen aus vielen Teilen der Welt in Kyoto zusammengekommen. Dahinter stand ein langjähriges Bemühen, das vor allem von Indien, den USA und Japan ausgegangen war. In Japan hat die Erfahrung der Atombomben auf Hiroshima und Nagasaki schon bald nach dem 2. Weltkrieg dazu geführt, dass die verschiedenen Religionsgemeinschaften nach Wegen gemeinsamen Wirkens suchten. Dazu gehörte von Anfang an der Respekt vor der Verschiedenheit der Religionen, die nicht künstlich vereinigt werden sollten. Prägend aber war und ist die Überzeugung, dass die Religionsgemeinschaften in ihrer Verschiedenheit verbunden sein können in der Suche nach Frieden und dass ihre spirituellen und theologisch-philosophischen Grundlagen sie dabei motivieren und stärken können. Leitfaden für die Bewegung wurde das, was in einer interreligiösen Erklärung bei der ersten Weltversammlung in Kyoto, die mitten in der Zeit des Kalten Krieges stattfand, formuliert worden war:

»Wir fanden, dass wir gemeinsam besitzen:

- die Überzeugung von der grundlegenden Einheit der menschlichen Familie, von der Gleichheit und Würde des Menschen;
- ein Bewusstsein für die Unantastbarkeit des Einzelnen und seines Gewissens;

---

[12] Ausführlicher zu Folgendem JOHANNES LÄHNEMANN, Religions for Peace 50 Jahre – eine Bilanz nach der 10. Weltversammlung 2019 in Lindau am Bodensee, in: MICHAEL KLÖCKER/ UDO TWORUSCHKA, Handbuch der Religionen, Hohenwarsleben, 2021, 68.

- ein Bewusstsein für den Wert der menschlichen Gemeinschaft;
- die Erkenntnis, dass Macht nicht gleich Recht ist; dass menschliche Macht sich nicht selbst genügen und sich nicht absolut setzen darf;
- den Glauben, dass Liebe, Mitleid, Selbstlosigkeit und die Kraft des Geistes letztlich größere Macht haben als Hass, Feindschaft und Eigeninteressen;
- ein Bewusstsein für die Verpflichtung, an der Seite der Armen und Bedrückten zu stehen;
- die grundlegende Hoffnung, dass letztlich der gute Wille siegen wird.«[13]

In den folgenden Jahren entwickelte sich eine Dynamik, die dazu führte, dass WCRP 1973 als Non Governmental Organisation (NGO) bei den Vereinten Nationen in New York akkreditiert wurde. Jede der folgenden Weltversammlungen hatte einen besonderen ethisch, politisch und sozial relevanten Fokus, der auch die Aktivitäten zwischen den Versammlungen prägte. Darin zeigt sich die Komplexität ethischer Perspektiven, die einen positiven Friedensbegriff fundieren können.

Für die 2. Weltversammlung in Löwen/Belgien 1974 hatte Maria Lücker, Protagonistin für WCRP in Deutschland, das Buch »Religionen, Frieden, Menschenrechte« herausgegeben.[14] Dabei war es in den Zeiten des Kalten Krieges immer schwierig, konkrete Menschenrechtsverletzungen in den Erklärungen direkt zu benennen, besonders für die Teilnehmenden aus den sozialistischen Staaten, die bei zu konkreten Anklagen Repressalien in ihren Heimatländern befürchten mussten.

Die 3. Weltversammlung fand 1979 in Princeton/USA in der Nähe der Vereinten Nationen in New York City statt, wo WCRP als NGO akkreditiert war. Es gab eine Einladung ins Weiße Haus, wo die Teilnehmenden von Präsident Jimmy Carter empfangen wurden. Ein besonderer Schwerpunkt lag auf dem Thema nuklearer Abrüstung,

Die 4. Weltversammlung führte 1984 nach Afrika, und zwar nach Nairobi/Kenia. Erzbischof Desmond Tutu konfrontierte die Delegierten mit der Realität der Apartheid in Südafrika und mit der Notwendigkeit, dieser durch interreligiöse Kooperation zu begegnen. Zum Ende der Apartheid trug schließlich bei, dass bei deren Bekämpfung Christen, Hindus und Muslime zusammenarbeiteten.

Die 5. Weltversammlung wurde Anfang 1989 auf dem Fünften Kontinent in Melbourne/Australien abgehalten. Leitendes Motto war »Building Peace through Trust« – »Frieden bauen durch Vertrauen«. Ein besonderer Akzent lag in Melbourne auf der Teilnahme von Aborigines und damit der Berücksichtigung der indigenen Religionen, deren ökologisches Ethos von da an die interreligiöse Zusammenarbeit deutlich mitbestimmte.

---

[13] Kyoto Declaration, in: HOMER A. JACK, WCRP: A History of the World Conference on Religion and Peace, New York 1993, 438 (Übers.: Johannes Lähnemann).

[14] MARIA ALBERTA LÜCKER, Religionen, Frieden, Menschenrechte. Dokumentation der ersten Weltkonferenz der Religionen für den Frieden Kyoto 1970, Wuppertal 1971.

Zum Auftakt der 6.Weltversammlung im November 1994 lud Papst Johannes Paul II. in den Vatikan ein. Nicht in der Audienzhalle, sondern in der Halle der Bischofssynode wurden die Delegierten vom Papst begrüßt. Er nannte die Versammlung scherzhaft »The other Bishop's Synod«. Die Beratungen wurden dann in Riva am Gardasee weitergeführt. Als eine wichtige Grundeinsicht bei den Beratungen stellte sich die Erkenntnis heraus, dass Religions for Peace nicht nur Konferenzen und die konkrete interreligiöse Vermittlung in Konflikten braucht, sondern auch kontinuierliche und systematische Arbeit in zentralen Aufgabenfeldern wie etwa der Friedenserziehung.[15]

1999 gelang es, die 7.Weltversammlung im Nahen Osten zu halten. Prinz Hassan bin Talal von Jordanien, damals Moderator des Präsidiums von Religions for Peace, lud zusammen mit seinem Neffen, König Abdullah II., nach Amman ein. Es war ein Jahr voller Hoffnung auf Friedenslösungen in der gesamten Region, und das jordanische Königshaus hat dafür unermüdlich immer wieder Impulse gegeben. Von dieser Weltversammlung an waren jeweils auch religionsübergreifend Delegationen aus besonderen Spannungsgebieten zugegen, die von Lösungswegen in verschiedenen Regionen erfahren und im geschützten Raum der Konferenz an Lösungsmöglichkeiten in ihren Problemgebieten arbeiten konnten. Nicht nur in Südafrika im Kampf gegen die Apartheid, sondern auch in Sierra Leone und im ehemaligen Jugoslawien hatte Religions for Peace aktiv an Konfliktlösungen und der Versöhnungsarbeit vor Ort mitgewirkt.

Mit der 8.Weltversammlung kam Religions for Peace 2006 an ihren Gründungsort zurück, nach Kyoto in Japan. Sie widmete sich dem Thema »Confronting Violence and Advancing Shared Security« (»Der Gewalt entgegenwirken – gemeinsam an der Friedenssicherung arbeiten«). Die Versammlung machte sich die Erklärung zum Weltethos zu eigen. Im Arbeitsbereich Friedenserziehung wurden in der »Kyoto Declaration for Peace Education« in vier Abschnitten die Herausforderungen zu Beginn des dritten Jahrtausends benannt, auf die spirituellen, ethischen und sozialen Potentiale verwiesen, die die Religionen einbringen können, Vorschläge zu ihrer Umsetzung beschrieben und konkrete Schritte dazu aufgeführt.

2013 konnte in Wien die 9.Weltversammlung unter dem Gesamtthema »Welcoming the Other – A Multi-Religious Vision for Peace« veranstaltet werden. Die anderen willkommen zu heißen, sich um authentische Bilder voneinander zu bemühen, damit Vorurteile und Intoleranz als Auslöser und Verschärfer von Konflikten überwunden werden können, wurde als Grundaufgabe in und mit den Religionen in vielfältiger Weise herausgearbeitet.

Vertieft und konkretisiert wurden die Impulse der Wiener Versammlung bei einer europäischen Versammlung von Religions for Peace, die 2015 in Castel Gandolfo bei Rom stattfand. Für sie wurde eine grundlegende Publikation zur

---

[15] Es war der Anstoß zur Gründung einer Peace Education Standing Commission (PESC), deren Chairman ich wurde und die von da an kontinuierlich interreligiöse Friedenserziehungsprojekte dokumentiert und miteinander in Austausch gebracht hat.

Rolle interreligiöser Begegnung und Erziehung bei der Überwindung von Furcht und zum Aufbau von Vertrauen vorgelegt.[16]

Die 10. und vorerst letzte Weltversammlung fand erstmals in Deutschland statt. Unterstützt vom deutschen Außenministerium über dessen Arbeitsbereich Friedensverantwortung der Religionen konnte sie vom 20. bis 23. August 2019 mit 900 Religionsvertreterinnen und -vertretern aus 125 Ländern und 17 Religionen durchgeführt werden.

Mit der Gesamtthematik wurden die aktuellen globalen Herausforderungen ins Visier genommen:

»Caring for our Common Future – Advancing Shared Well Being« »Für unsere gemeinsame Zukunft sorgen – das Gemeinwohl für alle fördern«.

Konkret wurde in fünf Inhaltsbereichen gearbeitet über:

1. Eine multireligiöse Vision positiven Friedens
2. Bewahrung vor und Transformation von gewaltsamen Konflikten
3. Förderung gerechter und harmonischer Gesellschaften
4. Arbeit an einer nachhaltigen, integralen menschlichen Entwicklung
5. Schutz der Erde

Zu all diesen Problembereichen waren Analysen vorbereitet, gab es Podien und Arbeitsgruppen, und es wurden Entschließungen eingebracht und angenommen. Dazu gehörte die Vorbereitung einer UN-Konvention zum Schutz religiöser Gebäude, nach den Angriffen auf die Moschee in Neuseeland und die Synagoge in Halle im Jahr 2019 brennend aktuell; eine »Arms down«-Kampagne, besonders von der Jugend vorangetrieben; eine Charta für Vergebung und Versöhnung zur Aufarbeitung von Konflikten; eine »Alliance for Virtues« zur Verpflichtung auf gemeinsame Werte; nicht zuletzt – im Angesicht der Amazonas-Brände – eine Regenwald-Initiative für die Zusammenarbeit indigener Völker mit religiösen und zivilgesellschaftlichen Akteuren.[17]

Dem Themenspektrum »Just and Harmonious Societies« zugeordnet war der Workshop »Religious Values and Peace Education: a Practical Approach«. Das Aufgabenfeld «Religionen und Friedenserziehung« wurde in allen Kommissionen mit angesprochen und in seiner Relevanz hervorgehoben. In dem von mir geleiteten Workshop war die Gelegenheit gegeben, in einem umgrenzten Kreis von Experten und in diesem Arbeitsfeld Engagierten aus zehn verschiedenen Ländern und religiös-kulturellen Kontexten Grundfragen interreligiöser Friedenserziehung und die Erfahrungen in konkreten Projekten zu erörtern. Leitfragen dabei waren: Wie können offene Räume für werte-orientiertes Lernen geschaffen werden? Wie kann einem Verlust an werte-orientierten Grundhaltungen begegnet werden? Wie kann mehr Sensibilität gegen Gewaltanwendung erreicht werden? Gefragt

---

[16] Johannes Lähnemann, The role of interreligious education in overcoming fear and building trust, Nürnberg 2015.

[17] Alle Dokumente über https://rfp.org/home-3/10th-world-assembly/

wurde nach dem »Wert religiöser Werte«. Herausgestellt wurde, dass Liebe, Mitleid, Toleranz, Vergebungsbereitschaft, Wahrhaftigkeit, Solidarität und Hoffnung Werte sind, die in vielen religiösen Traditionen verankert sind. Sie können nicht per Gesetz verordnet werden, sind aber wesentlich für das Wohlergehen in jeder Gesellschaft. Das bedeutet, dass interreligiöses und ethisches Lernen eine Schlüsselbedeutung für gegenseitiges Verstehen, Toleranz und den Aufbau einer Willkommenskultur hat, die Voraussetzung für die Entwicklung gerechter und harmonischer Gesellschaften ist.

Die Folge dieser Arbeit war, dass im Strategieplan von Religions for Peace International für 2020-2025 interreligiöser Erziehung eine hervorgehobene Bedeutung eingeräumt wurde. So wurde eine Ständige Kommission »Interreligious Education« eingerichtet.

Die Kommission hat ihren ersten Blick auf theologische bzw. spirituelle Grundlagen in den Religionen gerichtet. Jedes Mitglied der Kommission hat in einem Beitrag entfaltet, wie aus den maßgeblichen Wurzeln bzw. Texten seiner/ihrer Religionstradition Begründung und »Anschubkraft« für interreligiöse Begegnung, Verständigung, Kooperation und Bildung gewonnen werden können. Wir haben uns gefragt: »Why do we do what we do?« Daraus ist die erste Publikation der Kommission entstanden, die im Herbst 2022 erschien.[18] Aus der Hindu-Tradition wurde das Ahimsa-Prinzip (der Gewaltlosigkeit) interpretiert, aus den indigenen Traditionen die Überzeugung von der tiefen Verbundenheit und Heiligkeit alles Lebenden und Existierenden, aus dem Judentum der umfassende Heilswille Gottes, der aus der Schöpfungstheologie begründet werden kann, christlich wurde auf den grenzöffnenden Charakter von Wort und Weg Jesu Christi Bezug genommen, christlich und muslimisch auf die Erklärung zu menschlicher Brüderlichkeit von Papst Franziskus und Groß Imam Ahmad al Tayyeb 2019. In den Beiträgen werden ergänzend friedensethische Projekte beschrieben, die auf der jeweiligen spirituell-theologischen Basis entwickelt worden sind.

Ein Fazit? Fundierte Hoffnung ist der religiöse und interreligiöse Impetus, die friedensethisch fördernden wie die friedenshemmenden Realitäten ernst zu nehmen, diesen aber mit realisierbaren Visionen zu begegnen.

---

[18] KAREN LESLIE HERNANDEZ/AZZA KARAM (Hrsg.), Faithful Peace: Why the Journey to Build Resilience is Multi-Religious, New York 2022.

Kristlieb Adloff

»Das beladenste aller Menschenworte«

Vom Judentum über G'tt sprechen lernen.

1.

»Wie bringen Sie das fertig, so Mal über Mal ›Gott‹ zu sagen?«, fragte leiden-
schaftlich erregt der alte Gelehrte seinen Gast Martin Buber, nachdem dieser ihm
auf seine Bitte hin aus dem Vorwort eines zur Veröffentlichung bestimmten neuen
Buches vorgelesen hatte. Und: »Welches Wort der Menschensprache ist so missbraucht, so befleckt, so geschändet worden wie dieses! All das schuldlose Blut, das
um es vergossen wurde, hat ihm seinen Glanz geraubt. All die Ungerechtigkeit,
die zu decken es herhalten musste, hat ihm sein Gepräge verwischt. Wenn ich das
Höchste ›Gott‹ nennen höre, kommt mir das zuweilen wie eine Lästerung vor.«
Buber erinnert sich, wie er »in der fließenden Helle des Frühmorgens«, »als zöge
aus dem Licht eine Kraft in mich ein«, eine Antwort findet und versucht, diese
andeutungsweise wiederzugeben. [1]
    »Ja«, sagte ich, »es ist das beladenste aller Menschenworte. Keins ist so
besudelt, so zerfetzt worden. Gerade deshalb darf ich darauf nicht verzichten. Die
Geschlechter der Menschen haben die Last ihres geängstigten Lebens darauf ge-
wälzt und es zu Boden gedrückt; es liegt im Staub und trägt ihrer aller Last. Wo
fände ich ein Wort, das ihm gliche, um das Höchste zu bezeichnen! Aus der innersten Schatzkammer der Philosophen« gäbe es nur »ein unverbindliches Gedanken-
gebilde … , nicht aber die Gegenwart dessen, den ich meine … Gewiss, die Menschen
zeichnen Fratzen und schreiben ›Gott‹ darunter; sie morden einander und sagen
›in Gottes Namen‹. Aber wenn aller Wahn und Trug zerfällt, wenn sie ihm
gegenüber stehn im einsamsten Dunkel und nicht mehr ›Er, er‹ sagen, sondern
›Du, Du‹ seufzen …, und wenn sie dann hinzufügen ›Gott‹, ist es nicht der wirkliche
Gott, den sie alle anrufen, der Eine Lebendige, der Gott aller Menschenkinder?! Ist
nicht er es, der sie *hört*? Der sie — erhört? Und ist nicht eben dadurch das Wort

---

[1] MARTIN BUBER, Bericht von zwei Gesprächen, in: DERS., Gottesfinsternis. Betrachtungen
zur Beziehung zwischen Religion und Philosophie, Zürich 1953, 7-15, 13ff.

›Gott‹ das Wort des Anrufs, das zum *Namen* gewordene Wort, in allen Menschen-sprachen geweiht für alle Zeiten? Wir müssen die achten, die es verpönen, ... aber wir dürfen es nicht preisgeben. ... Wir können das Wort ›Gott‹ nicht reinwaschen, und wir können es nicht ganzmachen, aber wir können es, befleckt und zerfetzt wie es ist, vom Boden erheben und aufrichten über einer Stunde großer Sorge«.

Ist die Frage des alten Gelehrten in dem von Buber erinnerten Gespräch, das er seinem Buch »Gottesfinsternis« unter der Überschrift »Bericht von zwei Gesprä-chen« als »Vorspruch« voranschickt, aus einem christlichen Erfahrungshinter-grund zu verstehen, so spricht der Jude Buber für die »Geschlechter der Men-schen«, die sich im Du erkennen. »Wir wollen uns du sagen«, sagt der alte Mann am Ende von Bubers Antwort auf seine Frage. »Das Gespräch war vollendet. Denn wo zwei wahrhaftig beisammen sind, sind sie es im Namen Gottes.« Und doch ist Bubers Antwort, wenn er das Wort ›Gott‹ »das zum *Namen* gewordene Wort« nennt, eine jüdische Antwort an den Gesprächspartner, der im Blick auf die Geschichte des Christentums »das Höchste« nicht ›Gott‹ zu nennen wagt. »Name ist Schall und Rauch«, meinte Faust, der das Wort, den *dawar*, das Tat-Wort des Gottes Israels »so hoch unmöglich schätzen« konnte und wollte.

2.

In Heinrich Bölls Satire »Doktor Murkes gesammeltes Schweigen«[2] ist es der Starautor Professor Bur-Malottke, der sich nach 1945 von seiner Nazivergangen-heit zu verabschieden versuchte, indem er zum Christentum konvertierte, und dann plötzlich »über Nacht« nach einer neuen Veränderung des geistigen Klimas »religiöse Bedenken« bekam, das Wort ›Gott‹ noch in seinen Vorträgen zu gebrauchen. Er fordert darüber hinaus vom Rundfunksender, aus zwei seiner auf Band genommenen Vorträge das Wort ›Gott‹ herauszuschneiden und durch die Formulierung »jenes höhere Wesen, das wir verehren« zu ersetzen. Der Redakteur Doktor Murke, der das zu bewerkstelligen hat und Bur-Malottke die neue Wen-dung auf ein Band sprechen lässt, die dann auf das alte eingeklebt werden soll, macht sich ein diebisches Vergnügen daraus, Bur-Malottke 27 mal durch sämtliche Kasus des Wortes ›Gott‹ zu hetzen. Die Posse erreicht ihren Höhepunkt bei dem Vokativ ›O Gott‹, also jetzt »O du höheres Wesen, das wir verehren«.

Wo das Du zur Lachnummer verkommt, da findet keine Begegnung, sondern eine »Vergegnung« (Buber) statt. Da ist man nicht »wahrhaft beisammen«. Murke wird das durch die Verlängerung sich ergebende Schweigen sammeln und Bur-Malottkes Gott-Schnipsel der Technik überantworten. Bur-Malottkes Stimme fin-det im Sender Verwendung, als anderswo eine solche gebraucht wird, die ›Gott‹ sagt. »Hier«, sagte der Techniker, »hier ist eine Stimme, die in einem akustikfreien

---

[2] HEINRICH BÖLL, Doktor Murkes gesammeltes Schweigen, in: DERS., Doktor Murkes gesammeltes Schweigen und andere Satiren, Köln/Berlin 1958, 5-53.

Raum ›Gott‹ sagt.«[3] In einem akustikfreien Raum gibt es keine Hörgemeinschaft, keinen Gott, der hört und erhört. In der Radio-Situation der Moderne wird Gott zur von allem Menschlichen befreiten Phrase, zum Begriff, über den man diskutieren, den man bejahen oder verwerfen oder für irrelevant erklären kann.

3.

Zum Thema »Vom Judentum über G'tt sprechen lernen« müssen wir den Hörraum über die Stimme Bubers als eines einzelnen Juden hinaus erweitern. »Das« Judentum ist zunächst ein begriffliches Abstraktum. Es meint konkret nicht eine Religions- und Weltanschauungsgemeinschaft, sondern das jüdische Volk in seiner Geschichte, angefangen vom biblischen Judentum, das sich als Gottes Volk versteht, erwählt aus den Völkern zu seinem Dienst und zum Dienst an den Völkern. »Dieses Volk«(Leo Baeck) konstituiert sich nach der Zerstörung des Tempels im Jahr 70 unter Leitung der rabbinischen Meister neu ohne Staatlichkeit als kelal Israel (*klal Jißroel*), Gesamtheit Israels, solidarische Gemeinschaft der Juden in der Zerstreuung, in der Moderne auch in der zionistischen Sammlungsbewegung, die 1948 zur Neugründung eines jüdischen Staates in Eretz Jißrael, dem biblisch verheißenen Lande, führt.

4.

Vom Judentum brauchten die frühen Bekenner des Messias Jesus, die sich wie auch der Völkerapostel Paulus als Teil des jüdischen Volkes verstanden, nichts zu lernen, was die Rede von Gott angeht. Sie beteten mit allen Juden wie auch der Jude Jesus das Schma Jißrael (5. Mose 6,4f.; Mk 12,29) im Gottesdienst wie im Alltag, riefen es laut aus, so dass die Ohren hörten, was der Mund aussprach, das Bekenntnis zu dem Einen und einzigen Gott.[4] Die Menschen aus den Völkern, die sich der den Namen des gekreuzigten und auferstandenen Jesus anrufenden Ekklesia anschlossen, lernten vom Judentum auch als Nicht-Beschnittene und so nicht zur Einhaltung der dem jüdischen Volk gegebenen Halacha Verpflichtete das Bekenntnis zu dem in den Heiligen Schriften der Juden bezeugten Gott Israels, »bekehrt ... zu Gott von den Abgöttern, zu dienen dem lebendigen und wahren

---

[3] Ebd., 52. Dazu: WALTER BERNET, Theologie ohne Sakrament, in: HANS DIETER BETZ/LUISE SCHROTTROFF (Hrsg.), Neues Testament und christliche Existenz (FS Herbert Braun), Tübingen 1973, 23-40. Bernet spricht von der »Radio-Situation der Sprache« (29).

[4] Vgl. DIETER VETTER, Art. Gott. 1. Jüdisch, in: ADEL THEODOR KHOURY (Hrsg.), Lexikon religiöser Grundbegriffe. Judentum, Christentum, Islam, Graz/Wien/Köln 1987, 396-411, 396-399.

Gott« (1 Thess 1,9). Entsprechend der rabbinischen Konzeption der für alle Menschen geltenden ›Noachidischen Gebote‹ (Babylonischer Talmud, Traktat Sanhedrin 56a) entwickelt Paulus für das Zusammenleben der Unbeschnittenen mit den Beschnittenen eine Halacha[5] (vgl. auch Apg 15,20.29), unbeschadet dessen, dass Juden in der Ekklesia weiterhin ihrer besonderen Berufung folgen (1 Kor 7,18.20). Zu den Noachidischen Geboten gehören das Verbot des Götzendienstes und der Lästerung des Namens Gottes. (1 Kor 8,4, 10,14; 12,2; 2 Kor 6,16; Offb 9,20f; 16,9.11.21)

Mit der Niederlage des jüdischen Volkes im Kampf gegen Rom und der Zerstörung des Tempels im Jahre 70 ergibt sich eine neue Situation. Der schon vorher spürbare Riss zwischen der jüdischen Ekklesia und dem Mehrheitsjudentum (1 Thess 2,14f.) wird jetzt stärker bis zum Zerreißen. Diese Situation spiegelt sich in den neutestamentlichen Evangelienschriften, wobei die Niederlage als Bestätigung des eigenen (noch: jüdischen!) Weges empfunden wird (s. Matthäus).[6] Die »Trennung der Wege«[7] wird sichtbar auf beiden Seiten. Die Ekklesia entwickelt sich zur Kirche der Völker, während sich das Judentum als Volk in der Gestalt des rabbinischen Judentums neu »erfindet« und so das biblische Erbe weiterführt. Die sich als »Christentum« etablierende Kirche versteht sich als »dritter Weg« zwischen dem Judentum und dem Götzendienst der Völker und nimmt die jüdische Bibel für sich in Besitz.

5.

Dennoch gibt es vom 2. bis zum 4. Jahrhundert Begegnungen zwischen jüdischen und christlichen Menschen, zwischen Synagoge und Kirche. Auch das Judentum profitiert für seine Identitätsbildung vom streitbaren Gegenüber: »Wo immer wir eine Ähnlichkeit zwischen Judentum und Christentum finden, müssen wir annehmen, dass wir einen Fall von Einfluss der christlichen Umgebung auf die Juden vor uns haben, es könnte denn gezeigt werden, dass die jüdischen Quellen älter und früher wären.«[8] Mit der Herausbildung des christlichen Dogmas und dem Weg zum talmudischen Judentum werden die sich zur Feindschaft vertiefenden Grenzen unüberwindlich. Was sollte denn nun das Christentum des trinitarischen Dogmas vom Judentum lernen für die Rede von Gott, vom Judentum, das sich als von

---

[5] Vgl. Peter J. Tomson, Paul and the Jewish Law. Halakha in the Letters of the Apostle to the Gentiles (CRI Sect 3 Vol 1), Assen 1990; Klaus Müller, Tora für die Völker. Die noachidischen Gebote und Ansätze zu ihrer Rezeption im Christentum (SKI 15), Berlin 1994; Kristlieb Adloff, Paulus – Prophet des Gottesreiches, Stuttgart 2013, 113f.

[6] Vgl. Klaus Wengst, Wie das Christentum entstand. Eine Geschichte mit Brüchen im 1. und 2.Jahrhundert, Gütersloh 2021, 189-201.

[7] Vgl. Daniel Boyarin, Abgrenzungen. Die Aufspaltung des Judäo-Christentums (ANTZ 10), Berlin/Dortmund 2009.

[8] Israel Jacob Yuval, zit. nach a.a.O., 6.

Gott erwähltes und von den Völkern geschiedenes Volk in der Welt der Völker zu behaupten hatte im Bekenntnis zu dem Einen Gott Israels? Für die Rede von dem Einen Gott, den die universale, alles Partikulare ausschließende Kirche im Namen Jesu, des Mensch gewordenen Gottessohnes, im Bündnis mit der Macht Roms für sich allein beanspruchte? So gab es über die Jahrhunderte keine Sprachgemeinschaft zwischen Kirche und Israel.

6.

Die mittelalterlichen Zwangsdisputationen im Namen Gottes endeten stets vorhersehbar mit dem »Sieg« der Kirche, was für Juden oft schlimm endete.[9] Im Rahmen der Kreuzzüge – »Gott will es« – kam es zu massenhaften Pogromen und dazu, dass Juden mit dem Märtyrertod den Namen Gottes heiligten (Kiddusch Haschem). Der geheiligte Name des Gottes Israels (*shem ha-meforasch*) wurde von Martin Luther in seiner Schrift »Vom Schem hamphoras« (1543) – »die wüsteste und schmutzigste Schrift, die Luther je geschrieben« – geschändet und im After der »Wittenberger Judensau« verortet.[10] Mit dem Namen seines Gottes wird Israel dem Hohn und der Verachtung preisgegeben. Die »Babylonische Gefangenschaft der Kirche« ist auch mit der Reformation nicht vorbei, wenn mit dem Namen des Gottes, den die Kirche unter Berufung auf die Heilige Schrift verkündet, unaussprechliche »Namen der Lästerung« sich verbinden, die in der Offenbarung des Johannes dem »Tier aus der Tiefe« zugeordnet werden. (13,1-6; vgl. 17,3-5: Babylon!)

Das heute aus politischen Gründen gern beschworene »christlich-jüdische Abendland« benennt mit »christlich-jüdisch« ein namenloses Verhältnis der Sprachlosigkeit. Das Verhältnis der Kirche zum Judentum muss als Besessenheit gekennzeichnet werden, Besessenheit von stummen Götzen (1 Kor 12,2). Eine treffende rabbinische Prägung, die in das jüdische Gebet Eingang gefunden hat, spricht von »grundlosem Hass«[11]. Aus Angst vor der Vergeltung für seine Vergehen am jüdischen Volk hält die Kirche Israel als Feindbild den »Gott der Rache« entgegen. Dabei geht es für Israel bei der Anrufung des »Gottes der Vergeltung« (Ps 94,1) nicht um Rachsucht, sondern um den Schrei nach Recht, darum, dass Gott seine Gerechtigkeit erweise vor den Völkern.

---

[9] Vgl. HANS JOACHIM SCHOEPS, Jüdisch-christliches Religionsgespräch in neunzehn Jahrhunderten, Königstein/Ts., 1984, 71-96; Jakob J. Petuchowski, Art. Disputationen, in: JAKOB J. PETUCHOWSKI/CLEMENS THOMA, Lexikon der jüdisch-christlichen Begegnung, Freiburg/Basel/Wien 1989, 82f.

[10] THOMAS KAUFMANN, Luthers Juden, Stuttgart 2014, 134f.

[11] HERMANN COHEN, Religion der Vernunft aus den Quellen des Judentums. Eine jüdische Religionsphilosophie, ²1988, 267. 522f.

7.

Dem Unverhältnis im Verhältnis von Christentum und dem jüdischen Volk hat Heinrich Heine in schneidender Klarheit poetischen Ausdruck gegeben:

(An Edom!)
Ein Jahrtausend schon und länger
Dulden wir uns brüderlich,
Du, du duldest, dass ich atme,
Dass du rasest, dulde ich.

Manchmal nur, in dunkeln Zeiten,
Wird dir wunderlich zu Mut,
Und die liebefrommen Tätzchen
Färbtest du mit meinem Blut.

Jetzt wird unsre Freundschaft fester,
Und noch täglich nimmt sie zu;
Denn ich selbst begann zu rasen,
Und ich werde fast wie Du.[12]

Edom, rabbinische Bezeichnung für Rom, dann für das Rom der abendländischen Christenheit, wird »brüderlich« mit Du angeredet. Esau (Edom: 1 Mose 36,8) und Jakob (Israel) sind Brüder, ihr Verhältnis ist also brüderlich, bezogen auf die jüdisch-christliche Geschichte im Doppelsinn der gegenseitigen »Duldung«. Das meint auf Seiten Edoms den Herrschaftsakt einer jederzeit widerrufbaren »Toleranz«, auf Seiten Jakobs das Erdulden der Gnade des Überlebens, die Raserei der Vernichtung jederzeit vorbehalten. Edom ist in seiner Raserei keiner Anrede an das Gegenüber fähig, während Israel im biblischen Verhältnis das brüderliche Du findet, das im Ruf zu Gott den aus »grundlosem Hass« geborenen Vernichtungswillen Edoms nicht vergessen sein lässt (Ps 137,7). Freundschaft, ein Verhältnis in diesem Unverhältnis, ergäbe sich dann, wenn auch Ich, Israel, zu »rasen« begänne – »fast wie Du«.

Fast: Denn Israel ist um der Treue willen zu seinem Gott nicht geschlagen mit »Wahnsinn, Blindheit und Raserei des Herzens«. (5. Mose 28,28) Seine immer fester werdende Freundschaft mit Edom besteht darin, dass Edom im Gedenken Gottes an seinen Frevel (Obadja 10) und so im kollektiven Gedächtnis gebunden bleibt. Vom Judentum von Gott reden lernen, von dem Gott des Rechts und der Vergeltung, bleibt dem Christentum verwehrt, solange es sich nicht unter das Gericht Gottes zu stellen bereit ist. (Obadja 15) Solange das nicht der Fall ist, gibt es kein Gespräch zwischen Christentum und Judentum. Heine schrieb sein

---

[12] HEINRICH HEINE, Sämtliche Schriften, hrsg. v. Klaus Briegleb, Bd. 1, (dtv), München 1997, 271.

Gedicht »An Edom« mit dem auf Gott hin weisenden Ausrufezeichen im Wissen, was von der »Toleranz« der (sich christlich nennenden) Mehrheitsgesellschaft in seinem Zeitalter zu erwarten war, und ahnt für die Zukunft »über die Häupter der armen Juden« »ein Verfolgungsgewitter« hinwegziehen, »das ihre früheren Erduldungen noch weit übertreffen wird«.[13]

8.

Dabei schien doch durch die Aufklärung eine Möglichkeit gegeben zu sein, dass sich zumindest ein aufgeklärtes Judentum und ein aufgeklärtes Christentum »auf Augenhöhe« hätten begegnen können, in der gemeinsam als vernünftig erkannten Idee von Gott und Unsterblichkeit. Doch Johann Caspar Lavaters Versuch, Moses Mendelssohn zu erpressen, indem er ihn unter Verweis auf Schriften des Naturforschers Charles Bonnet, der es unternommen hatte, die Wahrheit des Christentums philosophisch zu beweisen, aufforderte, diese Beweise entweder zu widerlegen oder zum Christentum zu konvertieren, brachte Mendelssohn in die peinliche Lage, sich öffentlich in einem Religionsdisput zu exponieren, im Bewusstsein seiner prekären politischen Lage als Jude. Indem er Lavater erklären musste, dass er als unter dem mosaischen Gesetz stehender Jude nicht zu wählen hatte, zeigt sich, dass in Lavaters Ansinnen der alte christliche Herrschaftsanspruch ungebrochen war.[14]

Der Kairos für ein Religionsgespräch zwischen Juden und Christen ist durch die Aufklärung nicht gegeben. Auch in Lessings »Nathan der Weise«[15] geht es nicht um ein solches Gespräch. Die »Ringparabel« entwirft die utopische Situation, in der Juden, Christen und Muslime »mit herzlicher Verträglichkeit«, wetteifernd um eine »von Vorurtheylen freyen Liebe« miteinander unter einem aufgeklärten Herrscher (Saladin) koexistieren können (III/7). Um Wahrheit geht es hier gerade nicht. Wahrheit, »so baar, so blank – als ob die Wahrheit Münze wäre«, wird »der reiche Jude« Nathan dem ihn erpressenden Sultan in der Ringparabel gerade nicht liefern (III/6). In der Kritik an jedem sich absolut setzenden Wahrheitsanspruch bleibt die Frage nach der Wahrheit offen.

Im Stück geht es zuletzt noch um etwas Anderes: um die Möglichkeit einer Freundschaft von Mensch zu Mensch über Abgründe hinweg. Freundschaft ist mehr als jene im tiefsten dem Anderen gegenüber gleichgültige »Toleranz«, die in

---

[13] DERS. a.a.O., Bd. 4, 265.

[14] Vgl. SCHOEPS (wie Anm.9), 116-127; SIMON LAUER/GISELA LUGINBÜHL-WEBER, Art. Mendelssohn, Moses (1729-1786), in: TRE 22,1992, 428-439, 431-433.436-38.

[15] GOTTHOLD EPHRAIM LESSING, Nathan der Weise. Ein dramatisches Gedicht in fünf Aufzügen, Berlin 1779, hrsg. v. JOSEPH KIERMEIER-DEBRE, München 1997. Dazu: KRISTLIEB ADLOFF, »Und doch ist Gott!« Religionskritik und theo-poetische Utopie in Lessings ›Nathan der Weise‹, in: HELMUT BERTHOLD (Hrsg.), Wolfenbütteler Vortragsmanuskripte 16, Lessing im Kontext des Europäischen Theaters, Wolfenbüttel 2012, 109-127.

der Probe durch die harte Wirklichkeit nicht standhält. Sie ist auch etwas Anderes als »Brüderlichkeit«, die immer auch (Kain und Abel, Esau und Jakob) eine mörderische Möglichkeit in sich birgt. Inmitten der allgemeinen Verbrüderung am Ende des Stücks blitzt im letzten Satz diese Möglichkeit auf. Saladin zum Tempelherrn: »Seht den Bösewicht! Er wusste was davon und konnte mich zu seinem Mörder machen wollen! Wart!« (V/8). Nathan, der seine geliebte Stieftochter Recha hergeben muss, steht am Ende jenseits aller verwandtschaftlichen Verwicklungen und ihrer Auflösung allein da als der, der um die Freundschaft der Anderen gekämpft hat.[16]

Von Gott redet das Stück in jener Allgemeinheit, die Juden, Christen und Muslime unter einen Hut bringen soll, »mit innigster Ergebenheit in Gott« (III/7). Auch in der – mehr noch als die Ringparabel – Schlüsselstelle des Stücks (IV/7), in der Nathan erzählt, wie er seinen »unversöhnlichsten Hass« gegenüber dem Christentum der Judenpogrome überwindet und damit zeigt, »was sich der Gott ergebene Mensch für Thaten abgewinnen kann«, bleibt die Rede von Gott in jener Allgemeinheit, die den Klosterbruder zu dem Ausruf bringt: »Ihr seyd ein Christ! – Bey Gott, Ihr seyd ein Christ! Ein bessrer Christ war nie!«, worauf Nathan repliziert: » ... Was mich Euch zum Christen macht, das macht Euch mir zum Juden!«. Nathans Rede von Gott ist keine jüdische Rede. Bemerkenswert ist, dass in einer hebräischen (Ivrit) Übersetzung des Nathan die (eher zum Christentum und Islam passende) Wendung von der »innigsten Ergebenheit in Gott« mit *debekat shelema*[17] wiedergegeben wird, d. h. »vollkommenes Ankleben an Gott«. (5. Mose 10,20; 11,22) Während Nathan/Hiob sich in den »Rathschluss« Gottes ergibt, rebelliert der biblische Hiob so lange gegen Gott, bis nicht »die leise Stimme der Vernunft«, sondern Gott selbst ihm »aus dem Wetter« antwortet und in Verbindung mit ihm tritt, und ihn so vor seinen Freunden und vor aller Welt für seine in der Rebellion sich an Gott anklammernde Rede rechtfertigt. (Hi 38ff.; 42,7)

9.

Von Seiten der protestantischen Theologie gibt es keine Neigung, sich darauf einzulassen, was an wissenschaftlicher Arbeit von jüdischen Gelehrten im 19. Jahrhundert geleistet wurde. Es gilt auch dort, wo Vorurteile hätten revidiert werden können: Judaica non leguntur.

Mit der Katastrophe des 1. Weltkrieges, dem »Tor zur Hölle« mit seinen Hiobs-Lagen, ändert sich die geistige Situation grundlegend. In der »Dialektischen Theologie« (Karl Barth, Rudolf Bultmann) bricht sich die Erkenntnis Bahn, dass man

---

[16] ADLOFF (wie Anm. 15), 125f.
[17] GOTTHOLD EPHRAIM LESSING, Nathan hehakham: siroch dramatit behames mearakhot, Karmel 1999.

nicht von menschlichen Befindlichkeiten, sondern von Gott zu reden hat. Für Barth wird in diesem Zusammenhang das Alte Testament wichtig. Doch eine Brücke zum lebendigen Judentum wird nicht gesucht. So gibt es auch keinen nennenswerten Widerstand gegen den Antisemitismus, der in den Kirchen als Erbe der alten Judenfeindschaft Eingang findet.

Ein denkwürdiges Gespräch fand am 14. Januar 1933 zwischen dem Bonner Neutestamentler Karl Ludwig Schmidt und Martin Buber im Jüdischen Lehrhaus Stuttgart statt, unter dem Thema »Kirche, Staat, Volk, Judentum«.[18] Es ist im Sinne Bubers ein dialogisches Gespräch, das den Gegensatz zwischen Kirche und Israel nicht aufzuheben sucht, aber gerade so eine Begegnung ermöglicht, die das Geheimnis des Anderen achtet. Schmidt präsentiert in dem Gespräch die klassischen Topoi der christlichen Auseinandersetzung mit dem Judentum: das Messias-Sein Jesu, die Erwählung und Verwerfung Israels, sein Dasein in der Zerstreuung. Die Kirche ist das wahre Israel, in der sich das, was Israel biblisch ausmacht, erfüllt und die hinein zu kommen die Juden eingeladen sind. Buber konzediert, dass dies das Wissen der Kirche ist. »Aber wir Israel wissen um Israel von innen her ... Wir wissen um Israel anders ... Und wir wissen, dass wir ... von Gott nicht verworfen sind, dass uns ... Gottes Hand hält ... und nicht fallen lässt.«[19]

Schmidt erklärt daraufhin den Zuhörern des Gesprächs gegenüber, »dass das Ihnen [den Zuhörern] und auch mir deutlich gewordene Pathos der Erfahrung eines Menschen, der bluthaft im jüdischen Bereich lebt, mehr ist als ein Bündel von diesen oder jenen Erlebnissen.«[20] Doch dieser Erfahrung muss Schmidt das Wissen der Kirche entgegensetzen. Auch die Erwartung eines kommenden Messias durch Juden und Christen stiftet nur eine vorläufige Gemeinsamkeit, denn: »Wenn die Kirche christlicher wäre, als sie ist, so würde die Auseinandersetzung mit dem Judentum schärfer sein, als das jetzt sein kann und darf.«[21]

Was bedeutet dieses »Wenn« im Blick auf die Kirche, wenige Tage vor Beginn der nationalsozialistischen Herrschaft? Dass die – vielleicht – christlicher gewordene Kirche in Gestalt der Bekennenden Kirche durch ihr Versagen gegenüber dem jüdischen Volk die »schärfere« Auseinandersetzung mit dem Judentum in die Hand der Mörder gegeben hat?

Bubers bewegende Antwort, in der er den Wormser Dom, herrliches Inbild der triumphierenden Kirche, dem armseligen jüdischen Friedhof gegenüberstellt, »die Steine und die Asche unter den Steinen: Der Dom ist, wie er ist. Der Friedhof ist, wie er ist. Aber aufgekündigt ist mir nicht.«[22] Und zu Schmidt gewandt, sein

---

[18] Vgl. SCHOEPS (wie Anm. 9), 169-183, Zitate danach. S. auch MARTIN BUBER, ›Kirche, Staat, Volk, Judentum‹. Aus dem Zwiegespräch mit Karl Ludwig Schmidt im jüdischen Lehrhaus in Stuttgart (4. Januar 1933), in: DERS., Der Jude und sein Judentum. Gesammelte Aufsätze und Reden, ²1993, 544-556.

[19] A.a.O., 173.

[20] Ebd.

[21] A.a.O., 180.

[22] A.a.O., 180f.

»Wenn die Kirche christlicher wäre« aufnehmend : »Wenn das Judentum wieder Israel würde, wenn aus der Larve das Heilige Antlitz hervorträte, dann gäbe es ... wohl die Scheidung unabgeschwächt, aber keine schärfere Auseinandersetzung zwischen uns und der Kirche, vielmehr etwas ganz anderes, das heute noch unaussprechlich ist.«[23] Wohin weist dieses – doppelte – »Wenn«? In Bubers Sinn nicht auf eine argumentative Auseinandersetzung, sondern auf eine Begegnung zwischen Juden und Christen, die in dem Wissen geschieht, dass man vor Gott steht. Eine klassische jüdische Aussage über das Gebet lautet: »Wisse, vor wem du stehst!«[24] (Babylonischer Talmud Traktat Berachot 28b) Diese Aussage könnte auch das Vorbild für ein Gespräch der Unterschiedenen sein, das einen Raum zwischen den Redenden offenlässt, in dem Unaussprechliches von Gott zu hören und zu sagen wäre: das Wort, das wie das »Und« in der Schöpfungsgeschichte (1 Mose 1) zugleich unterscheidet und verbindet.

10.

Eine einmalige Gesprächssituation ergibt sich während der Krise des 1. Weltkriegs zwischen Juden selbst. In der Folge des Leipziger »Nachtgesprächs« vom 7. Juli 1913, in dem der noch zum Christentum neigende Franz Rosenzweig mit der konsequenten Position des zum Christentum konvertierten Freundes Eugen Rosenstock konfrontiert war, entschloss sich Rosenzweig nach schweren inneren Kämpfen, Jude zu bleiben. Das eröffnete nun für Rosenzweig die Möglichkeit, im Rahmen persönlicher Beziehungen zu Juden, die Christen geworden waren, ein ganz neuartiges jüdisch-christliches Gespräch zu führen, z.B. mit seinem Vetter und Freund Hans Ehrenberg[25], der sich 1909 hatte taufen lassen, und sich als einen »Christen aus Israel« verstand. Ehrenberg, der Philosoph und spätere Bochumer Pfarrer, den seine Kirche 1937 im (vorauseilenden?) Gehorsam gegen die Gauleitung fallen lässt, war Rosenzweigs philosophischer Lehrer gewesen und Rosenzweig hatte ihm ursprünglich sogar geraten, sich als Jude an die nun einmal herrschende abendländisch-christliche Kultur zu halten. Nun standen sich beide, der Jude und der »Christ aus Israel« neu gegenüber. Rosenzweig veröffentlichte 1921 den »Stern der Erlösung« und Ehrenberg 1920 das tiefgründige Buch »Die

---

[23] A.a.O. 182.

[24] Vgl. ABRAHAM J. HESCHEL, Der Mensch fragt nach Gott. Untersuchungen zum Gebet und zur Symbolik (InfJud 3), Neukirchen-Vluyn 1982, 39-44.

[25] Vgl. GÜNTER BRAKELMANN, Hans Ehrenberg. Ein judenchristliches Schicksal in Deutschland, Bd. 1, Leben, Denken und Wirken 1883-1932; Bd. 2, Widerstand, Verfolgung und Emigration 1933-1939, Waltrop 1997/1999, sowie DERS. (Hrsg.), Hans Ehrenberg. Autobiographie eines deutschen Pfarrers, Waltrop 1999. Zu Rosenzweig: ADAM ZAK, Art. Rosenzweig, Franz (1886-1829), in: TRE 29, 1998, 418-424.

Heimkehr des Ketzers«, beides dem Dialog verpflichtete Werke, die das verbin-
dende und unterscheidende »Und« nicht gedanklich abstrakt, sondern im konkreten Einsatz der Existenz umkreisen. Rosenzweig musste allerdings Ehrenberg,
dem Christen, jede Kompetenz absprechen, sich in jüdischen Dingen zu äußern.
Über jüdische Existenz lässt sich für ihn nur aus dem innersten Geheimnis Israels
reden. Nur wenn das klargestellt sei, könne, unter Respektierung der Grenze, ein
Dialog stattfinden.[26]

Es wäre für die Entwicklung von Karl Barths Theologie spannend gewesen,
wenn er für solche christlich-jüdische Konstellationen ein Ohr gehabt hätte, oder
gar für einen Christen aus Israel wie Ehrenberg. Ehrenberg, der sich schon als
Philosoph seit der Tambacher Tagung von 1919 um die Freundschaft mit Barth
bemüht hatte und sogar seinen berühmt gewordenen Vortrag »Der Christ in der
Gesellschaft« zum Druck beförderte, erfuhr von Thurneysen wie von Barth eine
scharfe, abweisende Kritik für seine Arbeit und sein Denken. War es auch Ehren-
bergs rastloser – jüdischer? – Eifer, der Barth irritierte? Jedenfalls schrieb er in
einem Brief an Thurneysen vom 14. August 1920 über den umtriebigen Philosophen: »Was für ein seltsames Licht und Irrlicht! Fertig jedenfalls wird man nicht
mit ihm, das hat er mit Abraham, Isaak und Jakob sicher gemein.«[27] Auch im
gemeinsamen Kampf der Bekennenden Kirche gab es trotz aller Übereinstimmung
zwischen dem Bochumer Pfarrer jüdischer Herkunft und dem großen Theologen
Karl Barth Irritationen. Barth hat eben hinter dem Christen Ehrenberg weiter den
Juden gewittert. Und was in der Barmer Erklärung von 1934 fehlte, ist Ehrenberg
nicht entgangen[28]. Ehrenberg, der nach seiner »Schutzhaft« im KZ Sachsenhausen
ins englische Exil emigrieren konnte, fand in seiner Kirche nach 1945 keinen
rechten Platz mehr.

Dass man mit einem Hans Ehrenberg nicht »fertig« wurde, so wenig wie mit
Abrahams, Isaaks und Jakobs Geschlecht, zeigte sich den Deutschen wie auch den
evangelischen Christen, einschließlich der Bekennenden Kirche, zu ihrem Er-
schrecken nach Kriegsende. Schuldgefühle blieben und bleiben ambivalent, können schwanken zwischen Liebe und Hass. Die Kirche »fremdelt« trotz aller rheto-
rischen Verurteilungen des Antisemitismus, trotz aller Umarmungsstrategien und
wohlfeiler Erklärungen, die den Juden konzedieren, nach wie vor Gottes erwähltes
Volk zu sein, immer noch mit den Juden. Vor allem die Tatsache, dass Juden es
wagten, einen jüdischen Staat zu gründen, ein »Haus gegen den Tod« und sich
kämpferisch für ihr Überleben in Eretz Jißrael, dem verheißenen Lande, einsetzen,
passt nicht in das christliche Weltbild.

---

[26] Brakelmann (wie Anm. 25), Bd. 1, 319ff.; dazu: Franz Rosenzweig, Der Stern der Erlösung, Frankfurt/M. 1988, 448-453. Briefe an Hans Ehrenberg z. B. in: Franz Rosenzweig,
Die Schrift. Aufsätze, Übertragungen und Briefe, hrsg. v. Karl Thieme, Königstein/Ts. 1984,
225ff.228ff.
[27] Brakelmann (wie Anm. 25), Bd. 1, 94ff.299-312.Zitat 302
[28] Brakelmann (wie Anm. 25), Bd. 2, 228-235.

11.

Man mag es als ein Wunder ansehen, dass Juden, denen trotz allem das am Boden liegende Deutschland am Herzen lag, über ihren Schatten springen konnten, die Verbindung mit Deutschen suchten, mit einer Kirche und Christenheit, die durch ihr Versagen im Glauben, in der Hoffnung und in der Liebe in ihren Grundfesten erschüttert war. Gesucht war eine neue Gesprächsmöglichkeit zwischen Israel und der Kirche. Die Juden, die danach suchten, kamen nicht, um anzuklagen oder zu belehren. Aber falls Christen sich darauf einließen, konnte es eine Lerngemeinschaft unter der Tora, die der Christenheit, gemessen an ihren Wurzeln im jüdischen Volk, nicht fremd sein sollte, geben. (Mt 28,19f. vgl. mit 23,2.3a; Lk 2,46; Apg 2,42-47; 17,11 u. a.) Nach den »Sprüchen der Väter« (Babylonischer Talmud, Traktat Avot I,2) beruht die Welt auf drei Dingen: auf der Tora, dem Gottesdienst (Gebet) und den Taten der Barmherzigkeit. Das Studium der Tora gehört also zu diesen drei Dingen. Dabei ist nicht die »Aneignung von Wissen« zu irgendeinem Zweck gemeint; das Lernen dient nicht »als Mittel zum menschlichen Lebenszweck«, sondern ist »Lebensinhalt des jüdischen Menschen, der Gott dienen will.«[29] Es ist Gottesdienst in der Gegenwart Gottes.

Soll es nun um ein Lernen von Christen mit Juden gehen, so treten die alten, zum Scheitern verurteilten Dispute um die Messiasfrage wie Dreieinigkeit etc., in den Hintergrund. Gefragt ist nach »Weisung« (Tora) in der gegenwärtigen Situation. Im Anschluss an das »Heute« von 5. Mose 6,6 heißt es in Sifre z. St., die Worte seien nicht »alte Vorschriften, sondern neue Worte, auf welche die Menschen begierig zueilen, als seien sie ihnen an *diesem Tage*, heute, gegeben worden«, Tora in Einheit der mündlichen mit der schriftlichen Tora. Dem christlichen Vorurteil, das Alte Testament sei durch das Neue aufgehoben worden, widerspricht schon das Neue Testament selbst.[30] (Mt 1,17f.; Joh 10,35) Das neutestamentliche »Heute« wiederholt das alttestamentliche. (Lk 4,21; Hebr 3,13) Auch ist die Tora eine Gnadengabe (Ps 119,41) und nicht wie im christlichen (lutherischen) Vorurteil ein dem »Evangelium« entgegengesetztes »Gesetz«. Auch das Neue Testament kennt keine »billige Gnade«, sondern widersteht dem Missbrauch des sola gratia, als habe die Gnade nicht das lebendig machende »Gesetz des Geistes« (Röm 8,2), die Tora des Messias Jesus, zum Inhalt. (Gal 5,19-25)

Im Gespräch können Christen wiedererkennen, was sie immer schon hätten wissen können. Unbeschadet aller Unterschiede zwischen dem Volk Israel und der sich auf den Juden Jesus berufenden Kirche der Völker, können Christen neu lernen, dass sie es nicht mit ›Gott‹ im allgemeinen, sondern konkret mit dem Gott Israels zu tun haben.

---

[29] Yeschaiuhu Leibowitz, Vorträge über die Sprüche der Väter, Obertshausen 1984, 70.

[30] Vgl. Klaus Wengst, »... die Schrift kann nicht aufgelöst werden« (Joh 10,35). Die jüdische Bibel als Basis und Raum des Evangeliums vom Messias Jesus in: Ruthild Depke/Jakob Vocke (Hrsg.), In der Schule der Heiligen Schrift (FS Kristlieb Adloff), Kamen 2019, 385-406.

Reden also Juden und Christen, wenn sie im gemeinsamen Lernen vor Gott stehen, von dem »selben« Gott? Das »Gleiche« ist es jedenfalls ohne weiteres nicht. Der Gott, zu dem sich ein Jude im Schma Jißrael mit dem unaussprechlichen, im Tetragramm schriftlich fixierten NAMEN[31], Haschem, bekennt, dem EINEN, Israel Einigenden, und damit das mit den Geboten gegebene »Joch der Gottesherrschaft« auf sich nimmt, und der, den der Christ im Namen Jesu, des Gottessohnes, im trinitarischen, durch den Geist geweckten Lobpreis mit dem ›Vater‹, dem Gott Israels, in Verbindung setzt, hat unterschiedliche Konnotationen in der jeweiligen Erfahrung. Es handelt sich hier nicht um einen weltanschaulich-theoretischen Unterschied zwischen der kirchlichen Trinitätslehre und dem (angeblichen) jüdischen »Monotheismus«, sondern um einen existentiellen zwischen dem jüdischen Volk, das beim Vater *ist,* und den Menschen aus den Völkern, die zum Vater *kommen* (Franz Rosenzweig zu Johannes 14,6).

Die kirchliche Trinitätslehre entspringt einer inneren Not, die Christen aus den Völkern um ihres Ursprungs im jüdischen Volk willen mit ihrer Identität haben. (Der Islam hat dieses Problem nicht.) Sie reden von Gott, der doch nicht der Gott »ihrer« Väter ist. (Hebräer 1,1) Wollen sie Jesus nicht zum Sohn einer heidnischen Gottheit machen, müssen sie gedanklich versuchen, den Juden Jesus in den Gott Israels als den EINEN Gott hineinzudenken. Für Christen, schreibt Friedrich-Wilhelm Marquardt, hat »Theologie – das menschliche Nachdenken über Gott – geradezu eine existentielle Glaubensbedeutung bekommen ... ein (meist verzweifeltes) Mittel ..., uns in den Spannungen der christlichen Identität zurechtzufinden. Eben dazu kann man m. E. auch das trinitarische Nachdenken über Gott zählen. Auch Christen müssen immer wieder lernen, sich mit dem Gott Israels, also dem für sie von Hause aus durch und durch fremden und befremdlichen Gott – zu ›einen‹«.[32] Im Gespräch mit Juden können sich Christen dieser Spannung bewusst werden, die sich im trinitarischen Lobpreis, der Doxologie löst. Da fällt denn auch jede Überheblichkeit in der Rede von Gott Juden gegenüber dahin.

Beten Juden und Christen zu demselben Gott? Setzen Christen im Gebet voraus, dass Gott, den sie per Jesum Christum (so die alten Gebete) anrufen, als der eine Gott der Gott Israels ist, so ist das ein Wagnis, das eschatologisch bewahrheitet werden muss. »Zu der Zeit wird der Herr nur einer sein und sein Name nur

---

[31] Vgl. KORNELIS HEIKO MISKOTTE, Biblisches ABC. Wider das unbiblische Bibellesen, Neukirchen-Vluyn 1976, 36-43; JOCHEN TEUFFEL, Von der Theologie. Die Kunst der guten Gottesrede in Entsprechung zur gelesenen SCHRIFT (Beiträge zur theologischen Urteilsbildung 8) Frankfurt/M. 2000, 59f.; DERS., Mission als Namenszeugnis. Eine Ideologiekritik in Sachen Religion, Tübingen 2009, 111-160; KRISTLIEB ADLOFF, Jesus/Jeschua. Ein Traktat über den schönen Namen, Kamen 2019.
[32] FRIEDRICH-WILHELM MARQUARDT, Wie verhält sich die christliche Lehre vom dreieinigen Gott zur jüdischen Betonung der Einheit Gottes, in: DERS., Auf einem Weg ins Lehrhaus. Leben und Denken in Israel. Aufsätze, hrsg.v. MARTIN STÖHR, Frankfurt/2009, 141-148, 145.

einer« (Sach 14,9), *ächad,* wie im Schma Jißrael. Dann wird, nachdem der messianische ›Sohn‹ sein Befreiungswerk an den Völkern getan hat, der ›Vater‹, der Gott Israels, »alles in Allem« (1 Kor 28) sein. Mit der Forderung nach gemeinsamen christlich-jüdischen Gottesdiensten sollte hier nichts gewaltsam vorweggenommen werden. Dadurch würde nur das, was im Hören auf die Tora an gemeinsamem Tun zur Verbesserung der Welt (tikkun olam) jetzt möglich ist, beschädigt. Die beliebte Rede von den gemeinsamen »abrahamitischen Religionen« setzt einen Religionsbegriff voraus, der weder Judentum, Christentum noch dem Islam gerecht wird.[33]

Umgekehrt: Müssen wir ausschließen, wenn ein Mensch unwissend um den wahren Gott »den unbekannten Gott«(Apg 17,23) anruft, »den die höllengepeinigten, himmelstürmenden Geschlechter der Menschen meinen«, ihr »Du«, ihr Gegenüber, den Gott, der sich am Ende mit seinem Namen als »der Eine Lebendige« (Buber, siehe oben Seite 245) erweisen wird – wer gäbe uns das Recht, auszuschließen, dass dieser Mensch mit seinem Gebet zum Ziel kommt? Bevor wir sein Gebet als götzendienerisch schelten, müssen wir selber in unseren Gebeten ständig darum kämpfen, Gott und die Götzen zu unterscheiden, wie es Juden und Christen aufgegeben ist. Gibt es nicht so genannte »bibeltreue« Christen, die in ihren Gebeten Gott mit dem Mammon und der Macht verwechseln?

12.

Sind Christen selber Götzendiener? Ist, wenn es um das biblische Bilderverbot geht, das Christentum nicht ständig in Gefahr, die Grenze zu einem selbstgemachten Gott zu überschreiten? (Joh 5,18; 10,33) Wenn Jesus, der Sohn, eschatologisch als das Bild des unsichtbaren Gottes schlechthin verkündet wird, dem die Seinen, seine Brüder, gleichgestaltet werden sollen? (Joh 1,4; Röm 8,29;1 Kor,49; 2 Kor 3,18; 4,4; Kol 1,15; 3,10; Hebr 1,3; 1 Joh 3,2) Ein Bild, »gleich dem vergänglichen Menschen«? (Röm 1,23)

Besonders ist die Gefahr heute da, wo man, um dem Menschen Jesus näher zu kommen, einen »historischen Jesus« konstruiert, und diesem als einem einzigartigen Menschen ein einzigartiges Gottesverhältnis zuschreibt. Hier gibt es, wenn im christlich-jüdischen Gespräch unter der Vorgabe eines historischen Jesus, der Jude war, Gemeinsamkeiten gesucht werden, gerade keine Gemeinsamkeit. Eine solche Einzigartigkeit eines Menschen kennt das Judentum nicht (auch nicht bei Mose), und der Jesus der Evangelien auch nicht (Mk 10,18). Wird nun gar behauptet, der historische Jesus habe ein gänzlich neues »Gottesbild«, nämlich die Vorstellung eines »liebenden« Gottes im Gegensatz zu dem »strafenden« Gott des

---

[33] Edna Brocke, »Wir haben Abraham zum Vater«. Was meinen Christen, wenn sie das sagen? Eine jüdische Rückfrage, in: Evangelische Aspekte 4 (1991), 28-30.

Alten Testamentes in die Welt gebracht, dann ist das Gespräch mit dem Judentum ohnehin beendet. (2. Mose 32,1.4; 1.Kor 10,7)

Aber kennt das Judentum nicht auch, anscheinend entgegen dem Bilderverbot, eine Fülle von sprachlichen Gottesbildern, nicht nur in der Bibel, sondern eher gesteigert und kühner noch in den haggadischen Passagen des Talmud und der sonstigen rabbinischen Traditionsliteratur? In der jüdischen Abwehr des Anthropomorphismus können menschlich-sinnliche Gottesvorstellungen grundsätzlich nicht dem »körperlosen« Gott entsprechen. »Wie großartig und subtil unsere Gottesvorstellungen auch sein mögen, sobald sie beschreiben, benennen und definieren, engen sie IHN ein und zwingen IHN in die Plattheiten unseres Geistes«, schreibt der Maimonides folgende Abraham Joshua Heschel. »Indem man sich ein Bild von IHM und SEINEM Tun macht, leugnet man SEIN Dasein.« Und, Maimonides zitierend: »Wir dürfen nicht denken, Gott brauche Stimme und Laute, um zu sprechen.«[34] Aber: »Die Bibel ist ein Spiegel sowohl ihrer göttlichen als auch ihrer menschlichen Verfasserschaft ... Gott entlehnte die Sprache der Menschen und schuf ein Werk, wie es kein Mensch je geschaffen hat.«[35]

Einen anderen Akzent setzte Franz Rosenzweig in Auseinandersetzung mit einem Artikel der Encyclopaedia Judaica.[36] Für Rosenzweig geht es in der Bibel um die Erfahrung des Menschen in der persönlichen Begegnung mit Gott, um »die felsenfeste Gewissheit, dass alles, was wir von Gott erfahren, von ihm selber kommt« (126). »Die ›Anthropomorphismen‹ der Bibel sind durchweg Aussagen über gottmenschliche Begegnungen. Nie wird Gott — was doch die Redensart, dass ihm etwas ›zugeschrieben‹ werde, still voraussetzt — beschrieben« (123). Nicht der Versuch, Gott »abbildend festzulegen« steht uns zu, »sondern ein unbegrenztes Vertrauen in seine unzubegrenzten Kräfte, stets, jeden Augenblick, unsrer und aller Schöpfung augenblicklichen Leiblichkeit und Seelischkeit, leiblich und seelisch, leibhaft und seelenhaft, zu begegnen« (125). »... wo eine Menschengemeinschaft in ehrlicher Meinung ... ihn mit Opferdüften zu erfreuen sucht, da wird er — Verzeihung dem kecken Wort — nicht humorlos genug sein, nicht hineinzuriechen« (124f.). (Natürlich heißt das nicht, dass Gott eine Nase hätte.)

Von der konkreten Situation absehende Ist-Aussagen über Gott, die Gott zu definieren scheinen, wie »Gott ist Geist« (Joh 4,24) oder »Gott ist Liebe« (1. Joh 4,16) sind für das Christentum wegen der Versuchung, sie »umzukehren«, verhängnisvoll (126). Wollte das Christentum solcher Versuchung entgehen, müssten diese Aussagen an die ihnen zugrunde liegenden Erfahrungen mit dem biblischen Gott zurückgebunden werden, Erfahrungen mit dem »Geist der Heiligkeit«, dem Gottessturm (Ri 13,25; Mk 1,12; Röm 8,14), mit dem konkret liebenden (Jer 31,3; Joh 3,16) wie auch dem zürnenden (Ps 76,8; 90,11; Röm 2,5; 3,5) Gott. Wenn

---

[34] ABRAHAM J. HESCHEL, Gott sucht den Menschen. Eine Philosophie des Judentums (Infjud 2), Neukirchen-Vluyn, 1980, 144f.

[35] A.a.O., 205.

[36] FRANZ ROSENZWEIG, Anmerkung über Anthropomorphismus, in: THIEME (wie Anm. 21), 121-128. Zitate danach.

Rosenzweig meint, Paulus habe sich genötigt gesehen, »die auch ihm erfahrungs-
mäßig unleugbare göttliche Liebe an den Mittler zu binden«[37], so liegt natürlich im
Judentum eine solche Nötigung nicht nur nicht vor, sondern widerspricht dem
Bekenntnis zu dem einen Gott, das keinen Raum lässt für einen Nebengott zwischen ihm und seinem Volk (5. Mose 32,39). Paulus spricht allerdings (anders: 1
Tim 2,5) nicht von einem Mittler – das stünde auch für ihn dem Bekenntnis zu
dem einen Gott entgegen (Gal 3,20) –, sondern von dem einen Kyrios Jesus Christus, in dessen Antlitz die verzehrende Herrlichkeit Gottes von seiner Zukunft her
eschatologisch aufleuchtet. (2 Kor 4,6) Wenn Paulus die Galater daran erinnert
(Gal 3,1), wie er ihnen bei der Gründung der Gemeinde Christus vor Augen gestellt
(Luther: gemalt) habe als den Gekreuzigten (vgl. 1 Kor 1,17-25), so wird hier kein
Jesusbild als Gottesbild »entworfen«. Alle menschengemachten Gottesbilder
werden als Götzenbilder durch*kreuzt* durch das Wort Gottes vom Kreuz; sie werden verzehrt von der »brennenden« Liebe (Hos 11,8) dessen, der seinen Sohn für
Alle dahingegeben hat, als Passahlamm (1 Kor 5,7), »in heißer Lieb gebraten«
(Luther) und verzehrt. Alle Aussagen über das Gotteshandeln in seinem Sohn, wie
z. B. von seinem Sühnetod, sind nicht menschliche Deutungsversuche: Gott, nicht
der Mensch, hat Jesus bibelgemäß (3. Mose 16) als Sühneort in seinem Blut »vor-
gestellt«. (Röm 3,25)

13.

Ginge es heute darum, vom Judentum von Gott reden zu lernen, so würde es für
die Christenheit in gewisser Weise genügen, an das zu erinnern, wie in der messi-
anischen Lebens-, Lern- und Erzählgemeinschaft biblisch im Namen des gekreuzigten, von Gott auferweckten und um seines Gehorsams bis zum Kreuz willen
zur Ehre Gottes des Vaters zum Kyrios erhobenen Jesus (Phil 2,5-11) geredet
wurde. Dabei muss aber heute »der garstige breite Graben«, den Lessing zwischen
der frühen Kirche und der Christenheit seiner Zeit sah, noch in ganz anderer
Weise überwunden werden, nämlich der durch die herrschende Christenheit
aufgerissene Abgrund von Vorurteilen, Schuld und »grundlosem Hass« gegenüber
dem jüdischen Volk. Ein »Beweis des Geistes und der Kraft« (1.Kor 2,4), wie ihn
Lessing einforderte, könnte – könnte! – vom Christentum nach der Schoa nur
erbracht werden, wenn ihm das Judentum brüderlich entgegenkäme und das
Christentum zugleich dem jüdischen Volk den Lobpreis des Gottes Israels und
seiner unverbrüchlichen Treue zu seinem erwählten Volk entgegentrüge.

Das Religionsgespräch zwischen Karl Ludwig Schmidt und Martin Buber aus
dem Jahr 1933 könnte sich heute als prophetisch erweisen. »Wenn die Kirche
christlicher wäre«, sagte Schmidt und Buber fügte hinzu »Wenn die Christen mehr
erfüllten, wenn sie nicht mit sich selbst rechten müssten«, »wenn dann das

---

[37] Ebd.

Judentum wieder Israel würde« – dann ließe sich für Buber, »die Scheidung unabgeschwächt« noch auf etwas ganz anderes hoffen, »das heute noch unaussprechlich ist«. Buber wiederholte diese Hoffnung in seinem 1948 während des israelischen Unabhängigkeitskriegs geschriebenen Manuskript, das 1950 als Buch unter dem Titel »Zwei Glaubensweisen« auf deutsch erschienen ist: »… ein nach der Erneuerung seines Glaubens … strebendes Israel und eine nach der Erneuerung ihres Glaubens … strebende Christenheit hätten einander Ungesagtes zu sagen und eine heute kaum erst vorstellbare Hilfe einander zu leisten«.[38]

14.

Unaussprechliches, Ungesagtes: Gesetzt, es wäre jetzt, im 21. Jahrhundert, die Zeit, dass Juden Christen etwas zu sagen hätten und Christen ohne Superioritätsgehabe darauf zu hören bereit wären – was könnte das sein? Grundlegend dies: Gott bleibt in der Beziehung zum Menschen Gott (4. Mose 23,19; 1. Sam 15,29; Hos 11,9). Das gilt auch und gerade, wenn Gott den Menschen »menschlich« begegnet, sich selbst zu seinem Volk hin erniedrigt, wie die Rabbinen im Anschluss an biblische Aussagen (Ps 113,5f.; 138,6; Jes 57,15) vielfältig zur Sprache zu bringen vermögen. Gott leidet mit seinem Volk, empfindet Schmerz über es. Die Schechina, die Einwohnung Gottes im Tempel, geht mit Israel ins Exil[39]. Aber der Gott, von dem das gesagt wird, ist der Hohe und Erhabene, der Heilige in Israel. Das Neue Testament versucht zwar mit seiner Rede von der Fleischwerdung des Logos, die eine Grenze zum Judentum überschreitet, die Gottheit Gottes in dieser seiner Tat (Röm 8,3) festzuhalten. Aber die Versuchung für das Christentum ist zu groß, in der neutestamentlich nicht zu belegenden Rede von der »Menschwerdung Gottes« Gott auf das menschlich Fassbare und Wünschbare festzulegen. Man muss sich heute nicht nur an Weihnachten die unsäglichen Plattheiten und Banalitäten in kirchlichen Verlautbarungen anhören, um zu sehen, wohin das führt. Der »Mensch gewordene Gott« wird bedeutungslos, und wer dann noch so etwas wie ›Gott‹ zu denken versucht, der greift zu Allgemeinbegriffen wie »das Höchste« oder »ein höheres Wesen«. Wenn Gott, anders als im Judentum, als der dem Menschen Zugewandte, nicht in eins damit der Richter, der Gott des Gesetzes und des konkreten Gebietens sein kann, bleibt nur das Feld einer vagen »Spiritualität« und einer jeweils zeitgemäßen Moral. Das Judentum könnte das Christentum daran erinnern, dass der von ihm verkündigte Gott nicht irgendeine Gottheit, sondern in der Nachfolge Jesu der ist, dessen *Name* geheiligt werden soll. (Mt 6,9; Lk 11,2; Joh 17,6.11f.26)

Der Name Gottes ist heilig, (Ps 99,3; 11,9) weil Gott heilig ist. Heiligkeit bedeutet beides: abgesondert von seinem Volk und ihm zugleich verbunden als der es

---

[38] MARTIN BUBER, Zwei Glaubensweisen, [2]1994, 183.
[39] VETTER, Gott (wie Anm. 4), 404-411.

heiligt (2. Mose 31,13) zu seinem Dienst als heiliges Volk. (2. Mose 19,6) In der Nachfolge des heiligen Gottes kann Israel ihm mit Taten des Gehorsams entsprechen. (5. Mose 13,5; 3. Mose 19,2, vgl. auch 1 Petr 1,15f.) So wird der Name Gottes konkret geheiligt.[40]

Der Gott, der tut, was er sagt, (Ps 33,9; 148,5) ist in seinem Namen ein Tu-Wort, durch welches das gottgeheiligte Tun geschieden wird von den Werken selbstgewählter Heiligkeit in der Nachfolge der Götzen, des »Gottes dieser Welt«. (2 Kor 4,4) Luther hat das im Blick auf die Papstkirche zwar erkannt, aber durch seine Projektion auf das Judentum wieder verfehlt, wie sich in der Folge zeigte. Das Judentum könnte die Kirche heute daran erinnern, dass sie gegen ihren Bedeutungsverlust nicht verzweifelt versuchen muss, durch ihre Werke und Aktionen sich selbst einen Namen zu machen. (1. Mose 11,3f.!) Die »guten Werke« der Christen sollen doch nach Jesu Wort nicht sie preisen, sondern, sofern sie nicht im Verborgenen bleiben müssen (Mt 6,1-7), die Völker dazu bewegen, den Vater im Himmel zu preisen. (Mt 5,16)

Wenn das so ist, könnten Christen in Lerngemeinschaft mit Juden ihre Werke selbstkritisch prüfen. (Röm 2,18; 12,2; 1 Kor 11,28; Gal 6,4; Eph 5,10) Ein Mangel an der gottesdienstlichen Predigt der Kirche wie an ihren offiziellen Verlautbarungen ist es, dass ihre Paränese nicht konkret genug sein kann, sondern sich in »Appellen« allgemeiner Art (an wen?) ergeht, weil das Lehrhaus fehlt, wo in jeweils strittigen Fragen Weisungen von Gott gesucht werden. (Mt 18,19f.) Ein gemeinsames jüdisch-christliches Lehrhaus könnte hier hilfreich sein. Würde es im Gegenüber zur jüdischen Halacha so etwas geben wie eine »Evangelische Halacha«[41], so würde Gott konkret so zur Sprache kommen, dass Juden und Christen in jeweils unterschiedlicher Weise und doch gemeinsam in der Welt Zeugnis geben können von dem EINEN Gott im Sinne der prophetischen Verheißung: »Alsdann will ich den Völkern reine Lippen geben, dass sie alle sollen des Herrn Namen anrufen und ihm einträchtig dienen.« (Zeph 3,9) Auch wenn die Verheißung noch aussteht, lässt sie sich schon jetzt beim Wort nehmen, indem Menschen aus den Völkern mit reinen Lippen wie ein von Gott gereinigtes Israel (Ps 51,12.17) das Wort ›Gott‹ nach Bubers Worten[42], »befleckt und zerfetzt wie es ist, vom Boden erheben und aufrichten über einer Stunde großer Sorge«.

Wenn Menschen, die das Tu-Wort in ihrem religiösen Wahn verfehlt haben und selbst »befleckt und zerrissen« aus den Tiefen ihrer Not das Du-Wort finden, dann wird zuletzt alles Gebet zum Lobpreis. Der Psalter mit seinem Übermaß an Klagen und Notschreien trägt doch die Überschrift *Tehillim*, Preisungen! »Die Fähigkeit zu preisen geht der Fähigkeit zu glauben voraus. Wenn wir unser Empfinden für das Unsagbare nicht beständig pflegen, wird es uns schwerfallen,

---

[40] VETTER, Art. Heilig. 1. Jüdisch, in: Lexikon religiöser Grundbegriffe (s.o. Anm. 4), 467-470.

[41] MARQUARDT (wie Anm. 27), Vom Rechtfertigungsgeschehen zu einer Evangelischen Halacha, 149-179.

[42] BUBER (wie Anm. 1).

offen zu bleiben für die Bedeutung des Heiligen. Bevor wir das Wort ›Gott‹ aussprechen, müssen wir jedes Mal unseren Geist aus dem Gefängnis der Plattitüden und Etiketten befreien, müssen wir ein ehrliches Gefühl haben allein schon für das Geheimnis, lebendig sein zu dürfen und der Welt gegenüberzustehen.«[43]

Nicht »über« Gott reden, sondern *von* Gott, der als Tu-Gott wie als Du-Gott einen Namen hat: Das könnte das Judentum die Menschheit lehren. Das ist seine »Mission« an den Völkern, die dem Christentum in seiner »Mission als Namenszeugnis« im Namen Jesu helfen kann. Darin wäre auch eine Ideologiekritik in Sachen Religion impliziert.[44]

---

[43] Abraham J. Heschel, Erneuerung des Protestantismus. Eine jüdische Stimme, in: Ders., Die ungesicherte Freiheit. Essays zur menschlichen Existenz (infjud 6) Neukirchen-Vluyn 1985, 137-147, 143.

[44] Teuffel (s.o. Anm. 31).

Autorenverzeichnis

ALBRECHT, RUTH, Prof. Dr., apl. Professorin für Kirchengeschichte, Fachbereich Ev. Theologie, Universität Hamburg

ADLOFF, KRISTLIEB, Dr., zuletzt Dozent für Neutestamentliche und Praktische Theologie am Seminar des Evangelisch-lutherischen Missionswerks Niedersachsen in Hermannsburg

BÖHM, MANFRED, Dr., Leiter der Katholischen Betriebsseelsorge im Erzbistum Bamberg

FRIEDRICH, REINHOLD, Prof. Dr., Pfarrer in Burgsalach/Oberhochstatt; apl. Professor für Kirchengeschichte, Universität Erlangen-Nürnberg

FUCHS, OTTMAR, Prof. Dr., zuletzt Professor für Praktische Theologie an der Kath.-Theol. Fakultät der Universität Tübingen.

GOSSMANN, HANS-CHRISTOPH, PD Dr., Pastor der Jerusalem-Gemeinde zu Hamburg und Direktor der Jerusalem-Akademie, Privatdozent für Praktische Theologie, Universität Paderborn

HARTMANN, MATHIAS, Dr., Vorstandsvorsitzender Diakoneo Neuendettelsau

JÄHNICHEN, TRAUGOTT, Prof. Dr., Lehrstuhlinhaber für christliche Gesellschaftslehre an der Evangelisch-theologischen Fakultät der Ruhr-Universität Bochum

KERNER, HANNS, Prof. Dr., zuletzt Leiter des Gottesdienst-Instituts in Nürnberg; apl. Professor für Praktische Theologie, Universität Erlangen-Nürnberg

KOZIEL, BERND ELMAR, Prof. Dr., Rektor der Bildungs- und Tagungshäuser Vierzehnheiligen; Leiter der Stabsstelle Ökumene/Interreligiöser Dialog, Theologie und Hochschulen des Erzbistums Bamberg; apl. Professor für Fundamentaltheologie und vergleichende Religionswissenschaft, Universität Würzburg;

LÄHNEMANN, JOHANNES, Prof. Dr., em. Lehrstuhlinhaber für Religionspädagogik und Didaktik des Ev. Religionsunterrichts, Universität Erlangen-Nürnberg

MÜLLER, KONRAD, PD Dr., zuletzt Leiter des Gottesdienst-Instituts in Nürnberg; Privatdozent für Praktische Theologie, Augustana Hochschule Neuendettelsau

RASCHZOK, KLAUS, Prof. Dr., em. Lehrstuhlinhaber für Praktische Theologie, Augustana-Hochschule Neuendettelsau, und Gründungsdirektor des dortigen Instituts für Evangelische Aszetik

RUSSO, ANTONIO, Prof. Dr. Dr., Lehrstuhlinhaber für Moralphilosophie, Staatliche Universität Triest

ULRICH, HANS G., Prof. Dr., em. Lehrstuhlinhaber für Systematische Theologie und Ethik, Universität Erlangen-Nürnberg

ZIMMERLING, PETER, Prof. Dr., Lehrstuhlinhaber für Praktische Theologie mit Schwerpunkt Seelsorge und Spiritualität, Universität Leipzig